English idioms
Spoken language expressions

英語イディオムと口語表現 1700完全詳解

TOEIC®テスト・TOEFL®テスト・英検に役立つ

小山内 大（東京電機大学）編著
Blair Thomson・Sean Kennedy・藤井康成・多田悠子　執筆

SANSHUSHA

はじめに

　本書では、関連した口語表現やイディオムをまとめ、その表現の持つ意味をわかりやすく解説しています。またすぐに使える例文を多く掲げています。膨大な数の表現をまとめるにあたり、いくつかの英語試験を参考にしています。

　英語圏で日常生活やビジネスを英語で円滑に行うことが出来る能力をはかるのがTOEICテストです。日本の高校までの英語教育では、ビジネス・シチュエーションや日常生活で使われているアップトゥーデイトなイディオムや口語表現、ボキャブラリーがほとんど紹介されていません。**TOEIC**テストで効率よく得点を伸ばすためには、生活やビジネスの場面で多用されるアップトゥーデイトなイディオムや口語表現、それらに関連するボキャブラリーを徹底的にマスターすることが、最も効率的な方法であり、即効性があります。本書では主にアメリカで日常よく使われるけれど、日本人学習者には不慣れと思われる日常表現やイディオムを中心に紹介しています。

　TOEICテストと同様に、受験者数が多いのが**実用英語検定試験（英検）**です。その名が示すように実用的な英語能力の検定であり、最近では、アメリカ・イギリスで用いられるアップトゥーデイトな口語表現や日常表現が頻出されるようになっています。こういった表現を中心に紹介し、英検を受験される読者の方々のニーズにも充分に対応出来るように配慮しました。

　最新のテクノロジー、情報、流通、経済、労使関係、医療、政治、教育等に関わる個々の表現をテーマごとにまとめて紹介していますので、様々な分野においてある程度の専門性と体系的な知識が要求される**TOEFL**試験の受験対策にも有効です。

　最後に本書の刊行にあたり、忍耐強く付き合って下さった三修社の三井さんに厚くお礼申し上げます。そしていつも辛抱強く家庭を支えてくれている家内、生きることの意味を教えてくれた長女の美希(4歳)、2歳になったばかりの次女の映美に、感謝の意を表します。

2007年5月17日
東京電機大学の研究室にて
小山内　大

本書の特徴

1. 印象的でわかりやすい解説

TOEIC テストや英検に直結したイディオム・口語表現を文化的・社会的・歴史的背景と関連付けて説明しています。英語圏での生活において遭遇する場面や事柄、いろいろな分野で日常使われる表現・イディオムに、日本語で簡単にしかも印象的な説明を加えています。

2. ことばをひも解く

個々のイディオムや日常表現が使われるようになった由来、元々の意味との関連性(イディオムの意味はその中核になっている単語の本来の意味と違うものが多い)や現在のアメリカ社会・文化との関連性などを端的にわかりやすく説明しています。読者の興味を引き、理解を深め、記憶に長く残るようにストーリー性を持った説明をこころがけました。

3. アップトゥーデイトなアメリカン・イングリッシュ

受験英語や大学英語ではあまり紹介されていないアップトゥーデイトなイディオム、日常表現、慣用的な言い回しを中心に紹介しています。海外留学を考えている方、現代アメリカ英語の自然で実際的な言い回しを身につけたい方もご活用ください。

4. レベル

アメリカの実生活で使用されている頻度を考慮に入れながら TOEIC テストのレベルに応じてイディオム・日常表現をレベル分けしています。

400点・500点レベル　アメリカの日常で最も頻繁に使用されている表現
　　　　　　　　　　TOEIC 受験者にとって必要不可欠で基本的なものを選んで掲載しています。
600点・700点レベル　中程度の表現を中心に掲載
800〜900点レベル　　日常使用される頻度があまり多くないものや特定の分野で使用される表現を中心に掲載しています。

難易度の高い表現をマスターして TOEIC で高得点を目指してください。

5. たくさんの関連表現

関連づけや連想により、読者の語彙を増やし、個々の見出し表現が読者の記憶に長く留まる効果をねらって、見出しに関連した表現をまとめて紹介しています。

6. 自然な例文

個々のイディオムや日常表現、そして関連表現が実際に使用される場面を想定し、その場面でネィティブ・スピーカーの口からついて出る自然な言い回しを例文としました。

7. For Your Information

紹介した表現にさらに具体的で興味深い情報を付け加え読者のさらなる理解を図りました。

もくじ

第 **1** 章　TOEIC400 点レベル ……………………………7
　　　　　Check-up（練習問題）……………………………105

第 **2** 章　TOEIC500 点レベル ……………………………115
　　　　　Check-up（練習問題）……………………………207

第 **3** 章　TOEIC600 点レベル ……………………………221
　　　　　Check-up（練習問題）……………………………295

第 **4** 章　TOEIC700 点レベル ……………………………305
　　　　　Check-up（練習問題）……………………………369

第 **5** 章　TOEIC800-900 点レベル ………………………377
　　　　　Check-up（練習問題）……………………………402

Check-up（練習問題）解答 ……………………………………406

INDEX ……………………………………………………………409
参考文献 …………………………………………………………430

第 1 章　TOEIC 400 点レベル

☐	1	**Absolutely**	はい、もちろん・当然
☐	2	**Absolutely not**	いいえ、絶対に駄目・無理
☐	3	**Definitely**	はい、まったくそのとおり・もちろん
☐	4	**Definitely not**	いいえ、絶対に駄目・無理
☐	5	**Certainly**	はい、かしこまりました・確かに
☐	6	**Certainly not**	いいえ、絶対に駄目・無理

　absolutely、definitely、certainly の基本的な意味は「確かに」「絶対に」という意味で、この三つの表現はほぼ同様な意味に使われる。absolutely not、definitely not、certainly not はその逆で「絶対に〜ない」という意味である。これらの表現は会話表現では yes と no の答えを強調するために使われる。absolutely、definitely、certainly と言えば「もちろん」「当然」「まったく〜です」などの意味になり、absolutely not、definitely not、certainly not と言えば「絶対に駄目です」「無理です」という意味になる。

Ex. A: Have you ever tried to quit smoking?
　　　タバコをやめようと思ったことある？
　　B: **Absolutely not. / Definitely not. / Certainly not.**　絶対にないよ。

Ex. A: Do you want to be a millionaire?　億万長者になりたい？
　　B: **Absolutely. / Definitely. / Certainly.** It would be wonderful.
　　　もちろん、なれたらすばらしいだろうね。

☐	7	**academic year**	学年度
☐	8	**academic requirement**	単位取得などの履修要件
☐	9	**academic degree**	学位
☐	10	**academic freedom**	学問の自由
☐	11	**academic standing**	学業成績（通常ＧＰＡで示される）

　academic year「学年度」は、アメリカの大学では通常８月中頃から翌年５月の第１週くらいまで。オーストラリア、ニュージーランドでは２月から１２月まで。アメリカでは１学年度は２学期制になっていて８月から１２月までが Fall semester「秋学期」、１月から５月までが Spring semester「春学期」に分かれる。

Ex. In the state of Georgia, the new **academic year** starts in August.
　　ジョージア州では、新しい学年は８月に始まる。

Ex. Completing eight English classes is one of the **academic requirements** in this university.
8つの英語クラスを終了することが、この大学の履修要件の一つだ。

Ex. A: What kind of **academic degree** do you have?
どんな学位をお持ちですか？
B: I have a Ph.D. in economics from Doshisha University.
経済学の博士号を同志社大学で取得しています。

Ex. You can't be accepted to graduate school with an **academic standing** like yours. 君のような成績では大学院は無理だろうね。

12　After you　お先にどうぞ

after you は文字どおり「あなたの後で」という意味で、エレベーター・トイレ・レストランなどで、「お先にどうぞ」と相手に先を譲るときの決まり文句。

Ex. A: **After you** ma'am, we can wait.
お先にどうぞ、私たちはまだ待てます。
B: Oh, thank you. I will go ahead then.　ありがとう、それならお先に。

13　age discrimination　年齢による差別（就職・職場・仕事上での）
14　gender discrimination　性による差別
15　racial discrimination　人種による差別

アメリカは人種の坩堝（るつぼ）で、学校や職場での racial discrimination「人種による差別」が絶えないのが現状である。最近では、日本人・アジア人だからという理由での明らかな差別はなくなったが、間接的な差別はまだある。仕事上では gender discrimination「性による差別」が新聞をにぎわすことが多い。アメリカでは就職の際に age discrimination「年齢による差別」をするのは法律違反であり、定年制を設けるのも法律違反である。

Ex. **Gender**, **age**, and **racial discrimination** in the workplace is against the law.　職場での性、年齢、そして人種による差別は法律違反である。

16 Allow me　（他人に手を差し伸べて）ちょっといいですか・どうぞ

allow me は「あなたのお手伝いをすることを許してください」という、他人によくしてあげるときに使うへりくだった表現。他の人のためにドアを開けたり、空港やホテルなどで重そうな手荷物を持っている人にちょっと手を貸したりするときに使う。

Ex. A: How does this camera work?　このカメラどうやって動くのかなぁ？
　　　B: **Allow me**. It's simple.　ちょっといいですか？　簡単ですよ。

17 (non) alcoholic beverage　（非）アルコール飲料

beverage は飲み物の総称。アメリカでは飲酒できる年齢は21歳以上。アルコールを買うときには、明らかに老人に見えない限り身分証明書をチェックされる。単に alcoholic で「アルコール中毒者」という意味がある。

Ex. The restaurant won't carry any **alcoholic beverage**. Why do I bother going there?　そのレストランにはアルコール飲料を置いてないのに、どうしてわざわざ行かなければならないんだ？

18　all-you-can-eat　食べ放題（の）（アメリカ）
19　smorgasbord　食べ放題（オーストラリア・ニュージーランド）

近年アメリカのレストランは buffet style「ビュッフェ・スタイル」のところが多く、これらのレストランでは、自分の好きな物を好きなだけ取って食べる方式がとられている。この方式を all-you-can-eat と呼ぶ。とくに大学のカフェテリア「学食」では、ほとんどがこの方式である。食べ放題の方式をとっているレストランでは all-you-can-eat という派手な看板を掲げるところが多い。オーストラリアやニュージーランドでは all-you-can-eat も使うが、smorgasbord「食べ放題」という言い方もする。

Ex. **All-you-can-eat** type restaurants are cheap but not always delicious.
　　食べ放題のレストランは安いけどおいしいとは限らない。

20　(in) alphabetical order　アルファベット順（に）
21　(in) chronological order　年代順（に）・発生順（に）

Expression No.16-28

alphabetical は alphabet の形容詞。単に alphabetically（副詞）だけで「アルファベット順に」という意味にもなる。order は「順序・順番」という意味である。chronological は、「年代順・発生順」という意味である。

> **Ex.** Arrange these name cards **in alphabetical order**, please?
> これらの名刺をアルファベット順に整理してもらえますか？

☐	22	**Am I disturbing you?**	お邪魔でしょうか？
☐	23	**I'm sorry to disturb you**	お邪魔してすみません

Am I disturbing you? は、用があって、他人のオフィス（会社・事務所・研究室）を訪れる場合に、「お邪魔でしょうか？」と、オフィスの中にいる相手の都合を伺うときなどに用いる。I'm sorry to disturb you も同様な表現である。

> **Ex.** A: Excuse me Professor Ueno but I have a question. **Am I disturbing you?** すみませんが上野先生、質問があるのですが、お邪魔でしょうか？
> B: Absolutely not. Come on in. いいえ全然、入ってください。

☐	24	**answering machine**	留守電
☐	25	**reach an answering machine**	留守電につながる
☐	26	**The line is busy**	誰かが電話に出ている・話し中になっている
☐	27	**on the phone**	電話に出ている・電話で話している
☐	28	**Thank you for calling**	電話ありがとう

reach an answering machine で「留守電につながる」。電話したけど「話し中」の場合は The line is busy と表現する。on the phone の on は、on the line「電話線の上に話し手がのっている」というニュアンス。Thank you for calling は電話での会話を終えるときに言う決まり文句。

> **Ex.** I called him but I reached an **answering machine**.
> 彼に電話したけど、留守電だったよ。

> **Ex.** I called you several times last night but **the line was busy**.
> 昨晩何度か電話したんだけど、ずっと話し中だったよ。

> **Ex.** Mr. Lowell, I'm **on the phone** now. I'll meet you as soon as I finish

this call.　ローエルさん、いま私は電話に出ているので、この電話が終わり次第、お話を伺いましょう。

29　anti-abortion　妊娠中絶に反対の（立場）
30　anti-abortionist　妊娠中絶に反対を唱える人またはその運動家

abortion は妊娠中絶のこと。アメリカでは宗教上の理由から人工妊娠中絶には強い拒絶感を持っている人が多く、大統領選挙のときには必ず争点の一つになる。

> **Ex.** When I was young I was for abortion but now at 49 years of age, I feel like I am for **anti-abortion**.
> 若いときは妊娠中絶に賛成したけど、今 49 歳になってみて中絶に反対だなぁ。

31　(Is there) anything I can do for you?
何かお手伝いできることがありますか？

人の悩みを聞いたときに、それに対して同情するときの決まり文句。話者にとっては相手に善意を示すためだけのジェスチャーである場合が多く、うわべだけの表現でもある。例えば、災害や親類の死に直面している者、重病を患っている者、また多額の借金を背負っている者には、実際何も手を貸してやることはできない。でも当の本人を目の前にして、同情の気持ちぐらい表さないとおかしい。そのようなときに使われる表現である。もちろん、親身になって Anything I can do for you? と声をかける場合も多くある。

> **Ex.** A: I don't know what to do about my problem.
> どうしていいのかわかりません（困ったなぁ）。
> B: **Anything I can do for you?**　私に何かできることがありますか？

32　Apology/Apologies accepted　謝ってもらえればいいんです
33　A thousand apologies　大変申し訳ありません
34　My apologies　ごめん・すみません
35　Please accept my apology/apologies.
どうかお許しください

Expression No.29-39

　Apology/Apologies accepted は、相手の謝罪に対して、「それを受け入れます」という意味。Please accept my apology/apologies. は、丁寧な謝罪の表現である。

> **Ex.** A: I'm awfully sorry I was 30 minutes late but I got caught in a terrible traffic jam.
> 　　30 分遅刻して大変申し訳ない。ひどい渋滞にはまっちゃって。
> B: OK. **Apology accepted.** いいですよ。謝ってもらえれば。

| 36 | as a matter of fact | 実際は・実を言うと・本当は |
| 37 | no laughing matter | 笑いごとではない |

　as a matter of fact は日常頻繁に使われる表現であり、意外な事実や情報を告げる場合や、それらを告げるときの前置きなどに用いる。同様な表現に in fact、in reality などがある。

> **Ex. As a matter of fact**, men are more vulnerable to many diseases than are women.
> 　実際は、男性のほうが女性よりいろいろな病気にかかり易いんだよ。
>
> **Ex.** AIDS is **no laughing matter**. Everybody has a chance to get it.
> 　エイズは笑いごとじゃないよ。だれでもその病気になる可能性があるんだ。

| 38 | as far as I know | 私の知る限りでは |
| 39 | as far as I am concerned | 私に関する限り |

　as far as の直訳は「～と同じくらい遠くまで」という意味であるから、as far as I know の直訳は「私の知ることと同じくらい遠くまで」、つまり「私の知る限り」という意味になると考えれば、as far as というイディオムが理解できる。as far as I know と同様の意味で to the best of my knowledge がある。as far as I am concerned は「私に関する限り」という決まり文句である。

> **Ex. As far as I know**, the Nile is the longest but the Amazon is the largest river in the world.
> 　私の知る限りでは、ナイル川が世界で最も長く、アマゾン川は最も大きい。
>
> **Ex. As far as I am concerned**, I'll be busy all night tonight. So I can't join

> your bar-hopping in Shinjuku. Sorry!　私に関する限り今夜はずっと忙しいんだよ。だから新宿でのバーのはしごには付き合えない。ゴメンネ。

40 as you wish　お好きなように・勝手にしたら

as you wish の直訳は「望むように」だが、「好きなようにしたら」「勝手にしたら」などの意味で用いられる。

> **Ex.** A: Hey ma, I'm not going to college. I want to be a mechanic.
> 　　かあさん、俺大学には行かないよ。整備士になるんだ。
> B: **As you wish.**　好きなようにしたら。

41 at work (on)~　仕事中・～に取り掛かっている
42 Men at work　工事中

前置詞の at には「～の最中、～に従事している」という意味がある。at work は文字どおり「仕事に従事して・仕事中」という意味である。Men at work は「工事中」の標識に用いられる。

> **Ex.** A: Has Bill started the project yet?
> 　　ビルはもうそのプロジェクトを始めたかしら？
> B: He is already **at work on** it.　彼はすでに取り掛かっているよ。

43 bachelor girl　独身女性（アメリカ、イギリス）

bachelor は「独身男」である。独身女性には spinster という言葉があるが、古臭い表現で現在はあまり使われておらず、しかも独身ではあるが年増女という感じが強い。したがって最近はこの bachelor girl という言い方が「若い独身女性」を指す言葉として市民権を得てきた。さらに bachelor girl には「手に職があって親から独立している」というニュアンスがあり、最近の独立志向の若い女性に好んで使われている表現である。

> **Ex.** Ann is a **bachelor girl** in Tokyo and has a steady job as an instructor of English.　アンは東京で働く若い独身女性で、英語の講師としてしっかりした職を持っている。

Expression No.40-51

☐	44	**background check**	身元調査
☐	45	**background information**	経歴や生い立ち・素性などの情報
☐	46	**educational background**	学歴

> **Ex.** Hey Blair! Watch out! The CIA might be doing a **background check** on you.
> ブレア、気を付けろよ！ CIA が君の身元調査をしているかもしれないよ。
>
> **Ex.** We need Mr. Tanaka's **background information** before we hire him.
> 田中さんを採用する前に、彼の素性や生い立ちの情報が必要なんだ。
>
> **Ex.** Do you mind if I ask you a little bit about your **educational background**?　あなたの学歴について多少お尋ねしたいのですが？

☐	47	**ball park / ballpark**	野球場
☐	48	**ball game**	野球の試合

ball park / ballpark は野球場という意味で stadium と同じ意味である。

> **Ex.** Daddy, take me to the **ball game**.　お父さん、野球の試合に連れて行って。

☐	49	**Be my guest**	どうぞ・お先にどうぞ

Be my guest は文字どおり「私のお客様になってください」という意味で、相手に何かを勧めたり、相手の「～してもいいですか？」という問いかけに対して「（あなたは私のお客様なのですから）どうぞ、お好きなように」という意味がある。

> **Ex.** A: Can I grab a beer in your fridge?　冷蔵庫のビール飲んでもいい？
> B: Sure, **be my guest**.　もちろん、どうぞ。

☐	50	**Behave yourself**	行儀よくしなさい
☐	51	**on one's good/best behavior**	行儀よくしている

Behave yourself は通常大人が子どもに向かって「行儀よくしていなさい」という

意味で使う表現である。

> **Ex.** Emi, please **behave yourself** at the party.
> 映美ちゃん、パーティーでは行儀よくしてね。
>
> **Ex.** Although my father was completely drunk at the funeral, he was **on his best behavior**.
> 親父は葬式では完全に酔っ払ってたけど、すごく行儀よくしてたな。

52 better late than never　　遅れても何もしないよりはまし

ローマ時代の歴史家リウィウス・ティトゥス (Livius Titus) の言葉である。better late than never はアメリカ人好みの実質的な意味のことわざで日常頻繁に使われる。例えば、期限がとっくに過ぎた宿題を提出すべきかどうか、聞きにきた学生に better late than never と教師が言えば、「遅れても提出しないよりはまし」という意味である。

> **Ex.** Emi, I think it is **better late than never** to turn in the homework.
> 映美、その宿題は遅れても提出しないよりましだよ。

53 the Big Apple　　ニューヨークの愛称

アメリカの大都市にはニックネームがある。the Big Apple はミュージシャンによる造語で、もともと「楽しい時を過ごすこと」の意味。以下のニックネームも覚えよう。La-La Land（ロサンゼルス）、The Windy City（シカゴ）、Bean Town（ボストン）。

> **Ex.** Let's hit **the Big Apple** and return in one day!
> ニューヨークに行って、1日で帰ってこよう。

54　big brother / big sister　　兄・姉
55　little brother / little sister　　弟・妹

big brother は大きいほうの兄弟、つまり兄を意味する。older brother と言うより親密感がある。big sister も同様に姉を意味するが、older sister と表現するより親しみ

がある。big brother / big sister と対を成すのは little brother / little sister「弟・妹」である。また最近では big brother / big sister は大学などで1年生の面倒をみる上級生の意味にも使われる。big brother には「独裁者」「ボス」の意味もある。

> **Ex.** My **big brother**, John, was never like me. He was so smart and was a bookworm. So he became a librarian in this town.　兄貴のジョンは僕とは違ってすごく頭がよくて本の虫だった。だからこの街の図書館員になったんだ。

56　Bless you　お大事に（誰かがくしゃみをしたときに）

　本来は God bless you「神の祝福がありますように！」という表現だが、ほとんどの場合 God が落ちて Bless you だけで用いられる。アメリカでは、誰かがくしゃみをしたときに Bless you「お大事に」と周りの人が声をかける（Gesundheit!［ゲゾントハイト］とドイツ語で言う人もいる）。とくに意味はないが、中世のヨーロッパで、ある疫病が流行ったときにその兆候がくしゃみであった。そこでくしゃみをした人達に God bless you「神の祝福がありますように！」と哀れみを表したことが起源である。とにかくアメリカ人は誰かがくしゃみをしたらほぼ必ず Bless you を連発する。大学では静かにしているべきテストの際中でも、誰かがくしゃみをすると周りの学生が Bless you と声をあげるのには驚く。くしゃみをして Bless you と言われたら, Thank you と答える。

> **Ex.** A: Atchoo!　ハクション！
> B: **Bless you**!　お大事に！

57　blind date　ブラインド・デート（面識のない相手とするデート）

　blind は「目が見えない」という形容詞、または「目隠し」のこと。blind date は今まで一度も会ったことがなく、相手の性格や素性などを知らないでするデートのことで、まさに目隠しをしたままでデートをするようなものである。現在のアメリカでは blind date は一般的なデートの仕方で、たいていは友人の紹介で始まる。

> **Ex.** Lisa is very excited about her **blind date** scheduled next weekend.
> リサは来週末に予定されているブラインド・デートをとても楽しみにしている。

□	58	**blood donor**	献血をする人
□	59	**blood pressure**	血圧
□	60	**blood type**	血液型

donor は「寄付する人」、donate は動詞で「寄付する」、つまり blood donor は「血液を寄付する人」という意味である。

> **Ex.** The Red Cross Hospital has been looking for **blood donors** with the **blood type** B. 赤十字病院では血液型が B 型の献血者を探しています。

| □ | 61 | **Bon voyage!** | よい（安全な）旅を！・さようなら！ |
| □ | 62 | **Have a safe trip!** | 安全な旅を！ |

bon はフランス語で「良い」という形容詞、voyage もフランス語で「航海」を意味する。Bon voyage! の直接の意味は「よい航海を！」だが、旅行一般に使われ、「旅行をする者の道中の安全を祈る」という意味で使われている。同様の英語表現に Have a safe trip! がある。

> **Ex.** Every time I left the U.S., my American friends said, "**bon voyage!**" アメリカを出るたびに、アメリカ人の友人達が私に「よい旅を」と言ってくれた。

| □ | 63 | **breadwinner** | 生活の糧を得てくる人・稼ぎ手・大黒柱 |

breadwinner は文字どおり「パンの獲得者」である。西洋社会ではパンは日本人の米にあたるもので、生きていく上で最も必要なものである。家族の中でパンを獲得してくる者はその家族を養っていく者、つまり現在の社会では一家の稼ぎ手を意味する。breadwinner は一つの家庭に 1 人とは限らない。一つの家庭に給料を持ってくる者が 3 人いる場合は、breadwinner も 3 人いることになる。

> **Ex.** There are four **breadwinners** in our family, my father, my mother, my sister and I. My mother makes the most money though. うちには稼ぎ手が 4 人いるわ。お父さん、お母さん、妹に私。でもお母さんが一番稼ぐけどね。

| □ | 64 | **break new ground** | 新境地を開く・新しい分野を開拓する |

Expression No.58-69

　　break は「畑の硬く固まった土を柔らかく掘り起こす」、つまり「開拓する」という意味。break new ground の直訳は「新しい土地を（農耕のために）切り開く」という意味であるが、「新境地を開拓する」、とくに「（研究開発の分野で）新しい分野を切り開く」という意味に使われる。

> **Ex.** Walt Disney **broke new ground** in animated cartoons.
> ウォルト・ディズニーはアニメーションで新しい分野を切り開いた。

☐	65	**break the news**	知らせる・打ち明ける
☐	66	**breaking news**	臨時ニュース
☐	67	**news flash**	ニュース速報

　　break には「人に打ち明ける」「そっと知らせる」という意味がある。また break には「無理に開ける」という意味があり、そこから転じてあまり知らせたくない内容のニュースを、無理に伝えるという意味にもなる。通常 break the news はよくないことについて知らせる場合に用いられる。

> **Ex. Break the news** to him gently because it's going to be a shock.
> そっと彼にそのニュースを知らせて、きっとショックだから。

☐	68	**breath-taking**	息をのむような
☐	69	**take one's breath away**	人を感動させる・圧倒する

　　breath は「呼吸」、taking は「取り去る」という意味。breath-taking の直訳は「呼吸を取り去る」であるが、瞬間的に息ができない状態、つまり「息をのむような」という意味になる。この表現は通常「息をのむような」感動を表すのに用いられるが、「立ちすくむ」「愕然とする」という意味にも用いられる。

> **Ex.** The news that two planes crashed into the World Trade Center was truly **breath-taking**. 2機の飛行機が世界貿易ビルに突っ込んだというニュースはまさに驚愕であった。

□	70	business hour	営業時間
□	71	business district	商業地域
□	72	business opportunity	商機
□	73	business associate	仕事上のパートナー
□	74	on business	仕事で
□	75	business outlook	景況の見通し
□	76	go out of business	店を閉じる
□	77	get down to business	仕事にとりかかる

business は日常頻繁に使われる単語だが、「仕事、職業、事業、商売、企業、財界、本業」などさまざまな意味がある。

Ex. In this small town in Georgia, many shops **went out of business**.
ジョージア州のこの小さな町では、多くの店が廃業した。

Ex. OK, the lunch break is over. Let's **get down to business**.
さぁ、昼休みは終わった。仕事にとりかかろうか？

| □ | 78 | (as) busy as a bee | 忙しく動き回っている・ものすごく忙しい |
| □ | 79 | a busy bee | 忙しい人 |

(as) busy as a bee の直訳は「ハチのように忙しい」であるが、ハチはいつも忙しく飛び回り働き者である。ハチのように忙しく動き回ることを (as) busy as a bee、またその人を a busy bee と表現する。

Ex. Miki has been **as busy as a bee** with school work and club activities.
美希は学校とクラブとで忙しく飛び回っている。

Ex. Bill is such **a busy bee**. It is hard to contact him most of the time.
ビルは本当に忙しい人で、彼に連絡を取るのはたいてい難しい。

| □ | 80 | can tell | わかる・識別できる |

tell は「識別する、見分ける」という意味だが、can を伴って「〜がわかる、識別できる」という意味になる。「〜がわかる」という意味で can know と表現する日本人学生が多いが、can know という言い方はなく、can tell か understand を用いる。can tell で「〜がわかる」という場合は「五感を使ってわかる」という場合に用いる。

Expression No.70-89

例えば指をお湯に入れて何度か「わかる」、遠くにいる人が誰か「わかる」、匂いをかいで、その匂いが何か「わかる」という意味で用いる。

> **Ex.** **Can** you **tell** who my boyfriend is in this picture?
> この写真の中で、誰が私のボーイフレンドなのかわかる？

☐	81	**Cash or plastic?** 現金で支払いますか？ クレジット・カードですか？（アメリカ）	
☐	82	**charge card**	クレジット・カード
☐	83	**debit card**	デビット・カード

　アメリカで買い物をして、レジでお金を支払うときに、たいてい Cash or plastic? と聞かれる。Cash or charge? と言うこともあるが、charge は charge card つまりクレジットカードのことである。これは「現金で支払いますか？クレジット・カードですか？」という意味で、現金には小切手も含まれる。アメリカではクレジット・カードのことを総称して plastic または plastic money と呼ぶ。

　debit card は日本ではまだあまり馴染みのないカードであるが、アメリカではかなり一般化している。このカードで商品を買うと、その場で銀行口座から、商品の代金が差し引かれる。つまり銀行の預金高いっぱいまで、現金を使用することなしに debit card だけで決済が可能である。アメリカはコンビニでも、スーパーでも、デパートでもこのカードが広く使われている。

> **Ex.** A: **Cash or plastic?** （店員）現金ですか、カードですか？
> B: Do you take checks? （客）小切手で支払えますか？
> A: Yes, of course. （店員）はい、もちろんです。

☐	84	**cash dispenser**	(ATM) 現金自動預払機
☐	85	**cash discount**	現金割引
☐	86	**cash in hand**	手持ちの現金・現金手持ち高
☐	87	**cash transaction**	現金取引
☐	88	**cash register**	レジ
☐	89	**in cash**	現金で

> **Ex.** Five hundred dollars **in cash**. Otherwise, I won't sell this car.

> 500 ドル、現金で。それ以外の条件ではこのクルマは売らないよ。
>
> **Ex.** Can you see the lady over there at the **cash register**? She will tell you where to go to find the stuff you need. 向こうにレジの女性が見える？ 彼女が、どこに行けばあなたの探している品物が見つかるか、教えてくれるわ。

90 (I'll) catch you later　じゃあまた・じゃあね

(I'll) catch you later は別れるときの気軽な挨拶。See you later のくだけた言い方である。

> **Ex. Catch you later.** I'll see you tomorrow at Shinjuku station at 6 a.m. Don't be late!　じゃあね。明日朝 6 時に新宿駅で会おう。遅れるなよ。

91 change one's mind　気が変わる・決心が変わる

mind は「気持ち」「本心」「決心」などの意味で、change one's mind の直訳は「気持ち・決意が変わる」である。I have changed my mind は「気が変わる・決心を変える」。Have you changed your mind? は「気が変わったの？」と言うときの決まり文句である。

> **Ex.** I thought you would go to graduate school but **have** you **changed your mind**?　君は大学院に行くと思っていたんだけど、気が変わったのかな？

92 Cheers!　乾杯！・さようなら
93 make a toast　乾杯する（結婚式などの正式な場で）

cheers は「乾杯」を意味する。また友人などと別れるときや、電話やメールなどの最後に使われ「さようなら」を意味する。make a toast は正式な場での「乾杯」という表現である。

> **Ex.** A: Has everyone got a beer?　みんなビールグラスを持ったかい？
> B: Yeah!　オー！
> A: OK, **cheers!**　OK それじゃ乾杯！
> B: **Cheers! Cheers!**　乾杯! 乾杯！

Ex. It was nice to see you Tom. See you. **Cheers!**
会えてよかったよ、トム。じゃあまた、さようなら!

Ex. I would like to **make a toast** to the bride and the bridegroom.
新郎新婦のために乾杯をしたいと思います。

☐	94	**class reunion**	同窓会
☐	95	**family reunion**	離れて暮らしている家族が再び一緒になる集まり
☐	96	**class of ~**	~年度卒

　class reunion は同窓会のこと。高校の同窓会は high school reunion。family reunion とは、離婚などで、離れて暮らしている夫婦・姉妹・兄弟が、顔を会わせるイベントのことで、離婚率の高い今のアメリカの家族関係をまさに象徴する表現である。class of ~ は「何年度卒」という言い方で、例えば 1982 年度卒は class of 82 と表現する。

Ex. The **class of** 76 at Tomakomai Nishi High School is scheduled to have a **class reunion** at the Grand Hotel New Oji on September 2.
1976 年度卒の苫小牧西高生は 9 月 2 日グランドホテル・ニュー王子にて同窓会を予定しています。

☐	97	**classified ad/ads**	新聞・雑誌などの(求人・募集・案内・宣伝)広告
☐	98	**TV ad/ads**	テレビコマーシャル

　classified ad/ads は、たいてい新聞や雑誌の最終ページに掲載され、社員・パート募集、ガレージ・セールの案内、男女の出会い、売り買いなどの広告を紹介するもの。テレビでのコマーシャルは TV ad/ads と呼ばれる。classified は「分類された」、ad は advertisement「宣伝・広告」の省略形。つまりこの表現 help wanted「求人」、house for rent「家やアパートの賃貸」、property「売り地」、used car「中古車」などに分類された広告と理解すれば合点がいくだろう。magazine ad「雑誌広告」、radio ad「ラジオ広告」、というようにさらに詳細に表現することもある。

Ex. Yoko, I found a nice part-time position for you in a **classified ad**.
洋子、新聞広告で、君にいいパートの仕事を見つけたよ。

99　co-ed/coed　男女共学の・男女混合の・女子学生

co-ed は co-educational「男女共学」の省略形である。co-ed school は男女共学の学校、co-ed dormitory は男女が一緒に寄宿する寮のこと。co-ed はまた大学の女子学生を指す場合がある。

> **Ex.** There are several **co-ed** dormitories on this campus.
> この大学にはいくつか男女が一緒に寄宿する寮がある。

100　Come back and see us　またいらしてください
101　Thank you for shopping with us　ご来店ありがとうございます

Come back and see us は自宅に来た客と玄関先で別れるときの常套句。またレストランやデパートなどでも使われる。南部ではこれと類似した表現で Ya'll come back (You all come back). という言い方がある。ある南部の家を訪問して、別れ際にこのように言われたら、本当に歓迎されたということだ。Thank you for shopping with us も商店などで慣用的に使われている表現で、日本語では「ご来店ありがとうございます」に相当する。

> **Ex.** **Thank you for shopping with us. Come back and see us** soon.
> ご来店ありがとうございます。またご来店たまわりますようお願いいたします。

102　Come on in　どうぞ・お入りください
103　Coming soon　近日上映・近日放映
104　coming up　（レストランなどで注文したものが）ただ今できます・すぐにお持ちします
105　I'm coming　今行きます
106　Come and get it!　ご飯ができたわよ！（アメリカ、イギリス）

Come in で「入りなさい」であるが、Come on in のほうがフレンドリーな感じがあり、相手に対し歓迎の意味が強い。Coming soon「近日上映・近日放映・近日発売」は、もっぱら映画、テレビドラマ、CD などの宣伝文句に使われている。

coming up はレストランなどで注文したものが、もうそろそろ厨房から出てきますという意味で、ウエイター・ウエイトレスが、「はい、ただ今」「ただ今お持ちします」などという場合に用いられる。

Expression No.99-108

　　I'm coming は「食事ができたわよ」などの呼びかけに答えるときに使われる。日本語では、このような場合には「ハーイ、今行くよ」と返事をするが、英語では I'm coming「私が来ます」と表現する。同様に「こちらへ来てください」という相手の指示や要求にも I'm coming と答える。また玄関のチャイムが鳴ったときに、「はーい」と言って、ドアを開ける場合にも I'm coming と表現する。

　　Come and get it! は文字どおり「来て、それを得よ」という意味。何を得るかというと、breakfast, lunch, and dinner である。この表現は「食事の用意ができたから、テーブルに来て食べなさい」という意味で、お母さんが子ども部屋にいる子ども達に、居間にいるお父さんに大きな声で「ご飯ができたわよ」と叫ぶときに用いられる。Come and get it! は食事以外にも食べ物に関する場合（バーベキュー・パーティー、おやつの時間など）に用いられる。

Ex. Oh, hi Erika. Please **come on in**.
　おっ、エリカちゃん、こんにちは。どうぞお入りください。

Ex. The Beatles new album *LOVE*, **coming soon**.
　ビートルズの新しいアルバム「LOVE」、近日発売

Ex. Sir, your order is **coming up**.　ご注文の品はただいまお持ちします。

Ex. A: Hello, is anybody home?
　　　こんにちは、誰かいる？（ドアのところの訪問者が）
　　B: **I'm coming.**　今、ドア開けるよ（家の中の人が）

Ex. Dinner is ready, guys! **Come and get it!**
　夕食ができたわよ！こちらに来て食べなさい！

☐	107	**come to one's mind**　アイディアなどが浮かぶ
☐	108	**cross one's mind**　（同上）

　　mind は「心」であるが、日本語と同様に体の中の思考する場所を指し「頭や頭脳」を意味する。come to one's mind の直訳は「頭の中に～がくる」であるが、アイディアなどが頭の中に浮かんでくる状況を意味する。また cross one's mind も同様の意味で用いられる

Ex. A great idea just **came to my mind**.
　すばらしいアイディアが浮かんできたところだ。

Ex. A great thought for the design of that new high-rise building **crossed**

my mind. 新しい高層ビルのデザインについてすばらしい考えが浮かんだ。

109 come with ~　〜が付いてくる・付属する

come with は文字どおり「一緒に付いてくる」という意味。例えば、If you buy this lap-top computer now, free software comes with it. このノート型パソコンを今買えば、無料のソフトが「付いてくる」という意味になるし、This TV comes with a remote control. は、「このテレビにはリモコンが（付属品として）付いています」という意味である。

Ex. A Big Mac usually **comes with** a coke and fries.
ビッグ・マックにはたいていコーラとフライド・ポテトが付いてくる。

110 Could be　そうかもしれない・そうだろうね

Could be は「そうかもしれない・そうだろうね」という意味の口語表現。could は might よりもくだけた言葉で、この表現はアメリカでは日常会話に頻繁に用いられる。It could be. と表現することもある。Could be の反対の表現は It can't be. / It couldn't be.「そんなはずはない」である。

Ex. A: I wonder if the guy talking on the top of the campaign bus is Mr. Kan of the Democratic Party?
あの選挙カーの上でしゃべっているのは、民主党の管さんじゃない？
B: **Could be.**　そうかもね。

111 (It) couldn't be better　最高にうまくいっているよ
112 Things couldn't be better　（同上）

(It) couldn't be better / Things couldn't be better は How are you? How is it going? How is your life? How are things going? How's everything? などの日常的な挨拶に対する答えで、「これ以上（人生・物事）うまくいかないだろう」つまり仕事、結婚、健康、学校、恋愛、お金などの諸事が「最高にうまくいっている」という表現である。

Expression No.109-117

> Ex. A: Hey, Alfredo, how are things going?
> ヘイ、アルフレド、人生うまくいってるかい？
> B: **It couldn't be better.** 絶好調だよ。

	113	**country bumpkin**	田舎者
	114	**country hick**	田舎者（軽蔑的）

　country は「いなか」bumpkin は「田舎者」という意味である。bumpkin だけでも田舎者であるが、通常 country bumpkin で「田舎者」を表す。country bumpkin の他に「田舎者」を表す一般的な表現の中に country hick がある。両者はほぼ同じ意味であるが、country bumpkin にはセンスが悪い田舎者というニュアンスがあり、country hick は主にアメリカで用いられ、より軽蔑的な意味が強く無教養で粗野というニュアンスがある。

> Ex. I am from deep in the mountains of Tennessee. Call me a **country bumpkin**.
> 俺はテネシーの山奥から出てきたんだ。いなかっぺって呼んでくれ。

	115	**Cut it out**	やめろ
	116	**cut in**	話に突然割り込んで、邪魔する・列中に割り込む
	117	**cut off**	（電気・水道・電話・援助などを）切る・切り離す

　Cut it out は口語での命令的表現で、発話者のほうに力がある場合（例えば、親から子へ）や友人同士など関係が平等である場合に多く用いられる。面識がない者にこの表現を使うとかなり失礼に聞こえる。cut in は「割り込む」という表現で、会話や列の中に割り込むような場合に用いられる。cut off は cut「切る」と off「離す」が一緒になったイディオムである。

> Ex. A: Paul is so completely lazy and worthless.
> ポールはまったく怠け者で価値のない人間だ。
> B: **Cut it out**! He is my buddy.
> やめてくれ！奴は俺のマブダチなんだぞ。
>
> Ex. Shoko often **cuts in** on our discussion and she seems not to care.
> 昌子はよく我々のディスカッションに割り込んでくるけど、気にしてないみたい。

> **Ex.** Sir, don't **cut in**. We are all waiting in line.
> すみません、割り込まないでください。私たちは列を作って待っているんです。
>
> **Ex.** My telephone has been **cut off** because I haven't paid my bill.
> 料金を払っていないので、電話を切られてるんだよ。

118 dietary supplement　健康補助食品

dietary は「食事の」という形容詞、supplement は「補助・補足」。dietary supplement には多種多様なものがあるが、代表的なものは、vitamin「ビタミン」calcium「カルシウム」、protein「蛋白質」、iron「鉄分」、magnesium「マグネシウム」、soy products「大豆製品」、zinc「亜鉛」などがある。

アメリカでは 20 年前頃から健康補助食品ブームで、健康食品の店はいたるところにあり、多くのスーパーが健康補助食品のコーナーを設けている。日本でも最近は健康補助食品ブームであるが、日本人と違ってアメリカ人は一般的に健康補助食品を冷蔵庫に保管する。

> **Ex.** Nowadays, you can find a variety of **dietary supplements** in drug stores.
> 最近、薬局でたくさんの種類の健康補助食品を見かけるね。

119　Do you have the time?　今、何時ですか？
120　What time do you have?　（同上）

Do you have the time? What time do you have? は What time is it now?「今、何時ですか」の口語表現。Do you have time? のように time の前に the が付かない場合は「時間がありますか？」と相手の都合を聞く表現になるので注意。

> **Ex.** **What time do you have?** I wonder if we will make it to the BBQ.
> 今何時？ BBQ パーティーに間に合うかな？
>
> **Ex.** I think we'll be late for class. **Do you have the time?**
> 授業に遅れるんじゃないかな、今、何時？

121　Do you mind if I join you?
同席してもいいですか？・ご一緒させて頂いていいですか？

バーやレストランでの飲食時、仲良しグループでの会話時に、「ご一緒させて頂いていいですか？」とたずねる表現。正式な会合や会議には使わない。日本とアメリカでは国民性が違う。アメリカ人はバーやレストランで、周りにいる人たちがおもしろい会話をしていたり、(男性が)横に座っている女性が気になる場合には、すかさず Do you mind if I join you?と声をかけてくる。この表現は Do you mind if ~ 「～してもいいですか？」と相手の許しを得る形で覚えるのがよい。

> **Ex. Do you mind if I join you?** You guys seem to be having a lot of fun.
> ご一緒させて頂いてよろしいですか？ 楽しそうですね。

122 Does it/that work for you?
都合はいかがですか？・あなたはそれでいいですか？

work には「うまくいく」という意味があり、この表現の場合には「都合がつく」と考えるのが妥当だろう。この表現は相手の都合などを聞く場合によく使われる。他の文章で表現すると Is it convenient for you?「都合はいかがですか？」が最も近い表現。Does it work for you? はまた婉曲な表現で、直接相手に都合の良し悪しを聞かないので、発話者に対して曖昧な答えでごまかせる余地を残せる。例えば、Can you come to our BBQ tomorrow?「明日私たちのバーベキューに来られる？」と言うと、言われた相手は yes または no の直接的な返答をしなければならないが、We'll have a BBQ this weekend, does that work for you?「週末バーベキューをするんだけど、都合はいかがですか？」という問いかけには、直接 no を言わないで、It doesn't work for me「ちょっと、都合がつきません（何らかの理由で）。」と答えることができる。

> **Ex.** A: We are having a BBQ this weekend, **does that work for you**?
> 週末にバーベキューをするんだけど、都合はいかがですか？
> B: Sorry, it doesn't work for us.
> すみません、ちょっと私たちは都合が…。

123 Don't be so nosy　そんなに詮索するな

nosy は「詮索好きな」という形容詞。Don't be so nosy は「そんなに詮索するな」という意味で使われる。この表現はとくに女性に好まれ「あなたって詮索好きね」「あれこれ嗅ぎまわらないで！」「人のことは放っておいてよ！」などの意味で使われる。

> **Ex.** **Don't be so nosy.** Whoever I go out with, it's none of your business.
> あれこれ嗅ぎまわらないでよ。私が誰と出かけようとあんたの知ったことじゃないんだから。

124 Don't tell me　まさか！・うそ！（アメリカ）

Don't tell me の直訳は「私に言わないで」であるが、「私にそんな信じがたいことを言わないで」ぐらいの意味に理解すればいい。Don't tell me はきつい表現ではない。最近の日本の若者が使う多少感情移入された「え〜！うそぉ〜！本当？」ぐらいの軽い表現である。

> **Ex.** Did you pass the bar exam although you fooled around with me for four years? **Don't tell me!**　大学の４年間僕と一緒に遊んでたのに、司法試験に受かったって？　まさかぁ！

125 Don't worry about a thing　心配しないで
126 There's nothing to worry about　心配する必要はないですよ

Don't worry だけでも「心配するな」という意味であるが、about a thing「一つのことについても」が続くことから「何一つ心配しないで」という意味合いが強い。

> **Ex.** **Don't worry about a thing.** Things will surely be all right.
> 心配しないで、きっとうまくいくよ。
>
> **Ex.** **There's nothing to worry about.** Cheer up!
> 心配する必要はないよ。元気出せよ！

127 dress up　ドレスアップする・正装する
128 dress down　控えめな服装をする

dress up は単純に dress「服を着る」と up「見かけが up する」が合わさってできたものと考えればよい。他の表現で言うと dress fancy「上品なものを着る」または dress and try to improve one's appearance「着てグレードアップする」ということになる。逆に「控えめな服装をする」は dress down と表現する。

Expression No.124-132

Ex.	I wonder if I should **dress up** for the party tonight because it is semi-formal?	

今夜のパーティーはセミ・フォーマルだから正装したほうがいいかしら。

Ex.	We are going to go help Jim paint his house, so **dress down**.	

ジムの家のペンキ塗りを手伝いにいくんだから、ラフな服を着なさい。

☐	129	**driver's license**　　運転免許証
☐	130	**license plate**　　ナンバープレート
☐	131	**DUI (driving under the influence)**　酒酔い運転
☐	132	**designated driver**　自分は酒を飲まないで、飲んだ人を車で送る担当の人

　アメリカでは driver's license は州ごとに発行される（試験のやり方や費用などは各州で異なる）。通常、運転免許取得に必要な金額は 20 ドル前後。driver's license を取得するには筆記試験と路上試験にパスする必要がある。筆記試験は 20 問で 15 問以上の正解でパス。筆記試験にパスすると driving permit（仮免）が与えられ、運転免許を持っている者が同乗していれば、路上を運転できる。路上試験は通常 10 分程度で、同乗した警官の指示どおりに運転すればいい。警官によって道路が違ったり、指示が違ったりするのもアメリカ的である。

　アメリカは電車やバスなどの公共の輸送機関やタクシーなどが少なく、どこへ行くのにも自分で車を運転するのが普通である。バーやレストランなどで酒を飲んでも自ら運転するのが大半で、バーの閉店時には多くの客が店から出てきて、自分の車で運転して帰る。おもしろい光景であるが、駐車場にはパトカーがしっかり彼らを見張っているのだが、酒酔い運転で取り締まるのは珍しい。

　しかし最近では、仲間と車で飲みに出かけるときには、1 人酒を飲まない者を決めておき（この人間を designated driver と言う）、その人に帰り道を運転してもらう。

Ex.	I have a Tennessee **driver's license**.

私はテネシー州の運転免許証を持っている。

Ex.	I got a ticket yesterday for **DUI**.　昨日酒酔い運転で交通違反切符をもらった。

Ex.	Hey, Daisuke! You will be the **designated driver** tonight. Is it OK with you?　大輔、今夜は君が designated driver だ。それでいいかな？

☐	133	**drug addict**	麻薬中毒患者
☐	134	**drug abuse**	麻薬の乱用
☐	135	**pain-killer**	鎮痛剤・痛み止め

addict は「中毒患者・常習者」という意味、abuse は「乱用・不正使用」という意味である。麻薬はアメリカ社会の恥部であり、大学生の3分の1は使用した経験があると答えている。麻薬の中でも marijuana「マリファナ」は常習性がなく、アルコールより人間を狂わせる度合いが低いという理由で、多くのアメリカ人が使っている。しかし cocaine「コカイン」や LSD に手を出すと命とりになるので、これらの麻薬を常習している者はアメリカでも junkie「ジャンキー」と呼ばれ、友人も離れていく。marijuana は pain-killer「鎮痛」の効果があり、州によっては（Nevada など）癌などの痛みを和らげるために吸引が許可されている。

> **Ex.** **Drug abuse** is so prevalent among college students in the U.S.
> アメリカでは大学生の間で麻薬の乱用がかなり広がっている。
>
> **Ex.** Using marijuana is allowed as a **pain-killer** in the state of Nevada.
> ネヴァダ州では鎮痛剤としてマリファナの使用が許可されている。

☐	136	**Easy does it** 落ち着け・力を抜いて・柔らかく

easy には「ゆっくり落ち着いて」という意味がある。Easy does it は相手が緊張していたり、肩に力が入っているようなときに、相手をなだめて「落ち着いて」「力を抜いて」という意味に使う慣用句である。単に、Easy! と表現することも多い。

> **Ex.** **Easy does it**, Daisuke, otherwise your club won't hit the ball no matter how many times you swing it.　大介、肩の力を抜いて。そうしなければ、何度スイングしてもクラブにボールが当たらないよ。

☐	137	**eat like a bird**	小食・あまり食べない
☐	138	**eat like a horse**	大食いする・大食漢である
☐	139	**eat like a pig/hog**	ブタのように音を立てて、ガツガツ散らかして食べる

eat like a bird の直訳は「鳥のように食べる」だが、鳥が食べるしぐさではなく、食べる量を意味して、「鳥が食べる量しか食べない」という意味で、小食の人に用いる表現であるが、いろいろなものに箸をつけるだけの食べ方にも用いる。

反対に eat like a horse と言えば「大食漢である」。eat like a pig/hog「ブタのように音を立てて、ガツガツ散らかしながら食べる」という表現を使う人もいるが、英語の表現としてはまだ市民権を得ていないし、失礼な表現である。

> **Ex.** Amy is on a diet now. So she **eats like a bird**.
> エイミーは今ダイエット中だから、少ししか食べないんだ。

140 emergency room (ER)　救急治療室
141 emergency hospital　救急病院

emergency は名詞で「緊急」という意味。アメリカでは、『ER』という救急治療室の医者達の葛藤を描いたテレビドラマが人気を博し、日本でも放映された。

> **Ex.** Bob was taken to the **emergency room** by ambulance.
> ボブが救急車で救急治療室に運ばれた。

142 end up (in/with) ~　~(で)終わらせる・終わる・結果として~になる

end は「終わる、終える」という意味であり、up は完結した状態を表す（wrap up[終わる] finish up[終わる] もこの用法と同じ）。end up は end とほぼ同意であるが、「いろいろやってみたが結果として~になる」という意味合いがある。end up は後ろに名詞・動名詞がくる場合 in 及び with を伴って用いられる。

> **Ex.** After dating three different guys, she **ended up** back **with** her old boyfriend.
> 3人の男性と付き合った後、結局彼女は昔のボーイフレンドに戻った。

143 errand　雑用

errand は「雑用」「所用」「やぼ用」の意味で、ビジネスばかりでなく、日常生活でも幅広く使える表現である。自分の仕事を謙遜して言う場合にも使われる。動詞は、run、do、attend to を使う。なお、「急用ができてしまった」は、Something has come up. と言えばよい。

> **Ex.** Paul, please run an **errand** for me.
> ポール、ちょっとお使いに行ってきてくれない。

☐ 144　figure out　わかる・理解する

figure は「計算」のことで、figure out の本来の意味は「数式を解いて理解する」ところからきている。この意味で figure out は（understand とほぼ同意だが）、「努力して理解する・いろいろ苦労した末に理解する」というニュアンスがある。

> **Ex.** I finally **figured out** how to use the spread sheet on the computer.
> やっとコンピューターでスプレッド・シートの使い方がわかったよ。

☐ 145　Fill her up　満タンでお願いします
☐ 146　Fill it up　（同上）
☐ 147　Fill up the tank　（同上）

アメリカのガソリンスタンドは self-service なので、スタンドの店員にこのような表現を用いるチャンスはあまりない。her は車を意味する。Fill her up は「フィラーアップ」Fill'er up のように発音される。

> **Ex.** I have to **fill up the tank** before we go to Atlanta.
> アトランタへ行く前に、満タンにしておかないとね。

☐ 148　fill in the blanks　空欄を埋めてください
☐ 149　fill in the form　書類に書き込んでください
☐ 150　fill in (for)~　～（の）代わりを務める

fill in の基本的な意味は「～を満たす」。英語で「書類に書き込む」という場合には fill in the form「書類を満たす」という表現を用いる。fill in for~ の直訳は「～のために満たす」であるが、職務を代行するような場合に用いる。

> **Ex.** Please **fill in the form** to apply for the student visa for the United States.
> アメリカへの学生ビザの申請は、この書類に書き込んでください。

Expression No.144-154

> **Ex.** Mr. Nakagawa, the secretary-general **fills in for** Prime Minister Abe while he is overseas. 中川幹事長が、安倍首相が海外を訪問している間、彼の代行を務めます。

151　finals/final exam　学期末テスト

exam は examination「試験」の省略形であるが、一般的には exam のほうがはるかに多く用いられる。日本では「試験」の意味で test「テスト」を用いるが、アメリカで test と言えば検査という意味合いが強く、例えば、blood test「血液検査」、drug test「薬物検査」のように用いる。final は「最後の」という意味であるが、ここでは学期末のことである。アメリカの学生は「学期末試験」のことを単に finals と呼ぶことが多い。

> **Ex.** You should study hard for **the final exam**. It is coming up in two weeks.
> 学期末テストのために一生懸命勉強したほうがいいよ。2週間後だよ。

152　First things first　まず最初にやるべきことをやる
153　You go first / You first　お先にどうぞ・最初は君だ

First things first の直訳は「最初のものが最初」、つまり「やるべきことからやる」という意味に使われる。You go first /You first は、相手に「お先に」と順番を譲るとき、また順番を決める場合に「君が先だ」という意味に用いる。

> **Ex.** **First things first**. We'll give you a placement exam now. Then you'll be assigned to the English class you fit in.
> まず最初にやるべきことをやりましょう。これからプレースメントテストをします。その後各自に適した英語のクラスを割り当てます。
>
> **Ex.** We have to decide the order of our presentation. Mr. Yoshida, **you go first**. Then Ms. Saito. The last will be Mr. Takahashi. The president will be attending the presentation. Good luck and do your best.
> プレゼンの順番を決めよう。吉田君が最初、斉藤さんが次、高橋君が最後。社長がプレゼンテーションに出席するからね、ベストを尽くしてよ、幸運を祈る。

154　for a change　たまには・気分転換に

第1章 TOEIC 400点レベル

change は「変化」を意味する名詞であるが、この表現での change は「気分の変化」または「日常と違うことをするという変化」を意味する。したがって、for a change は「気分転換に」「たまには」などの意味に使われる。

> **Ex.** Why don't you have herbal tea **for a change**? Drinking coffee all the time is bad for you.　たまにはハーブティーでも飲んでみたら。コーヒーばかり飲んでたら体に悪いわよ。

155　For God's sake　（間投詞）お願いだから・なんとしても
156　Oh, my God/Goodness/Gosh!
（間投詞）あら！・わぁ！・えー！・やれやれ

この表現は相手に自分の願いごとや希望を聞き入れてもらう場合、また相手に何かを強く頼む場合に用いる。For God's sake は文字どおり「神のため」という意味であるが、God の代わりに Pete、Goodness、Christ などを用いて For Pete's sake、For Goodness sake、For Christ's sake という言い方もする。Pete はキリストの弟子 Peter のこと、Goodness は神の婉曲な表現、Christ はキリストのことである。

アメリカ人の中には、神のことを God と言うのは、あまりに直接的であると考え、婉曲に Goodness または Gosh と表現する人がいる。とくにユタ州のように、信仰が強い州では Gosh が一般的に用いられている。

> **Ex.** Daddy, buy me a SONY Playstation for Christmas. **For God's sake**!
> おとうさん、クリスマスにソニーのプレイステーション買って、お願いだから。
> **Ex.** **Oh my God!** Somebody stole my bag!　えー！　バッグ盗まれた！

157　for sure　　　確かに・確実に・きっと
158　to be sure　　確かに・もちろん
159　make sure ~　～を確かめる

> **Ex.** I don't know **for sure** but our company head may resign because of the alleged tax evasion.
> 確かには知らないけど、社長は脱税疑惑のために辞職するんじゃないか？
> **Ex.** I will pay you back the full amount **for sure**.
> 金はきっと全額返します。

Expression No.155-163

> **Ex.** What I saw was a UFO **for sure**. I can tell you.
> 私の見たものは確実にUFOだ。本当だって。
>
> **Ex.** He is smart, **to be sure** but there is something mean about him.
> 彼は確かに頭がいいけどね、意地が悪いところがあるんだよね。
>
> **Ex.** I **make sure** I lock the door before I go to bed every night.
> 寝る前にドアをロックしたかどうか毎晩確かめているよ。
>
> **Ex.** **Make sure** that you put your name on your exam before turning it in.
> 答案を提出する前に、自分の名前を書いたか確かめなさい。

160 Forget it! / Forget about it!
忘れてくれ！・どうでもいいんだ！・もういいよ！

Forget it! は文字どおり「忘れろ」という意味で、投げやりで否定的な表現。例えば、話者が自分の要求や提案を通そうとして、一生懸命説明するが聞き入れてもらえない、このような場合に説明の途中で「もういいよ、私の言ったことは忘れてくれ」という意味で使うのが Forget it! である。

> **Ex.** A: Did you say you were having problems with your girlfriend?
> 「ガールフレンドとうまくいっていない」って言ったっけ？
> B: **Forget about it.** I'm through with her.
> もういいんだ。彼女とはもう終わったんだよ。

161 give someone a call　（〜に）電話をかける・する
162 cell/cellular phone　携帯電話
163 mobile phone　携帯電話

give someone a call は「誰々に電話をかける・する」という意味の最も一般的な言い方。「君に電話をする」は I'll give you a call 逆に「電話をちょうだい」という言い方は Give me a call と表現する。他に give someone a ring や give someone a buzz という言い方もある。ring は電話が「リンリン」となる音、buzz は「ブーまたはツー」となる音を意味している。携帯電話の最も一般的な呼称は cell phone である。また mobile phone と言うこともある。

> **Ex.** I will **give you a call** on your cellular at your office around 10 a.m.

| Ex. | あなたのオフィスにそして携帯電話のほうに午前10時頃電話します。
Please **give me a call** at 912-681-6258. 912-681-6258 まで電話を下さい。

| ☐ | 164 | **give someone a hand** | 拍手を送る・手を貸す |
| ☐ | 165 | **helping hand** | 助け・手伝い・救助・救済の手 |

hand には「拍手」及び「手助け」などの意味がある。give someone a hand は文字どおり「人に拍手を送る・助けを与える」という意味である。「盛大な拍手を送る」は give someone a big hand と言い、また「(誰々)の~に対して拍手を送る」は give someone a hand for ~ の形になる。helping hand は文字どおり「助けの手」であり、「手伝い」や「手助け」などの意味にも使われるが、どちらかと言うと「救助」「救済」の意味に用いられる。

| Ex. | Sri Lanka has been devastated by the tsunami. People there need a **helping hand**. スリランカは津波のために破壊されました。スリランカの人々は救済の手を必要としています。
| Ex. | Please **give him a** big **hand** for his fantastic piano performance.
彼のすばらしいピアノ演奏に盛大な拍手をお願いします。
| Ex. | I have to put this heavy golf bag into my car. Can you **give me a hand**?
この重いゴルフバッグを車に入れなければならないんだ。手伝ってくれる?

☐	166	**give someone a ride/lift**	車で送る
☐	167	**Can/Could/Would you give me a ride home?**	
			車で家まで送ってくれる?
☐	168	**need a ride**	車で送ってくれる人が必要
☐	169	**I'll give you a ride (back) home**	車で家まで送るよ
☐	170	**I'll walk you (back) home**	歩いて家まで送るよ

ride は乗り物、とくに車を意味する(イギリスでは lift が一般的)。give you a ride は「車で送る」という意味の最も一般的な表現。「車で送ってくれる?」は Can/Could/Would you give me a ride? 「車で家まで送ってくれる?」は Can/Could/Would you give me a ride home? 「車で送ってくれる人が必要」は I need a ride と表現する。

| Ex. | A: Can we take a bus to the ballpark? 野球場までバスで行く?

B: Don't worry. I'll **give you a ride** there.
　　心配するなよ、車でそこまで送るよ。

Ex. **Can you give me a ride home?** My car is in a garage.
　　家まで送ってくれるかな？　僕の車は修理に出ているんだよ。

Ex. Is anybody going to a mall in Atlanta this weekend? Mina and I **need a ride**.　週末アトランタのモールに行く人いない？　美奈と私は車で送ってくれる人が要るんだ。

Ex. It's quite late at night. **I will give you a ride back home**.
　　もう、夜も遅いから、車で家まで送るよ。

Ex. I don't have a car so **I'll walk you back home**.
　　車がないから、歩いて家まで送るよ。

171　go (right) ahead　お先にどうぞ・先に行ってください

go ahead は文字どおり「お先にどうぞ・先に行ってください」という表現で、相手に対して善意を表すジェスチャーでもある。please の代わりに使われる最も一般的な表現である。

Ex. A: Do you mind if I help myself to a beer?
　　ビールを自分でやってもいいですか？（もう開けて飲んでもいい？）
　　B: Yes, please **go ahead**. Help yourself anytime.
　　はい、どうぞ。いつでも自分でやって下さい。

172　Go for it!　やってみろ！
173　Go get it!　（同上）
174　go-getter　やり手（積極的で有能な人）

Go for it! の直訳は「そのために行け」であるが、この表現は何かを成し遂げる目標がある人に、その人を励ますために「それに向かって突き進め！」つまり「やってみろ」「ねらってみろ」という意味で用いる表現である。この表現はスポーツ競技で使われることが多く、コーチや監督が選手たちに怖気づかないで、「やってみろ」「ねらってみろ」と半ば強制的に励ます場合に使われる。

go-getter の直訳は「行って取ってくる人」であるが、西洋（とくにアメリカ）では、欲しい物や実現したい夢がある場合に、それを自ら行って取ってくる（夢を叶える）

人間は積極的で有能であると考えられている。アメリカのように自ら行動し目標を実現する人が尊敬される社会では、go-getter はすばらしいほめ言葉である。go-getter は男女を問わず使われる。Go get it! も Go for it! 同様に人を励ます表現である。

> **Ex.** Now we have only three yards to get a touchdown. **Go for it!**
> さて、あと3ヤードでタッチダウンだ。(怖気づかないで) タッチダウンをねらってみろ！
>
> **Ex.** If you have a dream, don't whine. Just **go get it!**
> もし夢があるなら、泣き言を言うな。それに向かって突き進め！
>
> **Ex.** I still believe that Mr. Yamana is a **go-getter**. He will be successful again.
> 私はいまだに山名君は有能な人物だと信じている。彼ならまたやってくれるだろう。

| 175 | go steady | 特定の異性と付き合う |
| 176 | go out (with)~ | ～（と）デートする・付き合う・交際する |

　　go steady は「特定の異性と付き合う」という意味だが、少し古臭い表現で、最近では go out with か see を使うのが一般的。例えば、Who do you go out with nowadays? は、「最近誰と付き合っているの？」という意味。I have been seeing Dan for half a year は「ダンと半年付き合っているの」という意味になる。steady は「しっかりした・変わらない・一様の」という意味で、go は be、remain の意味であると考えれば合点がいく。

> **Ex.** Sally and Bill will get married soon. They have been **going steady** since high school.
> サリーとビルはもうすぐ結婚するよ。彼らは高校以来付き合っているんだ。
>
> **Ex.** Yuri has been **going out with** Ted. I think they will make a good couple.
> ゆりはテッドとデートしてるのよ。彼らならお似合いのカップルになると思うわ。

177	Good job!	よくやった　いいできです
178	Nice going!	よくやった
179	Good for you!	えらい！・よくやった！・でかした！

　　Good job! は人の努力や成果をほめるときに、最も頻繁に使われている表現。頻繁

Expression No.175-181

に使われるので、日本からの留学生がいちばん初めに覚える表現の一つでもある。とくにアメリカ人は学生をほめて教育するので Good job! は教師から最もよく耳にする言葉である。また Nice going! も同様の意味で使われる。Good for you! も Good job! 同様、相手の業績や行動を「えらい」「よくやった」とほめる表現である。

> **Ex.** **Good job**, Sayuri! You made lots of progress on your English composition. よくやった、さゆり！君は英作文がずいぶん上達したね。
>
> **Ex.** A: I got three A's and one B last semester!
> 　先学期は A を 3 つ、B を 1 つとったよ！
> B: **Good for you!** Keep it up! よくやったね！その調子！

180　good-looking　カッコイイ

good-looking はオールマイティーな言葉である。good-looking の本来の意味は「よい見かけ」であるから、きれいに見えるものであれば何にでも使える。この表現はとくに男性及び女性がきれいに見える、つまりハンサム・美人の意味に用いる。また形のよい物であれば何にでも使える。日本語ではときに「すばらしい」「立派」「センスがいい」などの意味に相当する。次の例を参考にしてみよう。

> a good-looking guy/man　ハンサムな男　　a good-looking woman　美しい女性
> a good-looking car　カッコイイ車　　　　a good-looking TV　カッコイイテレビ
> a good-looking house　すばらしい家　　　a good-looking dog　立派な犬
> a good-looking tie　センスがいいネクタイ　a good-looking child　かわいい子ども

> **Ex.** I saw Amy dating two **good-looking** guys. How could she do that?
> エイミーがハンサムな男 2 人とデートしてるの見たんだ。いったい彼女どうやったの？

181　Good luck!　幸運を祈ります

Good luck! は文字どおり「幸運を祈ります」という表現。別れ際に使われる表現であり、相手を励ますときにも使われる。同様な表現に Knock on wood. がある。

> **Ex.** A: I will see my professor about my grades for last semester.
> 　先学期の成績に関して教授に会いに行くんだ。

B: **Good luck!** Hope you passed all your classes.
幸運を祈るよ、全部のクラスをパスしてればいいね。

182　Good to see you again　再び会えてうれしいです

会話を始めるときまたは終えるときに用いる。相手に好意を表すジェスチャーでもある。実際に会っての会話に用いるので、電話などでの会話には使われない。

Ex. A: **Good to see you again**, Sean. How have you been?
　　　 また会えてうれしいよ、ショーン。どうしていましたか？
　　B: Nice to see you too. I've been doing fine.
　　　 こちらこそ。おかげさまで元気でした。

183　grab/have a bite to eat　軽く腹ごしらえする・何か口に入れる

grab は「グイっとつかむ」、bite は「軽食」という意味で、直訳は「軽く食べられるものをつかむ」である。この表現は「ゆっくりと食べている時間がないときに、短い時間で軽いものを食べる」という意味に使われる。

Ex. Why don't we **grab a bite to eat** before we get into the movie theatre.
　　映画館に入る前に何かちょっと口に入れようか？

184	graduate school	大学院
185	graduate assistant	院生助手
186	graduate student	大学院生
187	undergraduate	4年制の課程・学部生
188	graduate from~	～を卒業する

アメリカでは大学生の3人に1人は graduate school「大学院」へ行く。その数は221万人を超え、大学院進学が一般化している。graduate school「大学院」の下位にあるのが undergraduate「学士課程」であり、そこに在籍する学生、つまり学部の学生も undergraduate と呼ぶ。アメリカでは大学院生に授業を教えさせたり、教授の助手をさせたりするのが一般的であるが、これらの学生を graduate assistant と呼ぶ。

Expression No.182-190

> **Ex.** When I am accepted to **graduate school**, I would like to be a **graduate assistant** to get free tuition.　大学院に受け入れられたら、授業料免除を受けるために、院生助手になりたい。
>
> **Ex.** When Ms. Fukushima was an **undergraduate** at Keio University, she majored in English literature.　福島先生は慶應大学の学部の学生の頃、英文学を専攻していました。
>
> **Ex.** Mr. Kimura **graduated from** Doshisha University in 1981 and works as a section manager at PanaHome now.　木村さんは1981年に同志社大学を出て現在はパナホームの課長をしている。

For Your Information

学歴と平均年収（アメリカ）

学歴	年収・ドル	円換算
高校卒	23,317 ドル	（約 280 万円）
学士	36,155 ドル	（約 434 万円）
修士	46,269 ドル	（約 555 万円）
博士	62,827 ドル	（約 730 万円）
＊専門学位	71,868 ドル	（約 862 万円）
大学を出ている者の全平均	40,753 ドル	（約 489 万円）

＊医学、法律、MBAの学位はアメリカでは専門学位として、他の学位と区別される。基本的には医学及び法律は博士、MBAは修士。

『現代アメリカ人に見る価値観』小山内 大　三修社

189　Hang in there!　がんばれ！

相手を励ますときの決まり文句。Hang in there! を直訳すると「そこでしっかりつかまっていろ」という意味だが、人生での困難な状態を崖っぷちにたとえ、そこの岩に懸命にしがみついていなければ、落ちて命を失ってしまう状態を比ゆ的に表している。Hang in there! には「決して自分をとりまく困難な状況に負けるな、そこで踏ん張れ」という意味がある。

> **Ex.** Linda, **hang in there!** Things will surely be all right with you soon.
> リンダ、がんばれ！きっとものごとはすぐにうまくいくよ。

190　have the time of one's life　最高の時間を過ごす

have the time of one's life の直訳は「人生の時間を過ごす」であるが、「人生の中でまさにその時間を過ごす」、つまり「最高の時間を過ごす」という意味で使われる。have the time of one's life は、have a good time「楽しい時間を過ごす」という一般的な言い方をより誇張した表現である。

> **Ex.** I wish you had joined me at Sam's party. I **had the time of my life**.
> サムのパーティーに君も行けばよかったのに。最高の時間を過ごしたよ。

☐	191	**Haven't seen you for ages**　長いこと会っていなかったね・しばらくぶり
☐	192	**Long time no see**　久しぶり・ご無沙汰しています

haven't seen you for ages の直訳は「何十年も会っていなかったね」で、かなり誇張された表現であるが、long time no see と同様「しばらくぶり」「ご無沙汰しています」という意味である。haven't seen you for ages は偶然に知り合いと出くわした場合にも多用され、また軽いジョークとして昨日会ったばかりでも使われることがある。

> **Ex.** **Haven't seen you for ages**. It must be five years since we last met.
> 長いことご無沙汰でした。前回会って以来5年ぶりだね。
>
> **Ex.** **Long time no see**, Joe. How have you been?
> 久しぶりだね、ジョー。どうしてたの？

☐	193	**health care**　健康管理
☐	194	**health insurance (card)**　健康保険（証）
☐	195	**public health care system**　国民健康保険制度

アメリカでは雇用されているからと言って、自動的に健康保険には加入できない。また健康保険に加入しても歯科医療については別途、加入しなければならない。

> **Ex.** The **public health care system** in the U.S. is inefficient.
> アメリカの国民健康保険制度は非効率的である。

☐	196	**heart attack**　心臓発作
☐	197	**heart failure**　心不全・心臓疾患

198 heart disease 心臓病

アメリカで死亡原因のトップは heart attack である。次に cancer「癌」、stroke「脳血管疾患」、emphysema「肺気腫」/ chronic bronchitis「気管支炎」、accidents「不慮の事故」の順である。ちなみに日本のそれは cancer、stroke、heart attack、emphysema / chronic bronchitis、accidents の順である。

> **Ex.** You almost gave me a **heart attack**. Don't scare me again.
> 君のせいで心臓発作を起こすところだったよ。二度とおどかさないでくれよ。

199 help yourself ご自由にどうぞ・(料理など)遠慮なくお取りください

この表現での help は料理などを自分の皿に取ることであり、help yourself は「あなた自身で取ってください」ということであるが、酒や料理などを自由に遠慮なく取って楽しんでくださいという意味がある。

> **Ex.** Dinner is ready on the patio. Please come out and **help yourself**.
> ベランダに夕食を用意しました。外に出てきて、遠慮なくお取りください。

200 Help Wanted 求人
201 Help Wanted ad/ads 求人広告

> **Ex.** Excuse me but I saw a **Help Wanted** sign on your door. May I ask you what kind of job is it, sir?　すみません、ドアにかかっている求人の張り紙を見たんですけど、どのような仕事でしょうか?

202 Hold on 待て(命令形で)・辛抱する・電話を切らずにいる
203 Hold it 動くな・待って・そのままで

Hold on は、命令形で「待て」という意味。「我慢する・辛抱する」という意味でもよく使われる。また「電話を切らずにいる」という意味で、受けた電話を取り次ぐ場合などに使われる。

Hold it は読者が周知のように、アメリカ映画の中で警察が銃をかまえて犯人に「動

くな」と言う場合に使われる表現である。この表現は、話しかけてきた相手の言葉をさえぎって、「ちょっと待って」という場合にも典型的に使われる。Hold it は写真を撮る場合に、「そのまま」「じっとして」の意味にも用いられる。

> Ex. **Hold on.** Things will be all right with you soon.
> 　　我慢しろよ、すぐに事はうまく運ぶから。
>
> Ex. Guys, **hold it**. Say cheese.　みんな、じっとして、はいチーズ

☐	204	**homecoming**	アメリカの大学の学園祭
☐	205	**home-grown**	(農産物が) 国産の・自分の畑でとれた
☐	206	**homemaker**	家にいて家事をする人
☐	207	**homebody**	家庭的な人・出不精な人
☐	208	**home economics**	家政学
☐	209	**home away from home**	我が家のように楽しいところ
☐	210	**Anybody home?**	誰かいますか?
☐	211	**get home**	家に帰る
☐	212	**I'm home**	ただいま
☐	213	**home alone**	家に1人でいる
☐	214	**home, sweet home**	我が家はいいなぁ
☐	215	**There's no place like home**	我が家にまさるところはない

　homecoming は、アメリカの大学の学園祭のことであるが、卒業生が母校に帰ってくるので、homecoming と呼ぶ。しかし多くの学生は、この日に大学のフットボールチームがアウェイから帰ってきてホームでゲームをするので homecoming と呼ぶのだと思っている。日本の大学の学園祭とは違って1日限りである。

　home away from home の直訳は「家から離れた家」で、自分の家から遠く離れたところだが、自分の家のようにくつろげる場所を意味する。Anybody home? は、誰かの家を訪ねて、その家の者から返答がないときに、「誰かいますか?」という場合に用いる。また、人の頭をコンコンとたたいて「脳みそはお留守ですか?」という場合にも用いる。get home は come home と同意で「家に帰る・戻る」を意味する。home, sweet home は、日本にはない表現だが、久しぶりに家に戻ったときに、「やはり自分の家はいいな」と口をついて出る表現である。

> Ex. There will be a **homecoming** parade on the campus before our football team plays against the University of Florida.　フロリダ大学と我々のフットボールチームの試合の前に学園祭のパレードがキャンパスであります。

| Ex. | These mushrooms are **home-grown**. They are a bit more expensive than their Chinese counterparts but they are good.　これらのキノコは国産です。中国からのものよりちょっと高いですけど、おいしいですよ。

| Ex. | Sorry guys, I became a **homebody** after we had a baby. I can't go out for a drink with you as often as I used to.　悪いけどね、子どもが生まれてから僕は家庭人になったんだ。昔のようにしょっちゅう酒には付き合えないよ。

| Ex. | After I lost the job, I became a **homemaker**. I'm enjoying cooking, doing laundry, and taking care of my kids.　仕事を失ってからね、僕は主夫になったんだ。料理して、洗濯して、子ども達の面倒を見て、楽しんでるよ。

| Ex. | I have to pick up my kids from kindergarten as soon as I **get home**.　家に帰ったらすぐに子ども達を幼稚園まで迎えに行くんだよ。

| Ex. | Hey, come to my place. My parents and my sister have all gone shopping, so I'm **home alone** now.　僕の家に遊びに来ないか？両親と妹は買い物に出かけたんだ。だから家に１人でいるんだよ。

216　homework (assignment)　　宿題

assignment は「課題・宿題」という意味。homework 自体でも「宿題」だが homework assignment はコースシラバスなどに書かれる正式な言い方である。

| Ex. | According to the course syllabus, we will have three **homework assignments** due every Monday in this class.　コースシラバスによれば、このクラスでは毎週月曜日提出の宿題が３つある。

217　How about that!　　それはすごい・たいしたものだ・わぁー

話し手の言葉を受けて、「それはすごい・たいしたものだ」と誇張した驚きを付け加える表現。

| Ex. | A: Our team had made it to Koshien and beat Komazawa Tomakomai once.
俺たちのチームが甲子園に行って、駒澤苫小牧を破ったことがあるんだ。
B: Wow! **How about that!**　ワー！　それはすごい！

	218	**(I) hope so.**	そうであればいいけど
	219	**(I) hope not.**	そうでなければいいけど

　(1) Hope so は希望的観測を表し、「そうなるといいね」「そうなればうれしいです」という意味で、希望どおりにものごとが進むことを期待する表現。逆に I hope not は「そうでなければいいけど」という表現で、話題のものごとが起きない・進まないことを希望する場合に用いる。

> **Ex.** A: Hey John, I wonder if we get paid tomorrow.
> 　　　ヘイ、ジョン、明日給料もらえるかな
> 　　B: **I hope so.** そうならいいけど。
> **Ex.** A: I heard that there's going to be an emergency sales meeting tomorrow. 明日緊急の販売会議があるって聞いたけど。
> 　　B: **I hope not.** I am sick and tired of meetings
> 　　　そうじゃなければいいけどな。会議にはうんざりなんだ。

	220	**hopefully**	うまくいけばね・できれば・願わくば

　hopefully は「うまくいけばね」「できればね」という意味で使われ、発話者に対する応答に用いる。例えば、We want to have one more baby「子どもがもう1人欲しいの」という言葉に対して、hopefully と答えれば「できればね」「願わくば」という意味になる。

> **Ex.** A: Yasuo, were you accepted to the graduate school of Kyoto University yet? 康夫、京大の大学院に合格したの？
> 　　B: **Hopefully.** 願わくばね。

	221	**How come?**	どうして？・なぜ？

　How come? は、同様な意味を持つ why?「なぜ？どうして？」より口語的な表現である。why と違い、その後の文章が平叙文でいいことが口語表現で多く使われる理由である。例えば Why were you late for the club meeting?「どうしてクラブのミーティングに遅れたの？」を How come を使って表現すると How come you were late for the club meeting? の語順になり、平叙文に How come を補うだけ

で、このように疑問文に変化する。How come? は Why? 同様、後ろに文章がなくてもそれ自体で使われることも多くある。

> **Ex.** **How come** she is always nice to me only when she wants something?
> どうして彼女は何かが欲しいときにだけ、僕によくしてくれるんだ？

222 How could you do this to me?
いったいどうしてこんなひどいことを？

How could you do this to me? は、「どうして、こんなひどいことを」と相手に対する強い非難を表す表現で、「いったい全体どうして私にこんなことをしたの？」という驚きとともに強い怒りを表すときに用いられる。

> **Ex.** You are dating somebody else. **How could you do this to me?**
> あなたは他の人とも付き合っているのね。いったいどうしてこんなにひどいことを私にできるの？

223 How do you like ~ ?　～はいかがですか？・～はどうですか？
224 How did you like ~ ?　～はいかがでしたか？・～はどうでしたか？

How do you like ~? は、まず相手に「～はいかがですか？」と何かを勧めるときの決まり文句で、How about ~ より丁寧な言い方である。また「～はどうですか？」と相手の感想などを聞く場合に用いられる。How did you like? は「～はいかがでしたか？」という相手のした経験を、それがどのようなものであったか聞く表現である。

> **Ex.** A: **How do you like** your coffee, sir?
> 　　　コーヒーはどのようにしましょうか？
> 　　B: I would like my coffee black.　ブラックでお願いします。
>
> **Ex.** **How do you like** your school? Med school keeps you busy, doesn't it?
> 　　学校のほうはいかがですか？ 医学部は忙しいんじゃない？
>
> **Ex.** A: So, you went to Sydney, Australia. **How did you like** it?
> 　　　それで、オーストラリアのシドニーに行ったんでしょ？　どうだった？
> 　　B: It was a fantastic place.　すばらしいところだったよ。

	225	**How did it go?**	(それは) どうだった？
	226	**Keep going**	続けて
	227	**(It's) no go**	駄目である・無駄である・不可能
	228	**I'm gone**	そろそろ帰るよ・行くよ

　How did it go? は「〜はどうだった」と聞く場合の決まり文句。go には「成功」という意味がある。(It's) no go の基本的な意味は「成功しない」であり、「駄目・無駄・不可能」という意味に用いられる。I'm gone は「そろそろ帰る・行く」という意味のくだけた言い方。It's time to go.「もう帰る時間だ」、I have to go (now)「そろそろ帰ら (行か) なければ」などの表現も一緒に覚えておこう。

> **Ex.** So you took a job interview today. **How did it go?**
> 今日就職の面接受けたんだよね、どうだった？
>
> **Ex.** Please **keep going**. I'm listening.
> どうぞ、お話を続けてください。聞いていますから。
>
> **Ex.** **It's no go** to study for finals. I skipped too many classes this semester.
> もう期末試験のために勉強しても無駄だね。今学期は授業をサボりすぎたよ。
>
> **Ex.** Sorry Blair, **I'm gone**. I'm drunk and missing my wife and kids.
> ブレア、悪いけど帰るよ。酔っ払ったし、家内と子ども達が恋しいしね。

	229	**I am easy (to please)**	かまいません・それで結構です

　この表現を直訳すると「私は簡単に (喜ぶ)」という意味で、食べ物や飲み物を出された場合に、「私は簡単に喜ぶので、出された物は何でもいただきます」という、相手の勧めを快く受ける場合に使用する。

> **Ex.** A: Would you like spaghetti and garlic toast for dinner?
> 夕食にスパゲッティとガーリックトーストはいかがですか？
> B: Yes, sure. **I am easy to please.** はい、もちろんそれで結構です。

	230	**I beg your pardon**	すみません・失礼しました
	231	**I beg your pardon? / Pardon? / Pardon me?**	
		(上がり口調で) もう一度言ってください	

Expression No.225-233

この表現は「すみません」「失礼しました」という小さな過失を詫びるときの丁寧な言い方。また見知らぬ人に話しかけるときや相手の意見に異議を述べるときなどにも用いる。Excuse me と同様の意味と使い方をするが、この表現のほうが多少丁寧でもったいぶった感がある。おそらく pardon はフランス語が語源で、フランス語を使うということはアメリカ人にとっては多少粋で洗練された感じになるのだろう。

また語尾を上がり口調にすると、相手の言っていることを聞き逃した場合に「もう一度言ってください」という意味になるし、相手の言っていることに驚きを表して「え？もう一度言ってください」という意味にもなる。Pardon? / Pardon me? だけでも「もう一度言ってください」という意味であるが、多少くだけた言い方になる。

> **Ex.** a tyrant husband: Get me my dinner now!
> （暴君的夫）：夕飯を持ってこい！
> a defiant wife: **I beg your pardon?** That's not the way you are supposed to speak to your wife.
> （挑戦的な妻）：何だって！もう一度言ってよ。それは女房に対する口のきき方じゃないのよね。

232　I can tell you　本当だよ

I can tell you の直訳は「あなたに言うことができる」であるが、「言っていることが本当だから、あなたに言える」または「本当であるということをあなたに言える」というニュアンスがある。アメリカ人がよく使う表現で、自分が言っていることが「本当である」ということを相手に信じてもらいたい場合、また自分の言っていることに相当な確信がある場合などに用いる。

> **Ex.** The Japanese economy will slow down for the next few years. **I can tell you.** 　日本の経済はこれから数年失速するだろうな。本当だよ。

233　I can't thank you enough　お礼の申しようもございません

I can't thank you enough の直訳は「十分に感謝できない」であるが、最も大きい感謝の気持ちを表す表現で、「言葉では、私の感謝の気持ちは表しようがない、それくらい感謝をしています」という意味である。

> **Ex.** You just saved my life. **I can't thank you enough.**

> あなたは私の命の恩人です。お礼の申しようもございません。

234　I can't argue with that　まったく同意見です

I can't argue with that の直訳は「それについて議論できない」だが、実際は「あなたが言っていることは、的を射ているし納得できる」という意味で、相手の話や意見に対して同意を表す表現である。

> Ex. A: SMAP is the best pop music group in Japan.
> 　　　スマップは日本で最高のポップグループだよね。
> 　　B: **I can't argue with that.**　まったくそのとおりね。

235　I don't believe so/it　そう思わない
236　You'd better believe it　本当だよ・間違いない

I don't believe so/it は、I don't think so の誇張した言い方。You'd better believe it の直訳は「それを信じたほうがいい」であるが、自分の言ったことに念を押す場合などに用いる。

> Ex. A: Do you think we can get a bigger bonus this year because our company has been doing a lot better than last year?　今年のボーナスは去年よりいいと思う、だって我が社の業績は昨年よりずっといいからね？
> 　　B: **I don't believe so.** They don't think much of us.
> 　　　そうは思わないね。会社は我々のことをそれほど考えていないんだよ。
>
> Ex. A large tornado touched down in Hokkaido. **You'd better believe it.**
> 　　大きな竜巻が北海道で起きたんだって、本当だよ。

237　I don't care　かまいません・気にしません・どっちでもいいです

I don't care は「かまいません」「気にしません」または「どちらでもいいです」という意味だが、「どうでもいい」「なんでもいい」「どちらでもいい」（どちらにも興味がない）という、なげやりでぶっきらぼうな表現にもなる。

> Ex. A teacher: Hey kids, do you want to play a little game or continue

studying?
教師：みんな、ちょっとゲームをやろうか、それとも勉強を続けようか？
A student: **I don't care.**
生徒: どっちでもいいよ（どちらにも興味ないけど）。

238　I doubt it　（疑いの気持ちを持って）そうかなぁ？・そうは思わない

I doubt it は、疑いの気持ちを表す常套句。また不賛成や不一致の気持ちも表す。

Ex. A: Tiger Woods will win the Master's again this year?
　　タイガー・ウッズは今年もマスターズで勝つかな？
B: **I doubt it.**　そうは思わないな。

239　I have no problem with that　（それについては）問題ないよ

I have no problem with that の直訳は「（それについては）問題ない」だが、実際にはかなり肯定的な意味に使われている。ある提案や意見に対して積極的に「それに賛成する」という意味合いを含んでいる。

Ex. A: Why don't we hire a new secretary for our department?
　　この学科に新しい秘書を雇うのはどうですか？
B: OK, **I have no problem with that.**　ええ、賛成です。

240　I have something for you
つまらないものですが（人に何かをプレゼントするときに）

誰かにプレゼントをあげるときの常套句。I have something for you と前置きして、具体的なプレゼントの内容を言わないのは、相手にそれが何なのか期待を抱かせる効果もある。ちなみにアメリカではプレゼントをもらったらその場で開けてみるのが相手に対する礼儀である。

Ex. A: **I have something for you.**　これ、つまらないものだけど。
B: Oh, that's very nice of you.　え、ありがとう。
A: It is just a music CD but you might like it.

> ただの CD だけど、君が好きだろうと思って。

241 I love it! 大好き！・すてき！・すばらしい！

I love it! は I like it very much と同じ意味の表現であるが、話者の感情移入が表現されている。この表現は男性より女性に好まれ、感情的に「わぁ、これ大好き！」「すてき！」「すばらしい！」という言い方である。

> **Ex.** A: Did you like the last Matrix?　前回のマトリックス（映画）よかったかい？
> B: **I loved it!**　すごくよかったわ。

242 I mean it　本気だぞ・本気で言っているんだ
243 if you know what I mean　私の言いたいことはわかるよね
244 You can't mean that　まさか・本気じゃないよね

I mean it の直訳は「私はそれを意味する」であり、直前に言ったことに続けて I mean it と言えば、「自分の言っていることは本気である」と念を押す表現になる。

if you know what I mean の直訳は「もし私の意味していることが、わかるなら」で、「言葉でうまく表せないけれど、私の言いたいことはわかってくれるよね？」など、相手の理解を求める言い方である。

You can't mean that の直訳は「（あなたは）それを意味しているはずがない」で、相手の言っていることが、信じられない場合に、「まさか」「うそでしょ」「本気じゃないよね」の意味で用いる。

> **Ex.** I won't work nightshifts anymore. It'll kill me. This time, **I mean it.**
> 夜勤はもうしないよ。体がもたない。今回は本気で言ってるんだ。
>
> **Ex.** I really care for you but I have a wife and kids. I can't leave them **if you know what I mean.**　君のこと本当に好きだけど、私には妻も子どももいる。彼らを置き去りにするわけにはいかないよ。私の言いたいことはわかるね。
>
> **Ex.** Are you telling me that you are quitting your job and are going to Afghanistan? **You can't mean that.**　あなた、仕事を辞めてアフガニスタンに行くって言うの？　本気じゃないわよね。

245 I owe you one　一つ借りができました・恩にきるよ

I owe you one は「私はあなたに、一つよくしてもらった恩がある」で、相手の好意に対して「感謝します、あなたには一つ借りができました」という意味。この表現を使えば、単に Thank you という言い方より自分の感謝の気持ちをよく表せる。とくにレストランやバーなどで相手におごってもらったときに I owe you one が多用される。

> Ex. Thanks for taking me to that nice seafood restaurant. **I owe you one.**
> すばらしいシーフードのレストランに連れてきてくれてありがとう。一つ借りができました。

246 I was just wondering　ちょっと聞いて（思って）みただけ

例えば、発話者 Y が「A 君と B さんが付き合っているのか」を友人に質問する。すると友人 X は「そう思うけど、でもどうしてそんなことを聞くの？」と問い返す。発話者 Y は B さんに好意を寄せているが、そのことを友人 X には知られたくない。このような場合に I was just wondering「ちょっと聞いてみただけ」を使う。I was just wondering は相手に対して、質問の理由をあからさまにわかって欲しくない場合に用いる。

> Ex. A: Why are you asking so many questions about Hiroshi and Midori?
> どうして、ひろしとみどりのことをそんなに聞くの？
> B: **I was just wondering.**
> ちょっと聞いてみただけだよ。

247 I'll be glad to / I'd be glad to　喜んで

この表現はパーティーや催しなどの誘いに答えて「喜んで」とその誘いを受ける場合に用いる。

> Ex. A: I wonder if you could come to our potluck party for supporting disabled children?
> 身体障害児を支援するためのポトラックパーティーに来てもらえますか？
> B: **I'll be glad to.**　喜んで参加します。

248 I'll be right there　今すぐ参ります・ちょっと待ってください

I'll be right there を直訳すると「今すぐそこに行きます」という意味。とくに銀行やデパート、駅の窓口など客商売のところでは、順番に顧客に対応する場合、他の客に待ってもらわなければならない。そういう場合 I'll be right there「今すぐ参ります」は、客の気分を害さないように待ってもらうために使用する。しかもこのように言うことによって、相手に「あなたのことを無視しているわけではありません、このお客様が済み次第、すぐにあなたのもとへ参ります」というニュアンスがある。

> **Ex.** A: Help! Someone broke into our house!
>   （電話で）助けて！誰かが私たちの家に押し入ったの。
> B: **We will be right there**, ma'am.
>   （警察）奥さん、そちらへ直行します。

249 I'll be with you shortly　すぐに参ります（ちょっとお待ちください）

I'll be with you shortly は前出の I'll be right there とほぼ同じ意味で、使われ方も同様である。ただ I'll be with you shortly は you（あなた）が基本で、I'll be right there は there（場所）が基本である。だから警察が現場へ急行する場合は I'll be with you shortly とは言わない。また I'll be with you shortly は学校の授業などで、学生数名から同時に質問があった場合、ある学生の質問を優先させ、残りの学生達に順次答えていかなければならないような場合に、待ってもらっている学生達に、I'll be with you shortly と言えば「すぐにあなたの質問を受け付けます、ちょっと待ってね」という意味である。I'll be with you in a minute という言い方もする。

> **Ex.** A: Excuse me Ms. but I don't know how to fill out this form.
>   すみませんが、この書類の書き方がわからないんだけど。
> B: **I'll be with you shortly.** I just need to finish answering the phone.
>   ちょっとお待ちください。この電話を終えたら、すぐに参ります。

250 I'll call you (right) back
（すぐに）折り返し電話します・こちらから電話します

251 May I ask (you) who's calling?　（電話で）どちら様ですか?

I'll call you back の直訳は「あなたがかけてきた電話をあなたに戻します」で、

back には「返す」という意味がある。電話をかけてきた相手に、「折り返しこちらから電話します」という常套句。また I'll return your call「折り返しこちらから電話します」も I'll call you back と同様に頻繁に使用される表現である。

　May I ask you who's calling? は、電話をかけてきた相手に「どちら様ですか？」とたずねるときの決まり文句。もちろん May の代わりに Can も使われる。

> **Ex.** **I will call you right back** as soon as the meeting is over.
> 　　会議が終わり次第、こちらから電話をします。
>
> **Ex.** A: Hello, is Koshikawa-sensee there? 　もしもし、越川先生お願いします。
> 　　B: **May I ask who's calling?** 　どちら様ですか？
> 　　A: Oh, my name is Sean Kennedy. I'm calling from Ontario, Canada.
> 　　　私はショーン・ケネディと申します。カナダのオンタリオから電話しています。

252　I'll get back to you (on that)　後ほど返答します

　I'll get back to you の直訳は「あなたに戻ります」だが、実際は「あなたの質問や相談に、あとで戻ります」という意味。この表現がよく使われる典型的なシチュエーションは学校の教室で、授業中教師が難しい質問を受けて返答に困った場合、I'll get back to you on that と言えば、「その質問についてあとで調べてきて、あなたに答えます」という意味になる。また電話などで「今忙しいので、用件が済んだらすぐにあなたの話を伺います」という意味にもなる。

> **Ex.** Sorry Jodie, I don't have the answer. **I will get back to you on that.**
> 　　すまないがジョディー、その質問については返答できないんだ。あとでそれについて調べてから、返答するよ。

253　I'll get it/that　（電話で）私が出ます
254　Can/Could I take a message?　（電話で）何か伝言がありますか？
255　toll-free　フリーダイヤル
256　pay phone　公衆電話

　I'll get it/that は「電話に出る」という表現だが、この場合の get は「グイッと受話器をつかむ」というような意味がある。Can/Could I take a message? は「何か伝言は

ありますか?」という決まった言い方である。toll は「料金」という意味で toll-free は「フリーダイヤル」、アメリカの「フリーダイヤル」は 1-800 か 1-888。

> **Ex.** A: Hey, the phone is ringing. Is anybody going to answer it?
> 電話が鳴ってるよ。誰か出てくれない?
> B: **I'll get it.** 私が出るわ。
>
> **Ex.** A: Hello, this is Rebecca Oxford of New York University. I wonder if Yuki is available? もしもし、ニューヨーク大学のレベッカ・オクスフォードですが、友紀さんはいますか?
> B: She is not home right now. **Can I take a message?**
> 今おりませんが、何か伝言がありますか?
>
> **Ex.** To order our products, call **toll-free** at 1-800-222-1122.
> 私どもの製品を注文して頂くには、フリーダイヤル 1-800-222-1122 まで。

257 **in a hurry** 急いで・あわてて
258 **in a rush** 急いで・あわてて

in a hurry、in a rush は「急いで」「あわてて」という意味の熟語であるが、in the middle of being in a hurry/rush「急いでいる途中で、あわてている最中に」と考えれば合点がいくだろう。

> **Ex.** Sorry I can't make time for you. I am **in a hurry** to pick up my daughter at the station. すまないけど、君を相手にしている時間がないんだ。娘を駅まで迎えに行くので急いでいるんだよ。

259 **in good health** 健康である
260 **in bad/poor health** 体調が悪い

in good health は文字どおり「健康な状態で」という意味である。健康状態を聞かれた場合に、I am in good health.「健康ですよ」と表現するのが一般的な答え方である。反対に体の調子が悪いかまたは病気の場合には in bad/poor health と表現する。同様な表現に in good/bad shape という言い方がある。

> **Ex.** Although my father is 70 years old and drinks and smokes, he is still **in**

good health. 父は70歳、酒を飲むしタバコも吸うが、いまだに健康である。

	261	in my opinion	私の意見では
	262	from my perspective	私の考え・見解では
	263	from my point of view	私の見解では

　　in my opinion の直訳は「私の意見では」だが、このように自分の意見を述べるときに前置きしておくと、自分の意見や考え、主張をソフトにする効果があり、「もしかしたら自分の意見が間違っているかもしれません」という謙虚さも出る。in my opinion は日本語の特徴である「〜と思いますが」という直接的な主張を避ける言い方に似ている。from my perspective「私の考えでは」、from my point of view「私の見解では」という表現も一緒に覚えておこう。

> **Ex. In my opinion**, I think we should never have sent our troops into Iraq.
> 私の意見では、イラクへ軍を送らなければよかったと思います。

	264	in the red	赤字で
	265	in the black	黒字で

　　in the red という表現は1926年以降アメリカで使われ始めた表現で、企業の帳簿係が借金や損失などを伝統的に赤字で記していたことに由来する。

> **Ex.** Since my father was laid off, our family budget has always been **in the red**. 父が一時解雇になって以来、家計はいつも赤字です。

	266	income tax	所得税
	267	annual income	年収
	268	earned income	勤労所得
	269	personal income	個人所得
	270	household income	世帯所得
	271	taxable income	課税対象になる収入
	272	national income	国民所得

　　どこの国民もそうだが、アメリカの社会人に最も興味があるトピックが所得である。

アメリカは年俸制をとる企業が多く、アメリカ人は自分の成功を年収ではかり、年収の額で他人と競争していると考える国民なので、annual income はアメリカ人が最も気になっていることの一つである。2006年度のアメリカ人の average annual income「平均年収」は 34,685 ドル。income tax「所得税」には 2 種類あって、state income tax 「州所得税」、federal income tax「連邦所得税」がある。average household income「平均世帯所得」は 44,389 ドルである。(U.S. Department of Commerce, Bureau of Economic Analysis)

> **Ex.** My **annual income** last year was a bit over $110,000.
> 昨年度の私の年収は 11 万ドルを少し超えた。

☐	273	**inside out**	裏表に・裏返しに
☐	274	**upside-down / upside down**	逆さまの・裏返しの・ひっくり返った
☐	275	**turn ~ upside down**	~をひっくり返す

この表現の直接の意味は inside「内側」が out「外側」になっているということで、服やソックスなどが「裏表」になっている状態を表す。物が逆さまになっている場合は upside-down と表現する。upside は上を向いている面、または表面のことで、それが down「下」の方を向いている、つまり upside-down はものごとが逆さまになっていることを意味する。「ひっくり返す」は turn という動詞を使って turn ~ upside down と表現する。

> **Ex.** You are wearing your socks **inside out**.　ソックスを裏表に履いてるよ。
>
> **Ex.** You placed the CD in the disk player **upside-down**. It won't play any music.　CD を逆さまに（CD プレーヤーの中に）置いたよ。それじゃ音楽はかからないよ。
>
> **Ex.** My kid **turned** the flower vase **upside down** and the floor got soaked with water.
> 子どもが花瓶をひっくり返しちゃって、床がびしょ濡れになっちゃったよ。

☐	276	**Is this seat taken?**	この席空いていますか？

Is this seat taken? は「このイスは（誰かに）取られていますか」という意味で、空いている席が、他の誰かによって先に取られていないか確認する表現である。この表現は映画館、野球場、コンサート・ホールなどどこででも使える。

Expression No.273-279

> **Ex.** A: Excuse me. **Is this seat taken?** すみません、この席は空いていますか？
> B: Sorry, my wife will be back in a minute.
> 申し訳ないですが、家内がすぐに戻ってくるんですよ。

277　It's on me　おごるよ

　It's on me は It is on my tab. または It is on my bill.「料金は私の領収書/勘定書きに」という意味で、「飲み食いした料金は私が払います」つまり「私のおごり」という意味。

> **Ex.** A: How much do I owe for the drink?　俺の分の酒代はいくら？
> B: Don't worry. **It's on me.**　心配するなよ、おごるよ。

278　It's ten to five　5時10分前

　人に時間を尋ねるときの決まり文句は、What time is it now? だろう。他にも、Do you have the time? という表現もよく使われる。この It's ten to five は、「5時まで10分です」、つまり、「4時50分です」という意味である。ちなみに、It's four fifty という表現は、正確であるにもかかわらず、あまり耳にしない。同様に、「5時10分過ぎ」は、It's ten past five となる。

> **Ex.** A: What time is it in London now?　ロンドンでは今何時ですか。
> B: **It's ten to five.**　5時10分前です。

279　It's time to go / Time to go
そろそろ失礼する時間だ・もう時間だ、行くよ

　It's time to go / Time to go は「そろそろ失礼する時間です」という、別れを告げるときに使われる。また相手を急がせるときにも使われ「もう時間だ」という意味にも用いる。

> **Ex.** Hey, we will be late for the wedding. **It's time to go.**
> 結婚式に遅れるぞ、もう行く時間だよ。

280　I've had a great/lovely time　楽しかったです

パーティーやディナーに招待され、別れ際で言う常套句。I've had a great time は文字どおり「すばらしい時間を過ごしました」という意味で、相手の準備や好意そして苦労などをねぎらう意味でもある。

> **Ex.** Thank you for the nice party. **I've had a great time.**
> すてきなパーティーでした、どうもありがとう。楽しかったです。

□	281	**job hunting**	就職活動・職探し
□	282	**job interview**	就職のための面接
□	283	**job opening**	求人
□	284	**jobless**	失業中
□	285	**job description**	職務内容の記述
□	286	**job title**	肩書き
□	287	**job advertisement (ads)**	求人広告
□	288	**job market**	求人市場
□	289	**job security**	雇用の安定性
□	290	**job site**	仕事場
□	291	**clerical job**	事務職

　job hunting は文字どおり「仕事狩」という意味、つまり「仕事を探し回ること」である。job に関連した表現は TOEIC に多く出題されているので、まとめて覚えるといい。アメリカでは大学在学中に職探しはしない。就職活動はあくまで大学を卒業した後に行うので、各大学には career services（就職支援サービス）と呼ばれる就職支援センターがあるが、学生の就職探しに責任は負わない。

> **Ex.** College students in Japan nowadays start **job hunting** in their junior year.　日本の学生は最近、3年次に就職活動を始める。
>
> **Ex.** Makoto Kudo, a senior at Kansei Gakuin has been busy with **job hunting**.　関西学院の4年生、工藤まこと君は就職活動で忙しくしている。
>
> **Ex.** Check **job ads** in Sunday's newspaper. You may land a steady job.　日曜日の新聞の求人広告をチェックしてみたら。ちゃんとした仕事につけるかも。
>
> **Ex.** Please report to our office tomorrow at three p.m. for a **job interview**.　明日午後3時に、面接のために私どものオフィスへいらしてください。

> **Ex.** Nowadays, university students are more concerned with **job security** than salary.
> 最近の大学生はいくら稼ぐかより雇用の安定性の方を重要視している。

	292	**junk food**
		脂肪や糖分過多の食べ物（フライドポテト、ポテトチップ、ハンバーガーなど）
	293	**finger food**
		手でつかんで食べる食べ物（ハンバーガー、フライドポテト、ホットドッグなど）
	294	**junk mail**　　意味のない、悪質な、ゴミ箱行きのメール
	295	**junkyard**　　使われなくなった車の廃棄場

　　junk は「ゴミ」という意味。junk food の定義は「高カロリーだが栄養のない食べ物」である。一般的にはハンバーガー、ホットドッグ、フライドポテト（英語で french fries）、ポテトチップ、ポップコーンなど手軽に食べられるものを指す。これらの食べ物を junk と呼ぶが、たいていのアメリカ人はこれらの食べ物が大好きである。これらの食べ物を finger food とも呼ぶ。junk mail とは不必要なゴミ箱行きのメールのこと。junkyard は車の廃棄場だが、通常は店または工場として営まれ、廃車から使える部品などを取り外し、それらを販売している。

> **Ex.** Kids love **junk food** and even grown-ups like it.
> 子ども達はジャンクフードが大好き、大人でさえ好きだからね。

	296	**keep it down**　　（もっと）静かにして

　　keep it down の it は物音や話し声を指す。それらの音のボリュームを down して、down した状態を keep すると考えると、この表現は合点がいく。この表現は、子どもや友達同士など、自分と対等かそれ以下の関係で使われる。

> **Ex.** Class, **keep it down**. I will take your attendance.
> ちょっと静かにして、これから出席をとります。

	297	**keep one's cool**　　冷静さを保つ・冷静でいる
	298	**lose one's cool**　　冷静さを失う

cool は「冷静さ」という名詞。keep one's cool は文字どおり「冷静さを保つ」という意味である。stay cool も「冷静でいる」という意味で keep one's cool と同様な意味である。

> **Ex.** Even when he went through a nasty divorce, he **kept his cool**. Nobody in his office knew that he went through such a tough time.
> ひどい離婚を経験したときでさえも彼は冷静さを保っていて、彼の会社の人間は誰一人それに気が付かなかった。

299 keep my fingers crossed 幸運を祈ります

keep my fingers crossed の直訳は「私の指をクロスさせておきます」で、この言葉を言うときにそのとおりのジェスチャーをする場合が多い。このジェスチャーは相手の幸運を祈るためのもので、中指を上にして人差し指と交差させ、手の甲を相手側に向けて交差した指を見せるようにする。人によってはジェスチャーなしで、keep my fingers crossed と言うこともある。for you をつけて keep my fingers crossed for you という言い方もする。

> **Ex.** My cousin went missing in Thailand when the tsunami hit the area. I am **keeping my fingers crossed** that she is OK.
> 私のいとこは津波が襲ったときにタイにいて、行方不明になった。彼女が無事でいることを祈るだけだ。

300 Keep the change 釣り銭はとっておいてください・お釣りはいりません
301 Exact change, please お釣りがないので、ちょうどの額をお願いします

change は「小銭」または「釣り銭」という意味である。Keep the change は「お釣りはいらないから、とっておいて」という意味に用いる。Exact change, please は、物を買って、お金を払う際、店側から「お釣りがないので、ちょうどの額をお願いします」という意味で用いる。

> **Ex.** Here you go, 15 dollars. **Keep the change**.
> はい、15 ドル。釣り銭はとっておいて。
>
> **Ex.** A: How much is this antique typewriter?

このアンティークのタイプライターいくら？
B: It's $18.50. **Exact change, please.**
18ドル50セントです。お釣りがないので、ちょうどの額をお願いします。

302 Keep up the good work　いい仕事を続けなさい
303 Keep it up　頑張り続けなさい

　keep up the good work / keep it up は相手をほめるときに使う表現で「今回の出来はすばらしいが、同じレベルの努力を続けてほしい」という励ましの意味に使う。アメリカの学校では、生徒をとにかくほめて教育するので、生徒がいい仕事をした場合、それをまずほめてその努力を継続するように励ます。keep up the good work / keep it up は同時に「努力を怠るな」という間接的な戒めの意味も含む。

Ex. This is a well-written composition. **Keep up the good work.**
これはよく書かれた作文です。よい仕事を続けてください。

304 kick the habit　悪い習慣をやめる

　kick the habit の直訳は「その習慣を蹴り飛ばす」であるが、ここで言う習慣とは悪い習慣のことで、とくに麻薬、酒、タバコ、夜更かしなどを指す。kick には「悪い習慣をきっぱりやめる」というニュアンスがある。kick の前に bad, nasty などの形容詞を入れて用いられることがある。

Ex. You have to **kick the** nasty **habit** of smoking.
タバコを吸うというひどい習慣はやめなさい。

305 Knock, knock　ドアをノックしてますよ・これから入りますよ

　英語圏では、部屋のドアが開いていて、中にいる人が見える場合は、ノックをしないで、Knock, knock と言って、相手に自分がこれから中に入ることを知らせる習慣がある。フレンドリーでユーモラスな表現である。

Ex. A: **Knock, knock.**　ノック、ノック。
B: Come on in. Nice to see you Bill.

　　　　お入りください。会えてうれしいよ、ビル。
　　A: Thank you.　ありがとう。

☐	306	**laptop (computer)**	ノート型パソコン
☐	307	**desktop (computer)**	卓上型コンピューター
☐	308	**URL (Uniform Resource Locator)**	ホームページのアドレス

　lap は「膝」、top は「上」、laptop computer は小さくて持ち運べるので、膝の上に置いて使うコンピューターという意味。単に laptop とも呼ぶ。同様に desktop は「机の上」に置いて使われるコンピューター。単に desktop とも呼ばれる。

Ex. I want a new **laptop computer** with a wireless LAN. It has to be very light in weight.　新しい無線ＬＡＮつきのノート型パソコン欲しいな。とても軽くなければだめだね。

☐	309	**Leave me alone**	放っておいてくれ・1人にしておいてくれ

　Leave me alone はかなり強い感情的な表現で、「放っておいてくれ」「1人にしておいてくれ」という意味。何かの理由で人に会いたくない、誰とも話したくないという状況で使われる。また自分のプライバシーが欲しい場合にも用いられる。

Ex. I told you I never want to see you again. **Leave me alone!**
　　あなたにはもう二度と会いたくないって言ったじゃない。1人にしておいて！

☐	310	**local call**	市内通話
☐	311	**long-distance call**	遠距離通話・長距離電話
☐	312	**international call**	国際電話
☐	313	**area code**	市外局番　（アメリカ・オーストラリア）
☐	314	**country code**	国際電話国番号・国識別コード
☐	315	**make a call**	電話する

　local は「地元」という意味であり、local call は「市内通話」を意味する。long-distance call「遠距離通話」は市内通話以外に用いる。アメリカでは自分の住んでいる地域以外また州外にかける場合に long-distance call になる。make a call は「電

話する」という最も一般的な言い方。make a local call「市内に電話をする」、make a long-distance call「長距離電話をかける」、make an international call「国際電話をかける」などの言い方も覚えておこう。

> **Ex.** Operator, I would like to make a **long-distance call** to Flagstaff Arizona. What is the area code of that city? すみません、アリゾナ州フラッグスタッフに電話したいのですが、市外局番は何番ですか？
>
> **Ex.** When you call Kyoto Japan, from the U.S., dial Japan's **country code** 81, then dial the **area code** for Kyoto 75, then dial the number you want to reach. アメリカから京都に電話するときには、日本の国番号81を回して、次に京都の市外局番75、そしてあなたがかけたい番号を回す。
>
> **Ex.** May I use your phone? I'll make **a local call** so it's free. Don't worry. 電話使ってもいい？　市内にかけるから無料。心配しないで。

☐	316	**look for**	探す
☐	317	**look into**	調べる・研究する・中をのぞく
☐	318	**look over**	ざっと見渡す
☐	319	**look up (to)**	尊敬する・見上げる

　動詞lookには「注意を払って目を凝らして見る」という意味があり、前置詞forには「〜を求めて」というニュアンスがある。look forの本来の意味はこのように「〜を求めて、注意深く目を凝らす」であり、「〜を探す」という意味に使われる。

　intoは「〜の中に」という意味の前置詞である。つまりlook intoの基本的な意味は「目を凝らして、注意深く中をのぞく」であり、この意味から「調べる」「研究する」という意味が派生した。

　look upは文字どおり「見上げる」だが、比ゆ的に「人を見上げる＝尊敬する」の意味で使われ、この意味のほうがよく使われる。「〜を尊敬する」という場合はlook up to〜の形になる。

> **Ex.** I have been **looking for** a man with a heart of gold. But of course, there's no such man on earth.
> 黄金の心を持った男の人を探してきたけど、もちろんそんな男はいないわ。
>
> **Ex.** Police are **looking into** the murder case of the drug-addicted actress.
> 警察はその麻薬中毒の女優の殺人事件を調べている。
>
> **Ex.** I **look up to** people like Mother Teresa who are self-sacrificing for the

poor. 私は貧しい人たちのために自分を犠牲にするマザー・テレサのような人を尊敬する。

320 Lord have mercy! (感嘆詞) おやまぁ、なんてこと
321 Mercy me! (同上)

Lord have mercy! の直訳は「神の慈悲がありますように！」だが、感嘆詞として用い「おやまぁ、なんてこと」など驚きを表す。レゲエの神様 Marvin Gaye「マービン・ゲイ」の代表曲に Mercy, Mercy Me という歌がある。

Ex. **Lord have mercy!** Rebecca, you got a tattoo on your ankle. I can't believe you did such a crazy thing! おやまぁ、なんてこと！ レベッカ、足首に刺青いれたのね。あんたがそんなバカなことするなんて信じられないわ！

Ex. Oh, **mercy, mercy me.** やれやれ、なんてこった
Oh, things ain't what they used to be, no, no. もう今と昔は大違いだ
Oil wasted on the oceans 石油が海を汚し
and upon our seas fish full of mercury. 海の中では水銀に汚染された魚
(Marvin Gaye 1971)

322 love is blind 恋は盲目

シェイクスピア（Shakespeare）にも引用されている古いことわざである。

Ex. As people say, **love is blind**. I should have married when I felt like that.
「恋は盲目」って人は言うけど、そのように感じたときに結婚しておくべきだったなぁ。

323 Make a wish! 願いごとをしなさい！

この表現が使われるのはバースデイケーキのろうそくを吹き消すとき、また流れ星を見たときである。このときに自分の希望を願えばかなうと言われている。

Ex. OK, blow out the candles on your cake and **make a wish**!
OK、ケーキのろうそくを吹き消して、願いごとをしなさい。

Expression No.320-329

☐	324	make it	やり遂げる・成功する
☐	325	make it (to) ~	～（に）間に合う
☐	326	You've got to make it!	成し遂げろ！（がんばれ！）
☐	327	You can make it!	君ならできる！（がんばれ！）

　make it は最も頻繁に使われる表現の一つである。まずこの表現は人を励ますときにアメリカ人が好んで使い、You've got to make it!「成し遂げろ！」、You can make it!「君ならできる」の形で表現する。この表現はまた「間に合う」という意味に使われ「～(に)間に合う」は make it (to) ~ の形で表される。

> **Ex.** No matter how hard it is to finish a full marathon at my age, I will **make it**. この歳で、フルマラソンを走りきることがどんなに難しくても、私はやる！
>
> **Ex.** I've got to **make it to** a 7 o'clock flight to Hokkaido.
> 7時の北海道行きの飛行機に間に合わなければなりません。
>
> **Ex.** If you love her, go get her! I know **you can make it**.
> 彼女を愛しているのなら捕まえてこい！ 君ならできる。
>
> **Ex.** You can't fail the exam if you want to graduate. **You've got to make it!** 卒業したいなら、その試験には失敗できないよ。成し遂げろ！

☐ **328** **Make it snappy** 早くしなさい・てきぱきとしなさい

　snappy は「元気がよい」「活発な」という意味。Make it snappy は相手に「早くしなさい」「テキパキとやりなさい」という多少強制的な意味合いがある。

> **Ex.** Come on! **Make it snappy.** We have to make it to Narita by 3 p.m.
> 早く！ 成田に午後3時までには着かなきゃならないんだから。

☐ **329** **make money** 金を儲ける・稼ぐ

　アメリカ人が好きな言葉である。make には「(金を)儲ける、(利益を)得る」などの意味がある。make money は「金を稼ぐ・儲ける」という意味の最も一般的な表現であり、make だけでも「金を稼ぐ」という意味になることがある。

> **Ex.** Although I don't want to, I have to work nightshifts to **make** more

money. やりたくないけどね、でももっと稼ぐためには夜勤をしなければね。

330 make sense 理解する・意味がある・道理にかなう

sense には「良識」「物事の道理」「思慮分別」という意味合いがあり、make sense を基本的な意味から説明すると「道理にかなうから、理解できる。そして理解できるから、意味がある」ということになる。

> Ex. Can you **make sense** of this report? I doubt if the figures are correct.
> このレポートの意味がわかる？ その中の数字が正しいのか疑わしいんだよ。
>
> Ex. No matter what reasons he had, killing people never **makes sense**.
> 彼にどんな理由があったとしても、人を殺すことは理解できない。

331 make up one's mind 決心する・覚悟する

make up は「整える」という意味で、make up one's mind は「迷っている心を整える」つまり「決心する」という意味になる。また「心を決めた以上、覚悟をする」というニュアンスもある。

> Ex. David, you can't have two girlfriends. **Make up your mind**. Choose either Susie or Akiko. デイヴィッド、2人の女性とは付き合えないんだよ。心を決めてスージーか明子のどちらかにしなさい。

332 May I ask you a favor? お願いがあるのですが？
333 Would you do me a favor? （同上）

May I ask you a favor? は、丁寧に人にものを頼むときの決まり文句。親しい友人同士では、Do me a favor / I need a favor などを使う。

> Ex. Mr. Kennedy, **would you do me a favor?** I want you to proofread my English sentences. ケネディさん、お願いがあるのですが。私の英文を添削してもらいたいのです。

Expression No.330-337

- [ ] **334** **medical checkup** 健康診断
- [ ] **335** **physical checkup** 身体検査（単に physical とも言う）

medical は「医療の」「医学の」という形容詞、checkup は「検査」「診断」という意味の名詞。medical checkup はつまり「健康診断」のことである。アメリカの学校及び職場では、日本のような強制的そして定期的に全員が受けなければならない健康診断はない。physical checkup は「身体検査」という意味だが、軍隊に入るときなどに行われる。

> **Ex.** In Japan, it is mandatory for schools and workplaces to give **medical checkups** for their students and employees once a year.　日本では一年に一度学校及び職場がその学生や労働者に健康診断を受けさせることが義務付けられている。

- [ ] **336** **midterm exam/examination**
中間試験（単に midterm(s) とも言う）

midterm は「学期の中間」という意味で、exam は「試験」という意味である（前出 final exam 参照）。アメリカでは学期のことを term と呼び、日本の大学の前期をアメリカでは Spring term、後期を Fall term と呼ぶ（アメリカの Spring term は1月に始まる）。midterm は学期の中間点のことで、この時期に行われる試験を midterm exam/examination または単に midterm(s) と呼ぶ。

> **Ex.** **Midterm exams** will start next week. It feels too soon.
> 中間テストが来週始まるの。ちょっと早すぎるね。

- [ ] **337** **Never mind** 気にしないで・たいしたことではない・もういい

mind は「気にする」という動詞だから、Never mind の基本的意味は「気にするな」であるが、使われ方には3つある。相手の謝罪に対して、「気にしないで」という意味で使う場合。気落ちした相手を励まして「心配するな、たいしたことではない」という意味で使う場合。諦めの気持ちを表して「もういい、やめてくれ」という場合。

> **Ex.** A: Whoops! I'm sorry I didn't wake you up at 7, did I? You have to go to your office early today.　ごめん、7時に起こさなくて。今日は早めに

会社に行くんだったね。
B: **Never mind.** I am always late. いいんだよ。いつも遅れてるんだから。

Ex. A: Why don't you look for another position? I'm sure you'll find a full-time position. 他の仕事を探してみたら？ きっと正規の職が見つかるよ。
B: **Never mind!** I have applied to more than 20 positions and I got nothing. もういいよ、やめてくれ！20社以上申し込んで、一つも見つからないんだから。

338 Nice try 残念でした
339 I'm trying 一生懸命頑張っているんだ

Nice try の直訳は「いいトライだ」であるが、「試みはよかったが失敗だよ、残念でした」という意味に用いる。例えば、ある生徒が自信を持って問題に答えるが、その答えが間違いであるような場合に、教師が「いいトライだったけど、残念、不正解だね」のように用いる。

I'm trying の直訳は「私はトライしている」という意味であるが、ちゃんとやっているのか？ 努力しているのか？ などの質問に答え、「一生懸命やってるんだ」という意味に用いる。

Ex. A: Mr. Sato, I wonder if you could give us one more day to turn in our homework? 佐藤先生、宿題の提出もう一日延ばしてもらえますか？
B: **Nice try**, John. But I won't.
ジョン、残念だけど（いいトライだ）、それはしないよ。

Ex. A: Are you really fixing my computer?
本当に私のコンピューター直してくれてるの？
B: **I'm trying.** 一生懸命やってるところだよ。
A: Try harder. I want to use the Internet.
もっと頑張ってよ。インターネット使いたいんだから。

340 (There's) no doubt about it 間違いないね・確実だよ

(There's) no doubt about it の直訳は「それについて疑いがない」であるが、「確実である・間違いない」という意味に用いる。

Ex. A: Is Toyota going to be the world's largest car manufacturer within three

years? トヨタは3年以内に世界一大きい自動車会社になるかな？
B: **No doubt about it.** 間違いないね。

☐	341	**No kidding!**	冗談だろ！・まさか！・信じられない！
☐	342	**I kid you not**	冗談じゃないよ、本当だよ
☐	343	**I'm not kidding**	本当だよ・冗談ではないよ
☐	344	**You've got to be kidding**	冗談を言ってるんだろ

　No kidding! は「冗談だろ」という常套句。kid には冗談を言うという意味があるが、本来の意味は「子ヤギ」。子ヤギは遊び好きでぴょんぴょん跳ね回る。そして冗談を言っては友達を笑わせる。この説明はあくまで著者の推測だが、このように kid という単語を覚えると効果的だ。「まさか」「信じられない」の意味では unbelievable という言葉があるが、No kidding! のほうがはるかに口語的。

Ex. A: I saw Elvis walking down River Street in New York.
　　　エルビスがニューヨークのリバーストリートを歩いているのを見たんだよ。
　　B: **No kidding!** He died a long time ago.
　　　冗談だろ。彼はとっくに死んでるよ。

☐	345	**No problem**	問題ありません・お安い御用です・礼にはおよびません
☐	346	**No sweat**	簡単なことです・お安い御用です
☐	347	**You bet**	当たりまえのことです

　これら3通りの表現はすべて Thank you に対する答え方で、You are welcome のくだけた表現である。上記の表現はそれぞれ2通りの使われ方をする。一つは Thank you に対する答えで「お手伝いしたことは、何も問題があることではなかったので、礼には及びません・簡単なことです・当然のことです」という意味。もう一つは、Can you help me?「手伝ってもらえますか？」などの問いかけに対する応答で「私にとって問題ありせん・お安い御用です・当然です・お手伝いします」つまり yes の代わりに使われる。sweat は「汗」のこと。No sweat は「汗をかくような難しい・労力を使うこととではない」という意味である。No sweat はとくに、Thank you「ありがとう」に呼応した口語表現として使われ「お安い御用です・礼にはおよびません・たいしたことではありません」という多少へりくだった言い方である。You bet にはさらにくだけた You betcha という言い方もある。

> **Ex.** A: Thank you for helping me to register for my courses.
> クラスの履修届けを手伝ってくれてありがとう。
> B: **No problem** Yoshio. Anything for you.
> よしお、礼にはおよばないよ。君のためならなんでもするよ。
>
> **Ex.** A: Thank you for coming all the way from Saitama to pick me up at Haneda. 埼玉からはるばる羽田まで迎えに来てくれて、どうもありがとう。
> B: **You bet.** Anytime you need help, let me know.
> 当然のことだよ。必要なときはいつでも言ってくださいね。

348 No way　不可能・とんでもない・無理だ

　no way の直訳は「方法がない」であるが、「どんな方法もあり得ない」という広義の意味から「とんでもない」「無理だ」という意味が派生する。この意味では通常 No way! の形で用いられる。また no way「どんな方法もあり得ない」というニュアンスから「不可能」という意味にも用いられる。

> **Ex.** A: Can you come to work tomorrow?　明日会社に出勤してくれる？
> B: **No way!** Tomorrow is a holiday.　とんでもない！明日は休日だよ。
>
> **Ex.** There is **no way** for us to achieve the sales quota for this month.
> 今月の販売ノルマを達成するのは不可能だ。

349　none of your business　よけいなお世話だ・放っておいてくれ
350　mind your own business　大きなお世話だ

　none of your business は親友や親・兄弟の間で使うのであれば、言われた相手はそれほど気にとめないかもしれないが、それ以外の関係ではかなり辛らつで、無礼な表現である。アメリカ人はプライベートな自分と公的な自分をはっきり分けているので、彼らがプライベートな部分に立ち入られたと思ったら、このように強い口調で答える場合がある。

> **Ex.** A: Hey Donnie, I wonder how much you make at the factory monthly?
> ダニー、君はあの工場で、月にどのぐらい稼ぐのかな？
> B: **None of your business.**　君の知ったことか。

351 Not bad.　悪くないよ・うまくいっているよ（挨拶に対する答え）

Not bad. は How are you? How is it going? How are you doing? How's everything? などの挨拶に対する受け答えで「人生悪くないですよ」という意味。実際「うまくいっている」というニュアンスの方が強い。また「うまくいっています」というより多少謙遜しているように聞こえる。

> Ex. A: How are you doing Tom?　トム、調子はどうだい？
> B: **Not bad.**　悪くないね。

352 Not likely　そうではないだろう・そうは、いかないだろう・ありそうもない

likely は可能性を表し「ありそうだ・起こり得る・〜しそうだ」という意味。Not likely は否定的な可能性を表し、「そうではないだろう・起こらないだろう・〜しそうもない」という意味を表す。

> Ex. A: Dr. Kawai. Are we going to find a cure for cancer within 20 years from now?　河合先生、今から20年の間に癌の治療法が見つかりますか？
> B: **Not likely.**　それはないだろうね。

353 Nothing for me, thanks　私は、結構です

この表現は何か飲み物や食べ物を勧められたときに、相手に失礼のないように断わる場合に用いられる。また日本人特有の「遠慮深さ」にも通じるところがあって、最初に何かを勧められたらまず Nothing for me, thanks と言って、さらに勧められたら「それじゃ、いただきます」という含みもある。

> Ex. A: Would you like some dessert?　デザートはいかがですか？
> B: **Nothing for me, thanks.**　結構です。
> A: It's a Key lime pie with whipped cream on top.
>   キーライムパイにホイップクリームがのってるのよ。
> B: If you insist, I will have a piece.
>   それじゃ、一つだけいただきます。

354 (There's) nothing to it 何でもないこと・簡単なこと

nothing to it は「それは何でもないこと」という意味で、「簡単なこと」「労力を要しないこと」の意味で使う。本来は There is nothing to it. であるが、口語では Nothing to it の形で用いられることが多い。

> **Ex.** Learning to water-ski is easy. Once you get started, **there's nothing to it!**
> 水上スキーを習うのは簡単なことだよ。一度始めてしまえばなんでもないよ。

355 Oh, dear! おや、まぁ！

この表現は、驚き、失望、同情などを表すが、その程度は比較的軽く Oh, my!「おや！」や、You don't say「まさか」などに類似した表現である。同様な表現でアメリカ人が日常頻繁に使う Oh, my God/Gosh! があるが、これは驚きやショックの程度が高い。

> **Ex.** A: Did you hear that a neighbor's dog was hit by a car?
> ねぇ、ご近所のワンちゃんが車にひかれたんですって。
> B: **Oh, dear!** おや、まぁ（かわいそうに）。

356 okey-doke オーケー・OK

okey-doke の用法は OK と同じである。okey-doke は OK より新しく 19 世紀になってから使われ始めた。doke には意味がなく単なる語呂合わせと考えられる。この他にも Okey-Dokey、Okie-Dokie、Okei-Doke などのバージョンがある。

> **Ex.** A: Hey Dave, can you check these English sentences for me?
> デイブ、この英語のセンテンスちょっと見てくれる？
> B: **Okey-doke.** オーケー。

357 (go) on a diet ダイエット（する）

on a diet で「ダイエット中・ダイエットしている」、go on a diet は「ダイエットを

する・始める」という意味。

> **Ex.** I have been **on a diet** for the last three months but I don't see any changes.
> 3か月ダイエットしているけど、ぜんぜん変化ないんだ。

> **Ex.** Linda keeps telling me "I'll **go on a diet** tomorrow." But she eats fried pork steak and a loaf of bread before she goes to bed every night. Incredible! リンダはいつも「明日からダイエットする」って言ってるけど、寝る前にポークステーキとパンを毎晩食べてるんだ。信じられない。

358　Opportunity knocks　ほら、幸運が来たよ

　opportunity は「幸運・チャンス」という意味の名詞、knocks は knocks at the door の省略で、「ドアをたたく」ということである。Opportunity knocks は「ほら、幸運があなたのドアをたたいているよ」という意味。この表現は、入試や試験での合格または就職を得たときなどに、チャンスをものにした当人に「あなたにもチャンスが訪れましたよ」という祝福の意味で使われる。

> **Ex.** Now you got that $100,000 job offer from SONY. **Opportunity knocks.**　さぁ、君は SONY から年10万ドルのポジションを得たね。幸運が訪れたじゃないか。

359　Paper or plastic?　紙袋かビニール袋、どちらにしますか？

　アメリカのスーパーでは、レジで paper or plastic と聞かれる。これは「紙袋かビニール袋か、どちらにしますか？」という意味で、paper または plastic と答えれば、それぞれの袋に買った荷物を入れてくれる。アメリカのレジでは従業員が買ったものを袋に詰めてくれるので、客は自分でする必要はない。

> **Ex.** A: **Paper or plastic?**　紙袋かビニール袋か、どちらにしますか？
> B: Plastic, please.　ビニール袋でお願いします。

	360	**payday** 給料日
	361	**paycheck** 給料小切手（給料）
	362	**pay off** 報われる・完済する
	363	**pay back** 返済する

pay は「給料」を表す最も一般的な言葉。正規採用で定期にもらう給料は salary で、アルバイトなどで採用される場合の賃金は wage を用いる。アメリカでは給料は小切手で支払われる場合が多く、給料は paycheck「給料小切手」の形で渡される。

> **Ex.** Today is my **payday**! I will buy you beer.
> 今日は給料日だから、ビールおごるよ。
>
> **Ex.** I got a big fat **paycheck** today. An eagle flies!
> 今日ずっしり重い給料小切手もらったよ。給料日だ。
>
> **Ex.** Your long-time patience and effort will surely **pay off** someday.
> 長い間の辛抱と努力は、いつの日かきっと報われるよ。
>
> **Ex.** I have to **pay back** all the loans I borrowed for school in 10 years. It's tough.
> 借りた奨学金を 10 年で全額返さなくてはならないんだ。しんどいな。

	364	**pep talk** 激励のための短い話

pep は「元気」「活力」という意味。pep talk は「活力を与える話」という意味で、フットボールのハーフタイム時、野球の各イニングの間、またスポーツ競技が始まる前に、監督やコーチから選手に伝えられる。

> **Ex.** The coach gave his team a **pep talk**. They came from behind and won the game. コーチはチームにペップ・トークを与え、チームは逆転して勝った。

	365	**pick (someone) up / pick up (someone)** 車で迎えに行く・（タクシーなどが）客を拾う・（バスが）乗客を乗せる

pick up は文字どおり「拾う」という意味で、pick someone up の直訳は「誰々を拾う」であるが、「車で誰々を拾う」つまり「車で迎えに行く」「（タクシーなどが）客を拾う」という意味に使われる。

Expression No.360-370

> **Ex.** I will **pick you up** at Kansai International Airport when you come back to Japan.　あなたが日本に帰ってきたら、関西国際空港まで車で迎えに行くよ。
>
> **Ex.** The taxi **picked up three businessmen** at Tokyo station.
> そのタクシーは東京駅で3人のビジネスマンを乗せた。

366　a piece of cake　簡単なこと・朝飯前・楽なこと・楽勝お安い

おもしろくわかりやすい表現である。もともとは as easy as eating a piece of cake「一切れのケーキを食べるぐらい簡単なこと」だったらしいが、1930年代あたりから短縮された現在の形 a piece of cake になった。基本的には「楽に」「簡単に」「楽しく」という意味なので、「楽勝」や「朝飯前」という訳語もあてはまる。同様な表現に (as) easy as pie がある。

> **Ex.** Getting a girl friend is easy. Just wear cool clothes and let her do the talking. It's **a piece of cake**.　ガール・フレンドを見つけるなんてたやすいね。ただカッコイイ服を着て、話は全部彼女にさせて（俺は聞き役に徹するだけ）。楽勝だよ。

367　Please hold　　　　　　　　（電話で）少々お待ちください
368　Stay on the line (please)　（電話で）少々お待ちください
369　Hold the line (please)　　（電話で）少々お待ちください

Please hold は、電話での会話に用いられる表現。hold は「持つ」という意味で Please hold は「受話器を持ったままでお待ちください」という意味である。同様の表現に Stay on the line (please)、Hold the line (please) という言い方があるので、一緒に覚えておこう。

> **Ex.** AT&T, **please hold**. The next available operator will assist you soon.
> こちらは AT&T（American Telephone & Telegraph）です。少々お待ちください。次のオペレーターがあき次第御用件をお伺いします。

370　potluck (dinner)
ポトラック　ディナー（食べ物を持ち寄って行うパーティー）

potluckは「あり合わせの食べ物」という意味で、potluck (dinner) の直訳は「あり合わせ（の夕食）」であるが、現在は「食事を持ち寄って行うパーティー」の意味に使われている。potluckはアメリカではもっとも一般的に行われるパーティーのスタイルで、食事はパーティーの参加者が持ち寄り、パーティーの主催者（たいていはパーティー会場となる家の持ち主）は飲み物を提供する。各自が持ち寄る食事は、AさんBさんは肉料理、Cさん、Dさんはパスタ、Eさん、Fさん、Gさんはサラダ、HさんとIさんはデザートのように予め分担を決めておく。potluck (dinner) は夕食だけとは限らない、昼過ぎの遅い時間に行われても potluck dinner という。しかし同時に potluck lunch、potluck meal という表現もある。

> **Ex.** What will you bring for Linda's **potluck dinner**?
> リンダのところでするポトラックディナーに何を持っていくの？

☐	371	**A promise is a promise**	約束は約束だ
☐	372	**Promises, promises!**	口先ばかりで約束を守らない
☐	373	**as promised**	約束したとおり

　A promise is a promise は文字どおり「約束は約束」。つまり「約束したのだからそれを守りなさい」という意味である。

　Promises, promises! は、「約束、約束と口先ばかりで、結局守らない」という意味に用いる。

> **Ex.** Daddy, **a promise is a promise**. You've got to take us to Disneyland and let us stay on site in a luxurious hotel and not in a cheap motel nearby.
> パパ、約束は約束よ、ディズニーランドに連れてってよ。それとディズニーランドの中の豪華なホテルに泊めてよ、周りにある安いモーテルはいやだからね。
>
> **Ex.** Didn't you say you quit drinking? I'm just sick and tired of your **promises, promises**. 「酒もうやめる」って、言わなかった？　口先ばかりで、ちっとも約束守らないんだからぁ。私、もううんざりだわ。
>
> **Ex.** Happy birthday Mina. Here's a Louis Vuitton bag and a pair of diamond earrings **as promised**.　美奈ちゃん、誕生日おめでとう。約束したとおり、ルイビトンのバッグとダイヤモンドのイヤリング。

☐	374	**push one's luck**	（自分の）運をさらに試す

Expression No.371-380

push one's luck の直訳は「幸運を押す」であるが、この表現は「自分の幸運をさらに押してみる」つまり「どこまで運がいいのか試してみる」という意味に用いられる。この表現は Don't push your luck の形で頻用されるが、その場合は「自分の幸運を押すな」ということで「調子に乗りすぎるな」「運がいいからと言って、図に乗るな」というまったく反対の意味になる。

> **Ex.** Don't **push your luck** anymore. You can't win the lottery twice.
> もう調子に乗らないほうがいいよ。宝くじには2回当たらないよ。

375 Rise and shine　さぁ、起きて・飛び起きろ

アメリカ人が好きな表現である。朝起きがけの人に向かって Rise and shine「さぁ、元気よく起きて」と表現する。

> **Ex.** Good morning Lynn. **Rise and shine.**　おはよう、リン。さぁ　起きて。

376 round-trip ticket　　往復切符
377 one-way ticket　　　片道切符
378 return ticket　　　　帰りの切符
379 excursion ticket　　周遊券
380 get away from it all　日々の煩わしさから逃れる

round-trip は「往復」、形容詞で「往復(用)の」。同様に one-way は「片道」、形容詞で「片道の」という意味である。アメリカでは、round-trip ticket は「往復切符」、return ticket は「帰りの切符」、excursion ticket は「周遊券」のこと。get away from は「～から逃げる・逃れる」。it は「子育て・日々の暮らし・学校・仕事・親の面倒」など忙しく煩わしいことの意味で、all は all aspects of it つまり、それらのすべての面(仕事であれば、ストレス・人間関係・責任・残業など)。get away from it all はつまり「日々の煩わしさから逃れる」という意味である。この表現は旅行代理店のポスターなどに多く見られ「日々の煩わしさから逃れるためにバケーションは～へ行こう！」という意味に使われる。

> **Ex.** A: I'd like to reserve a seat for Hawaii.
> 　　　ハワイ行きの席を予約したいのですが。
> 　　B: **One-way** or a **round-trip ticket**, sir?　片道ですか、往復ですか。

> **Ex.** On the white-sand beaches of Daytona, you can **get away from it all**.
> デイトナの白い砂浜では、日々の煩わしさから逃れることができます。

☐	381	**rubbish bin**	ごみ箱 (イギリス)
☐	382	**garbage can**	(同上) (アメリカ)
☐	383	**trashcan**	(同上) (アメリカ)
☐	384	**dustbin**	(同上) (イギリス)

rubbish bin これは主にイギリス、オーストラリアで使われる表現である。他にもごみ箱を意味する単語はたくさんあるので、覚えておきたい。a garbage can（米）、a trashcan（米）、a dustbin（英）。

> **Ex.** This **rubbish bin** is for pet-bottles only.
> このゴミ箱はペットボトル専用です。
>
> **Ex.** Do not throw lithium batteries into the **trashcan.**
> リチウム乾電池をゴミ箱に捨ててはいけませんよ。

☐	385	**Say when**

（コーヒーや紅茶を相手のカップに注ぐときに）適量なときに、ストップと言ってください

Say when は Say when to stop という意味で、コーヒーや紅茶などを相手のカップに注ぐとき、またそれらに砂糖やミルクなどを入れてあげるとき、相手に、どれだけの量が適量なのか、注ぎながら、いつ注ぐのをやめたらいいのか、言ってくださいという意味の表現である。

> **Ex.** Would you like some cream for your coffee? **Say when.** コーヒーにミルクはいかがですか？（注ぎますから）適量なときにストップと言ってください。

☐	386	**See? / You see?**	わかった？
☐	387	**I see**	なるほど・わかりました
☐	388	**Let's see / Let me see**	(間投詞) ええと・さぁて
☐	389	**See for yourself**	自分で確かめたら

Expression No.381-391

see は「わかる・理解する」という意味。See? / You see? は、話し手に「わかる？・わかった？」と相手の理解を確かめるときに用いる表現。I see は「なるほど」「わかりました」という意味。Let's see / Let me see は間投詞として使われ、考えごとを始めたり、答えにちゅうちょしたりするときに、間を持たせるように使う。

> **Ex.** A: This is how you send a file by e-mail. **See?**
> このようにしてファイルをメールで送るんだよ、わかった？
> B: **I see.** Thank you.　なるほど、ありがとう。
>
> **Ex. Let's see.** Who is to go to the Sapporo branch to help its grand opening?　さぁて、誰が札幌支店の開店を手伝いに行くべきかなぁ。
>
> **Ex.** A: I can't believe that this kimono is made of paper.
> この着物が紙でできているなんて信じられないわ。
> B: **See for yourself.** Touch it.　自分の目で確かめたら。触ってみて。

390　set up　立てる・組み立てる・設定する・創設する

動詞 set には「据える・設置する」という意味があり、前置詞 up には「立てる」というニュアンスがある。set up の基本的な意味は「物や事柄を設置して立てる」である。この意味から「立てる・組み立てる・設置する・創設する」などの意味が派生する。

> **Ex.** We have to **set up** another table for our dinner guests.
> 夕食に招待した客のために、別なテーブルを設置しなければならない。
>
> **Ex.** Can you help me **set up** this computer ?
> このコンピューターをセット・アップ（組み立てる）するのを手伝ってもらえる？
>
> **Ex.** A committee was **set up** to hire a new faculty member for our department.　我々の学科に新しい教授を採用するため、委員会が組織された。
>
> **Ex.** Let's **set up** the date and the time for the next meeting before you guys leave the room.　君たちが出て行く前に、次の会議の日時を設定しよう。

391　Shame on you!　恥を知れ！

この表現は「恥を知れ！」であるが、日常頻繁に使われ、それほど強く相手を非難しない場合にも用いられる。

> **Ex.** You borrow money from your girlfriend and buy me nothing. **Shame on you!**　あなた、ガールフレンドである私からお金を借りて、しかもなんにも買ってくれないのね。恥を知ったらどうなの！

☐	392	shop clerk	店員
☐	393	bank clerk	銀行員
☐	394	hotel clerk	ホテルの従業員
☐	395	desk clerk	ホテルのデスク係
☐	396	office clerk	事務員
☐	397	gas station clerk	ガソリンスタンドの店員

　clerk は「店員」「従業員」という意味。銀行の従業員は bank clerk、ホテルの従業員は hotel clerk、薬局の従業員は drugstore clerk である。office clerk は「事務員」一般を表す。銀行員は banker ではないので注意（banker と言えば銀行の経営者である）。

> **Ex.** Some **shop clerks** at convenience stores are so rude. They have to know how to pay a bit of respect to customers.　コンビニの店員には失礼な者がいるね。少しはお客を尊重することを知るべきだね。
>
> **Ex.** I am not a sociable person. So I want to work as an **office clerk** in some school.
> 私、社交的じゃないのよね。だからどこかの学校の事務員なんかになりたいの。

☐	398	shopping mall	ショッピング・モール
☐	399	shopkeeper	店主
☐	400	smart shopper	賢明な買い物客
☐	401	shopping cart	買い物用のカート
☐	402	regular shopper	常連客

　アメリカでは、日本のような駅周辺にあるデパートがほとんどない。その代わり郊外に巨大な駐車場を持つ寄り合いの店舗 shopping mall（単に mall と呼ぶことも多い）がある。shopping mall は巨大な建物の中に数百の店舗とレストランそして遊戯施設などがあり、週末は家族連れや買い物客でにぎわう。shopping mall は現在のアメリカ文化の一つである。

> **Ex.** My kids are looking forward to going to the **shopping mall** on the weekend.
> 子どもたちは週末ショッピング・モールへ行くことを楽しみにしている。
>
> **Ex.** Attention **smart shoppers**, all frozen products are 40% off today.
> 店内のお客様へ、本日すべての冷凍食品は40%引きでございます。

403　sick and tired (of) ~　〜にうんざりしている・飽き飽きしている

　sick and tired (of)~ はアメリカでは日常頻繁に使われる表現で、「何度もくりかえされるやっかいな状況にうんざりして、疲れきっている」という心理的な状況を表す表現で、「〜に飽き飽きしている」「〜にうんざりしている」「〜に愛想が尽きる」という意味で用いられる。

> **Ex.** My wife and I have been **sick and tired of** pinching pennies.
> 家内と私はお金を切り詰める生活にはもううんざりだ。

404　slowly but steadily　ゆっくりでも確実に

> **Ex.** A: How is your dissertation coming along? Are you making progress?
> 論文はどうなっているの？　進んでいるかい？
> B: Yeah, **slowly but steadily**.
> うん、ゆっくりだけど確実にね。

405　smart alec(k)　生意気な奴・利口ぶる奴・うぬぼれ屋

　smart の基本的な意味は「頭がいい」「利口な」であるが、「ませた」「生意気な」という意味もある。例えば、Don't get smart with me は「生意気な口をきくな」という意味である。aleck は歴史上の人物 Aleck Hoag という有名な泥棒にちなんでいる。この表現は仲間同士や年下の者に使われ、年輩者には使われない。同じ意味の表現に smartass という表現があり、アメリカ人は多用するが軽蔑的な俗語である。

> **Ex.** Don't be a **smart aleck**. How old do you think I am? I know this better than you do.　生意気言うな。私のことを何歳だと思ってるんだ？　私のほうが

お前よりこの件についてはよく知っているよ。

406 So what? それがどうした？

So what?「それがどうした？」は、相手の非難や忠告に対して、「それがどうした？」と、開き直る場合に使われる。So what? の後に自分の意見や考え方を述べることが多い。

> Ex. A: You drink too much nowadays. 最近飲みすぎよ。
> B: **So what?** Two beers a day is just the right amount.
> それがどうした？ ビール2杯ぐらいちょうどいい量だよ。

407 Sorry to have kept you waiting お待たせして、すみません

この表現は字面どおり「あなたを待たせたままで、すみません」という意味。相手を待たせて、すまなかったという謝罪と、「さぁどうぞ、次はあなたの番です。お話を伺いましょう」という真摯な態度が表せる。

> Ex. **Sorry to have kept you waiting.** My meeting took a little longer than I thought. お待たせしてすみません。会議が思ったより長引いたもんで。

408 Sorry to hear that それは残念です・それは大変ですね

この表現は相手の不幸な話や立場に、同情や同調の気持ちを表す場合に用いるが、表面的な意味しかもたないことが多い。なぜなら相手の不幸な話を聞いていて、それにある程度同情したジェスチャーを見せるのがコミュニケーションの常だ。Sorry to hear that はイントネーションの強弱によって「それを聞いて残念です」と心から言っている場合と、「それは、残念だね」とただ相づちを打っている場合の2種類に分かれる。

> Ex. A: Last night I could not sleep because my wife had a terrible cold.
> 家内がひどい風邪を引いていて昨晩は眠れませんでした。
> B: **Sorry to hear that.** それは大変ですね。

409 Sounds good/great/terrific　いいと思うよ・いいね

　sound は「〜に聞こえる」good/great/terrific を伴って「よく・すばらしく聞こえる」が直訳。この表現は日常頻繁に使われ、相手の提案などに対して「いいと思うよ・いいね」と軽く同意を表すのに用いられる。

> **Ex.** A: Why don't we go to Enoshima to see the pretty bikini girls.
> 　　　かわいいビキニの女の子を見に江ノ島に行こうよ。
> 　　B: **Sounds good** but we want to see the well-built topless guys there too.　いいわね。たくましい上半身裸の男たちも見たいわ。
> 　　A: That sounds fair. Let's hit the road now.
> 　　　それは公平だね。さぁ行こうか。

410 Stay put　じっとしている
411 Well put　よく表現できています・うまく言えてます

　put は「置く」という意味だが、Stay put の put は過去分詞であり、「動かないで、その場にじっと置かれている」という意味である。put にはまた「言葉で表現する」という意味があり、Well put は「よく表現できています」と話者をほめる場合などに用いる。

> **Ex.** You **stay put** and watch the game. I'll go get popcorn and cranberry juice for you.　そこを動かないで試合を見てて。私がポップコーンとクランベリージュース持ってくるから。
>
> **Ex.** A: I think that we should keep our eyes wide open before marriage, and half shut after that.　結婚前には目を大きく開けておき、結婚後は半分閉じておくべきだと思うわ。
> 　　B: **Well put**, Yuki. Thank you.
> 　　　よく言えてるわ、友紀、どうもありがとう。

412 stop by / drop by / drop in　（ちょっと）立ち寄る

　stop には「立ち寄る」、前置詞の by には「そば、近く」という意。stop by の基本的な意味は「近くまで来て、立ち寄る」である。アメリカ人は習慣のように、Please stop by「近くまで来たら、どうぞ家へ寄ってください」と別れ際の挨拶に付け加える

が、あまり本意ではなく儀礼的な意味である。drop by も stop by と同様の意味であるが、drop by は主にイギリスで、stop by はアメリカで用いられる。swing by「立ち寄る」という言い方もある。

> **Ex.** I just **stopped by** at my sister's apartment on my way back.
> 帰り道に、妹のアパートへちょっと寄ったんだ。

☐	413	**studio (apartment)**	スタジオ・アパートメント
☐	414	**one-bedroom apartment**	ワンベッドルーム・アパートメント
☐	415	**efficiency (apartment)**	イフィシエンシー
☐	416	**duplex**	デュプレックス
☐	417	**condominium**	コンドミニアム

studio apartment は、一つの部屋にキッチンとベッドがついて、横にバス・トイレがあるタイプのアパート。ニューヨークなどの都会に多い。one-bedroom apartment とは、ベッドルームが1つ、別個にリビングがあり、キッチンがある。ベッドルームが2つある場合は two-bedroom apartment、3つある場合は three-bedroom apartment と表現する。efficiency は studio apartment 同様一つの部屋にキッチンとベッドがついて、その他電子レンジ、冷蔵庫、食器洗い機など、生活に必要な電化製品がついていて、長期の出張などに利用できるようになっている。アメリカのアパートにはたいてい冷蔵庫、オーブンが備え付けてある。duplex は、左右対称の一軒屋が、二つに分かれているアパートのことである。condominium は高級アパートメントのことで、ニューヨーク、シカゴ、アトランタなど大都会に多い。アメリカの大学生の間には、MBA、BMW、Condominium という人生の成功を表す標語のようなものがある。有名校で MBA を取得して、BMW を乗り回し、都会の condominium に住むという意味である。

> **Ex.** Hiroko is now living in a **studio apartment** near Washington Square in New York. 博子は今ニューヨークのワシントン・スクエアの近くにあるスタジオ・アパートメントに住んでいる。

☐	418	**sunny-side up**	目玉焼き
☐	419	**over-easy**	目玉焼きにしてから、黄身のほうを5秒ほど焼いたもの
☐	420	**dairy products**	乳製品
☐	421	**medium rare**	ミディアム・レア（ステーキの焼き具合）

Expression No.413-425

☐ 422	**tap water**	水道水
☐ 423	**TV Dinner**	冷凍食品の俗称

medium rare はステーキの焼き加減のことであるが、medium と rare の中間が最もおいしいとされている。TV Dinner は frozen food「冷凍食品」の俗称であるが、アメリカでは日常語として使われている。TV Dinner とは frozen food を作っている会社の製品名だが、それが frozen food の呼び名として一般化した。

> Ex. A: How would you like your egg, sir? 卵はどのように調理しましょうか？
> B: I would like my egg **sunny-side up**, please. 目玉焼きにして下さい。
>
> Ex. Nowadays, many people won't drink **tap water**. They buy bottled water instead.
> 最近は水道水を飲まない人が多いね。その代わりボトル水を買って飲むんだ。
>
> Ex. A: How would you like your steak ma'am?
> ステーキはどのように調理しますか？
> B: Well, I want my steak **medium rare**. ミディアム・レアにして。
>
> Ex. My wife went back to Kyoto with my kids. So I eat **TV Dinners** every night. 家内は子ども達を連れて京都へ帰ったので、毎晩冷凍食品食べてるよ。

第1章 TOEIC 400点レベル

☐ 424	**Sure!**	もちろん！・たしかに！・どういたしまして！
☐ 425	**Sure thing!**	当然のことです！・どういたしまして！

sure は基本的に「当然」という意味である。相手が Thank you という感謝の言葉を述べて、それに Sure! と答えれば「当然のことをしたまでです」という意味になる。また人にものを頼まれて、Sure! と答えれば「はい、お手伝いをするのは当然です」という意味で、単に Yes と答えるより、頼んだ相手に好意を示すことができる。また「当然のことです」「もちろん」という意味では Sure thing! という言い方もよく使われる。

> Ex. A: Can you please pick up the laundry on the way home from the office? 会社の帰りに洗濯物をとってきてくれる？
> B: **Sure!** もちろん。
>
> Ex. A: Mr. Thomson, thank you so much for proofreading my English paper. トムスン先生、英語の論文を添削していただいて感謝しております。
> B: **Sure thing!** 当然のことをしたまでですよ（どういたしまして）。

426 take a minute/day/week/month/year off
1分間/1日/1週間/1か月/1年の休みをとる

take off で「休みをとる」という意味。この表現と a minute, a day, a week, a month, a year などを共に用いると「1分間、1日、1週間、1か月、1年の休みをとる」という意味になる。当然いろいろな数詞と組み合わせて take 15 minutes/four days/three weeks/two months/two years off などの言い方もできる。

> **Ex.** Ms. Yoshida **took four days off** to meet her parents in New Jersey.
> 吉田先生はニュージャージーに住む両親に会うために4日間の休暇をとった。

427 take a vacation　　休暇をとる（遊びのための）
428 take a leave (of absence)　　休暇をとる（主に仕事や研究のため）
429 take a paid leave　　有給休暇をとる

take a vacation は relaxation のために休暇をとる。take a leave は主に research「研究」や、duty, employment、service「仕事」のための休暇だが、vacation や relaxation のための休暇にも用いる。a leave of absence は duty、employment、service からの休暇で長期の場合に多く用いられる。paid leave の直訳は「お金が支払われる休暇」である。

> **Ex.** My wife and kids are looking forward to me **taking a vacation** so that I can take them to Florida.　家内と子どもたちは、私が休暇をとって、彼らをフロリダへ連れて行くのを楽しみにしている。
>
> **Ex.** I **took** two years **leave of absence** from my university for my research and went to the University of Tennessee.
> 私の大学から2年間休暇をとり研究のためにテネシー大学へ行きました。
>
> **Ex.** Mr. Kamada, a court clerk at Sapporo regional court, **took** one week **leave of absence** from his office and participated in a lecture on positive violation of an obligation-right at the Department of Justice in Tokyo.　札幌地裁の書記官である鎌田君は1週間の休暇をとって、東京にある法務省で積極的債権侵害について講義を受けた。

430 Take care (of yourself)!　気をつけて！・じゃあね！

Expression No.426-435

Take care! は別れ際の軽い挨拶として使われ「気をつけて」という意味である。また別れ際の Good-bye の代わりにも用いられ、このような場合には「気をつけて」という意味は極めて薄く「じゃあね」ぐらいの意味である。「気をつけて」の意味を強めるために Take great care (of yourself)! と言うこともある。

> **Ex.** John, I'll see you tomorrow. **Take care!**
> ジョン、また明日会おう。気をつけて。

| | 431 | **Take it easy** ゆっくりやったら・楽に考えたら・リラックスしたら・さよなら |

アメリカ人が好んで使う表現である。基本的には proceed at a comfortable pace, relax「ゆっくりやったら・リラックスしたら」という意味だが、別れ際に使う表現でもある。

> **Ex.** You work too hard. **Take it easy.** Come here and drink coffee with me.
> 一生懸命働きすぎだよ。ゆっくりやったら。こっちへ来てコーヒーでも飲もうよ。

	432	**Thank God!**	ありがたい！・うれしい！
	433	**Thank Goodness!**	(同上)
	434	**Thank Heavens!**	(同上)
	435	**Thank God it's Friday! (TGIF)**	今日は金曜日だ、神様ありがとう

Thank God! は文字どおり「神に感謝します」という意味で、うれしいこと、しあわせなこと、ラッキーなことなどがあった場合や、偶然命拾いしたような場合に用いる。アメリカ人の中には信心深い人が多く、God という直接的な言い方を避け、Heavens, Goodness などを用いて言う。Thank God it's Friday! はおもしろい表現である。アメリカは完全週休2日だから、金曜日は会社や学校へ行く最後の日。週末を楽しみにしているアメリカ人の気持ちがこもった表現である。単に TGIF と表現することも多い。アメリカには TGIF という全国展開の雑貨・衣服のスーパーがある。

> **Ex.** **Thank God!** Dr. Fujii didn't show up and his class got canceled.
> あーうれしい！藤井先生が来なくて、授業がキャンセルになったの。
>
> **Ex.** **Thank God it's Friday!** Are you going to have a big weekend?
> 今日は花金だ！デッカイ週末になるかい？

| ☐ | **436** | **Thanks, but no thanks** ありがとう、でも結構です |
| ☐ | **437** | **Thank you in advance** 前もって感謝します（よろしくお願いします）|

Thanks, but no thanks は文字どおり「ありがとう、でも結構です」という意味で、相手の誘いを断る表現であるが、ユーモア・皮肉・怒りなどの感情が見え隠れする。気楽に使う表現で、正式な場所やまじめな会話には使わない。in advance は「前もって」であり Thank you in advance という表現は多少ずうずうしく聞こえるかもしれないが、アメリカ人がよく使う表現で、ほとんどの場合メールや手紙文の文末に加える。

> Ex. A: Hey, George. We are having pizza in the canteen on the 16th floor. Why don't you come up here and get yourself pizza?
> ジョージ、16階の喫茶室でピザを食べてるんだけど、来ないかい？
> B: **Thanks, but no thanks.** I have tons of work to do.
> ありがとう、でも結構。仕事が山ほどあるんだ。
>
> Ex. Dear Blair:
> Please proofread the following English sentences. Please check the usage and grammar. These sentences will be written in the contract between our company and Times-Warner in New York.
> **Thank you in advance.**
> Masaru Sawai, Vice-President Taiyosha Publication Co.
>
> 親愛なるブレア：
> 次の英文を校正してもらえますか？　言葉の使い方と文法もお願いします。この文章はタイムズ・ワーナーのニューヨーク支社との契約書に書かれるものです。
>
> よろしくお願いします
> 沢井勝　副社長　太洋社出版

| ☐ | **438** | **That's fine/OK with me** それで結構です |

この表現は「それは私にとってよいです・OKです」という意味。しかしイントネーションによっては皮肉の意味にもなる(OKではない)。That's OK by me という言い方もするが、口語的すぎるので、with を使ったほうがいい。

> Ex. A: How about hot dogs and chips for lunch?
> 昼食にホットドッグとポテトチップスはどうかな？
> B: **That's fine/OK with me.** それでいいよ。

Expression No.436-441

439 That's funny それは奇妙だね

この表現は「それは変だ」「何かおかしい」という意味。またおもしろくない冗談に皮肉をこめて That's funny と言うこともある。

Ex. A: Steve just called in sick for the day.
スティーヴが今日病気で休むって電話してきたよ。
B: **That's funny.** I saw him getting wild in a bar last night.
変だな、昨晩彼がバーで騒いでいたのを見たんだけどな。

440 That's it そう、それだ・そのとおり

That's it は「そのとおり」「そう、まさにそれだ」という意味で、日常頻繁に使われる慣用句である。また This is it 同様「これで終わりだ」「もう限界だ」という意味にも使われる（it は物事の終わりや死を意味する）。

Ex. A: You know, I have been looking for my car key. Did you happen to see it? ねぇ、クルマの鍵探してるんだけど、どっかで見なかった？
B: Is this it? これがそう？
A: Yes, **that's it.** Thanks. そう、それだ。恩にきるよ。
Ex. A: **That's it.** Let's stop this meaningless argument.
もう限界だ。こんな意味のない論争はやめようじゃないか？

441 That's too bad / Too bad それは残念です・気の毒に

That's too bad の直訳は「それは悪すぎる」だが、実際には「悪いことは悪いが、それほど極端に悪くない」ときに使う。そっけないイントネーションで That's too bad と言うと、皮肉を含み「いい気味だ」「ざまみろ」の意味になる。

Ex. A: I heard that Professor Collins has to leave this school because she didn't get tenure. コリンズ教授は終身雇用をもらえなかったので、この大学を去らなければならないんだって。
B: **That's** really **too bad.** それは本当に残念だね。
Ex. A: I failed the bar exams four years in a row. I might change my future career. 司法試験に4年連続不合格。将来の職業変えるかもね。

> B: **That's too bad!** Don't give up. The fifth time might be a charm.
> それは残念よね（ざまみろ！）。諦めないでね。5回目で受かるかもしれないわ。

442 **The sooner the better** 早ければ早いほうがいい

> Ex. A: When do we need to turn in the homework?
> いつ宿題を出さなければなりませんか？
> B: **The sooner the better.** 早ければ早いほうがいいですよ。

443 **This is it** まさにこれが〜だ・もう我慢の限界だ・これで終わりだ

この表現には意味が複数ある。まず自分の我慢が限界にきたときに This is it! と言えば「我慢の限界だ、もう我慢はしない」という意味である。また自分が欲しかった物や、捜していた物を見つけた場合に「まさにこれが、私の捜していた・欲しかった物だ」という意味になる。さらに This is it は「終わり」の意味にも使われ、離婚を考えている夫婦が This is it と言えば、「これ以上2人でやっていけない、これで終わりだ」という意味になるし、残業をしているサラリーマンに、あとどのぐらい仕事があるか聞いてみて、彼が This is it と言えば「この仕事で終わりだ」という意味である。

> Ex. **This is it!** I cannot stand Ken anymore.
> もう我慢の限界だ。ケンにはこれ以上付き合いきれない。
>
> Ex. **This is it!** This is exactly the house I have been looking for.
> これがまさに私が探していた家だ。
>
> Ex. A: When do you finish your work ? We are waiting for you.
> いつ仕事が終わるんだ？みんな待ってるんだぞ。
> B: Sorry, **this is it.** I will be with you guys right away.
> すまん、これで終わりだ。すぐに行くよ。

444 **throw a party** パーティーを開く

「パーティーを開く」という意味で throw を使うのはくだけた言い方だが、会話ではよく使うので覚えておきたい。「開く」は他に hold や have も使えるが、ややフォー

マルな表現になる。目的を明示するには to、「(人) のために」と表現するときには for を使う。a going-away party（送別会）、a get-together（集まり）も一緒に覚えておこう。

> **Ex.** My roommate and I were thinking of **throwing a party** this weekend.
> ルームメートと私は今週末、パーティーを開こうと考えていました。

	445	**Time's up**	時間です・時間終了
	446	**Time will tell**	そのうちわかるよ・時間がたてばわかるだろう
	447	**Take your time**	ゆっくり時間をかけてね（急がないでいいよ）
	448	**Time flies**	時（月日）がたつのは早いものだ

　up は「終了」を表す前置詞。Time's up は「時間が終了した」という意味で、とくにテストや試験時間の終了を知らせるのに用いられる。Time will tell の直訳は「時間が教えてくれる」で、とくに解決策が見つからない問題などについて「時間がたてばわかる」「いずれわかる」という意味に用いる。Take your time の直訳は「時間をかけて」である。この表現は、「今していることにゆっくり時間をかけてね、急がないからね」と相手を急がせない場合に用いる。例えば、女性と外出する場合、女性は化粧や服の選択などで時間がかかる。そのような場合に、自分は準備できているけど、「急がなくていいよ、ゆっくり時間をかけて」と相手を思いやるような場合に Take your time を用いる。Time flies は文字どおり「時は飛んで行く」だが、「時間（月日）がたつのは早いものだ」という意味に用いる。

> **Ex.** **Time's up.** Put your pencils down. I will collect your papers from now.　時間です。鉛筆を置いてください。今から答案を回収します。
>
> **Ex.** I don't know if he will come back to me. **Time will tell.**
> 彼が帰ってくるかどうかわからない。きっと時間が教えてくれるわ。
>
> **Ex.** Amy, **take your time**. We're not in a hurry. We still have time for the movie.
> エイミー、時間をかけていいよ。急いでないし、映画までは時間があるしね。
>
> **Ex.** It's been three years since we last met at the class reunion. **Times flies!**
> この間の同窓会で会ってからもう3年もたつのか、時がたつのは早いものだね。

449 try on　着てみる
450 fitting room　試着室

try on は try to wear の省略形で「着てみる」という意味。

> **Ex.** Excuse me but I am looking for a **fitting room** to **try** this sweat shirt **on**.　すみませんが、このトレーナーを試着できる試着室を探しているのですが。

451 turn down　断る・拒否する・音を小さくする

turn down は reject/refuse「拒否する」「断る」よりやわらかい表現である。また turn の基本的な意味は「曲がる」「回る」であるから、そこから「変化する」という意味が派生する。turn down「回して、下げる」はテレビや CD などの「音を小さくする」という意味を表すイディオムで日常頻繁に使われる表現である。一昔前はテレビやラジオのボリュームはダイヤル式で「回して」上げたり、下げたりしたことを考えると、さらに合点がいく。

> **Ex.** I have to **turn down** many applicants. Working in personnel is no picnic.　たくさんの応募者にお断りしなければならないんだ。人事課で働くのも楽じゃないね。
>
> **Ex.** Can you **turn down** the volume a little bit. Our baby is sleeping now.　ボリュームを少し小さくしてくれる？赤ちゃんが寝てるの。

452 turn in　（書類などを）提出する

turn in はアメリカでの口語表現で、イギリス・ニュージーランドでは主に hand in を使う。turn in は米国の農家では「新しい土を古い土に混ぜ込む」という意味で使われるそうである。turn in「提出する」は自分に関する書類（論文・答案用紙・申請書）などを、他の者が提出した書類の中に混ぜ込むという意味であると考えれば合点がいく。turn in には「寝る」という意味もある。小さい船や車の中で寝るときは、体をひねって (turn) 狭いベッドの中 (in) に入るところからきているらしい。

> **Ex.** When I **turned in** my homework late, my teacher looked at me with a glare.　宿題を遅れて提出したら、先生に睨まれたよ。

Expression No.449-457

| | 453 | **turn off** | （テレビやラジオなどのスイッチを）切る・（電気）を消す・（水やガスなどを）止める・退屈させる・興味を失わせる |
| | 454 | **switch off** | スイッチを切る |

　turn off の turn は「ダイヤル・栓・つまみなどを回す」の意味として考え、off は機能や機械を off の状態にすると考えると合点がいくだろう（off は機械などが作動している状態の停止を意味する）。また turn off には「退屈させる・興味を失わせる・うんざりさせる」という意味がある。例えば、Learning only English grammar turns me off と言えば「英文法ばかり習うのにはうんざりだよ」という意味である。

> **Ex.** Can you **turn off** the TV? Nobody is watching it.
> テレビ消してくれる？ 誰も見てないよ。
>
> **Ex.** Please don't forget to **turn off** the lights and propane gas before you go to bed. 寝る前に電気とプロパンガスを切るのを忘れないでね。

	455	**turn on**	（テレビやラジオなどのスイッチを）入れる・（電気）をつける・（水やガスなどを）出す・人を（性的に）刺激する
	456	**switch on**	スイッチを入れる
	457	**Leave the light/TV/computer on**	（明かり、テレビ、コンピューター）などをつけたままにしておく

　この場合の turn も「ダイヤル、栓、つまみ、取手などを回す」の意味として考え、そしてテレビ、コンピューター、ライト、水道、ガスなどを on の状態にすると考えると合点がいくだろう（on は進行中の状態を表し、電気や機械などが作動している状態を表す）。turn on を使えるのはガス、水道、電気、電化製品などである。この表現はまた Short skirts really turn me on「ミニスカートにはグッとくるよ」のように「人を（性的に）刺激する、エキサイトさせる、興味を起こさせる」などの意味に使われる。また、電気やテレビ、コンピューターなどを「つけたままにして置く」Leave the lights/TV/computer on という言い方も同時に覚えておこう。

> **Ex.** I wonder if some news is on the radio. Can you **turn** it **on**?
> ラジオでニュースやってないかなぁ？ラジオつけてくれる？
>
> **Ex.** Please **leave** the air conditioner **on** while we are out.
> 私達が外出している間、エアコンをつけておいてくれますか？

458 turn up　（ラジカセやテレビのボリュームを）上げる・現れる

前出の turn down の反対の表現であり、テレビやラジカセのボリュームのダイアルを回して (turn)、音を上げる (up) と考えればよい。turn up にはまた「現れる」「来る」という意味がある。show up「現れる」も一緒に覚えておこう。

> **Ex.** Hey, that's a nice jazz tune. Can you **turn** it **up**?
> ねぇ、それいいジャズだね。ボリューム上げてくれる？

459 Watch/Mind your language　言葉遣いに気をつけなさい

この表現は、とくに大人が子どもに使う表現で「悪い言葉を使うな」「言葉に気をつけなさい」という意味である。

> **Ex.** Son, **watch your language** or I will wash your mouth out with soap.
> 息子よ、言葉に気をつけなさい。さもないと石鹸で口を洗うぞ。

460 What about it?　それがどうした？

What about it? は「それがどうした？」という典型的な表現で、相手の話に対して「それがどうした？」と聞き返す場合に使われる。また「それがそんなに大げさなことか」とたしなめる意味にも使われる。

> **Ex.** A: School is off tomorrow.　明日学校は休みだよ。
> B: **What about it?**　それがどうした？
> A: It means that we will have four days off in a row.
> 　ということは、4日間連続の休みだろ。
> B: Wow! I didn't know that.　あーそうか、知らなかった。

461 What about you?　あなたはどうしますか？・あなたはどう思いますか？
462 How about you?　（同上）

この表現は相手の意見や感想を聞く場合に用いられる。例えば、「あの映画はおもしろかったけど、あなたはどう思いましたか？」How about you? と相手の感想を聞いたり、

Expression No.458-466

「今週末、飲み会をしたいんだけど、君はどうする？」What about you? という具合に相手の意見を求める場合にも使われる。

> **Ex.** I think the series of Torasan movies are all fantastic. They captured the Showa period of Japan and its people very well. **How about you?**
> 寅さんシリーズはどれもすばらしいね。昭和の時代の日本とその人々をうまく捉えていると思うけど、君はどう思う？
>
> **Ex.** Everybody will order coffee, **what about you?**
> みんなコーヒーを注文するけど、あなたはどうしますか？

463 What do you do for a living? 仕事は何ですか？

この表現の直訳は「生活のために何をしていますか？」であるが、相手の職業を聞く場合に用いられる。

> **Ex.** A: Mary Ann, **what do you do for a living?**
> マリアン、仕事は何をしているの？
> B: I am a secretary at the foreign languages department at the University of Oregon.
> オレゴン大学の外国語学科の秘書をしているのよ。

464 What's for dinner? 夕食は何？
465 yummy　　おいしい（子ども言葉だが、大人も使う）

What's for dinner? の直訳は、「何が夕食のためにあるの？」という意味で、夕食の内容を聞く最も一般的な表現である。日本語に訳すと「夕食のおかずは何？」「夕食何？」に最も近いだろう。

> **Ex.** A: **What's for dinner**, mom?　ママ、晩ごはんは何？
> B: How about spaghetti, garlic bread and some salad?
> スパゲティーとガーリック・トースト、それにサラダなんてどう？
> A: Sounds **yummy**!　おいしそうだね！

466 What's new?　何か新しいことある？（挨拶代わりに）

この表現は親しい間柄同士の挨拶として使われ、How are you? How are you doing? などとほぼ同じ意味であるが、What's new?「何か新しいことある?」と聞いているので、新しいことがあれば具体的にその内容で答えればいいし、何も新しいことがない場合や、別に言葉にして言うほどのことではない場合は、Not much「あまり」と答えればよい。また、この表現は、相手に何かよいことがあって、それを聞き出したいというときに使われるし、しばらく会っていない場合にも使われる。アメリカでは、「新しく行動を起こすこと」「いつも行動していること」が美徳とされ、それに関する表現が多い。What's new? や What's up? には「何か新しい行動を起こしているか?」というニュアンスがある。

> **Ex.** A: Hey, **what's new** George?
> 　　ヘイ、ジョージ、何か新しいことあるかい?
> 　B: Not much.　別に。

467　What's the matter (with you)?　どうかしたの?

　この表現は相手の顔色や言動がいつもと違うので、「どうかしたの?」と尋ねるときの決まり文句。matter には問題という意味があり、What's the matter (with you)? の直訳は「あなたの問題は何?」ということになる。この表現は会社の上司から部下、教師から生徒、親から子のように使われる方向性がある。

> **Ex.** **What's the matter with you?** You are supposed to meet your client at 10 a.m.　どうしたんですか?　午前 10 時に依頼人に会う予定でしょ?

468　What's wrong?
何かあったの?・何がそんなに悪いんだ?(たいしたことではない)

　What's wrong? は文字どおり「何が悪いんですか?」という表現で、相手に「どうかしたの?」「何かあったの?」と尋ねる場合に使われる。また「何が、そんなに悪いんだ?(たいしたことではない)」という意味にも使われ、相手が自分を些細なことで非難したような場合に、What's wrong? と言うと「何がそんなに悪いことなんだ?」という意味になる。

> **Ex.** **What's wrong?** Everybody seems to be so upset.
> 　どうしたの?　みんなとても動揺しているように見えるけど。

> **Ex.** I just had a few drinks, **what's wrong?**
> ちょっと飲んだだけなのに、何がそんなに悪いんだ？

469	**Who knows?** 誰も知らない・わからない・さぁね・知ったことか！
470	**God (only) knows** （同上）

　Who knows? の直訳は「誰が知っている？」で「誰も知らない、知りえない」「誰にもわからない」という意味。しかし「誰が知るか（そんなこと）」という皮肉的な意味で使われることもある。また「誰が知るか（そんなこと関心ないね）」というよそよそしいニュアンスもある。God (only) knows の直訳は「神のみぞ知る」であり、「誰も知らない・知りえない」という意味の比ゆ的な表現である。西洋には God を用いる表現が多いが、多くの西洋人にとってこの表現は substandard「標準以下」で多少不敬な表現であるらしい。

> **Ex.** A: Do you think Mr. Bush will win the next election?
> 　　　ブッシュ大統領は次の選挙で勝つと思う？
> 　　B: **Who knows?** さぁね（興味ないね）。
>
> **Ex.** **God knows** if George Bush has done the right thing sacrificing the lives of more than 3000 young American soldiers.
> 3000人以上の若いアメリカ兵を犠牲にしてジョージ・ブッシュ大統領がやったことが正しいかどうか、誰にもわからないね。

471	**Who's on the phone?** （電話で）誰からの電話？・誰と話をしているんだ？
472	**Who's calling (please)?** （電話で）どちら様ですか？
473	**It's for you** （電話で）君にかかってきた電話だよ。
474	**What number are you calling?** （間違い電話に応対して）何番におかけですか？

　Who's on the phone? は電話がかかってきたときに、それが誰からかかってきたのかを聞くときの常套句である。また誰かが電話で話しているときに、電話の相手方が誰なのかを聞くときに使われる。例えば、年頃の娘に若い男性から電話がかかってきて、楽しそうに話している。それを見た父親が、母親に Who's on the phone? と尋ねると「娘はいったい誰と、何を話しているんだ？」という父親の好奇心がうかがえる。

> Ex. **Who's on the phone** with Judy? She sounds so angry?
> ジュディーは誰と話しているんだ？とても怒っているようだけど。
>
> Ex. A: Hello, is Ken there?　もしもし、ケンはいますか？
> 　　B: **Who's calling?**　どちら様ですか？
> 　　A: This is Jennifer.　ジェニファーですが。
> 　　B: Oh, hi Jennifer. Please hold.　ハーイ、ジェニファー、ちょっと待って。
>
> Ex. **It's for you,** Makoto. Can you get the phone?
> まこと、あなたに電話よ。電話に出てくれる？

475　Why not?　そうしよう・どうして駄目なの？

この表現は、相手の提案に同意して「そうしよう」という言い方。例えば、「ちょっと休憩しようか？」という提案に Why not? と答えれば「そうしよう」という同意を表す。また「どうして駄目なの？」という意味にも用いられる。例えば、父親が息子に「お前は20歳までバイクの免許を取ってはいけない」と言って、息子が Why not? と口を返せば「どうして駄目なんだ？」という意味になる。

> Ex. A: Let's have a quick bite at KFC.
> 　　　ケンタッキーフライドチキンでちょっと腹ごしらえしようか？
> 　　B: **Why not?**　そうしようか。
>
> Ex. A: You can't make noise while you are eating.
> 　　　食事中に音を立てたら駄目だよ。
> 　　B: **Why not?**　どうして駄目なの？

476　Will that be all?　（ご注文は）これで全部ですか？

ファースト・フードのレストランなどで、「ご注文は以上ですか？」という意味に使われる。

> Ex. A: I will have three double cheese burgers, two french fries and two cokes.
> 　　　ダブルチーズバーガーを3つ、フライドポテトとコーラを2つずつもらおうかな。
> 　　B: **Will that be all**, sir?　ご注文は以上ですか？

Expression No.475-481

477 You can do it! 君ならできる！

アメリカでは人を励ますときに You can do it!「君ならできる」と表現する。You can do it! は頻繁に使われる表現であるが、素っ気なく使われる場合は表面的な感がある。相手を励ますときには Hang in there!（前出）があるが, この表現のほうが「がんばって」という感情がこもっている。You can do it! を力強く言うと「君ならできる、君を信じている」というニュアンスが伝わる。

> **Ex.** A: I want to make it to the semi-finals this year.
> 今年は準決勝までいきたいな。
> B: **You can do it!** おまえならできるよ！

478 You don't say! まさか！本当？（主にアメリカ）
479 You said it! まさにそのとおり！ そこだ（主にアメリカ）
480 Well said! そのとおり！ よく言った

You don't say! は文字どおり「あなたは言わない」であるが、「あなたは本気でそれを言っているのではないよね？」というニュアンスで用いる。You don't say! に似た表現は多く、No kidding!「まさか！」、No way!「とんでもない！」、Oh, really?「本当？」などの表現とほぼ同様に用いられる。

You said it!「まさにそのとおり！」は emphatic agreement「語気を強くして、話し手に同意」を表す表現。

> **Ex.** Did you buy this cool-looking car only for $4,000? **You don't say!** How did you do it? このカッコイイ車をたった4千ドルで買ったって？ まさか！ どうやって買ったんだ？
>
> **Ex.** A: What has won in America is social democracy, not just democracy.
> アメリカで勝ったのは社会民主主義であり、単なる民主主義ではない。
> B: **You said it!** まったくそのとおり！
>
> **Ex.** A: We need today's $100 more than tomorrow's $1000. We need money now.
> 明日の1000ドルより今日の100ドルだ。我々は今金が必要なんだ。
> B: **Well said.** よく言った。

481 You have the wrong number 番号が違いますよ（電話で）

この表現は間違ってかかってきた電話に対する慣用句。You have the wrong number は You just dialed the wrong number「あなたは間違った番号にかけました」という意味で相手のかけ間違いに、誠実に対応した言い方である。アメリカ人の中には、ただ wrong number「番号間違いだ」と言って電話を切ってしまう者が多い。

> **Ex.** A: Hello. Is Hiroko there?　ハロー、弘子さんいる？
> B: **You have the wrong number.** There's nobody by that name here.
> 番号違いです。そのような名前の人はおりません。

- **482　ZIP code**　郵便番号（アメリカ英語）
- **483　postcode**　郵便番号（英国）

ZIP は Zone Improvement Program（郵便地域改良プログラム）の略である。Zip は弾丸などがビューッと飛ぶときの音、スポーツカーがものすごい速さで駆け抜けるときの音などを意味するので、郵便物がすばやく目的地に配達されるような語感がある。

ZIP code は通常 5 桁（9 桁もある）で、最初の 3 桁が地域、最後の 2 桁が郵便区を表す。番号は東海岸から始まり西海岸地域に移行するにつれて大きくなる。例えば、東海岸沿いに位置する首都ワシントンにあるジョージタウンは 20057、西海岸に面するカリフォルニア州サンタモニカは 90405 である。

> **Ex.** The **ZIP code** for Statesboro Georgia is 30456.
> ジョージア州ステイツバロの郵便番号は 30456 です。

CHECK UP

Quiz 1

Key Expressions　Level 400

come to one's mind	cut in
do you have the time	co-ed
come back and see us	end up in
give someone a ride	figure out
eat like a horse	for a change

カッコの中に入る表現を上のリストの中から選びなさい（時制や人称による変化、その他の文法事項を考慮すること）。

1. ぜひ、来年の夏もうちの別荘にいらしてください。

　　Please (　　　　　) at our summer house next summer, too.

2. 突然、新しいプロジェクトのすばらしいアイディアが浮かんできた。

　　Suddenly, a superb idea about the new project (　　　　　).

3. 電車に乗るときは、プラットフォームで並んでいる人たちの列に割り込んではいけません。

　　Don't (　　　　　) on the line on the platform to catch the train.

4. うちの娘は男女共学の学校に通うのは初めてなので、戸惑っているみたいなの。

　　My daughter is going to a (　　　　　) school for the first time and she seems to be embarrassed.

5. 今日は腕時計を忘れてしまって…時間はわかりますか？

　　I forgot to wear my wrist watch today, (　　　　　)?

6. 今月は4回も焼肉食べ放題で<u>食べすぎた</u>せいか、太ってしまったよ。

I (   ) at the all-you-can-eat Yakiniku restaurant four times this month, and I put on some weight.

7. 叔父は酒の飲みすぎで、肝臓を傷め、<u>とうとう入院することになってしまった</u>。

My uncle finally damaged his liver and (   ) hospital because of his heavy drinking.

8. 研究室で先生が説明してくれたおかげで、<u>やっと</u>その化学式の意味が<u>わかった</u>。

I could (   ) the formula for the chemistry equation, because my professor explained it to me in her office.

9. 家にばかりいないで、たまには<u>気分転換</u>に外で運動をした方が体にいいわよ。

I think you should go out to do some exercise (   ) , instead of staying home all the time.

10. もう夜遅いし、女性が1人で帰るのはよくないから、家まで<u>車で送ってあげるよ</u>。

It is too late and not good for a woman to go home alone, so I'll (   ) home.

Quiz 2

health care	for sure
how do you like	I can tell you
haven't seen each other for ages	I have something for you
I mean it	I'll be right there
I doubt it	I owe you one

カッコの中に入る表現を上のリストの中から選びなさい(時制や人称による変化、その他の文法事項を考慮すること)。

1. 高校時代の友人がこの日曜日に集まるんだ。僕たちは卒業以来<u>長年会っていない</u>。

My high school friends are getting together this Sunday. We (   ).

2. 太りすぎが心配なら、<u>健康管理</u>セミナーに出てみたら。

If you are worried about obesity, why don't you attend a (   ) seminar.

3. A: 来月の誕生日は、フランス料理をご馳走してね。
B: <u>もちろん</u>。

A: Can you take me to a French restaurant on my birthday next month?
B: (   ).

4. ご来賓の皆様、今夜のショーは<u>いかがでしたか</u>？

Ladies and Gentlemen, (   ) the show tonight?

5. いずれ、ABZ 社の株は大暴落するよ。<u>本当だよ</u>。

I bet the stock price of the ABZ company will plunge. (   ).

6. A: 今週末は晴れるかな？バーベキューをする予定なんだけど。
B: <u>さあ、そうは思わないよ</u>。まだ梅雨は明けていないんだよ。

A: Do you think it will be fine this weekend? We are planning a BBQ.
B: (   ). It's still the rainy season.

7. <u>つまらないものだけど</u>、これはイタリアのチョコレートなんだ。気に入ってくれるかな。

(   ), these are Italian chocolates. I hope you'll like them.

8. 今度、こんなに遅く帰ってきたら、もう家には入れないわ。<u>本気よ</u>。

If you come back home this late next time, I won't let you come in. (   ).

9. JK 社との取引では、君は大きな成果を上げたよ。本当に<u>恩に着るよ</u>。

You did a great job at the negotiations with JK, Ltd. (   ).

10. A: 荷物が多くてドアを開けられないの。手伝ってくれないかしら？
B: <u>今すぐ行くわ</u>。

A: I cannot open the door because I'm carrying too much stuff. Can you help me?
B: (   ).

Quiz 3

Key Expressions   Level 400

in the red	in my opinion
It's on me	job hunting
lose one's cool	It's time to go
kick the habit	make up one's mind
look up to	medical checkup

カッコの中に入る表現を上のリストの中から選びなさい（時制や人称による変化、その他の文法事項を考慮すること）。

1. 私の考えでは、君は大学院での勉強を続けるべきだと思うよ。

    (   ), you should continue your graduate studies.

2. 給料が上がっても、家の支払いと奨学金の返済で、家計はまだ赤字状態だよ。

    Even though my salary has increased, the house mortgage loan and the student loan cost us a lot. So our house budget is still (   ).

3. ランチに行かない？ 引越しを手伝ってもらったお礼に、おごるよ。

    How about going out for lunch? (   ) because you helped me move out.

4. もうおいとまするわ、食事の支度があるから。

    (   ). I should go home to prepare dinner.

5. 就職活動のため、授業を欠席しなければならないのが心配だ。

    I am afraid that I need to skip some classes for (   ).

6. 新しい同僚は普段は穏やかな人なんだけど、間違いを指摘されると、すぐに<u>むきになるんだ</u>。

My new colleague is usually calm, but she (　　　　) when someone points out her mistakes.

7. どうしても、爪を噛む悪い<u>習慣が抜けない</u>。

I cannot (　　　　) of biting my nails.

8. <u>尊敬していた</u>恩師が亡くなったときは、本当にショックだったよ。

When the professor I (　　　　) died, I was very shocked.

9. やっとジョニーはメアリーと結婚する<u>決心がついた</u>らしい。

Johnnie seemed to (　　　　) to marry Mary in the end.

10. <u>健康診断</u>が近いので、今から運動を始めるつもりです。

I am planning to do some exercises because a (　　　　) is coming soon.

Quiz 4

Key Expressions　Level 400

opportunity knocks	I'm not kidding
payday	paycheck
no way	on a diet
pay off	get away from it all
pick someone up	stay on the line

カッコの中に入る表現を上のリストの中から選びなさい（時制や人称による変化、その他の文法事項を考慮すること）。

1. 今度、会社が倒産するんだ。本当だよ。上司が話しているのを聞いたんだ。

Our company is going bankrupt soon. (　　　　). I heard our boss talking about it.

2. 上司にこの資料を明日までに仕上げるように言われた。とんでもないよ。不可能だよ。

My boss asked me to finish this documentation by tomorrow. (　　　　)! It's impossible.

3. 花子はダイエット中だから、コーヒーブレイクには来ないわ。

Hanako is (　　　　) now, so she won't join us for a coffee break.

4. 合格通知が来たよ。幸運が訪れたね！

Here is your notice that you passed the entrance exam. (　　　　)!

5. 給料日が待ちきれない。買いたいものがたくさんあるからね。

I cannot wait for (　　　　). I have a lot of things to buy.

6. このネックレスは、来年の四月でクレジットカードの<u>支払いが終わるの</u>。

   I'll (   ) the necklace with my credit card by next April.

7. アメリカに来て、初めての給料を<u>給料小切手</u>でもらったが、使い方がわからなかった。

   When I received my (   ) the first time I came to America, I didn't know how to use it.

8. 娘が北海道から戻って来るので、空港まで<u>迎えに行か</u>なければいけません。

   My daughter is coming back from Hokkaido, so I have to go to the airport to (   ).

9. A: すみません。フランスの国番号を教えてください。
   B: <u>少々お待ちください</u>。担当につなぎますので。

   A: Excuse me, but can you tell me the international code for France?
   B: (   ) please? I'll pass you through to the person in charge.

10. A: 今週末に熱海に行くのはどうかしら。
   B: いい考えね。<u>日頃の疲れを取らなきゃね</u>。

   A: Why don't we go to Atami this weekend?
   B: Yeah, it's a good idea! We can (   ).

Quiz 5

Key Expressions　Level 400

sorry to hear that	slowly but steadily
set up	the sooner the better
thanks, but no thanks	take a leave
take care	turn down
stop by	turn in

カッコの中に入る表現を上のリストの中から選びなさい（時制や人称による変化、その他の文法事項を考慮すること）。

1. この宴会会場に私達のブースを<u>設置</u>しなくちゃ。

　　We have to (　　　　) our booth in this reception hall.

2. <u>ゆっくり確実に</u>、フランス語を学びたいと思っています。

　　I'd like to learn French (　　　　).

3.　A: ダンス大会の最終審査で落ちたの。
　　　B: <u>それは残念だったね。</u>

　　A: I didn't make it to the dance competition finals.
　　B: (　　　　).

4. ちょっと本屋に<u>立ち寄る</u>つもりだっただけなのに、2時間も立ち読みしてしまったよ。

　　I just meant to (　　　　) at the book store, but I stayed there for two hours reading.

5. エール大学で半年間研究をするため、休暇をとる予定です。

I plan to (　　　　) of absence to do my research at Yale for six months.

6. 部屋で走りまわらないで。皿を割らないように気をつけて。

Don't run around in the room! (　　　　) not to break the plates!

7. A: 週末、うちにワインパーティーに来ませんか？
B: ありがとう、でも結構です。しばらく医者にアルコールを止められていて…

A: Why don't you join the wine party at my place this weekend?
B: (　　　　). My doctor advised me to stop drinking.

8. A: 何日から当ホテルでの予約を希望しますか？
B: 早ければ、早いほうがいいと思うわ。

A: What day would you like to make a reservation at our hotel?
B: (　　　　).

9. 新しい企画の提案は、経営側から却下された。

Our proposals for a new project got (　　　　) by the management.

10. 来週の月曜日までに、このレポートを提出してください。

Please (　　　　) this report by next Monday.

第 2 章　TOEIC 500 点レベル

484 Achilles' heel　アキレス腱・欠点・弱点

ギリシャ神話に由来する表現。Achilles はトロイ戦争でのギリシャ軍の英雄。彼はアキレス腱以外は不死身の体を持っていたが、その部分を矢で打ち抜かれ戦死したことから、Achilles' heel「アキレス腱」は欠点や弱点を意味するようになった。

> **Ex.** Rob is a nice guy but drinking too much is his **Achilles' heel**.
> ロブはいい奴なんだけど、飲みすぎるのが欠点だな。

485	**ACT**	エイ・シー・ティー (American College Test)
486	**SAT**	エス・エイ・ティー (Scholastic Assessment Test)
487	**GRE**	ジー・アール・イー (Graduate Record Exam)
488	**GMAT**	ジー・マット (Graduate Management Admission Test)
489	**MCAT**	エム・キャット (Medical College Admission Test)
490	**bar exam**	司法試験

　ACT (American College Test)と SAT (Scholastic Assessment Test) は、アメリカで行われている大学入学のテスト。ACT は英語・数学・読解力・分析力の4つの分野で構成され、高校2年の終わりか、3年の初めに受験する。大学への入学は、ACT のスコアと学生個々の成績（GPA=grade point average）との合計で判断される。
　SAT は英語と数学で構成され各 800 点。アメリカの大学は SAT か ACT、いずれかのスコアを要求している場合がほとんどであるが、SAT を要求している大学のほうが多い。平均点は毎年 1050 点前後。アイビーリーグなどの一流大学では 1400 点前後かそれ以上のスコアを要求している。
　GRE は大学院進学に必要なテスト。英語・数学・分析力が試される。
　GMAT は business school「経営大学院」に入学するためのテスト。数学・英語・読解力・小論文で構成される。
　MCAT は medical school「医学部」入学に必要なテスト。自然科学・生物学・推理力・小論文で構成される。
　bar exam (examination) は、日本の司法試験に当たる。しかしアメリカのそれは州ごとに行われ、合格率は約8割。

> **Ex.** To be accepted to Stanford, you have to have at least 1,480 on the **SAT**.
> スタンフォードに受け入れられるには、SAT で最低 1480 点が必要。

> **Ex.** Kennedy took the New York State **bar exam** and failed twice. He passed the exam on the third try.　ケネディはニューヨーク州の司法試験に2

回失敗し、3度目の挑戦で合格した。

491 all ears　耳を傾けて聞いている・話を伺う

all ears の直訳は「すべて耳」であるが、この表現は「体全体が耳になって、話者の話を聞いている」という比喩である。相手の話を「ちゃんと聞いています」と確認を与える場合や、会話の始めに用い、「あなたの話を伺いましょう」「しっかり伺います」というジェスチャーにも使われる。

> **Ex.** OK, what is your problem? I'm **all ears**.
> さぁ、なにか問題を抱えていますか？お話を伺いましょう。

492 all thumbs　不器用・不慣れ

thumb は親指のこと。手の指がすべて親指 all thumbs であれば、不器用に違いない。この表現は手先の不器用さだけではなく、人間関係や性格の不器用さについても使われる。例えば、When it comes to a woman, I become all thumbs と言えば「女性のことになると、私はまったく不器用になる」という意味である。

> **Ex.** I am not good at any musical instrument. I am **all thumbs**.
> 私はどんな楽器も駄目なの。まったく不器用なの。

493　all-time high/low　史上最高・最低
494　record high/low　（同上）

all-time high/low、record high/low は、hit などの動詞と共に用いられ「史上最高・最低」を意味する。

> **Ex.** Sales of Japanese cars in the US hit an **all-time high** last year.
> 昨年のアメリカ国内での日本車の販売は史上最高を記録した。
>
> **Ex.** The average temperature of this past September was a **record high**.
> 9月の平均気温は、史上最高記録だった。

495　anything goes　なんでもOK・なんでもあり

　　　anything は「なんでも」、go は「うまくいく」または「通過する」という意味。つまり anything goes は「なんでもOK、なんでもあり」という意味だが、最近テレビで人気があるK-1という格闘技を思い浮かべてほしい。この格闘技には、選手を規制するルールがあまりなく、とにかく相手を打ちのめしたほうが勝ちという競技だ。anything goes という言い方はこの格闘技のルールを表すのにぴったりである。またこの表現のニュアンスは freedom（自由）と decadence（堕落）であり、日本語の「無礼講」の意味に近い。

> Ex. K-1 is a very flexible type of sport. Almost **anything goes**.
> K-1 はルールのとてもゆるいスポーツで、ほとんどなんでもありだよ。
>
> Ex. We always look forward to Tom's parties. They really get wild. **Anything goes.**　俺たち、トムのパーティーをいつも楽しみにしているんだ。みんな狂乱状態になって騒いで、もう無礼講って感じ。

496　anything you say　なんでも言われるとおりにいたします

　　　この表現は I will follow anything you say.「なんでもあなたの言うことに従います」が省略されたものと考えると合点がいく。また、相手が生意気な口を利いた場合にも、「ハイハイわかりました。あなたがボスだよ」という皮肉にも用いられる。

> Ex. A: I want you to take me to Disneyland and let me stay in a luxurious room with a jacuzzi bath.　ディズニーランドへ連れてってね。そしてジャクージ付きの豪華な部屋に泊めてよ。
> B: **Anything you say**, honey.
> なんでもお嬢さんの言うとおりにいたします。

497　the apple of one's eye
（目の中に入れても痛くない）大切な人・ペット・物・宝物

　　　聖書に由来する表現である。the apple of one's eye は「目の中のりんご」であるが、瞳は丸いので apple（りんご）にたとえた。瞳は目の中で最も重要なものなので、the apple of one's eye は「目の中に入れても痛くないような、最も大切な人」を意味する。この表現は人に用いるが、ペットや物について用いることもできる。

Ex. Our daughters, Miki and Emi are **the apple of our eyes**.
私たちの娘、美希と映美は私たちの宝物です。

Ex. This 1976 Cadillac Eldorado convertible is **the apple of my son's eye**.
この 1976 年型のキャデラック・エルドラドのコンバーチブルは、私の息子の宝物だ。

498　as it is　現状のままで・そのままで

Ex. We'll sell this used car **as it is**.　この中古車は現状のままで売ります。

499　as of~　~の時点で・現在まで（の）・~以来・そのとき以来

　as of ~ は時を表す語句と一緒に使われ、「その時点で・そのとき以来」を表す。例えば as of 2005 は「2005 年の時点で」、as of now は「今現在」を表す。as of の as は「同じ」、of は from と同じ意味であると考えれば、as of ~ は「そのときと同じ時点・そのとき以来」という意味であることがわかる。

Ex. The population in the U.S. is 299,682,131 **as of** September 8, 2006.
2006 年 9 月 8 日現在、アメリカの人口は 299,682,131 人です。

Ex. **As of** now, 24 people are hospitalized and five people are seriously injured due to the train accident.
列車事故により、今現在 24 人が病院に運ばれ 5 人が重傷を負っています。

500	**ASAP　(as soon as possible)**	できるだけ早く
501	**BYOB (bring your own bottle/booze)**	酒は各自持参
502	**FYI (for your information)**	参考までに
503	**RSVP (répondez s'il vous plaît)**	

返答をお願いします・返事をください

　上記の 4 つの表現は頭字語 (acronym) であり、口頭では使われない。メールや手紙や招待状の末尾や先頭に使われ、それぞれの意味を表す。booze は「酒」、BYOB は持ち寄りのパーティーの場合に「お酒を飲む人は持参してください」という意味に用いられる。répondez s'il vous plaît「返事をお願いします」はフランス語である。英語に直

すと Reply If You Please. になるだろう。

> **Ex.** Please let me know if you can come to our BBQ **ASAP**.
> バーベキューパーティーに来られるかどうかを、なるべく早くお知らせください。
>
> **Ex.** We are having a make-your-own-sushi party this Friday night. **BYOB**.
> 今週の金曜の夜に「自分で寿司をつくるパーティー」をします。お酒は各自持参でお願いします。
>
> **Ex. FYI**: Tomorrow is Steffie's birthday. Has anybody prepared a surprise party for her? 参考までに：明日はステッフィーの誕生日よ。誰かサプライズ・パーティーを準備してる？
>
> **Ex.** Please **RSVP** before September 17. 9月17日前にご返事ください。

504 at a loss 途方に暮れる・当惑する
505 at a loss for words なんと言っていいのかわからない

　loss は「失敗・損失」という意味を表す言葉で、at a loss は「(人が) 何をすべきかという判断を失って」、つまり「何をすべきか、言うべきかさっぱりわからない」という意味で、「途方に暮れる・当惑する」という日本語訳で表される。この表現はもともと「猟犬が獲物の匂いを失ってあてもなくさまよう」という意味に由来している。
　at a loss for words は、前出の at a loss「当惑している」という言い方を、words「言葉」の面からとらえたもので「言葉に当惑している」つまり「なんという言葉にしていいかわからない」「なんと言っていいのかわからない」という意味に用いる。

> **Ex.** When I arrived in Chicago, I had no money with me and had no steady job. I was completely **at a loss** at the Greyhound bus depot.
> シカゴに着いたときは一文無しで、定職もなかった。私はグレイハウンド・バスターミナルで途方に暮れていた。
>
> **Ex.** When Linda got laid off from her university, I was **at a loss for words**. リンダが大学から解雇されたときは、私は言葉につまった。

506 at any cost どんな犠牲を払っても・ぜひとも
507 at all costs （同上）

　cost には「費用・代価」という意味の他に「犠牲・損失」などの意味がある。at any

cost は「どんな費用や代価を払っても」また「どんな犠牲や損失を出しても」という意味である。at all costs も同様の意味である。

> **Ex.** Many affluent parents want to put their children into good private schools **at any cost**.　多くの裕福な親たちは、是が非でも自分の子どもを良い私立学校に行かせたがる。

☐	508	at the same time	同時に・同様に
☐	509	by the same token	同様に

どちらも日常頻繁に使われる表現である。by the same token の直訳は「同じ印によって」だが、「同様に」という意味に使われる。

> **Ex.** Dan is a fun-loving guy but, **at the same time**, he is a real scholar.
> ダンは楽しいことが好きな男だけど、同時に真の学者でもあるんだ。
>
> **Ex.** The U.S. was attacked and many people there were killed by terrorists. **By the same token**, the U.S. attacked Iraq and killed many innocent people there. What have they learned from 9.11?
> アメリカは攻撃され、多くの人がテロリストによって殺された。同様にアメリカはイラクを攻撃し、多くの罪のない人たちを殺した。同時多発テロから彼らはいったい何を学んだのか？

☐	510	bad-mouth	悪口を言う (アメリカ・イギリス)

bad-mouth の直訳は「悪い口」であるが、この表現は「陰で悪口を言う」という動詞として用いる（-ing などの動詞語尾がつく）。通常 bad-mouth の後には「人」がくるが、「物事」がくる場合もある。

> **Ex.** It is an open secret that Lynn often **bad-mouths** her colleagues.
> リンがよく彼女の同僚の悪口を言っているのは公然の秘密だ。

☐	511	bank account	銀行口座
☐	512	checking account	当座預金口座
☐	513	savings account	普通預金口座 (米)・定期預金口座 (英)

514 regular account　普通預金口座

account だけでも口座を意味するが、通常 bank account で銀行口座を意味する。アメリカで最も一般的な銀行口座は checking account「当座預金口座」で、この口座を開けば小切手が使えるようになる。

> **Ex.** I have to wire my daughter's **bank account** in the U.S.
> アメリカにある娘の銀行口座にお金を振り込まなければならないんだ。
>
> **Ex.** I would like to open a **checking account**.
> 当座預金口座を開きたいのですが。

515 bank teller　銀行の窓口係

teller は「金銭出納係」、bank teller は「銀行の窓口の女性または男性」のこと。窓口業務担当以外の銀行員は bank clerk と呼ぶ。

> **Ex.** I just talked to a **bank teller** this morning and she said that I still have $251 left in my checking account.　今朝、銀行の窓口担当の人と話したら、まだ 251 ドル私の当座預金口座に残ってるんだって。

516 Be good!　じゃあね・じゃまた

「じゃあね・じゃまた」の意味では、最近使われるようになった表現である。たぶんユーモアの要素があるのだろう。Good bye.「さよなら」はもともと God be with you.「神があなたと一緒にいますように」に由来している。アメリカ人であれば、母親から Be good!「いい子にしていなさいよ」と、学校へ行くときに言われた経験が誰にでもあるはずだ。

Be good! は、大人同士でも別れ際に使われ「いい子にしてろよ」「奥さんに迷惑かけるなよ」「飲みすぎるなよ」などさまざまな隠れた意味を持つし、学生同士なら「勉強しろよ」「あまり派手にパーティーするなよ」くらいの意味になるだろう。昔、ドリフターズの「8 時だよ、全員集合！」という番組があったが、番組の最後に加藤茶が「風呂入れよ」「歯みがけよ」「早く寝ろよ」などテレビを見ている子どもたちに語りかけていたが、Be good! は、老若男女全員に使われ、深い意味はなく別れ際の軽い冗談として使われる。

> **Ex.** Hey, Blair, **be good**! Don't get into trouble in Shinjuku tonight.
> じゃあね、ブレア。今晩新宿でトラブルに巻き込まれるなよ。

517　beat around the bush　遠まわしに言う・要点に触れない

アメリカ人が好んで使う表現である。beat は「叩く」、around ~ は「~のまわりに」、bush は「藪」という意味で、beat around the bush の直訳は「藪のまわりを叩く」である。この表現は小動物の狩りに由来するもので、獲物が藪に逃げたときには、藪の周りを叩いて、獲物をだんだんと追い詰めていく様子を表している。beat around the bush はつまり「遠まわしに物事を言って、要点になかなか触れない」という意味である。

> **Ex.** Don't **beat around the bush**. Give me the answer directly.
> 遠まわしに言わないで、単刀直入に答えてくれ。

518　(It) beats me　さぁね・さっぱりわからない
519　You got me beat　同上

beat は「やっつける・打ち負かす」という意味で、(It) beats me の直訳は「(それが) 私を打ち負かす」である。つまり「それ」は、自分にとって「さっぱりわからないこと=見当もつかないこと」である。It は他の名詞に置き換えられることもあるが (例 This linear equation beats me.「この2次方程式はさっぱりわからない」)、通常 It は省略され、Beats me だけで用いる。

> **Ex.** A: Do you think there may be a major earthquake in the Tokyo area next year?　来年東京に大きな地震があると思うかい？
> B: **Beats me**.　さぁね。

520　Beauty is only skin deep　美貌は皮一重

Beauty is only skin deep の直訳は「美しさはほんの皮の深さだけ」で、「外形では人の内面までわからない」という意味である。skin deep の基本的な意味は「とても浅い・うわべだけ」である。例えば、His love is only skin deep. と言えば「彼の愛はうわべだけ」という意味である。

> **Ex.** Though I know **beauty is only skin deep**, I have always been attracted to blond-haired and blue-eyed women. 「美貌は皮一重」だって知ってるんだけど、いつもブロンドで青い目の女性に魅かれちゃってね。

521 between you and me　ここだけの話だけどね・内緒の話だよ

本来は between you and me (and the gate post / lamppost)「君と僕そして門柱 / 電柱だけの話だけどね」であるが、最近は between you and me の形で使われることが多い。この表現は相手にうわさ話や他人の悪口などを伝える場合に「ここだけの話だよ」と前置きする場合に好んで用いられる。「ここだけの話」を強めるために just between you and me という言い方もよく用いられる。

> **Ex.** Just **between you and me**, Mr. Takahashi, our section manager, makes twice as much as we do. Does this sound right to you?
> ここだけの話だけどね、高橋課長は我々の２倍の給料をもらっているんだって。こんなことっておかしくない？

522 big shot/wig　大物・有力者・影響力のある人物

shot とは 19 世紀のイギリスの裏社会では金を意味した。その後 big shot は大金を所有している人物を意味するようになり、1920 年代以降は、大物や有力者、影響力のある者を表す表現として使われている。big shot はよい意味にも悪い意味にも使われるが、皮肉をこめて He thinks he is a big shot.「彼は自分では大物だと思っているんだよ」というように使われることも多い。

> **Ex.** Bill Gates is truly a **big shot** in business.
> ビル・ゲイツはビジネスの世界では本当の大物だよ。
>
> **Ex.** Who does he think he is? Some **big shot**?
> 彼は自分のことを何者だと思ってるんだ？　大物のつもりか？

523 Birds of a feather flock together　類は友を呼ぶ

この表現の直訳は Birds of a feather（同じ羽を持った鳥）は flock together（一緒に群れをなす）で、冠詞の a には same「同じ」という意味があり、それがわかれば、

Expression No.521-527

この表現は合点がいくだろう。

> **Ex.** A: Why is it that all beautiful women have beautiful-looking friends?
> どうしてきれいな女性にはきれいな友達がいるんだ？
> B: I guess **birds of a feather flock together**.
> 「類は友を呼ぶ」んだなぁ。

☐ 524	**blackout**	停電
☐ 525	**(electric) power failure**	停電
☐ 526	**Power is dead**	停電している

blackout は「真っ暗」という意味だが、「停電」を表す最も一般的な言い方。power は「電力」のこと。正確には electric power だが、通常 power だけで「電力」を意味する。failure は「機能停止」という意味で、power failure は文字どおり「停電」のこと。Power is dead「停電している」という言い方もある。

> **Ex.** We had a long **blackout** last night because of the typhoon.
> 昨晩は台風のために長い停電があったよ。
> **Ex.** In Utah, we have constant **power failures** in summer time due to thunderstorms.　ユタでは落雷を伴う嵐のため、夏はよく停電になる。

☐ 527	**Bottoms up!**	飲み干せ！・乾杯！

bottom はびんやグラスの底のこと。それが up の状態、つまり底が上を向く状態にすることは、飲み干すということである。Bottoms up! は文字どおり「飲み干せ！」であり、「最後の一滴まで飲もう」の意味もあるが、酒の席での音頭としても使われるので、「乾杯！」の意味でもある。同様の表現に Cheers!「乾杯！」があるが、結婚式など公式な場では propose a toast を使う。

> **Ex.** Congratulations on your promotion, Daisuke. **Bottoms up!**
> 昇進おめでとう、大輔。乾杯！
> **Ex.** OK, let's finish our drinks. **Bottoms up!**
> さぁ、このへんで飲みおさめといこうじゃないか。飲み干そう！

528　brainchild　すばらしいアイディア・頭脳の産物

brainchild の直訳は「脳の子ども」であるが、脳が産むのはつまりアイディアのことである。brainchild はアイディアの中でも、最も出来のいいもの、また独創的なものに用いるので、「すばらしいアイディア」「独創的なアイディア」「頭脳の産物」というニュアンスがある。

> **Ex.** This automatic transmission was the **brainchild** of Dr. Satomi.
> このオートマチック・トランスミッションは里見博士の頭脳の産物だった。

529	**break down**	（機械などが）故障する・止まる・（関係・交渉などが）だめになる・泣き崩れる
530	**breakdown**	故障・分析・（費用などの）内訳・衰弱
531	**break into~**	～に侵入する・～に押し入る
532	**break out**	急に発生する・勃発する
533	**break up (with~)**	（～と）別れる・グループや集会などが解散する
534	**nervous breakdown**	精神衰弱

break は「壊れる」という意味の動詞、down は「停止している状態」を表す副詞。つまり break down は「機械などが壊れて機能が停止する」という意味である。break down を交渉や関係などに使うと「決裂する・だめになる」という意味になる。この表現にはまた人が感情的に壊れて崩れてしまう、つまり「泣き崩れる」という意味がある。breakdown は名詞で「故障・（費用などの）内訳・衰弱・分析・崩壊」。

up は粉々になった状態を表す副詞で、break up は人間関係や人の集団が壊れてしまうという意味である。この表現が最も一般的に使われるのは、恋人同士である（夫婦関係には split up や separate を用いる）。完全に別れてしまう場合や一時的に別れる場合にも使う。「～と別れる」という場合は break up with~ の形になる。

break には「否定的なことが突然起こる」という意味があり、out には「現れる・露見する」という意味がある。break out は事件や震災などが「突然起こる・勃発する」という意味である。また break には「突然起こるアクション」というニュアンスがあり、into を伴って「侵入する・押し入る」という意味になる。

> **Ex.** On the way to Atlanta, our car **broke down** on the interstate.
> アトランタへ行く途中、高速道路で車が故障してしまった。
>
> **Ex.** The business negotiations with P&M **broke down** in the end.

P&M社とのビジネス交渉は結局決裂してしまった。

Ex. My sisters **broke down** at our father's funeral.
妹たちが父の葬式で泣き崩れた。

Ex. My girlfriend always wants to **break up with** me. I am so unlucky.
ガールフレンドはいつも僕と別れたがっているんだ。僕はとても不運だよな。

Ex. The Beatles **broke up** in 1970. Lennon was to blame for that.
ザ・ビートルズは1970年に解散した。レノンに責任があったんだ。

Ex. A huge earthquake may **break out** anytime, anywhere in the Japanese archipelago.　日本列島では巨大地震がいつでもどこでも起こり得る。

Ex. The video camera captured the moment when two men **broke into** the convenience store.
ビデオカメラが2人の男がコンビニに押し入る瞬間をとらえていた。

535　break the ice　打ち解ける

　break the iceの直訳は「氷を壊す」であるが、ice「氷」は見知らぬ者同士の緊張した態度と固い表情を比ゆ的に表している。このこわばった態度と表情をbreak「壊」せば、「互いに打ち解ける」のである。

Ex. When people first meet, a joke or two sometimes helps **break the ice**.
知らない者同士が初めて会ったときには、時として冗談の一つくらいが、互いに打ち解けるのに役立つ。

Ex. Serving glasses of wine at the beginning of a party helps guests relax. It is good for **breaking the ice**.　パーティーの始まりには、ワインは出席者をリラックスさせるのに役立つし、互いに打ち解けるのには効果がある。

536　buckle down　（仕事や勉強に）精を出す・熱心に取り組む・本気で取り組む
537　buckle up/down　シートベルトをする

　buckle downは、しっかりとものごとに取り組むことを意味する。buckleはズボンのベルトのバックルのこと。またdownには「しっかりと締める」というニュアンスがある。buckle downのもともとの意味は「バックルをきっちり締めてかかる」だが、日本のことわざに置き換えれば「ふんどしを締めてかかる」にあたるだろう。Buckle down to your work!「本気で自分の仕事に取り組め！」のように命令や激励の形で使

われることが多い。

> **Ex.** Get on with your work now. **Buckle down** or you will fail.
> さぁ、仕事を急いでくれ。本気でやらなければ失敗するぞ。
>
> **Ex.** **Buckle up**, guys. We will get onto the freeway.
> シートベルトしてよ、みんな。高速に乗るからね。

538 burn the midnight oil　夜更かしして勉強（仕事）に専心する

直訳すると「深夜の油を燃やす」で、昔はオイルランプを使って明かりをとっていたことに由来する。本来は夜遅くまで「勉強する」ことに用いるが、「仕事をする」ことにも用いる。仕事はあくまでデスク・ワークで、肉体労働のニュアンスはない。

> **Ex.** I have to **burn the midnight oil** to finish this draft. It is due tomorrow.　夜更かしてこの原稿を終わらせなくてはいけないんだ。明日が締め切りだからね。

☐	539	**business school**　経営学大学院
☐	540	**law school**　法科大学院
☐	541	**law student**　法科大学院の学生
☐	542	**medical/med school**　医学部
☐	543	**med student**　医学部生

　business school は「経営学大学院」。アメリカでは管理職（とくに大手企業の）になるためには、business school を出て、MBA「経営学修士」の学位を取得するのが一般的だ。日本人にはなかなか理解できない点であるが、終身雇用制度がないアメリカでは、入社して5年から10年で、優秀な者や管理職候補はより待遇のいい会社に移ってしまうので、自分の会社では管理職は育たない。そこで business school で管理、税金、リーダーシップなどを勉強してきた者が重宝されるのである。

　もちろん多くの business school は一度会社勤めをした者でなければ受け入れないので、MBA を取得した者たちは経営の知識に加えて経験があるのである。IBM、General Motors、Nike などの企業の CEO (Chief Executive Officer) がアメリカのトップスクールで MBA を取得している。

　アメリカでは law school は大学院であるため、4年制を出た者でなければ入学は許可されない。law school を修了すると J.D. (Doctor of Jurisprudence)「法学博士」

が授与される。

　medical school も大学院なので、4年制の学位を持っていることが、入学の条件である。学位はなんでもいいが、生物などで一定の単位を取得していなければならない。medical school を修了すると M.D. (Medical Doctor) の称号が授与される。medical school の学生は med student と呼ばれる。

> Ex. Getting an MBA from a top **business school** is a shortcut to becoming rich.
> 一流の経営学大学院で経営学修士をとることが、金持ちになる近道である。

544　by chance　たまたま・偶然に

　by chance は文字どおり「偶然によって」という意味である。by chance は予期していなかったことが、偶然という要素によって突然起きるというニュアンスがある。

> Ex. **By chance**, I discovered the man sitting next to me in the train was my cousin.　偶然にも、電車の中で私のとなりに座っていたのは私のいとこだった。
> Ex. I found this Japanese sword at an antique store in New York **by chance**.
> たまたまニューヨークのアンティーク・ストアでこの日本刀を見つけたんだよ。

545　call in sick　病気のために学校や職場を休むという電話をする
546　ill in bed　病気で寝ている

　call in sick、ill in bed は簡単な言い回しで長い内容を表すとても便利な表現である。

> Ex. I have to **call in sick** for my daughter.　She has a fever and the chills.
> 娘が病気のために学校に電話しなければならないんだ。熱があって悪寒がするんだ。
> Ex. I was **ill in bed** over the weekend so I missed our section chief's farewell party.　週末は病気で寝てたから、課長の送別会に出られなかった。

547　calm down　(興奮状態、嵐などが) 静まる

calm は精神状態や悪天候または社会状況などが「静まる・落ち着く」という意味の動詞、down を伴って、それらの状態が落ち着いて沈静化するという意味になる。この表現は、Calm down, John! You are too excited.「落ち着けよ、ジョン、興奮しすぎだよ」のように、興奮状態の人への「落ち着け・冷静になれ」という呼びかけに用いられることが多い。

> **Ex.** After work, I like to **calm** myself **down** with a beer to relax.
> 仕事の後はビールでリラックスして、自分自身を落ち着かせるのが好きだな。

548 cash a check　小切手を現金化する
549 bounce a check　小切手を不渡りにする
550 blank check　白地小切手（金額や受け取り人が書かれていない小切手）

　　cash は動詞で「現金化する」という意味で、cash a check で「小切手を現金に換える」という意味である。check は他に「伝票、勘定」という意味がある。例えば、レストランで食事を済ませ、勘定書きを頼む場合は Check, please. と言えばいい。
　　bounce は「跳ね返ってくる」という意味の動詞、check は「小切手」である。bounce a check の直訳は自分が使った「小切手が跳ね返ってくる」である。小切手を使う習慣がない日本人にはわかりにくい表現だが、小切手を使用する際に、それに書いた額面が自分の銀行口座に入っている預金額より多い場合には、その小切手は無効になり（つまり不渡りになり）自宅に郵送されて返ってくる。不渡り小切手を使った者は、銀行に違反金を支払わなければならない。

> **Ex.** I have to **cash** this **check** or I won't have any money to pay my debts.
> この小切手を現金にしなければ、借金を返す金がないんだよ。
>
> **Ex.** After spending so much money for Christmas gifts, Jill **bounced** several **checks**.　クリスマスプレゼント購入のため、たくさんお金を使った後、ジルは何枚かの小切手に不渡りを出した。

551 CATV / Community Antenna Television　ケーブルテレビ

　　アメリカではケーブルテレビが普及していて、ほとんどの家庭がケーブルを引いている。もちろん有料だが、チャンネル数の割には安い。一般的な家庭でも 50 チャンネル前後見られるケーブルを引いていて、天気予報だけ(Weather channel)、スポーツだけ(ESPN)、ニュースだけ(CNN)、旅行だけ(Travel channel)、音楽だけ(MTV)、科

学だけ (Discovery channel)、料理だけ (FOOD NETWORK) などの専門チャンネルが多い。また最近は 250 チャンネル前後見られる衛星放送も人気がある。CATV のことを単に cable「ケーブル」と呼ぶ人も多い。

> **Ex.** Without **CATV**, I can't think of life in the U.S.
> ケーブルテレビなしに、アメリカでの生活なんて考えられないよ。

552 CEO 最高経営責任者
553 COO 最高執行責任者

CEO は Chief Executive Officer「最高経営責任者」の略である。アメリカでは president（社長）、chairperson/chairman（会長）という一般的な呼称の他に、会社内で責任分担及び序列を明確化するために、会長を CEO（最高経営責任者）、社長を COO（Chief Operating Officer 最高執行責任者）と呼ぶ場合が多い。

> **Ex.** Mr. Lee Iacocca became the **CEO** at Chrysler Motor Co. after he resigned from Ford Motor Co.　リー・アイアコッカ氏はフォード社を辞職した後、クライスラー社の最高経営責任者になった。

For Your Information

アメリカの会社組織

アメリカと日本とでは会社組織が異なるが、日本の一般的な会社組織を英語に当てはめると次のようになる。
chairman 会長 (CEO)、president 社長 (COO)、executive vice president（副社長）、executive managing director（専務）、managing director（常務）、corporate advisor（相談役）、general manager（部長）、plant manager（工場長）、branch manager（支店長）、manager（課長）、supervisor（係長）

554 Chances are that ～　たぶん～だろう

日常好んで用いられる表現である。

> **Ex.** **Chances are that** Asashoryu will win the Sumo tournament this time

again.　たぶん今場所も朝青龍が優勝するだろうね。

555　check it out　見てみる・確かめてみる

check it out は日常頻繁に使われる表現で、「見てみる・確かめてみる」。最近は日本のテレビでも一般化している表現である。

> **Ex.** I wonder what is going on in Shinjuku this weekend. Let's go **check it out**.　今週末、新宿でどんなことが起きているか行ってみようか。

556　clear up
（雨、霧、雲などが）晴れる・（誤解や謎など）を解く・（部屋など）を片付ける

clear up は「雨、霧、雲などがなくなって空が晴れる」という表現であるが、clear は「雨、霧、雲などを取り除く」、up は clear「取り除く」の意味を強め「すっかり」ぐらいの意味になるだろう。clear up には「（誤解や謎など）を解く」という意味があるが、これも「取り除く」という意味から派生していると考えられる。また「片付ける」という意味も、部屋の中のゴミやガラクタを「取り除く」から派生していると考えればよいだろう。

> **Ex.** After the typhoon, the sky **cleared up**.　台風の後、空が晴れ渡った。
> **Ex.** I have to **clear up** my bad reputation that I am an alcoholic.　私はアル中であるという汚名を晴らさなければならない．
> **Ex.** You made the mess, so you can **clear** it **up**.　君が散らかしたのだから、君が片付けるんだ。

557　college graduate　大卒者
558　high school graduate　高卒者
559　community college　コミュニティー・カレッジ

graduate は「卒業生」のこと。community college は2年制の大学で、全米で約1100ほど存在する。授業料が安いことや4年制大学への編入が可能であることなどから、人気がある。また専門学校の機能もあり、理髪・車の修理・建築・塗装など職業に直結した科目も提供している。

> **Ex.** In Japan, many companies still hire only new **college and high school graduates**. But it is against the law in the US.　日本ではまだ多くの企業が新卒者だけを採用しているが、アメリカではそれは違法である。

560　come in handy　便利である・役に立つ

handy は「便利」、come in handy の直訳は「便利になる」であるが、「便利である」「役に立つ」という意味に用いる。

> **Ex.** Nicotine chewing gum **comes in handy** when you fly overseas since smoking is prohibited in planes.
> 飛行機の中は禁煙だから、海外へ行く場合は、ニコチンガムが役に立つよ。

561　come of age　成人になる・大人になる

of age は「法律で認められる権利（飲酒や運転、選挙権など）を行使できる年齢である」という意味の前置詞句、この表現に come（〜になる）が先行し、come of age で「成人（成年）になる」という意味になる。また come of age は法律上だけでなく、人生での重要な年齢（結婚する、子どもを持つ、家を建てるなど）に達することも意味する。

> **Ex.** Now you are 20 years old. You have **come of age**. You can drink.
> さぁ、君は 20 歳だ。成人になったんだ。酒が飲めるね。
>
> **Ex.** You are 35 years old already. Since you have **come of age**, why don't you start thinking about getting married?　おまえはもう 35 歳なんだ。もう大人なんだから、結婚を考え始めてみたらどうかな？

562　come up with~　〜を考え出す・〜を見つけ出す

come up はどこかに隠れている物・人や、頭の中に潜んでいるアイディアが「外に出てくる」ことと考えれば、この表現の意味が把握できるだろう。例えば、Who came up with such a good idea? と言えば「誰がそんなにいいアイディアを思いついたんだ？」という意味になるし、The police came up with the missing child. と言えば「警察は行方不明の子どもを見つけ出した」という意味になる。

> Ex. What shall we all do next holiday? Has anyone **come up with** any good ideas？ 次の休日に何をしようか？ 誰かいいアイディア思いついた？

563　Come what may　何が起きようと

　Come what may は倒置表現であり、Whatever may come「何が来ようと」という語順に直すと意味が把握できる。これは「結果はどう出るかわからないが、どんな結果が出てもそれを受け入れる覚悟はできている」という決意を表す表現である。

> Ex. **Come what may**, we will cross the Rio Grande tonight to get into the United States.　何が起きようが、今夜リオグランデ川を渡りアメリカに入る覚悟だ（多くの貧しいメキシコ人が生活苦のために、アメリカとメキシコの国境を流れるリオグランデ川を命懸けで渡り、アメリカに移住する）。

564　computer-literate
コンピューターに精通している・コンピューターが使える
565　digital divide　情報格差・コンピューターができる人とできない人の格差

　computer-literate と digital divide はともにコンピューターに関する表現で、ごく最近使われるようになったものである。literate は「読み書きできる・読み書きできる人」という意味。computer-literate の直訳は「コンピューター上で読み書きができる」つまり「コンピューターに精通している」という意味で、簡単に表現すれば「コンピューターが使える」ということである。逆に「コンピューターを使えない」は computer-illiterate と表現する。
　digital divide とはパソコン・インターネットなどを使える者とそうでない者の間に生じる、雇用及び昇進の機会の格差を意味する。

> Ex. Ask Tom anything about computers. He is **computer-literate**.
> コンピューターのことならなんでもトムに聞いたら。彼はコンピューターに精通しているんだ。

> Ex. The **digital divide** is the difference in opportunities in employment and promotions in the workplace between a **computer-literate** person and one who is computer-illiterate.
> デジタルディバイドとは、職場での、コンピューターに精通している人とそうでない人との雇用及び昇進のチャンスの格差のことである。

Expression No.563-572

☐	566	connecting flight	（飛行機の）連絡便
☐	567	direct flight	（飛行機の）直行便
☐	568	flight attendant	添乗員・（飛行機の）客室乗務員・フライトアテンダント
☐	569	jet lag	時差ぼけ
☐	570	carry-on luggage/baggage	機内持ち込み手荷物
☐	571	book a hotel/flight	ホテル/飛行機を予約する

flight には「飛行機・飛行・航空便」などの意味がある。direct flight は non-stop flight とも表現する。attendant の基本的な意味は「付き添っている人」で「添乗員・随行員・案内係」などいろいろな意味に使われる。【例】shop attendant「店員」、attendant at a station「駅の案内係」、tour attendant「ツアーの随行員」など。

jet は jet plane「ジェット機」のこと、lag は time lag「時差」のことで、jet lag はこの二つの合成語である。「時差ぼけです」は I am suffering from jet lag. と表現する。

book は動詞で「予約する」。「予約する」は他に reserve, make an appointment がある。

> **Ex.** I'm worried if we can make it to our **connecting flight** at O'Hare. We have only one hour and 20 minutes in Chicago to go through immigration and customs. オヘア空港で、連絡便に間に合うか心配です。シカゴでは移民局と税関を通過するのに1時間20分しかありません。
>
> **Ex.** We had a **direct flight** from Narita to Atlanta, Georgia and the flight attendants were all kind. 成田からジョージア州アトランタまで直行便に乗ったんだけど、客室乗務員はみな親切だったよ。
>
> **Ex.** Sorry, ma'am, we have to check all the **carry-on luggage** you have. 申し訳ありませんが、すべての機内持ち込み手荷物をチェックさせていただきます。
>
> **Ex.** Every time I fly back and forth from New York, I have terrible **jet lag**. ニューヨークへの行き帰りにはいつもひどい時差ぼけになってしまう。

☐	572	**Correct me if I am wrong**	間違っていたら教えてください

直訳は「もし間違っていたら正してください」であるが、「私の理解に間違いがあったら、遠慮せずに指摘してください」という意味で、自分自身の理解が正しいかどうか、相

手に確かめるような場合に用いる。

> **Ex.** **Correct me if I am wrong** but we are supposed to meet in this room tomorrow at 9:15.
> 「明日9時15分にこの部屋に集まる」で、いいんでしたっけ？

573 count on~　〜をあてにする・〜を頼る

　count には援助などを人や事物に「期待する」という意味があり、「あてにする・頼る」という意味はこの「期待する」から派生している。count on~ で「〜をあてにする・期待する・頼る」という意味であり、count on ~ for ... で「誰々に…をあてにする・頼る」という意味である。

> **Ex.** Don't **count on** your mother for your homework. You must do it by yourself.　宿題をおかあさんに頼っては駄目。自分でやりなさい。
>
> **Ex.** I need $450 for rent by the end of this month. I am **counting on** you for that.
> 月末までに家賃の450ドルが必要なんだ。君をあてにしているからね。
>
> **Ex.** Japan is **counting on** China for cheap labor.
> 日本は中国に安価な労働をあてにしている。

574 course syllabus　コースシラバス

　授業の内容、試験、成績評価、教員のオフィスアワーなどを書いた紙のことで、学期の始めに各担当教員からそのクラスの学生に配布される。単に syllabus と呼ぶこともあるが、アメリカの大学では course をつけて course syllabus と呼ぶのが一般的である。

> **Ex.** The **course syllabus** is supposed to be handed out to each student in the first class of the semester.
> コースシラバスは学期の最初の授業で各学生に配られるものである。

575 crack up　大笑いする/させる・爆笑する/させる

crack up は本来「壊れる」という意味であるが、「笑いこける」という意味はこの「壊れる」から派生している。例えば、まじめな顔の人が突然、笑いこける場合、彼のムスーッとした顔はいきなり「壊れ」、爆笑面になる。crack up「爆笑する」はこの顔の表情が「壊れる」という意味から派生している。

> **Ex.** When we realized that our dad misunderstood Mother Teresa for the name Teresa Ten, we all **cracked up**. 親父がマザー・テレサとテレサ・テンを勘違いしていたとわかったとき、私たちは腹を抱えて笑った。

576 cut down (on~) （お金や費用などを）切り詰める・（量や数を）減らす
577 cut back (on~) （値段などを）下げる・減らす

cut には「〜を切り詰める・削減する」という意味があり、down には「下がっている・少なくなっている」というニュアンスがある。cut down の基本的な意味は「切り詰めて、少なくする」ということである。「〜を切り詰める・〜の数量を減らす」という場合には cut down on~ の形になる。cut back (on~) も cut down (on~) とほぼ同様の意味で使われるが、cut down は個人的な事柄について、cut back は会社や公共機関の事柄について使われる傾向がある。

> **Ex.** Our company plans to **cut back on** its operation costs by 15 percent.
> わが社は管理費を 15% 減らす計画をしている。
>
> **Ex.** The doctor told me I have to **cut down** the amount of food I eat.
> 食べる量を減らすように医者に言われた。

578 day in and day out 年がら年中

この表現は、「毎日毎日」「明けても暮れても」「くる日もくる日も」という意味で、day after day または day in, day out とも言う。

> **Ex.** I couldn't stand having to do that **day in and day out**.
> あんなことを年がら年中しなければいけないなんて、僕には耐えられないなあ。

579 do one's part 本分を尽くす

part は「部分」であるが、部分が持つ「役割」という意味がある、do one's part はその人の持つ「役割をする」、つまり「本分を果たす」という意味である。

> **Ex.** You guys are students first so study hard and then have fun. **Do your part.** 君たちはまず学生なんだから一生懸命勉強しなさい、お楽しみはその後だ。(学生としての) 本分を尽くしなさい。
>
> **Ex.** A: My baby cried all night last night and I couldn't sleep a bit.
> 昨晩子どもが夜中じゅう泣いてね、一睡もできなかったよ。
> B: But you know? She just **did her part.**
> でもわかる？彼女は(赤ん坊としての)本分を尽くしてるだけですよ。

580 Don't get smart with me　生意気な口を利くな
581 Don't get clever with me　(同上)

smart, clever は「賢い・利口」という意味。get smart, get clever は、「利口になる・賢くなる」という意味であるが、「生意気になる・利口ぶった口を利く」という意味で用いる。Don't get smart with me / Don't get clever with me は「生意気な口を利くな」という意味の最も一般的な表現である。

> **Ex.** Jason, **don't get smart with me.** Otherwise, I'll make you do another 20 pushups.
> ジェイスン、生意気な口を利くなよ。腕立て伏せ、もう20回させるぞ。

582 down and out　落ちぶれている・一文無しの・世の中から見捨てられている

これはボクシングに由来する表現で、ボクサーが試合中に down して、カウント10 (count 10) までとられ、カウントアウト (count out) になっても立ち上がることができない状態を表現している。この表現は「落ちぶれて・一文無しで希望もなく・世の中から捨てられた」という意味である。

> **Ex.** Since his wife died and he lost his job, he has been **down and out.**
> 女房に死なれ、職を失って以来、彼は希望もなく落ちぶれている。

Expression No.580-587

	583	**down payment**	頭金
	584	**monthly payment**	月賦
	585	**security deposit**	敷金・権利金（家・アパートなどを借りるときの）

　down payment は「頭金・手付金」という意味だが、down だけでも「頭金」を意味する。
　security deposit は「敷金・権利金」のことで、アメリカでは通常、敷金は家賃の一か月分。もちろんアパートを出るときは返してくれるが、借りた部屋を汚したり、破損させた部分があれば、その分は security deposit から引かれる。

> **Ex.** I will pay $10,000 as a **down payment**. I will pay the remaining amount monthly.
> 1万ドルを頭金として払って、残りは月々の支払いにするよ。
>
> **Ex.** If you pay us a **security deposit** of $450, you can move into the apartment today. 450ドルの敷金を払っていただければ、今日からそのアパートに入れますよ。

	586	**down with~**	（病気）で寝ている・（病気）で動けない

　down には「病気で寝込んでいる」という意味があり、down with~ で「~の病気で寝込んでいる」という意味である。

> **Ex.** Tracy has been **down with** a cold. So she won't show up in school until next Monday.
> トレーシーは風邪で寝込んでるの。来週の月曜日まで学校に来ないわ。

	587	**drop (someone) a line**	（~に）手紙を書く

　drop は手紙をポストに「落とす」または手紙を書いて「出す」という意味。line は手紙の行のこと。drop (someone) a line の直訳は「誰かに一行書いて送る」であるが、短い手紙を書いて送ることを意味する。a line「一行」であるから、あまり重要な文章ではない。気が向いたときに書く手紙というニュアンスが伝わる。この表現は drop me a line or two「気が向いたらたまには短い手紙をください」の形で、手紙文の終わりに添えられることが多い。

> **Ex.** Please **drop me a line** or two. Love, Amy. 気が向いたらたまには短い手紙をください。エイミーより愛をこめて（手紙の文末）

588 dropout 落ちこぼれ
589 drop out 落ちこぼれる

dropout は本来、学校で卒業に必要な単位を取得せず退学した者を意味する。例えば、a high school dropout は高校中退者、a college dropout は大学中退者のこと。また drop out は「（学校や会社などの競争的な組織から）落ちこぼれる」という意味の動詞句である。

> **Ex.** You should be sure to finish university. Don't be a **dropout**.
> 大学をきちっと卒業すべきだな。中途退学はするな。

> **Ex.** Right after Bill Gates **dropped out** of Harvard, he set up his own company.
> ビル・ゲイツはハーバードを中退した直後に、自分自身の会社を設立した。

590 drunk driving 酒酔い運転
591 drive drunk 酒酔い運転をする
592 crack down (on~) ～を取り締まる・～を一層厳しくする

アメリカでは Don't drive drunk「酔って運転するな」という標語があちこちに見られるし、テレビでも流れる。crack は「雷がズドーンと鳴るときの音」、down はそれが「落ちる様子」。crack down は「人に厳しくする」「取り締まる」という意味である。

> **Ex.** **Drunk driving** nowadays has been strictly cracked down on.
> 最近、飲酒運転は厳しく取り締まられている。

593 e-mail/E-mail address メールアドレス
594 mailing address 郵便物用の住所
595 physical address
実際の住所（コンピューター上のメールアドレスに対する）
596 permanent address （一時的な住所ではなく）恒久的な住所

mailing address は郵便物を受け取るための住所。例えば、親元を離れて寮生活をしている学生にとっては、その寮または寮がある大学の住所が mailing address になる。physical address は「実際の住所」という意味で、コンピューター上での「住所」アドレスと区別するために生まれた言葉である。例えば、ある学生が親元を離れて一人住まいしているような場合、下宿やアパートを転々とする可能性がある。そこで成績の送付などには親の住所が使われる。このような長期にわたって変わらない住所を permanent address と言う。

> **Ex.** Please fill out your **E-mail address**, **mailing address**, and **permanent address** on your application form.　入学願書にはあなたの E メールアドレス、郵便物用の住所、それと恒久的な住所を書き込んでください。

□ **597** **Everything's going to be all right/okay/great/fine**
万事うまくいくよ
□ **598** **Nothing to worry about**　何も心配する必要はない

この 2 つの表現は人を励ますときの決まり文句。Everything の代わりに Things と言う場合もある。Nothing to worry about は、There's nothing to be worried about / You don't have to worry about anything とも表現される。

> **Ex.** Dan, don't worry. **Everything's going to be all right**.
> ダン、心配するなよ。万事うまくいくよ。

□ **599** **fall for ~**　～と恋に落ちる・～に夢中になる・～を信じる・～に騙される

fall for ~ の基本的なニュアンスは「突然にそして完全に～の魅力のとりこになる」である。そこから「恋に落ちる」または「夢中になる」という意味が派生する。また物事にすっかり魅了されれば、それは「信じる」ことになるし、それが価値のないものだとわかれば「騙された」と感じることになるだろう。例えば、I fell for the salesman's smooth talk. と言えば「そのセールスマンのなめらかな話に騙された」という意味である。

> **Ex.** Keep your mind on your school work. Don't **fall for** any pretty young girls.　学校での勉強に集中しなさい。かわいい女の子に夢中になったらだめよ。
> **Ex.** When I was young, I **fell for** Tom Cruise.

若いときは、トム・クルーズにぞっこんだったの。

Ex. I thought I would get more money in this job. I **fell for** what the interviewer said.　この仕事では、もっと稼げると思ったんだけどなぁ。面接のときの担当者に騙されたなぁ。

600　feel free　どうぞご自由に・どうぞご遠慮なく

この表現は相手に何かを勧める場合に用いられ、「~してもいいですか？　~はよろしいですか？」という問いかけに対し、「どうぞご自由に」という答えに用いる。

Ex. A: May I have a catalogue for this car?　この車のカタログをもらえますか？
B: Sure, **feel free**.　もちろんです、ご自由にお取りください。

Ex. If you have any questions on this point, **feel free** to ask.
この点について質問がありましたら、遠慮なくなんでも聞いてください。

601　final exam / finals　学期末テスト
602　final paper　学期末提出のレポート
603　midterm paper　中間テスト時期提出のレポート
604　term paper　学期末提出のレポート

final exam/examination「学期末テスト」は単に finals ともいわれる。アメリカの大学はレポートや小論文が学期末テストの代わりをすることが多く、それらを final paper、term paper などと呼ぶ。term は「学期」のこと。

Ex. A: How many **final exams** do you have?
学期末試験はいくつあるの？
B: I have four exams and two **term papers**.
試験が4つ、レポートが2つあるの。

605　finish up (with) ~　~を仕上げる・~で終わりにする・~を完了する

up は「すっかり、残らず~してしまう」という意味を含む副詞で、finish up には「~を仕上げて終わりにする」というニュアンスがある。「~で終わりにする・完了する」は finish up with~ という形になる。

> **Ex.** Let's **finish up** this class **with** reviewing what we have learned today.
> 今日習ったことを復習してこの授業を終わろう。

606　First come, first served　早い者勝ち

First come, first served を完全な文に直すと、The person who comes first will be served first. になる。「最初の人が、最初に給仕・接待・食事などを受ける」がこの表現の直訳であるから、「早い者勝ち」が最も日本語的な訳だろう。

> **Ex.** We will give out free lunch on a **first come, first served** basis.
> 早く来た人たちから、無料のランチを配ります。

☐	607	**frankly speaking**	率直に言えば
☐	608	**generally speaking**	一般的に言えば
☐	609	**honestly speaking**	正直に言えば
☐	610	**personally speaking**	個人的に言えば
☐	611	**strictly speaking**	厳密に言えば

> **Ex.** **Frankly speaking**, I think the Japanese don't use their work hours as effectively as Americans do.
> 率直に言えば、日本人の勤務時間の使い方は、アメリカ人より効果的ではないね。

☐	612	**free of charge**	無料（で）
☐	613	**for free**	ただで・無料で
☐	614	**for nothing**	ただで・無料で

> **Ex.** Are you sure? All these used books are **free of charge**?
> これらの古本は全部無料だって本当ですか？
>
> **Ex.** Since you have been so nice to me, I'll get you this Elvis CD **for free**.
> 今まで僕によくしてくれたので、エルビスのCDただであげるよ。

615 from now (on)　これから（ずっと）

「これからは」という意味で、日常一般的に使われる表現である。from now は「今から」で、on には「ずっと」という意味がある。from ~ on の言い方を用いれば from today on「今日から」、from next week on「来週から」などの表現が可能である。

> **Ex.** **From now on**, Mr. Takahashi will be the manager in this store.
> これからは、高橋さんがこの店のマネージャーだ。

616 from scratch　最初から（始める）・裸一貫から（始める）

scratch は「スタートライン」のことで、もともと from scratch は「スタートラインから（始める）」という意味であるが、「何もないところから（始める）」「最初から（始める）」という意味で使われるようになった。例えば、My wife made this cake from scratch. と言うと、「家内がこのケーキを一から作った」ということで、出来合いのスポンジケーキやアイシングなどは使わないで、全部彼女が一から作り上げたという意味である。

> **Ex.** Mr. Honda started his company **from scratch** right after WWII. Now his company is one of the most successful car-manufacturing companies in the world.　本田さんは第二次大戦直後、一から自分の会社を始めた。今では彼の会社は世界で最も成功した自動車会社に数えられている。

617　gas station　　　ガソリンスタンド
618　gas guzzler　　　燃費が悪い車
619　full tank of gas　満タン

gas はガソリンのこと。アメリカでは gas と省略して言うのが普通。また、petrol と言うこともある（petroleum「石油・ガソリン」の短縮形）。guzzle は「大食いする」、gas guzzler は「ガソリンを大食いする車」という意味である。

> **Ex.** I have to stop by a **gas station** to fill up the gas and get some sandwiches for the kids.　ガソリンを入れるためと子どもたちにサンドイッチを買うために、ガソリンスタンドに寄ろう。

Expression No.615-623

> Ex. I bought a big SUV. But it is a **gas guzzler**.
> でっかい SUV 車を買ったんだけど、燃費が悪いね。

For Your Information アメリカでは gas station のほとんどは self-service「セルフ給油」で convenience store「コンビニ」を兼ねる。

For Your Information SUV とは sports utility vehicle のことで、スポーティーで多目的に使える車のことである。一般的には、パジェロ、パスファインダー、ランドクルーザーなどのジープ型の車で4輪駆動であることが多い。アメリカでは近年、高級乗用車から大きな SUV への乗り換えが多くなっている。

☐	620	**get along (with~)** なんとかやっている（生活している）・〜と仲良くする・〜とうまくいく
☐	621	**How are you getting along?** どうしてますか・どう暮らしてますか（挨拶）
☐	622	**get by (with~)** なんとかやっている・〜でなんとか暮らす
☐	623	**I'm just getting by** まぁ、なんとかやっています・なんとか暮らしています（挨拶）

　　　get along は日常頻繁に使われる表現で、いくつかの意味がある。一般的には「なんとかやっている」「生活している」という意味。How are you getting along?「どうしてますか・どう暮らしてますか？」は、日常の挨拶としてよく用いられる。また get along には「人と仲良くする」という意味もあり、「誰々と仲良くする」は get along with 〜 の形をとる。

　　　get by も同様に日常頻繁に使われる表現で、「なんとかやっている・なんとか暮らしている」という意味で、「ギリギリのところでまぁなんとか生きている」という意味が強い。I'm just getting by. は How are you? / How is it going? / How are you getting along? などの挨拶に対する答えとして使われ、「まぁ、なんとかやってます（暮らしてます）」という意味である。

> Ex. I just can't **get along with** a woman like Shoko.
> 昭子のような女性とは絶対にうまくやれないよ。

> Ex. A: How is your business going? 商売のほうはどうですか？
> B: It's **getting along.** うまくいってますよ。

> Ex. A: **How are you getting along**, Yuka? 由香、どうしてますか？
> B: **I'm just getting by.** なんとかやってるわ。

> Ex. Our family is just **getting by** on my small salary.
> 家族は私の少ない給料でなんとか暮らしています。

624　get fired　クビになる

fire は「クビにする」という動詞。get fired で文字どおり「クビになる」という意味。正式には be dismissed「解雇される」である。また自分から辞める場合は quit を用いる。【例】You can't fire me. I quit.「俺をクビにはできないよ、俺から辞めるんだから。」

> Ex. Brian is an alcoholic and **got fired** from the sales position at a nearby used-car dealer.
> ブライアンはアル中でね、近くの中古車ディーラーの営業職をクビになったよ。

625　get in touch (with ~)　(~と)連絡をとる
626　keep in touch (with ~)　(~と)連絡をとり続ける

in touch は「接触・連絡している状態で」を表す。get in touch で「連絡をとる」、keep in touch で「連絡の状態を保つ」という意味である。「誰々と」がある場合は get/keep in touch with ~ の形をとる。

> Ex. Ken has not shown up to the meeting yet. Can anyone **get in touch with** him?　ケンが会議にまだ来てないんだけど、誰か彼に連絡とってくれる？
> Ex. Even when I am in Miami on vacation, I have to **keep in touch with** my company.
> 休暇でマイアミにいるときでさえ、会社と連絡をとり合わなければならないんだ。

627　get out of hand　手に負えなくなる

英語の hand には日本語の「手」同様、さまざまな意味があるが、「馬の手綱さばき」という意味もある。get out of hand の直訳は「馬の手綱さばきができなくなる」であるが、「状況をコントロールできなくなる」つまり「手に負えなくなる」という意味で用いる。

> Ex. Once our two-year-old daughter starts crying, she **gets out of hand**.
> 私たちの2歳になる娘は、一度泣き出すと手に負えなくなる。

628 Get real!　まじめにやれよ・ふざけるなよ・現実を見ろ（アメリカ）

get は「〜の状態になる」で、real は reality に近い意味と考えるといい。「現実的になれ」「現実を見ろ」が基本的な意味だろう。この表現は、ふざけた人間や冗談を飛ばす相手に、「まじめに・真剣に」とたしなめる表現である。日常頻繁に使われる表現で、軽い意味で使われることが多いが、きつく相手をたしなめる表現にもなる。

> Ex. Hey, John. **Get real!** Sexual harassment, even female to male, is never a laughing matter.　ジョン、まじめにやれよ。女性から男性へのセクハラだって笑いごとじゃないよ。
>
> Ex. A: I want to buy a private island somewhere in the Mediterranean Sea and build a mansion with a helicopter port there. I can play golf looking over the sea all day long.
> 地中海のどこかにプライベートの島を買って、そこにヘリポート付きの豪邸を建てたいな。地中海を見渡しながら一日中ゴルフをするんだ。
> B: I love your positive thinking. But **get real!** You are just a bum.
> 君のポジティブな考え方はいいが、現実を見ろよ。ただのプー太郎だろ？

629　get rid of 〜　〜を取り除く・〜を断ち切る・〜から抜け出す

get rid of 〜 は、「(悪い習慣) を断ち切る・取り除く」や、「(病気など) から抜け出す・回復する」という意味である。

> Ex. You have to **get rid of** the bad habit of doing things at the last minute.
> ギリギリになってからあわててするようなその悪い習慣は断ち切りなさい。

☐	630	**get to work**	仕事にとりかかる
☐	631	**go to work**	仕事に行く・出勤する
☐	632	**leave work early**	職場を早退する
☐	633	**take work home**	仕事を家に持ち帰る
☐	634	**come home from work**	仕事から帰ってくる
☐	635	**work experience**	職歴
☐	636	**office work**	事務
☐	637	**work ethic**	職業倫理
☐	638	**workday**	平日
☐	639	**work hours**	勤務時間
☐	640	**working conditions**	労働条件

get to ~ には「~し始める」という意味がある。work は「仕事」以外にも、「専心・従事」や「勉強・授業」などの意味にも用いる。get to work は文字どおり「仕事をし始める＝仕事にとりかかる」という意味である。この表現は休憩時間や昼休み終了時、また授業中に学生の注意がそれたような場合に、Let's get (back) to work.「仕事（授業）にとりかかろうか（戻ろうか）」のように使われる。work に関連した表現は TOEIC に頻出なので、ぜひ覚えておこう。

Ex. Oh no, lunch break is over! It's time to **get to work** now.
まいったなぁ、昼休みも終わりだよ。もう仕事にとりかかる時間だ。

Ex. Simon **left work early** yesterday for the renewal of his visa.
昨日サイモンは、ビザの更新のために早退しました。

Ex. Linda is a person who never **takes work home**.
リンダは家に仕事を持って帰る人ではない。

Ex. When I **come home from work**, my two-year-old daughter welcomes me at the entrance hall.
仕事から帰ってくると、2歳になる娘が玄関で私を迎えてくれる。

Ex. What kind of **work experience** do you have except for driving a taxi?
タクシーの運転以外、どんな職歴がありますか？

Ex. When I compare Japanese with people in South America, I can safely say the Japanese have a stronger **work ethic**. 日本人と南米人を比べると、日本人のほうが強い職業倫理を持っていると言えるね。

☐	641	get together	パーティーをする・集まる・会う
☐	642	get-together	パーティー・集まり
☐	643	going-away party	送別会
☐	644	baby shower	ベイビーシャワー
☐	645	wedding shower	ウェディングシャワー

get together の基本的な意味は「一緒になる」であるが、「パーティーをする・集まる・会う」の意味で使われる。また get-together とハイフンで一語にすると「パーティー・集まり」という名詞になる。baby shower / wedding shower は、生まれてくる子どものため、結婚する男女のために、友人たちがプレゼントを持ち寄って祝福する行事。プレゼントはキッチン用品や写真立てが多い。wedding shower はどちらかというと、結婚する女性のために、女性の友人たちが集まって祝福する。結婚する男性には、男友だちが集まって祝福する bachelor party がある。

Ex. After work, let's **get together** for a while over beer and wine.
仕事が終わったら、ちょっと集まってビールとワインでも飲もうか？

Ex. After the conference, there's going to be a small **get-together** in the next room.　会議の後、隣の部屋で小さなパーティーがあります。

Ex. We will prepare a big **going-away party** for Dr. Bouma.
ブーマ先生のために盛大なさよならパーティーを準備します。

Ex. Many of our friends got together at my house for a **baby shower** for our first-born son.
友人たちが長男のベイビーシャワーのために私の家に大勢集まってくれた。

☐	646	give in	屈服する・負ける・提出する

give にはもともと「（圧力などに）屈する・譲歩する・負ける」という意味がある。例えば、The river bank gave in and water flooded the town. と言えば「川の堤防が壊れ、町は水浸しになった」であり、The two countries gave into each other a little. と言えば、「二つの国は互いに少しずつ譲り合った」という意味である。in は「～に」という方向を表すものと考えられる。

Ex. After a lot of time, James finally **gave in** and told me his secret.
何度も頼まれた後、ジェームズは負けて彼の秘密を教えてくれたよ。

	647	**give it a shot/try**　やってみる
	648	**give one's best shot**　ベストを尽くす

shot は「(ピストルなどの) 発砲」という意味で、ピストルの中には弾は一発しかなく、目的を遂げるためには、たったワンチャンスしかない。give it a shot/try はこの一回しかないチャンスにかけてみる、つまり思い切って「やってみる」という表現である。日本に「刀」を使った表現が多くあるように、アメリカには銃に関する表現が多々ある。

> **Ex.** A: I want to try to get into the Olympic swim team.
> 　　　オリンピックの水泳チームに参加したいんだ。
> 　　B: You should **give it a shot**.　やってみたらどうだ?

	649	**Give me a break!**　冗談はやめてくれ・ばかなこと言うな・手加減してよ

アメリカ人が好んで使う表現である。Give me a break. の直訳は「休憩をくれ」だが、「ちょっと待って・一息つかせてくれ」という意味である。相手の法外な要求に対する応答として、「ちょっと、冗談はやめてくれ」「ばかなこと言うなよ」などの意味で使われる。また「ちょと手加減してほしい」という意味にも使われる。

> **Ex.** **Give me a break!** It's impossible for me to make a presentation in English in front of many foreigners.
> 　冗談はやめてくれ!　大勢の外国人の前で英語でプレゼンするなんて無理だよ。

	650	**go too far**　度がすぎる・やりすぎる・言いすぎる

go too far を他の英語で表現すると exceed some limit 「制限を越える」になる。つまり「度がすぎる・やりすぎる・言いすぎる」などの意味に使われる。

> **Ex.** Last night, I was drunk like a skunk. I regret that I **went too far**.
> 　昨日は酒を飲みまくって、度が過ぎてしまった。後悔してるよ。
>
> **Ex.** I **went too far** with the words that hurt my wife. I don't know how to apologize to her.
> 　家内を傷つける言葉を吐きすぎた。なんと言って謝罪していいのかわからない。

Expression No.647-655

651　good sport　公平な人・いさぎよい人・負けっぷりのいい人

　good sport とは人の性質を表す表現であり、「公平な人・いさぎよい人・ルールを守る人」などの意味がある。スポーツ (sport) はルールを守ってこそ成り立つものであり、スポーツを愛する人間はフェアで負けっぷりがよくて規則を遵守するという、アメリカ人の思考を反映している。

> **Ex.** Mr. Yoshida is quite a **good sport**. He never complains about losing games.
> 吉田さんはとてもいさぎよい人だ。試合に負けても愚痴一つこぼさない。

652　Grow up!　大人になれよ

　Grow up! は文字どおり「成長しろ」という意味で、相手の幼稚な考えや行動を諭す場合などに使われる。Don't be a baby.「ガキだなぁ」も同様の意味である。

> **Ex.** **Grow up**, man! How old do you think you are?
> 大人になれよ！　いったい何歳になると思ってるんだ。

653　hand in　　　　提出する
654　hand out　　　配布する・手渡しする
655　handout(s)　　配布物

　hand には「相手に渡す」という意味があり、in は「提出して物が相手の手中に入る、または提出する方向」を表していると考えられる（類似表現　turn in「提出する」参照）。hand out は hand in と反対の意味であるが、「多くの人に配る」という意味合いがある。hand in も hand out も「手渡しする」というニュアンスがある。handout(s)は名詞で「配布物」という意味であり、アメリカの大学では好んで使われる表現である。

> **Ex.** Please **hand in** your homework assignment by Monday next week.
> 来週の月曜日までに、宿題を提出してください。
>
> **Ex.** Professor Tada **handed out** the course syllabus in her class.
> 多田先生は自分のクラスでコースシラバスを配った。

Ex. Dr. Fujii prepares a lot of **handouts** for his TOEIC preparation class.
藤井先生は自分の TOEIC 対策クラスのためにたくさんの配布物を準備する。

656　handheld　手のひらサイズ（の）

handheld は、形容詞で「携帯型の・携帯用の・可搬の」、名詞で「手持ちサイズの機械・コンピューター」という意味である。1970 年代は、トランジスタラジオを指す言葉だった。

Ex. This **handheld** balloon pump is a must for anyone hosting a party with balloons.　この手のひらサイズの風船ポンプは、風船を使ったパーティーの主催者にとって必需品です。

657　have a ball　とても楽しい時間を過ごす
658　ballroom　舞踏会が行われる部屋・ダンスホール

ball は舞踏会（ダンスパーティー）のこと。舞踏会にはさまざまなやり方がそれぞれの時代にあり、仮装したり仮面をつけての舞踏会や、ジャズのビッグバンドに合わせて踊った時代もあった。いずれの時代にも参加者はダンスや音楽、会話、男女の出会い、そして酒などを大いに楽しんだ。have a ball「大いに楽しむ」はこれらのことに由来している。

Ex. What a fantastic party that was. We **had** such a **ball**.
なんてすばらしいパーティーだったんだ。すごく楽しい時間を過ごしたよ。

659　have something/nothing to do with~　～と関係がある・～と関係がない

have ~ to do with ~ の直訳は「～と～な関係・交渉を持っている」だが、have to do with~ を「～と係わり合いがある」と考えれば、この表現は合点がいく。something、nothing は「係わり合い」の程度を示す。

Ex. I **have nothing to do with** Joe. I don't even want to think about him.
ジョーとは何も関係ないし、彼のことなんか考えたくもない。

Expression No.656-663

> **Ex.** Police questioned me if I **had something to do with** the sexual harassment case.
> 警察は、私がそのセクハラ事件に何か関係しているのではないかと尋問した。

660　a head start　幸先のいいスタート

a head start は、「幸先のいいスタート・頭一つリードしたスタート」という意味で、競争相手より先にスタートを切る、つまり、有利な滑り出しであることを強調する表現。「ヘッドスタート」という日本語も定着しているようである。

> **Ex.** Excellent, that means you've made **a head start**!
> すばらしい。幸先のいいスタートを切ったということだね。

661　high-tech person
コンピューターなどの情報機器や先端技術に精通している人
662　low-tech person
コンピューターなどの情報機器や先端技術に精通していない人

high-tech は high-technology の略。最近はコンピューターに詳しい人は、そうでない人よりも就職の機会が多く、職場で、また友人から何かと頼りにされ、そうでない人との差は歴然である。コンピューターなどの情報機器や先端技術に精通している人を high-tech person と呼び、そうでない人を low-tech person と呼ぶ。

> **Ex.** Mr. Fujinami in my office is a **high-tech person**. Whenever I have trouble with my computer, I just call him.　私のオフィスの藤波さんはハイテクな人で、コンピューターに問題が起きるといつも彼に電話するの。

663　hit the spot　本当にうまい・まさにピッタリ

hit は「打つ・命中する」という意味の動詞、the spot は「まさにその場所」という意味で、hit the spot の直訳は「まさにその場所に命中する」である。この表現は例えば、腹ペコで、中華が食べたいときに、うまいラーメンとギョーザを食べたようなときに使う。その場合 hit the spot と言えば「空腹のおなかに、ラーメンとギョーザがまさにタイミングよくズバリ命中した」というニュアンスになり、「本当にうまい！」とい

う訳がぴったり当てはまる。また hit the spot は食べること以外にも、「まさにピッタリ」の意味で使われる。

> **Ex.** Thank you for buying me the steak dinner. It **hit the spot**.
> ステーキの夕食をおごってくれてありがとう。最高にうまかったよ。
>
> **Ex.** This dress will **hit the spot** for my daughter's piano concert.
> このドレスは娘のピアノ発表会にまさにピッタリだ。

664　hush-hush　秘密の・内々の

hush は「しっ！静かに！」という意味で、通常口元に人差し指をあてがう動作とともに使われる。hush-hush は「内々の・秘密の」という形容詞句で、The conference is hush-hush.「会議は内密だよ」のように用いる。

> **Ex.** This is really **hush-hush**, but did you know that Amy has been e-mailing Anne's boyfriend?　これは絶対に内緒だけど、エイミーがアンのボーイフレンドにメールを送っているんだって。

665　hyper　とても興奮した・興奮しやすい・はしゃぎすぎ・元気がよすぎる

本来 hyper は接頭語として使われ、「過度・過多・超」などの意味を表す。例えば、hyperacid は「胃酸過多」、hyperacute は「超急性」、hypersonic は「超音速」という意味である。しかし最近のアメリカ口語では hyper が単独でも用いられ、too energetic「元気がよすぎる」、excitable「興奮しやすい」、not being able to sit still「黙って座ってられない、はしゃぎすぎ」などの意味で使われる。

> **Ex.** My kids were so **hyper** until they finished their lunch. I was totally exhausted.　子どもたちは昼食を食べ終わるまでとてもテンションが高かった。私は疲れきってしまったよ。

666　I could eat a horse　腹ぺこだよ

eat like a horse だと「馬のように食べる」、つまり「大食いする」を意味する。I could eat a horse だと、「馬1頭食べられるほどお腹がすいている」という意味にな

る。これは、実際にはあり得ないことだが、「食べようと思えば馬でも食べられる」という気持ちが、仮定法過去の could に込められている。

> **Ex.** I'm so starved **I could eat a horse**.
> 馬1頭を食べられるくらいに腹ぺこです。

☐	667	**I don't feel very well**	あまり調子（体調）がよくないんだ
☐	668	**I have the flu**	インフルエンザにかかっている
☐	669	**I have a pounding headache**	頭が割れるような頭痛がする
☐	670	**I have a nagging cough**	しつこい咳が出る
☐	671	**I have the runs**	げりをしている
☐	672	**I have a sore throat**	喉がやられた・喉が痛い

I don't feel very well は How are you?「調子はいかがですか？」という挨拶に対する答えに用いる場合が多く、「体調がよくありません」という意味だが、「ちょっと具合が悪い」という意味の最も一般的な表現。

I have the flu と I have a cold は症状は似ているが、cold と flu は明確に分けて使う。flu は influenza の略で「インフルエンザウイルスによる流行性感冒」。cold は通常の「風邪」（普通感冒）。インフルエンザは急に高熱が出て倦怠感や関節痛が1週間程度続く。

pounding は「ガンガン叩くような」なので、pounding headache の意味はわかるだろう。nagging は「しつこくつきまとう」という意味。the runs は diarrhea「下痢」を意味する口語表現。下痢になると何度もトイレに run「駆け込む」ことに由来する表現らしい。sore は「炎症などでヒリヒリ痛む」という意味の形容詞。

> **Ex.** **I have** a nasty **flu**. **I have a pounding headache** and **a nagging cough**. Plus, **I have the runs**. I'm almost dead.
> ひどい風邪ひいちゃってね。頭はガンガンするし、しつこい咳だ。おまけに下痢でね。死んだも同然だよ。
>
> **Ex.** A: Hi, Kyoko. How's it going?　京子、調子はどう？
> B: **I don't feel very well** this morning.
> 　 今朝はあまり調子がよくないの。
> A: Too bad. Take good care.　それはお気の毒さま、気をつけてね。
> B: Thanks.　ありがとう。

	673	**I got it / I get it**	わかった・承知した・私に任せて
	674	**You (just) don't get it**	君にはわからないんだ

get は「理解する」という意味。I got it / I get it は「わかった・承知した」という意味であるが、誰かが自分の家に訪ねてきたときに、家族の誰かが玄関に出なければならない。そのようなときに I got it / I get it と言うと、「私に任せて」つまり「私が玄関に出る」という意味になる。家に電話がかかってきたときも同様、「私が出るわ」という場合に、I got it / I get it を使う。

You (just) don't get it は「いくら説明しても君にはわからない・わかりっこない」という、半ばあきらめたようなニュアンスがある。

Ex. Now, I want somebody to go find some wood to make a fire.
　　さて、誰かに、火を起こすための薪を見つけてきてほしいんだけど。
　　OK. **I got it.**　オーケー、わかった（僕に任せて）。

Ex. A: I gave you everything money can buy.
　　　　金で買えるものは全部君にあげたのに。
　　B: **You just don't get it.**　あなたにはわからないのよ。

	675	**I'll pass** 遠慮します・結構です

pass には「断る・見送る・パスする」という意味があり、この表現は、パーティーや飲み会などの誘いを断るときに使われる。また授業中、教師に当てられた学生が答えに困ったときに使えば、「今回はパスします」というユーモラスな意味になる。

Ex. A: How about having a Yakiniku party in Shibuya this Friday night?
　　　　今週の金曜の夜、渋谷で焼肉パーティーはどうかな？
　　B: **I'll pass.** Thank you.　私は遠慮させてもらうわ、でもありがとう。

	676	**I'm happy for you** それはよかったね・おめでとう

この表現の直訳は「私はあなたのために幸せだ」であるが、相手の幸せな話、幸運な話、自慢話に同調して「それはよかった、私もあなた同様に幸せです」という意味に用いる。

Ex. A: Our baseball team made it to the semi-finals in the Kanto region. How

about that!
我々の野球チームが関東地区大会の準決勝までいったんだ。どんなもんだい！
B: **I'm happy for you.** それはよかったね。

677　I'm impressed　すごい・すばらしい・気に入った

アメリカ人が何かに感動したときに、とてもよく使う表現である。impress は「印象づける」で、I'm impressed の直訳は「私は印象づけられた」であるが、「すごい・すばらしい・気に入った」などと訳すのが適当だろう。

Ex. Waseda's Saito is a wonderful pitcher and a polite young man. **I'm impressed**.
早稲田の斉藤君はすばらしいピッチャーだし、礼儀正しい若者だ。気に入った。

Ex. I was invited to a black church and listened to their chorus singing. Their voices were so powerful and so beautiful. **I was impressed**.
黒人の教会に招待されて、彼らのコーラスを聴いたんだけど、声がとてもパワフルできれいなんだ。すばらしかったよ。

678	in secret	内緒で・秘密に
679	in despair	絶望して
680	in haste	急いで・あわてて
681	in love	恋をしている
682	in fashion	流行している
683	in season	旬で・食べごろで・盛りで
684	in difficulties	困っている・苦労している

この表現の中の in は状態を表す。したがって in secret は「秘密の状態で」という意味である。【例】They had a wedding ceremony in secret.（彼らは秘密の状態で結婚式をあげた＝内緒で結婚式をあげた）。状態を表す in と名詞の組み合わせ（前置詞句）の中で、他に日常頻繁に使われるのは in despair（絶望の状態で＝絶望して）、in difficulties（難しい状況で＝困っている、苦労している）、in fashion（流行の状態で＝流行している）、in haste（急いでいるという状態で＝急いで、あわてて）、in love（恋愛の状態で＝恋をしている）、in season（いちばんいい季節の状態で＝季節で、食べごろで、盛りで）などである。

> **Ex.** I don't know what my sister is doing because she does things **in secret**.
> 妹は秘密裏に物事を行うので、彼女が何をしているかまったく知りません。
>
> **Ex.** After my father passed away, I had been **in despair** for a few weeks.
> 父の死後数週間、悲しみの淵にいました。
>
> **Ex.** I packed my stuff **in haste** so I forget many things.
> 急いで荷造りしたから、たくさんのものを忘れたよ。
>
> **Ex.** We were deeply **in love** until we got married.
> 結婚するまでは、すごく愛し合っていたのよね。
>
> **Ex.** Sitting directly on the floor in hallways seems to be **in fashion** among college students.
> 廊下の床にべったり座るのが大学生の間で流行っているようだ。
>
> **Ex.** Bamboo shoots are now **in season** in Kyoto.
> 京都では今、竹の子が旬だよ。
>
> **Ex.** Many universities are **in difficulties** over the decline in student numbers.　多くの大学が学生数の減少に困窮している。

☐	685	in perfect/excellent/good shape	体型がいい・健康である・調子がいい
☐	686	in bad/terrible shape	体型が悪い・不健康である・調子が悪い
☐	687	in shape	健康である・体調がいい
☐	688	out of shape	体型が悪い・不健康である

　shape は「姿・形」という意味で、in good shape では人の体型を意味。in good shape の直訳は「よい体型で」であるが、よい体型を保つことイコール健康であるという考えが基本になっている。従って、体型が崩れた場合は out of shape、不健康になるということである。in good shape は stay、keep、get などの動詞とともに用いられ、健康な状態を保つ（stay や keep）、健康な状態になる（get）などの意味になる。また shape は人間だけでなく事物の condition「状態・調子」を表す。

> **Ex.** After the holidays most people put on a few kilograms. It is so easy to get **out of shape**.　休日の後多くの人は数キロ太るが、体型を崩す（太る）のはとても簡単なことである。
>
> **Ex.** Cindy is always **in perfect shape**. I wonder if she works out on a regular basis.
> シンディーはいつも完璧な体型だわ。規則的にエクササイズしているのかしら？

Expression No.685-691

> **Ex.** Sorry, I can't play tennis with you today. I am **in bad shape**.
> 残念だけど、今日は一緒にテニスをできないよ。体調が悪くてね。
>
> **Ex.** Automakers have been **in good shape** so workers there may get a huge bonus this year.　自動車メーカー各社は好調だから、従業員は今年かなりいいボーナスをもらうだろうね。
>
> **Ex.** His company is **in bad shape** due to the oil hike.
> 彼の会社は、原油の高騰で、状況が芳しくないんだ。

689 in the driver's seat　責任者の立場にある
690 take the back seat　下位に甘んじる・下の地位につく

　in the driver's seat の直訳は「運転席にいる」であり、運転する者はその車の責任者である。この表現は「(誰々が) 責任がある立場にある」という意味である。
　take the back seat の直訳は「後ろの席を占める」であるが、前の席に座っている者が責任者またはリーダーであるのに対して、後ろの席に座る者は、彼の「下位に甘んじる者」ということになる。「(誰々の) 下位に甘んじる」は、take the back seat behind ~ の形をとる。

> **Ex.** Mr. Sato has been **in the driver's seat** in this company for too long.
> 佐藤さんは、あまりにも長い間この会社の責任者の立場にある。
>
> **Ex.** Although McCartney was just as talented as Lennon, he always **took the back seat** behind Lennon.　マッカートニーはレノンと同じように才能があるのに、いつも彼の下に甘んじていた。

691 in the long run　結局は・長い目で見れば

　run には「継続・連続」という意味がある。in the long run には単に「長い間の継続のうちに」というより、「長い間の努力や試行錯誤または忍耐の結果」というニュアンスが含まれている。

> **Ex.** Having fun with your friends at university is good. But, **in the long run**, you have to know that study is also important.　大学では、友人と遊ぶこともいいけどね、長い目で見れば勉強も大切なんだよ。

692 Isn't that something?　たいしたもんじゃない？・すごいよね？
693 That's really something.　それはたいしたものだ・すごいね

something には「たいしたもの・結構なこと・すごいこと」などの意味がある。

> **Ex.** Mr. Mizutani, a high school teacher, has been patrolling at night to protect youth from committing crimes and doing drugs. **Isn't that something?** 高校教師の水谷先生は、夜回りをして若者たちを犯罪と麻薬から守っているの。それってすごいことよね。
>
> **Ex.** A: Didn't you know the Japanese team became the first world champions in the World Baseball Classic for the disabled?
> ねぇ、日本のチームが身障者の野球世界大会で、最初の世界チャンピオンになったの、知ってる？
> B: I didn't know if there was such a contest. But **that's really something**.
> そんな大会があったなんて知らなかったなぁ。でもすごいね。

694 It happens　よくあることだよ・しかたないね

この表現は、失望や失恋をした相手に、「それはよくあることだ・しかたないね」と、相手に同情や理解を表すために用いられる。

> **Ex.** A: I work so hard as the head of the sales department. But my bosses are always critical about what I am doing. 販売課の課長として、一生懸命やっているけど、上司たちは僕のやっていることにいつも批判的なんだ。
> B: **It happens.** Hang in there! よくある話だよ。頑張れよ！

695 It's a small world　狭い世の中だね

日本語にもしやすい、わかりやすい表現である。

> **Ex.** A: I ran across my high school sweetheart in Ochanomizu station.
> 御茶ノ水の駅で高校時代の彼氏に偶然会ったのよ。
> B: **It's a small world!** But aren't you lucky？
> 狭い世の中よね。でもあんたって幸運じゃない？

Expression No.692-698

> A: No way he was the last guy I ever wanted to see on earth !
> まさか。彼は私がこの地球上で最も会いたくない男だったのよ！

696 It's no use ~ing / There is no use ~ing　～しても無駄である

no use で「役に立たない」という意味で、It's no use ~ing / There is no use ~ing は「～しても無駄である」という意味。

> **Ex. It's no use** diet**ing** if you eat a huge snack before going to bed.
> 寝る前にそんなにおやつを食べたら、ダイエットしても無駄よ。

697 jump on the bandwagon
流行に乗る・時流に乗る・有利な相手につく

bandwagon は選挙のときに候補者が乗る宣伝用の馬車のことで、jump on the bandwagon の直訳は「宣伝用の馬車に飛び乗る」である。当時、支持する候補者の馬車に飛び乗ることで支持を表明した。しかし、前評判で圧倒的に有利な候補者がいる場合には、その候補者が選挙に勝った後、何らかの恩恵を受けることを狙って、自分が支持しない候補者の宣伝用の馬車に飛び乗る者もいた。この歴史的な事実から jump on the bandwagon は「有利な相手につく」「流行に乗る」「時流に乗る」などの意味で使われるようになった。また jump の代わりに get/hop/climb などの動詞も用いられる。

> **Ex.** Nowadays in Japan, the majority of people have a cellular phone. But I just don't want to **jump on the bandwagon**.　最近日本では、大多数の人が携帯電話を持っているが、私は時流に流されるのはいやだ。

698 just browsing　ネット上のサイトをあちこち見ている・ぶらついている

browse はインターネットの普及で、頻用されるようになった言葉である。browse には「あちこち見る・ブラブラ歩く・本をぱらぱらめくる」などの意味がある。とくにインターネットで、あちこちのサイトをあてもなく見て回るという表現にはピッタリである。またデパートなどで「あちこちブラブラ見てるだけです」という意味にも使われる。

> **Ex.** I can spend hours easily **just browsing** on the Internet.
> インターネットであちこち検索しているとすぐ数時間たってしまう。
>
> **Ex.** a shop attendant: How can I help you?
> 店員：何かお手伝いできますか？
> a customer: I'm **just browsing**.　客：ただ見ているだけです。

699　keep ~ in mind　〜を心に留める・〜を頭に入れる・〜を覚える

わかりやすい表現である。keep は「留める」という動詞、in mind は「心の中に」という意味。keep ~ in mind は文字どおり「心の中に〜を留める」という意味である。

> **Ex.** You have to **keep** this **in** your **mind** but it takes a lot of patience, time and money to do a Ph.D.　博士号をとるには多くの忍耐と時間と金がかかるということを、頭に入れておくべきだよ。

700　Keep/Stay in touch　また連絡・メール・手紙ください

keep in touch の直訳は「接触の状態を続ける」で、文通や連絡を続けることを意味する。この表現は e メールや手紙などの文末に置かれ、「また連絡・メール・手紙ください」という意味になる。また友人や家族との久しい別れの際にも用いられ、「連絡を取り合おう」という意味になる。keep in touch の代わりに stay in touch が用いられることもある。

> **Ex.** Have fun on your trip, Paul. I am really going to miss you. **Keep in touch**, OK?　旅行を楽しんでね、ポール。（その間）会えなくてすごく寂しいな。連絡してよね？

701　Keep me informed/posted　連絡してください
702　Keep me updated　近況について教えてください

Keep me informed/posted の直訳は、「私を連絡された状態にしておいて」。Keep me updated は「私をアップデートされた状態にしておいて」で、どちらも「あなたの近況について、連絡してください」という表現である。メールや手紙の文末に

添えられることが多い。

> **Ex.** Yasuhiko, please **keep me updated** about your graduate study in Australia. ヤスヒコ、オーストラリアの大学院での君の勉強について近況を知らせてください。

703　keep one's mouth shut (about it)　口外しない・誰にも話さない

この表現の直訳は「(それについて)口を閉じておく」で、「口外しない・誰にも話さない」という意味に使われる。

> **Ex.** We started to develop a new luxury car in North America. But, please **keep your mouth shut about it**. わが社は北アメリカで新しい高級車の開発を始めたんだけど、それについて口外しないでくださいよ。

704　kick off　開始する

kick off は、文字どおり「蹴飛ばす」からサッカーなどのゲームの開始を意味する表現で、さらには転じて物事や仕事の開始の際に start や begin の代わりにしばしば使われる。ハイフンでつないで kick-off とすると名詞・形容詞として使われる。

同じく kick が含まれるビジネス絡みの語として、kickback がある。意味は日本語にもなっているリベート (rebate) とほぼ同じだが、英語の rebate には「賄賂」のような胡散臭い意味はなく、純粋に「割払い戻し」的な意味合いで使われる。逆に kickback のほうが、ピンハネ的な賄賂性を持った使い方をされる場合が多い。

> **Ex.** The first quarter of the game will **kick off** in two minutes. 試合の第1クォーターは2分後に始まります。

705　Koochie koochie koo　こちょこちょ (クーチ・クーチ・クー)

子どもや子犬・子猫などのかわいいものを触って、こちょこちょとくすぐるときに、実際に koochi koochie koo と言う。

> **Ex.** You are so adorable! **Koochie koochie koo.**

カワイイ！　クーチ・クーチ・クー。

706 last-minute person/type　すべきことを最後の最後までやらない人

last-minute は「最後の瞬間の」という意味で、last-minute person は宿題や提出物、またはやらなければならない仕事を期限ギリギリまでやらないで放置する習慣がある人を意味する。

> **Ex.** I know I am a **last-minute person** but I can't get rid of this habit.
> 自分が最後の瞬間にならなければ何もやらない人間だってこと知ってるんだけど、この習慣は直らないね。
>
> **Ex.** He is the **last-minute type** so don't think he can fix your car soon.
> 彼はなんでもギリギリまでやらないタイプだから、すぐに車を修理してくれるなんて考えないほうがいいよ。

707 Let's roll　さぁ始めよう・さぁ行こう

roll は「車を運転する」という意味で、Let's roll. の原義は「さぁ、車で行こう」であるが、今では「さぁ始めよう・さぁ行こう」の意味で用いられている。

> **Ex.** The meat is cooked, the drinks are ready and everybody is ready to eat. **Let's roll.**　肉は焼けたし、飲み物もそろったし、みんな食べる用意ができているね。さぁ、始めようか。

708 Let's wait and see　様子を見ようじゃないか

この表現は、Just wait and see や We'll wait and see などの形でも用いられる。

> **Ex.** A: I have always been against our company adopting a merit-based system.
> 私はうちの会社が能力給制度を取り入れることに、ずっと反対してきたんだ。
> B: Well, **let's wait and see.**　まぁ、様子を見ようじゃないか。

Expression No.706-712

| | 709 | **liberal arts** | 一般教養・一般教養の科目 |
| | 710 | **liberal arts college** | 一般教養を主体とした４年制教育を重視する大学 |

liberal arts には外国語、歴史、社会学、英語、英文学、生物、物理、化学、数学、統計学、演劇、音楽、心理学、哲学、ジャーナリズムなどの幅広い分野が含まれる。アメリカにはまた liberal arts college と呼ばれる大学があるが、これは一般教養を主体とした４年制教育を重視する大学で、大学院での専門的な授業には重きを置かない大学である。

> **Ex.** I am taking several classes in **liberal arts** this semester.
> 私は今学期一般教養のクラスをいくつかとっている。
>
> **Ex.** Smith is the most famous and largest women's **liberal arts college** in the U.S. スミスはアメリカでは最も有名なそして最も大きな女子のリベラルアーツカレッジである。

| | 711 | **look after ~** | ～の世話をする・～の面倒を見る |

look は「見る」という意味の動詞、after ~ は「～の後ろにつく」というニュアンスをもった前置詞。つまり look after ~ の直接的な意味は「～の後ろについて見る」ということであり、「世話をする」という意味はここから派生している。例えばヨチヨチ歩きの子どもが転ばないように「面倒を見る」には、「その子の後ろについて見る」のが一番効果的である。多少こじつけだが、このように考えれば look after の意味に合点がいくだろう。

> **Ex.** My sister **looked after** my father until he died.
> 妹は父が死ぬまで彼の面倒を見た。

| | 712 | **look down (on ~)** | (～を)見下す・軽蔑する・見下ろす |

look down は文字どおり「見下ろす」という意味で、I looked down on metropolitan Tokyo from Roppongi Hills Tower. は「東京都内を六本木ヒルズから見下した」という意味である。look down「見下ろす」は比喩的に「人などを見下す・軽蔑する」という意味にも使われ、この意味で使われる場合のほうが多い。「～を見下す・軽蔑する」という場合は look down on ~ の形になる。

> **Ex.** Don't **look down on** people just because they are lazy and unmotivated.
> 怠惰でやる気がないからといって、それだけで人を軽蔑してはならない。

713 Look me up when you're in town
こちらに来たら寄ってください

　Look me up は「電話帳で私の番号を探して」が基本的な意味。Look me up when you are in town は「この町に来たら私のところに寄ってね」という気楽な挨拶に使われる。

> **Ex.** Dan, **look me up when you're in town**. I want you to see my wife and kids.
> ダン、こちらに来たら寄ってください。妻と子どもたちにも会ってほしいんだ。

714 look on the bright side　明るい面も見てみたら・いいこともあるよ

　look on the bright side は、落胆している相手を励ますときに用いる表現で、「物事の明るい面も見てみたら・いいこともあるよ」という意味に用いる。

> **Ex.** Don't be disappointed too much about having lost your job. **Look on the bright side**. A good experienced engineer is always in demand.
> 仕事を失ったからといって、あまりがっかりするなよ。いいこともあるよ。優秀で経験のあるエンジニアはいつも引く手あまただ。

715　make a point　　　要点をつく・核心をつく・そのとおり
716　What's your point?　言いたいことはなんですか？
717　point taken　　　　わかりました

　point には物事の「要点・核心・問題点」などの意味があり、make a point はまさに「要点をずばりつく、核心にずばり触れる、問題点をずばりつく」などの意味である。
　What's your point? は、遠まわしな言い方をする相手に「言いたいことは何？」と聞く場合、また相手の発言の要点がわからない場合などに「それで要点は何ですか？」と問いただす場合などに用いる。

point taken の直訳は「要点は理解された」で、相手の要求や言い訳に理解を示し「わかりました」という場合に用いる。

> **Ex.** Prime Minister Koizumi **made** several good **points** on ODA to China.
> 小泉首相は中国に対する ODA（政府開発援助）についていくつかの核心にズバリ触れた。
>
> **Ex.** A: In landing a job, having a connection is more important than your GPA. 就職には、コネを持っているほうが、大学の成績より重要だよ。
> B: You **made a point**. そのとおりだね。
>
> **Ex.** So, **what's your point?** それで、要点は何ですか？
>
> **Ex.** A: We have worked for the last three weeks without any time off. Can you get us a nice weekend off this week?
> ３週間休みなしで働いたのだから、今週末はゆっくり休ませてもらえる？
> B: OK, **point taken**. わかりました。

For Your Information : Having a connection is more important than your GPA. はアメリカ人大学生の口癖。

☐	718	**make efforts**	努力する
☐	719	**make an effort**	努力する
☐	720	**make every effort**	あらゆる努力をする
☐	721	**make the best effort**	最大限の努力をする

effort は「努力」。make the best effort「最大限の努力をする」、make every effort で「あらゆる努力をする」という意味である。

> **Ex.** You have to **make the best effort** to get your girlfriend back.
> 彼女に戻ってきてもらうために最大限の努力をしなくちゃね。

☐	722	**make (both) ends meet**	なんとかやりくりする

この表現はもともと会計用語で、(both) ends は「収入と支出の合計額」（帳簿の中ではいちばん端にくることから）、meet は「一致する」という意味である。make both ends meet は帳簿上での収支を合わせるという意味に使われたが、一般に広がり、

「なんとかやりくりをする」（帳尻を合わせるために）という意味になった。

> **Ex.** Bill has been out of a job for a long time. I wonder how his wife **makes ends meet**.
> ビルは長い間失業中だ。彼の奥さんはどうやってやりくりしているんだろう？

723 make no difference　どちらでもいい・重要なことではない

make a difference は「違いが生じる・重要である」、make no difference は「違いがない」つまり「どちらでもいい・重要ではない」という意味で用いられる。

> **Ex.** It **makes no difference** whether I go to your place or you come to my place.　僕が君の家に行こうが、君が僕のところに来ようが、あまり重要なことではない（どちらでもいい）。

724 make fun of ~　～をからかう・～をばかにする

fun には「おもしろ半分に・冗談で・ふざけて」などの意味があり、make fun of ~ で「(人や事物)をおもしろ半分にする＝からかう」、または「(人や事物)を冗談にする＝ばかにする」という意味になる。同義語で poke fun at ~ があるが、poke は人を「つつく」という意味なので、多少「からかう・ばかにする」度合いが強い。

> **Ex.** It is hard if you are different from other kids at school. If you are too skinny or too short, maybe someone will **make fun of** you.
> 学校でもし君が他の子どもたちと違っていると難しいよ。もし君が痩せすぎていたり、背が低すぎていたりしたら、誰かが君をからかうだろう。

725 make the best of ~
(不利な条件)を最大限に利用して最善の結果をもたらすように努力する
726 make the most of ~　(有利な条件)を最大限に活用する

make (動詞) には「一定の結果を引き出す」という意味がある。make the best of ~ は不利な境遇の中で最善 (the best) の結果を引き出す (make) と考えれば合点がいく。一方の make the most of ~ は、有利な条件や環境の中で、それを最大限に生

かすように尽力するという意味である。しかし実際はアメリカ人・オーストラリア人はこの二つのイディオムの違いに疎く、同様な意味に使っている。

> **Ex.** After World War II, many Japanese lost houses and had little food. But they **made the best of** what they had and kept strong.
> 第2次世界大戦後、日本では多くの人が家を失い、食物もほとんどなかった。しかし、彼らはその逆境の中で最善を尽くし、強く生きた。
>
> **Ex.** While you are a student, you should **make the most of** your free time. Once you start working, you will have no free time.
> 学生でいる間に、自由な時間を最大限に利用すべきだな。一度働き出したら、自由な時間はないよ。

727　makeup exam/test/quiz　追試・再クイズ

　make up は「補てんする、埋め合わせをする」という意味の動詞句、makeup はこの動詞句を一つの形容詞のように扱い、exam「試験」と組み合わせて「追試」の意味で使う。makeup はまた quiz や test にも使われ、makeup quiz「再クイズ」、makeup test「再テスト」という言い方をする。

> **Ex.** I was having too much fun last semester with my friends so I had to take two **makeup exams**. It was so terrible!　先学期は友人たちと遊びほうけたので、二つの追試を受けなければならなかった。大変だったよ。

728　mean business　本気である・真剣である

　business は「仕事・商売」という意味で、mean は「意味する」という動詞。I mean business. の直訳は「私は仕事を意味している」で、仕事は本気、真剣にするものである。したがって、この表現は「私は本気・真剣である」という意味になる。

> **Ex.** If you want to work for our company, you must try hard. **Mean business** and you can make a lot of money.
> 私たちの会社で働きたければ、一生懸命やれ。本気でやればたくさん金を稼げる。

729 the money 給料

the money は、「日給」「週給」「月給」などの区別なしに使われ、また、一時的な仕事に対する「報酬・収入」の場合にも使われる。アフターファイブの同僚間の会話、家庭での会話などで頻繁に用いられる。文脈からそれとわかる場合に使える表現であり、お互いに何を指しているかがわかっているということで the がつく。次の表現も一緒に覚えておこう。a salary（月給）、underpaid（安月給の）、remuneration（報酬）。

Ex. A: How do you like your new job? 新しい仕事はどうだい？
B: I like it just fine. And **the money** is right.
すごく気に入ってるよ。それに、給料もいいしね。

730 money order 郵便為替
731 cashier's check 銀行小切手

money order も cashier's check も日本人にはあまり馴染みのないものであるし、銀行振り込みが一般化している現在ではあまり使われない。money order は郵便局で作成するもので、大量の現金を送るのは危険なので、その代わり郵便局で小切手をつくり、それを郵送する。受け取ったほうはそれを現金化する。cashier's check も同様であるが、銀行で作成するものである。

Ex. I have to make a **money order** at the post office to send my tuition.
授業料を郵送するために郵便局で郵便為替をつくらなければなりません。

732 moonlighting 夜のアルバイト・副業

moonlight はもともと「月の光」を意味するが、月が出る夜に仕事をするから、夜働くことを moonlight（動詞）と言う。たいていは昼間に教師、店員、運転手などの正業に従事して、夜はアルバイトや副業程度の仕事をすることで生計のプラスにすることから、moonlighting（名詞）はアルバイトや副業という意味で使われる。アメリカでは教師、店員、銀行の窓口係、デパートやスーパーなどの販売員、警察官など、驚くほど安い給料で働いていて、これらの人たちが夜のアルバイトをするのは珍しいことではない。

Ex. I didn't know Mr. Rea, our math teacher, does **moonlighting** at

Seven-Eleven. 知らなかったけど、私の数学の担任レア先生がセブン・イレブンで夜のアルバイトをしているの。

733 **No hard feelings** 水に流そう・忘れよう

hard feelings とは「怒り」や「気まずい思い・後味の悪い思い」のことであり、no hard feelings とは「相手をうらまない・相手に対して怒りの感情を抱かない」という意味。口論や気まずいことがあった場合に、「今回のことは忘れよう・水に流そう」と言うときの決まり文句として使われる。

> Ex. **No hard feelings**, man. Let's just forget about that stupid dispute.
> 水に流そうじゃないか。ばかげた口げんかのことはもう忘れよう。

734 **No pain(s), no gain(s)** 骨折りなくして利得なし [ことわざ]
735 **No gains without pains** （同上）

no pain(s) は「苦痛なし」、no gain(s)は「利益なし」という意味で、文字どおり、「苦痛なしに利益なし」、つまり「苦労せずには何も得られない」という訓戒であるが、no pain(s) no gain(s) という語呂のよさもこのことわざの成り立ちに関係しているだろう。

> Ex. After you get your Master's degree, you will have a decent job. **No pain, no gain**, my friend!
> 修士を取った後は、きっといい就職があるよ。骨折りなくして利得なし!

736 **no picnic** 楽じゃないよ

picnic「ピクニック」は単に楽でたのしいもの。hiking「ハイキング」や excursion「遠足」に比べても、長く歩くという努力を要しない。picnic が no で打ち消されると、「楽ではない」という意味になる。

> Ex. Being a salesman is **no picnic.** Every month you have to meet your sales quota.　セールスマンは楽じゃないよ。毎月ノルマをこなしていかなければならないからね。

737 **not a chance / no chance** 見込みはない・無理である
738 **not stand a chance** (同上)

not a chance は文字どおり「チャンスはない」ということ。例えば、次の大統領選挙で、民主党の大統領候補がジョージ・ブッシュに勝てるか？という質問に not a chance と答えると「その見込みはないよ」という意味である。かなりきつい表現であり独断的な言い方である。「わずかな見込みもない」という場合に用いる。not stand a chance も同様な意味である。

Ex. If you spend all the money you save, there is **not a chance** that you can buy your own apartment. 貯金を全部使ってしまったら、自分自身のアパートを買うなんてまったく不可能ですよ。

739 **Not so fast** ちょっと待って・早合点しないで

Not so fast は早急に物事を決めようとする相手や、あせって物事をしようとする相手に「ちょっと待って」「早合点しないで」と相手をたしなめる表現である。

Ex. A: This weekend, we'll drive to Odaiba and have a nice lunch there. Then we'll go to Landmark Tower in Yokohama and stroll to Ishikawa-cho from there. 週末は、お台場までドライブしてそこでおいしいランチ、そして横浜のランドマークタワーへ行って、そこから石川町まで歩こう。
B: **Not so fast**, Ken. You haven't asked me what my preference is. ちょっと待って、ケン。私のしたいことは聞かないの。

740 **on a scale of one to ten** 10段階評価で

相手の動機や意思、意欲などの度合いを確かめるときに使えるおもしろい口語表現。scale とは「尺度」のことで、現在の気持ちがどの程度であるかについて、1段階（まったく気持ちが湧かない）から10段階（ぜひしたい）で答えることができる。例えば、恋人や友人を映画に誘ったとしよう。交渉の途中で「1から10までのうち、どのくらい行きたい？」と尋ねることによって、相手が義理で付き合ってくれているのか、心から同伴してくれるのかを、確認することができる。

Ex. A: **On a scale of one to ten**, how much do you want to go out with

me tonight? 1から10までのうち、今夜どのくらい僕と出かけたいの？
B: Three. 3かな。

741　on-again, off-again　断続的な

on-again, off-again は、「断続的な・始まりそうになっては立ち消えとなる・当てにならない」という意味。これを発展させて、「腐れ縁」を、an on-again, off-again relationship と表現する。off-again, on-again とも言う。

Ex. They have engaged in **on-again, off-again** conversations.
彼らは断続的に会話をしていた。

742　on campus　大学構内で・キャンパスで

campus は大学の建物と敷地のこと。on campus は「大学の構内で」という意味である。また on-campus で、on-campus job「大学構内でのアルバイト」、on-campus housing「大学構内の宿泊施設（学生アパートや寮）」のように形容詞的に使われる。

Ex. In the United States, many college students live and work **on campus**.
アメリカでは、多くの大学生がキャンパスで生活し働いている。

743　on cloud nine　最高に幸せで・夢見心地で

on cloud nine はパイロットの間で使われ始めた表現である。cloud nine は気象用語で入道雲を表すが、西洋では雲の上はとても幸せなところであると考えられていることから、on cloud nine を「最高に幸せで・夢見心地で」という意味で使うようになった。

Ex. Tomoko was **on cloud nine** when she learned that she was offered a position at the company she applied for.
友子は、受けた会社から採用されたことを知って、夢見心地だった。

744　on medication　（継続的に）薬を飲んでいる・薬物治療をしている

前置詞の on は「現在何かをしている状態」を表し、medication は「治療」を意味する。on medication は「今薬を飲んでいるから」「今医者にかかっているから」という理由で誘いを断ったり、学校・職場を休んだりする場合に多く用いられる。

> **Ex.** Sorry I can't drink with you this week. I am **on medication** now.
> すまないが今週は酒には付き合えない。今薬を飲んでいるんだ。

745　on the market　市場に出回っている・売りに出されている

on は「現在進行している」というニュアンスがあり、on the market は文字どおり「現在市場に出回っている・現在売りに出ている」という意味である。

> **Ex.** The new computer game is already **on the market** in Tokyo.
> 新しいコンピューターのゲームソフトはすでに東京では発売になっている。

746　on the spot　その場で・即座に・現金で
747　put (someone) in a spot　窮地に立たせる・困らせる

spot は「場所・地点」を意味する名詞だが、時間的また空間的にも「その場で」というニュアンスがある。on the spot はつまり空間的に「その場所で」、時間的に「即座に」という意味である。on the spot には「現金で」という意味もあるが、あくまで「その場で買う・払う」という意味であるから、現金で支払うのが普通であるという考えを反映している。spot には「困難な状況」という意味もあり、put (someone) in a spot は、「(誰々を) 困難な状況に置く」という意味であるが、「困らせる」という意味で日常会話の中でよく用いられる表現である。

> **Ex.** I fell in love with her and asked her out **on the spot**.
> 僕は彼女に恋をしてしまい、その場でデートを申し込んだ。
>
> **Ex.** When we went to see new liquid crystal televisions, we loved one TV set and bought it **on the spot**.　新しい液晶テレビを見に行ったときに、惚れ込んじゃったのが一つあって、それを現金で買ったよ。
>
> **Ex.** I was asked to sing karaoke in front of many guests all of a sudden. That **put me in a spot.**

大勢の客の前で、突然カラオケを歌うように言われて、困っちゃったよ。

748　one of a kind　ユニークな

「独自の・個性的な・比類のない」という意味である。SMAPの「世界に一つだけの花」は one and only flower in the world よりも、one of a kind flower in the world のほうがふさわしいだろう。ちなみに、priceless は、マスターカードのコマーシャルでお馴染みになったが、「お金で買えない・非常に貴重な・何物にも代え難い」の意味である。

Ex. He was truly **one of a kind**: a great partner, coach and close friend.
彼は本当に比類のない存在だった。すばらしいパートナーであり、コーチでもあり、そして親友でもあった。

749	organic food	有機食品
750	natural food	自然食品
751	processed food	加工食品
752	farm-fresh	産地直送（の）
753	chemical-free	無農薬（の）
754	food additive	食品添加物
755	additive-free food	無添加食品
756	food preservative	人工保存料
757	artificial sweetener	人工甘味料
758	frozen food	冷凍食品

アメリカ人には肥満が多いせいか、organic food「有機食品」や natural food「自然食品」の人気が高く、これらを扱った専門店も多い。また平均的なアメリカの家庭は週に2～3日しか食事はつくらず、その代わり frozen food「冷凍食品」を温めて食べる。

Ex. Jody is now on a diet so she uses an **artificial sweetener** for her tea and coffee.　ジョディーは今ダイエット中だから、コーヒー・紅茶には人工甘味料しか使わない。

Ex. We found these **organic foods** and **additive-free foods** at the natural food shop on Savannah Street.　これらの有機食品と無添加食品は

> サバナ・ストリートにある自然食の店で見つけた。

759 out of curiosity ちょっとした好奇心から・ふと思っただけ

out of ~ は「～から」、curiosity は「好奇心」、out of curiosity は文字どおり「好奇心から」という意味であるが、使い方が限定される。この表現は just「ちょっと」を伴って just out of curiosity「ちょっと、ふと思っただけなんだけど」という形で使われることが多い。話の前置きとしてこのように表現すると、かなりパーソナルな質問や、相手が返答をためらうような質問でも可能になる。例えば、女性に年齢を直接聞くのはタブーであるが、何かしらの理由でどうしてもそれを突き止めたい場合には just out of curiosity「ちょっと、ふと思っただけなんだけど」という前置きが功を奏する。

> **Ex.** Just **out of curiosity**, why did you get divorced from such a nice man? ふと思っただけなんだけど、どうしてあんないい男と離婚したの？

760 out of order （機械などが）故障して・機能が停止して・順序が狂って・混乱して
761 in order 正常で・順調に・順序どおりに

out of は「一定の状態から逸脱して」、order は「機能などが正常である」という意味で、out of order は文字どおり「正常な状態ではない」という意味で、この基本的な意味から、「(機械などが) 故障している・機能が停止している・順序が狂っている・収拾がつかない」などの意味が派生する。

order はまた「物事の正常な状態・秩序・順番」などを表し、in order は「体や物事が正常・順調に機能している」や「順序どおりである」という意味に用いる。

> **Ex.** The air conditioner in this room is **out of order**.
> この部屋のエアコンは故障している。
>
> **Ex.** The Japanese Diet has been **out of order** since the ruling party tried to introduce a new tax.　与党が、新しい税制度を導入しようとして以来、日本の国会は混乱している。
>
> **Ex.** A: How is the Space Shuttle doing in space?
> 　　スペースシャトルは宇宙でどうしているかね？
> B: Everything is **in order**, sir.　すべて正常に機能しています。

Expression No.759-763

> **Ex.** A: Doctor, how is my stomach, anything wrong?
> 先生、私の胃はどうですか？ どこか悪いんじゃないですか？
> B: It seems your stomach is **in order**.　あなたの胃は正常のようですよ。
>
> **Ex.** Emi, you have to put these toys back in the box **in order**.
> 映美、おもちゃをおもちゃ箱にキチッと返してね。

☐ 762　out-of-date / out of date　時代遅れの・旧式の

　out of ～ には「～から離れている」という意味があり、date には「今日・本日」という意味がある。したがって out-of-date を直訳すると「今日の時点から離れている」ということになるが、ここから「時代遅れの」という意味が派生すると考えれば、この表現が理解できる。out of date と同じ意味の表現には dated、old-fashioned などがある。一緒に覚えておこう。

> **Ex.** I bought this lap-top computer only three years ago but it is already **out of date**.　このノート型コンピューターはほんの3年前に買ったばかりだが、すでに時代遅れである。
>
> **Ex.** We have tons of **out-of-date** language software in our language lab. But it does not correspond to Windows XP. We just have to throw it away.
> たくさんの時代遅れの語学学習ソフトがランゲージ・ラボにあるけど、それらはウィンドウズ XP に対応していないんだ。捨てるしかないね。

☐ 763　pain in the neck　嫌な/煩わしい/イライラさせる人/物/事

　pain in the neck の直訳は「首の痛み」だが、英語では neck には break one's neck「苦労する」、bend the neck「屈服する」などあまりいい意味がない。チクリチクリとくる「首の痛み」は煩わしく厄介なもので、人をイライラさせるものであると考えれば、この表現は合点がいく。pain in the neck は such や real などの強意語を伴って使われることが多い。

> **Ex.** The crows always mess up our trash. They are a real **pain in the neck**.
> カラスがいつもゴミを散らかすんだ。まったく厄介ものだな。
>
> **Ex.** That student constantly disturbs my class. He is such a **pain in the neck**.
> あの学生は私の授業をよく妨害するんですよ。なんて煩わしいやつなんだ。

764 pass away 亡くなる・他界する

pass は「消える・通り過ぎる・時がたつ」、away は「遠くへ」という意味で、pass away の直訳は「遠くへ消え去ってしまう」であり、die「死ぬ」の婉曲表現である。die よりも間接的で丁寧に聞こえる。口語だけでなく、文章にも使われる。

> **Ex.** Jerry was sad for a long time after his mother **passed away**, but now he is the same as usual.　ジェリーは彼の母親が亡くなってから長い間悲しみの淵にいたが、今ではいつもの彼に戻っている。

765	**personnel department**	人事部/課
766	**sales department**	販売部/課・営業部/課
767	**public relations department**	広報宣伝部/課
768	**general affairs department**	総務部/課
769	**accounting department**	会計部/課

> **Ex.** Lynn was transferred from the **accounting department** to the **sales department**.　リンは会計課から販売課に移された。

770	**Ph.D.**	博士号取得者・学術博士・博士号を持った人
771	**M.D.**	医学博士・医者
772	**Ed.D.**	教育学博士

Ph.D. は Doctor of Philosophy の略。Doctor は「博士・博士号」を表し、philosophy は「哲学」を意味するが「学問一般」を表すところから、Ph.D. は博士号一般を指す。この他に M.D. (Doctor of Medicine)「医学博士」、Ed.D. (Doctor of Education)「教育学博士」などがある。アメリカの大学では博士号を持っている教員は Dr. ~（例えば Dr. White や Dr. Johnson など)、持っていない教員は Mr. または Ms. の敬称で呼ばれるか、Professor ~ と呼ばれる。【例】Professor Richards

> **Ex.** Dr. Varela received his **Ph.D.** from the State University of New York at Stony Brook.　バレラ博士はニューヨーク州立大学ストーニーブルック校から博士号を授与された。

Expression No.764-783

> **Ex.** Kensuke Kawai **M.D.** from Tokyo University is scheduled to present his paper on epileptic seizure at a conference.　東京大学の河合謙介博士は学会でてんかん性発作について発表する予定になっている。

773　pick up the tab/check　勘定を払う

tab は「勘定書き」のこと。レストランやバーで飲食をした後、テーブルの上の勘定書きを取る (pick up) ことをイメージすれば、この表現は合点がいく。

> **Ex.** Let me **pick up the tab** this time since you paid for our lunch last time.
> この間はあなたが私たちのランチを払ったから、今回は私に勘定を払わせて。

☐	774	pickup (truck)	ピックアップトラック
☐	775	passenger car	乗用車
☐	776	sub-compact	中型車
☐	777	compact	小型車
☐	778	shuttle bus	シャトルバス
☐	779	steering wheel	ハンドル
☐	780	windshield	フロントガラス
☐	781	rearview mirror	バックミラー
☐	782	gas mileage	燃費
☐	783	fuel efficiency	燃費

　アメリカで最も売れている車は、乗用車ではなく pickup (truck) である。別にアメリカの道路状況が悪いわけでも、荷台にたくさんの荷物を積むわけでもないのに、アメリカ人にはトラックが人気がある。たぶん男性が、自分がいかにアウトドア派でマッチョタイプなスポーツマンであるかを誇示するために pickup (truck) を購入するのだろう。アメリカでここ数十年売れ行きナンバーワンを堅持しているのは、F-150 というフォードの pickup (truck) である。

　アメリカで sub-compact「中型車」に相当するのは、トヨタのカムリ、ホンダのアコード、フォードのトーラスなど。compact「小型車」はホンダのシビック、日産のサニー（現地ではセントラ）、トヨタのカローラなど。

　gas mileage は「燃費」のことであり、fuel efficiency「燃料効率」も最近では「燃費」の意味に使われる。

> **Ex.** I prefer buying a big **pickup truck** but how is its **fuel efficiency**?
> 大きなピックアップトラックを買いたいんだけど、燃費はどうなのかな?
>
> **Ex.** The Toyota Camry has been the bestselling **passenger car** in the United States for the last six years.
> トヨタカムリはアメリカで過去6年間最も売れた乗用車である。

784 pile up
積み重ねる・(大量の仕事や苦悩が)山積する・(何台もの車が)玉突き衝突する

pile は「重ねる」、pile up は「大量に物事が重なった状態」を表し、具体的には、仕事で机の上に大量の書類が重なっている状態、仕事や苦労などが山積みになっている状態、また何台もの車が、玉突き状態で衝突し重なり合っている状態などを表す。

> **Ex.** I took sick leave last week. Now I see there's tons of work **piled up**.
> 先週は病気で休んだので、たくさんの仕事が山積みになっている。

785 play ~ by ear 音符/楽譜を見ないで~を弾く
786 play it by ear 即興でする・準備なしでする

play ~ by ear の直訳は「~を耳で弾く」だが、耳で聞いただけでその曲を楽器で弾ける場合に play by ear を用いる。楽器はどんなものでもいい。また play の代わりに sing (a song) by ear と言えば「耳で聞いただけで歌える」という意味である。play by ear から派生した表現に play it by ear がある。この表現の直訳は「耳でそれを弾く」であるが、「即興でする」また「準備なしで行う」という意味に用いる。

> **Ex.** Can you **play** the song **by ear** with your guitar?
> 楽譜を見ないでこの歌をギターで弾ける?
>
> **Ex.** Since I hadn't prepared for her wedding speech, I had to **play it by ear** but it went well. 彼女の結婚式のスピーチをまったく用意していなかったので、即興でやったんだけど、うまくいったわ。

787 play hooky サボる

hooky 自体は意味のない言葉で、play を伴って初めて意味をなす。hooky はおそら

く hook it「逃げる・ずらかる」が変形したものだという説がある。play hooky は口語表現で「サボる・ズル休みする」という意味の常套句である。play hooky の正式な言い方は play truant「無断欠席をする」である。ズル休みでない休み（病欠）などは、skip classes / absent from classes などの表現を用いる。

> **Ex.** Yoshio, where were you yesterday? Did you **play hooky** again?
> よしお、昨日どこにいたんだ？またズル休みしたな？

788　(as) poor as a church mouse　ものすごく貧しい

　直訳は「教会に住むねずみのように貧しい」である。一般的に教会は地域の住民からの寄付で維持されているところで、昔から貧しいところと考えられていた。食べ残しをあさるねずみはもともと貧しい動物であるが、教会に住むねずみは、食べ残しなどにありつけるチャンスが他のねずみよりさらに少ないという意味で、a church mouse は最も貧しい人たちを比ゆ的に表している。

> **Ex.** I was **as poor as a church mouse** while I was in graduate school.
> 大学院生のときにはすさまじく貧しかったよ。

789　price tag　値札

　tag はもともと「紐つきの飾り」が原義だが、「値札・荷札」など紐の先に札がぶら下がっているもの一般を指す。price tag は値札のことで、洋服などについている紐つきの値札がその典型である。tag はアメリカでは車のナンバープレートの意味にも使われている。

> **Ex.** There is no **price tag** on this sweat shirt. I wonder how much it is?
> このトレーナーには値札がついていないんだけど、いくらかな？

790　printed matter　印刷物
791　postal matter　郵便物
792　special delivery　速達

　matter には「郵便物」という意味がある。アメリカでは小包みに printed matter

のスタンプがあれば料金が安くなる。

> **Ex.** A: May I ask you what's in it?　中身はなんですか？
> 　　　B: It's all **printed matter**.　全部印刷物です。

	793	**put on weight**	太る
☐	794	**take off weight**	痩せる
☐	795	**gain weight**	太る
☐	796	**lose weight**	痩せる

今のアメリカが抱える大きな問題の一つに肥満がある。「太る」「痩せる」は国民的関心事だ。put on は「（量・状態・年齢）が増す」という意味。take off は「取る」と「減らす」が一緒になった表現。gain は「得る」、lose は「失う」が基本的な意味である。上記の4つの表現は日常頻繁に使われる言い方である。

> **Ex.** Jody, you look like you have **put on** some **weight**. Haven't you?
> 　　　ジョディー、ちょっと太ったように見えるけど。そうじゃない？
>
> **Ex.** I'm glad I've **lost** six pounds over the last two months.
> 　　　うれしいな、2か月で6パウンド（約3キロ）痩せたよ。

☐	797	**put up with~**	~を我慢する・~を容認する

put up with ~ はもともと「（物）をどこかにしまっておく」という意味で使われていたが、以来比ゆ的な意味を帯びて「自分の中にしまっておく」、つまり「~を我慢する・~を容認する」という意味で使われるようになった。put up with ~ には「自発的に~を我慢する」というニュアンスがある。我慢するのは自分の意思であって、我慢した結果が自分の利益になるような場合にこの表現を用いる。

> **Ex.** You have to **put up with** your boss. He may promote you someday.
> 　　　上司には我慢したほうがいいよ。いつか君を昇進させてくれるかもしれないからね。

☐	798	**raise in salary**	昇給
☐	799	**salary raise**	昇給

☐	800	**six-figure salary**	年10万ドルを超える給与
☐	801	**starting salary**	初任給
☐	802	**base salary**	基本給
☐	803	**(take) a salary cut**	減給（を受ける）
☐	804	**salary increase**	昇給

raiseは賃金などの「値上げ」を意味する。単にraiseだけでも昇給を表す。six-figure salaryは「6桁のサラリー」で、100,000ドル以上の給料を意味する。アメリカ人にとっては目標とするサラリーである（日本では1500万円程度になるだろう）。

Ex. Thank God! I got a **raise in my salary**!
神様ありがとう！給料が増えました！

Ex. I got only a 2% **salary raise** from last year.
昨年より2％だけ給料が増えた。

Ex. I became a lawyer because I wanted a **six-figure salary**.
年10万ドルの給料が欲しかったから弁護士になったんだよ。

Ex. Your **base salary** is $2,500 a month plus $400 for housing compensation.
あなたの基本給は月2500ドルプラス400ドルの住宅手当です。

Ex. All the board members **took a** 30% **salary cut**.
すべての役員は30％の減給になった。

Ex. In these bad times, you'd better not expect a **salary increase**.
この不景気に、給料が上がることを期待しないほうがいい。

☐	805	**residential area**	住宅地（域）
☐	806	**gated community**	（ゲイティッド・コミュニティー）富裕層が住む住宅地

アメリカは商業地域、工場街、住宅地域が歴然と分かれている。residential areaはたいてい街の郊外にあり、数十軒から数千軒の住宅が一つの住宅地域を構成する。一つの街には数か所から数十か所のresidential areaが点在する。富裕層が住む地域はたいていゴルフ場を中心として造られていて、その入り口には立派なgate「門」があり、警備員が常駐している。このように富裕層が住むresidential areaを、gated community「ゲートがあるコミュニティー」と呼ぶ。

Ex. Brian lives in a nice **residential area** outside of Los Angeles.

ブライアンはロサンゼルス郊外のしゃれた住宅地に住んでいる。
Ex. Many Americans dream about living in a **gated community** and having lunch in a club house with other rich people living there.
多くのアメリカ人は、ゲイティッド・コミュニティーに住み、そこに住む他の金持ちたちとクラブハウスで昼食をとることを夢見ている。

807 ring a bell　思い出す・ピンとくる

ring a bell の直訳は「鐘を鳴らす」だが、この表現は教会などの鐘に由来している。ベルは教会や役場の「鐘」で、何かの合図や時間を知らせるためにベルを鳴らした。したがって人々はそれを聞いて自分のすべきことをハッと思い出したりした。現在ではこの表現は「思い出す」「ハッと気がつく＝ピンとくる」の意味で使われている。

Ex. Did you say Prime Minister Koizumi visited our city yesterday? Now that **rings a bell**. No wonder I saw so many policemen on the streets.
昨日小泉首相がこの街に来たんだって？それでピンときた。どうりでたくさんの警官を路上で見たんだ。

808 run/take a risk (of ~)　(～する) 危険をあえて冒す

run は危険などを「冒す」という動詞で、risk は「危険」を意味する。run/take a risk of ~ は文字どおり「危険を冒す」という意味であるが、「危険を知りながらあえて～する」というニュアンスがある。

Ex. If you want to invest money in the stock market, you should know you have to **run a risk** somehow.
株に投資したいのなら、多少の危険を冒す覚悟をすべきだな。

809　run out (of ~)　(金、食料、蓄え、忍耐などが) 尽きる・なくなる
810　run short (of ~)　不足する

run は「～の状態になる」という意味の動詞で、out は「終了して・なくなって・消えて」という意味の副詞、short は「不足した・乏しい」という意味の形容詞。run out は「～が尽きる・なくなる」、run short は「不足する・欠乏する」という表現。

Expression No.807-826

> Ex. Can you buy some milk on the way home? We have **run out**.
> 帰りに牛乳買ってきてくれる？ 牛乳がなくなっちゃった。
>
> Ex. At the end of every month, our money **runs short**.
> 毎月、月末には金不足に陥るんだよ。

	811	sale as is	現品セール
	812	sale price	販売価格・特価
	813	on sale	売られている・店頭に出ている・特価で売られている
	814	up for sale	売りに出されている
	815	clearance sale	在庫一掃セール
	816	go on sale	売り出されるようになる
	817	at a sale	バーゲンセールで
	818	make a sale	売る

名詞 sale には、「販売・売却・売買・売上高・安売り・特売」など多様な意味がある。

> Ex. I bought this Tommy sweater cheap. It was **on sale** at Belk.
> このトミーのセーター安く買ったんだ。ベルクでバーゲンだったんだ。
>
> Ex. A new SUV model from GM will **go on sale** from next year.
> 新しい SUV モデルが来年ゼネラル・モーターズから販売される。
>
> Ex. Nintendo's Wii, a new computer game, will **go on sale** on December 2nd.
> 任天堂の新しいコンピューターゲーム、ウィーは 12 月 2 日に売り出される。
>
> Ex. The house on the corner of our block is **up for sale**.
> 私たちの住んでいる区画の角の家が売りに出されている。

	819	sales associate	販売員・店員
	820	salesclerk	販売員・店員
	821	sale campaign	販促キャンペーン
	822	sales manager	営業の責任者
	823	salesperson	営業員・販売員
	824	sales personnel	営業員・営業スタッフ
	825	sales representative	セールスマン
	826	sales talk	営業用の話し方

英語で、販売に携わる職業を表す表現は、日本語のそれより多い。それぞれの表現の間に厳格な差はないが、強いて言えば次のような違いがある。sales associate は「会社での販売職」、salesclerk は一般的な「店員」、salesperson は「会社での販売員」または「店頭での販売員」、sales personnel は「会社での販売員」、sales representative は「会社での販売職」または「訪問販売のセールスマン」。

> **Ex.** Tom works as a **sales associate** for a real estate agency in Los Angeles. トムは、営業としてロサンゼルスの不動産屋に勤めている。

☐	827	**sales strategy**	販売戦略
☐	828	**sales meeting**	販売会議
☐	829	**sales activities**	営業活動
☐	830	**sales promotion**	販売促進
☐	831	**sales figure**	売上高
☐	832	**sales drive**	セールス・キャンペーン
☐	833	**annual sales**	年間の販売高

sales は「売上・販売高・販売業務・販売活動」など広範囲な意味をもつ言葉である。また他の語句を伴い、形容詞的に使われ「販売の」を表す。

> **Ex.** We have a **sales meeting** every month to discuss our **sales strategies** in our branch. After that, all the sales representatives go bar-hopping in Kushiro. 私たちの支店では、月に一度販売戦略を練るために販売会議がある。その後はセールスマン全員で釧路のバーをはしごする。
>
> **Ex.** Our **sales figures** have plummeted for the last nine months straight. 当社の売上高が9か月連続で落ち込んでいる。

☐	834	**secondhand smoke**	間接的な喫煙・二次喫煙
☐	835	**passive smoke**	受動喫煙・間接喫煙

secondhand は「間接的な」という意味で、smoke は「喫煙」のこと。アメリカではここ20年、喫煙の害が大きく取り上げられ、現在では成人の約5人に1人しか喫煙していない。しかし最近ではさらに secondhand smoke「二次喫煙・間接喫煙」の有害性も大きく取り上げられ、喫煙者はさらに窮地に追い込まれている。passive は「受動的な」という意味。「能動的な」は positive である。

> **Ex.** Many doctors warn that **secondhand smoke** is just as harmful as smoking.
> 多くの医者が間接喫煙は直接的な喫煙と同様に有害であると警告している。

☐	836	**September 11th**	同時多発テロ
☐	837	**9.11**	ナイン・イレブン（同時多発テロ）

　アメリカでの同時多発テロは 2001 年 9 月 11 日に起きたので、September 11th と呼ばれる。また 9.11「ナイン・イレブン」という言い方も一般的である。

> **Ex.** The United States has drastically changed since **September 11th**.
> アメリカは同時多発テロ以降まったく変わってしまった。

☐	838	**show-biz**	ショー・ビジネス（show business の省略形）
☐	839	**show-piece**	展示品・優秀な品

　biz は business の省略形。とくに show business と言わずに、show-biz と言うと、ハリウッドやニューヨークの華やかさを連想させる。

> **Ex.** Madonna came to New York to get into **show-biz** as a dancer when she was 16.　マドンナは 16 歳のときにダンサーとしてショービジネスの世界に入りたくてニューヨークへやって来た。

☐	840	**show off**	見せびらかす・誇示する
☐	841	**show-off**	見せびらかし屋・見せびらかし・うぬぼれ屋

　show off はうぬぼれや虚栄心から見せびらかす、また知識や能力などを誇示する場合にも用いられる。show-off は「見せびらかし屋・うぬぼれ屋」を指す表現で、He is such a show-off. と言うと「彼は本当にうぬぼれが強いやつだ」になる。

> **Ex.** My father always **shows off** his brand-new Mercedes. He looks childish.
> 父は買ったばかりのベンツをいつも見せびらかしているんだ。ガキだな。

> **Ex.** Susan is super rich and she wants everyone to know it. What a **show-off**!　スーザンは超お金持ちで、そのことを皆に知られたがっているの。なんて見せびらかし屋なんでしょ。

842　show up　現れる・来る・到着する

　　show up の基本的な意味は「現れる」で、これから「来る・到着する」という意味が派生する。例えば、My father who died a week ago showed up in my dream. は「1週間前に死んだ父が夢の中に現れた」という意味であり、The host of the class reunion has just shown up at this hotel. は「クラス会の幹事が今ちょうどこのホテルに到着した（来た）」という意味になる。アメリカの学校や会社では、「～が学校や授業または会社に来た・来ない/出席・出社した・しない」を show up を用いて言うのが一般的で、come はあまり使われない。例えば、He didn't show up in the Japanese class.「彼は日本語のクラスには来なかったよ（現れなかった）」という言い回しのほうが、He did not come to the Japanese class.「彼は日本語のクラスには来なかったよ」より頻繁に使われる。

> **Ex.** On White Day, don't **show up** at my place without expensive chocolates!
> ホワイト・デーには、高級チョコレートなしで、私のところに来ないでね！

843　small talk　世間話

　　この表現での small は「当たり障りのない」といったニュアンス。ビジネスの世界では「世間話」は息抜きであり、また仕事の一つである。「世間話に加わる」は engage in small talk、「世間話を交わす」は exchange small talk となる。次の表現も一緒に覚えておこう。an old ladies' conversation（井戸端会議）、get down to brass tacks（本題に入る）。

> **Ex.** It's customary here to engage in a little **small talk** before business.
> この国では、仕事の話の前に軽く世間話をするのが習慣です。

844　**soda pop**　炭酸飲料
845　**ice pop**　アイスキャンディー

Expression No.842-849

846　popsicle　アイスキャンディー

　soda pop は「炭酸飲料」であるが、soda だけでも炭酸飲料を表す。pop は炭酸が弾ける状態をいう。英語にはアイスキャンディーのような棒状のアイス菓子を一般的に表す言葉はないが、ice pop と言ったり popsicle と言ったりする。

> **Ex.** A: Mom, what kind of **soda pop** do we have in the fridge?
> ママ、冷蔵庫にどんな炭酸飲料が入ってるの？
> B: We have Coke, Pepsi, and Sprite.
> コカコーラとペプシとスプライトがあるわよ。

847　sooner or later　遅かれ早かれ

　sooner or later の直訳は「早めまたは遅め」で、早かろうが、遅かろうが、時間的な違いに関係なく、一定の結果になるという意味で使われる。

> **Ex.** Don't try to hide your feelings toward her. **Sooner or later**, the love feeling will get you.
> 彼女に対する感情を隠すなよ。遅かれ早かれ、愛の感情が君を打ち負かすよ。

848　speak for itself/themselves　明らかである・自明である

　直訳は「それ自体のために話す」であるが、「それ自体が持っている性質・特徴などが明らかであり、誰からの説明も必要ではない」という意味に用いられる。

> **Ex.** This new PC **speaks for itself**. It is the most advanced technology on the market today.　この新しいPCが、現在のところ市販で最も先端のテクノロジーであることは自明である。
>
> **Ex.** Abbey Road, let it **speak for itself**. It has to be the best album of 1970.
> 『アビーロード』が1970年度のベストアルバムであることは明らかである。

849　speak up/out　大きな声で話す・（考えや気持ちを）素直に述べる

　up/out には「すっかり・完全に」という意味がある。speak up/out は「自分の考

えや気持ちを全部話す」また「人に聞こえるように大きな声で話す」という意味にも使う。

> **Ex.** You have to **speak up** about what you have on your mind.
> 心の中にあることをみんな言ってみて。

☐	850	**spring semester/term**	春学期（日本の大学の前期にあたる）
☐	851	**fall semester/term**	秋学期（日本の大学の後期にあたる）
☐	852	**summer school**	夏の学期
☐	853	**spring/fall/winter quarter**	春・秋・冬学期

semester は年2学期制での「学期」のことであり、quarter は年4学期制での「学期」を意味する。term は「学期」を意味する。fall semester は8月から12月まで、spring term は1月から5月まで。夏休み中の授業は semester 及び quarter 制の学期をとるところでも summer school と呼ばれる(summer semester / summer quarter がある大学もある)。

> **Ex.** In Utah, **spring semester** starts in January.
> ユタ州では春学期は1月に始まる。

☐	854	**stay/keep fit**	適切な体型を保つ

世界的な fitness ブームであるが、fit は体型が「痩せすぎていず、太りすぎてもいない状態」を表す。stay/keep fit で「fit な状態でいる・fit な状態を保つ」という意味である。

> **Ex.** Jennifer, you always look good. How do you **stay fit**? ジェニファー、いつもスマートだけど、どのように（適切な）体型を維持してるの？
> **Ex.** Once we lose weight, then to **keep fit** is really hard.
> 一度痩せたら、次はその体型を保つことが本当に難しいのよね。

☐	855	**stock market**	株式市場
☐	856	**stock exchange**	証券取引（所）
☐	857	**stock price**	株価

Expression No.850-863

	858	**stock option**	自社株購入権
	859	**stockholder**	株主
	860	**blue chip**	優良株

stock は「株・株券」、stock market は「株式市場」である。TOEIC は基本的にビジネスの試験であり、株式及び株式市場についての話題が多い。

Ex. If I have an extra ¥1 million, I will invest it in the **stock market**.
100万円の余分な金があれば、株式市場に投資するよ。

Ex. The Tokyo **Stock Exchange** is divided into the First and Second Sections. Approximately 1,600 companies are listed in the First Section, and more than 500 companies in the Second Section.
東京証券取引所は一部と二部に分かれ、一部には約1600の会社が上場されており、二部には500以上の会社が上場されている。

Ex. The average **stock price** plummeted to ¥9,778 yesterday in the Tokyo Stock market.
昨日の東京証券取引所の平均株価は9778円にまで急落した。

	861	**(as) stubborn as a mule**	とてつもなく頑固な

(as) stubborn as a mule の直訳は「ラバのように頑固な」である。ラバは働きものであるが、意固地な動物として有名で、機嫌が悪いとテコでも動かない頑固ものでもある。この事実から (as) stubborn as a mule「ラバのように頑固な」という表現が生まれた。

Ex. It's no use trying to persuade my sister. She is **as stubborn as a mule**.
僕の姉/妹を説得しようとしても無駄だよ。彼女はとてつもない頑固者だ。

	862	**student evaluation**	学生アンケート・学生による教員の評価
	863	**faculty evaluation**	(同上)

evaluation は「評価・見積もり」という意味。学生が教授に対して評価をするものであるから student evaluation と呼ばれる。faculty とは大学の教員の総称である。student evaluation は同時に大学の教員に対しての評価でもあるから faculty evaluation とも呼ばれる。

> **Ex.** In colleges in the U.S. the results from **student evaluations** are one of the most important factors for faculty to get tenure.
> アメリカの大学では学生による評価が、教員が終身雇用を得るための最も重要なファクターの一つである。

864　student ID　学生証

ID は identification の略で「身分証明(書)」。アメリカは未成年者の飲酒・喫煙には厳しく、アルコールやタバコを購入する場合は必ず Do you have ID?「身分証明書を持ってる？」Can I see your ID?「身分証明書を見せてくれる？」と問われる。また警備が厳しい会社などは、社員や来訪者に対しても ID チェックをする。

> **Ex.** Students must have their own **ID** to check out books from the library.
> 図書館から本を借りるためには、学生証が必要です。

865　sweat shirt　トレーナー
866　sweat pants　トレーニングパンツ
867　gym shirt　運動のときに着るTシャツ
868　gym shorts　運動のときにはく短パン
869　gym shoes　運動靴

日本語のトレーナーは英語では sweat shirt、トレーナーのズボンは sweat pants という。gym「ジム」は gymnasium の省略形で「体育館・ジム」のこと。

> **Ex.** I love the **sweat shirt** with the University of Michigan's logo on it.
> ミシガン大学のロゴが入ったトレーナーが好きなの。

870　systems engineer (SE)　システムエンジニア
871　computer technician　コンピューター技術員
872　(auto) mechanic　車の整備士

技術者を表す言葉には engineer、technician、mechanic、repairman がある。engineer は大卒で高度な技術を持った者という意味合いがあって、アメリカでは社会的な地位が高い。technician は engineer の次に高度な技術を持った者で、computer technician または aircraft technician のように使われる。mechanic はとくに車の整備士に使われ、repairman「修理工」はエアコンや大型の電化製品などの修理をする者に使われる。

> **Ex.** Many students at Tokyo Denki University want to be a **systems engineer** in the future.
> 多くの東京電機大学の学生が将来システムエンジニアになりたいと思っている。

873　take a chance / take chances
運に任せる・危険をあえて冒す・賭けにでる

take は「利用する」という意味の動詞で、take a chance の基本的な意味は「チャンスを利用する」ということだが、チャンスを利用するには、程度の差こそあるが「運に任せる・危険をあえて冒す・賭けにでる」ということが必要である。例えば、I won't take a chance. は「冒険はしないよ」という意味であるし、This time I will take a chance. は「今回は賭けにでるよ」という意味である。

> **Ex.** Going to a prep school another year for medical school is risky. But **take a chance** and you may be a doctor someday.
> 医学部へ入るためにもう一年予備校に行くのは危険だね。でも賭けてみろよ、いつかは医者になれるかもしれないよ。

874　take a rain check　次の機会にしてもらう

野球やサッカーなどの試合が雨のために順延になった場合、チケットの払い戻しを受ける代わりに、次のゲームのチケットをもらう人たちもいる。この「雨天順延のチケット」を rain check という。take または get で「もらう」という意味だが、この表現の場合には take が一般的。take a rain check は文字どおり「雨天順延の切符をもらう」という意味だが、パーティーや集まりなどの誘いを婉曲に断る場合に用いる。つまり相手からの誘いをむげに断るのではなく「今回お誘いを受けましたが、都合が悪いので雨天順延の切符をいただけますか？」といったニュアンスで、take a rain check を使うのである。

> **Ex.** A: Let's go out for lunch.　昼ごはん食べに行かない？
> B: Sorry I have too much work. Let's **take a rain check**.

> 申し訳ないけど、仕事がたくさんあって。またの機会にしてくれる？

875 take advantage of ~ （強みや有利な状況など）を利用する

take は前出 (take a rain check) 同様「利用する」という意味。advantage は「有利・強み・好都合」。take advantage は「有利な状況を利用する」という意味である。

> **Ex.** **Take advantage of** our special discount to purchase a new car.
> 新車の購入には、私どもの特別ディスカウントをご利用ください。

876 take after ~ ～に似る

take は性質や特徴などを「引き継ぐ」という意味の動詞で、after には「～の後についていく＝性格や特徴などが後を追う＝似る」という意味がある。つまり take after ~ は「(親や親類など) に性格や体の特徴などが似る」という意味の表現である。take after ~ はあくまで血縁関係のある者に似るという意味で、血縁のない者には使わない。

> **Ex.** My daughter obviously **takes after** me more than she does her mother.　私の娘は明らかに妻よりも私に似ている。

877 take it or leave it 受け入れるか断るか・イエスかノーか

直訳は「それを受け入れるか、さもなければそれを放っておくか」で、選択肢が２つあって、どちらか一方に決めなければならない場合に用いる。二者択一の選択を要求する場合に多く用いられる。例えば、I won't sell my house for any less than $250,000. You have to decide whether to take it or leave it.「25万ドル（約2750万円）以下では私の家は売りません。イエスかノーか決めてください」のように、相手に多少強制的に決定を迫るような場合に用いられる。

> **Ex.** We will offer you $55,000 a year for the position. Let us know if you **take it or leave it** by tomorrow.　その仕事に年５万５千ドル（約600万円）出そう。(その仕事を)受け入れるかどうか明日までに知らせてくれ。

878 take-home pay 手取り賃金

直訳は「家に持って帰る給料」である。給料は pay/salary/wage であるが、これは税金、医療保険料、年金積立金、生命保険料などが差し引かれる前のものである。実際にサラリーマンが家に持って帰る (take home) ことができるのは、これらの額が差し引かれた残りの額である。take-home pay は日本語「手取り賃金」にあたる言葉である。アメリカは州によってまた扶養家族のあるなしによっても異なるが、連邦税、州税、医療保険料、強制退職積立金などの合計が給料の 40 ％前後になるので、この take-home pay が仕事を持つ一般市民の関心事である。

Ex. Although I make a bit over $40,000 a year, my **take-home pay** is only $28,000. 年収は4万ドルを少し超えるが、手取りはたった2万8千ドルだ。

879 technical term/jargon 専門用語
880 technical breakthrough 技術革新・技術の飛躍的な発展

term/jargon は「言葉・専門用語」という意味で、medical term/jargon「医学用語」、linguistic term/jargon「言語学上の専門用語」のように使われる。term と jargon では jargon のほうが「よりわかりにくい、聞き慣れない言葉」という意味が強い。

breakthrough は「研究などでの大発見・打開・突破」などの意味である。

Ex. It is difficult to understand a computer journal because it is full of **technical terms**.
コンピューターの雑誌は専門用語ばかりなので、理解するのが難しい。

Ex. The Internet is truly a **technical breakthrough** that has changed the way of communication. インターネットはコミュニケーションの方法を変えてしまったすごい技術革新である。

881 telemarketer 電話による販売員
882 telephone operator 電話交換手
883 Yellow Pages 職業別電話帳

アメリカではビジネスの学位を所得した学生の約7人に1人が、telemarketer になると言われている。Yellow Pages はアメリカの職業別電話帳で、表紙だけが黄色

である。

> **Ex.** It is said that one out of seven college graduates with a business degree becomes a **telemarketer** in the U.S.　アメリカではビジネスの学位を所得した学生の約7人に1人が、電話による販売員になると言われている。

☐	884	**Think about it**　考えておいて
☐	885	**What do you think?**　君はどう思う？
☐	886	**What was I thinking?** いったい何を考えていたんだろう？・どうかしていた

　Think about it は、提案や計画などについて「考えておいて」と言うときに用いる。What do you think? は、相手の考えや意向、感想を問うときの決まり文句。What was I thinking? は、「いったい全体私は何を考えていたんだろう？」「どうかしていた」と自問自答する場合に用いる。

> **Ex.** A husband: I want to have ¥30,000,000 life insurance for my family. **Think about it**, Yuki.　夫：家族のために3千万円の生命保険に入りたいんだけど、由紀（妻）、考えておいて。
>
> **Ex.** I wonder if mercy killing is a crime. **What do you think?**
> 安楽死って犯罪なのかな？君はどう思う？
>
> **Ex.** Oh, no! I locked myself out of my car again! **What was I thinking?**
> あれ！また鍵を車の中に忘れてドアをロックしてしまったよ。いったい俺何考えてたんだろう？

☐	887	**thumbs down**　だめだ・まずい
☐	888	**(the) thumbs-down**　不賛成・ノー
☐	889	**thumbs up**　オーケー・いいよ
☐	890	**(the) thumbs-up**　承認・賛成

　thumb は「親指」、down は「下の方向へ」という意味だが、この表現は腕を体の前に伸ばしてこぶしをつくり、親指を立てて、その親指を下向きにしたジェスチャーに由来している。アメリカ人がよく使うジェスチャーであり、「だめ・まずい・不満・拒否」などを表している。(the) thumbs-down は名詞句で「不賛成・ノー」を表し、通常 give, get, receive などの動詞とともに使われる。

thumbs up は前出 thumbs down の反対の意味で、腕を体の前に伸ばしてこぶしをつくり、親指を立てて、その親指を上向きにしたジェスチャーを言葉で表現したものである。the thumbs-up は名詞句で「承認・賛成」を表し、get、receive などの動詞とともに用いられる。

> **Ex.** Although the movie became hugely popular in the U.S., it received **the thumbs-down** in Japan.
> その映画はアメリカでは大いに受けたが、日本ではさっぱりだった。
>
> **Ex.** **Thumbs down** to baggy socks! They are out of fashion now.
> レッグウォーマーはダサいね。もう流行遅れだよ。
>
> **Ex.** We just got **the thumbs-up** to build a new research center from the university. 大学側から新しいリサーチセンター建設の OK をもらったところだ。

891　tied up (with ~)　（～で）忙しくて身動きできない・手が空かない

tied up の直訳は「縛りつけられている」であるが、この表現は「忙しさに拘束されている」という意味である。したがって「忙しさに拘束されているのだから、他の用事は何もできない」というニュアンスがあり、頼まれごとを断るような場合に多く用いられる。また「～で忙しくて身動きがとれない」という場合は tied up with ~ の形になる。

> **Ex.** Sorry, I am **tied up** on Thursday afternoon. How about Friday morning?
> 残念ですが、木曜の午後は手が空きません。金曜の午前中はいかがですか？
>
> **Ex.** I have been **tied up with** my kids since last weekend because my wife went back to Kyoto for a memorial service. 家内が法事のために京都に帰ったので、週末以来子どもの世話で身動きがとれない。

892　To go or to stay?　お持ち帰りですか、店内でお召し上がりですか？

ファストフードレストランで用いられる決まり文句。

> **Ex.** A: **To go or to stay?**　お持ち帰りですか、店内でお召し上がりですか？
> B: Can you make it to go?　持ち帰りです。

893　too good to be true　信じられない・(話が) うますぎる

too good to be true は直訳すると「あまりにもよすぎて本当ではない」で、字面どおりの意味である。通常は That sounds too good to be true.「それは話がうますぎる」の形で使われる。

> **Ex.** A: The company offered me 800,000 yen a month as a basic salary. Plus three times bonus a year and housing and family compensation.
> この会社は月に 80 万円の基本給、さらに年 3 回のボーナスに住宅手当と家族手当を支給してくれるんだって。
> B: That sounds **too good to be true**.　話がうますぎるね。

894　top-notch/topnotch　一流の・最高の・最も優れている

notch は「階級・等級」という意味。top-notch は文字どおり「一流の・一級品の・最高の」という意味で、形容詞的に使われる。また topnotch は「一流・最高」を意味する名詞句として使われる。

> **Ex.** Daisuke is a **top-notch** student in math at our school. I guess he is aiming at a first-class engineering school in the nation.　大輔は数学では学校でトップだよ。彼はきっと国内で一流の工科系大学を狙ってるんだと思うな。

895　track down　見つけ出す・つきとめる・徹底的に調べる

track には「後をつける・足跡を追う」などの意味があり、down には獲物や犯人などを「追い詰める」というニュアンスがある。したがって track down の基本的な意味は「追い詰めて見つけ出す」ということだが、「苦労して見つけ出す・つきとめる」また「徹底的に調べる」などの意味でも使われる。

> **Ex.** The police took a long time to **track down** the thief. She was hiding in a building next to the police station.　警察は泥棒を追い詰めるのに長い時間を費やした。彼女は (なんと) 警察署のとなりのビルに隠れていたんだ。

896　trade in　下取りに出す

Expression No.893-906

	897	**trade-in**	下取り・下取りに出す物品
	898	**blue book**	中古車価格表を載せた小さな本
	899	**immaculate condition**	ほぼ新品・汚れや染みがまったくない状態
	900	**garage**	車の修理工場

　trade in は動詞句で「下取りに出す」。「古い車を下取りに出して新車を買う」は trade in my car for a new one。trade-in は名詞句で、「下取り・下取りに出す物」。blue book は中古車の価格一覧を掲載した青いカバーの小さい本で、質の悪い紙を使ってある。アメリカは個人での中古車売買が盛んで、自分の車に値をつけたり、購入する中古車の価格が妥当かどうかを調べるのに役立つ。

　immaculate condition は主に中古車の程度を表すのに用いられ、「ほぼ新品・新品同様・傷や汚れがまったくない」状態を表す。garage はもちろん「ガレージ」のことであるが、「車の修理工場」の意味もある。body shop も同様に「車の修理工場」という意味であるが、ジムやヘルスクラブの意味にも使われる。

> Ex. I want to **trade in** this 14-year-old Honda Civic for a new Pajero.
> この14年落ちのホンダ・シビックを下取りに出して新しいパジェロが欲しい。
>
> Ex. Check the retail price for a 1996 BMW in the **blue book**.
> ブルーブックで、1996年式のBMWの小売価格を調べてみろよ。
>
> Ex. This 1988 Cadillac is still in **immaculate condition**. It's a super deal.
> この1988年式のキャデラックはまだ完璧な状態です。最高の買い物ですよ。
>
> Ex. Can you give me a ride to the office? My car is in the **garage.**
> 会社まで送ってくれる？車が修理に出てるんだ。

	901	**travel agency**	旅行代理店
	902	**insurance agency**	保険代理店
	903	**real estate agency**	不動産屋
	904	**news agency**	新聞取次店・通信社
	905	**advertising agency**	広告代理店
	906	**general agency**	総代理店

　agency は「代理店・取り扱い店・特約店」を表す。agent も同様の意味に用いられるが、agency は「機関」を意味するのに対し、agent は「人」を意味することが多い。またアメリカの政府機関も agency で表される場合がある。Central Intelligence Agency (CIA)「(アメリカ) 中央情報局」、Environmental Protection Agency

(EPA)「(アメリカ)環境保護局」など。

> **Ex.** I'm looking for a **travel agency** that sells the cheapest round-trip ticket from Atlanta to Narita.　アトランタ・成田間のいちばん安い往復切符を扱っている旅行代理店を探してるの。

907　under the table　袖の下を使って・わいろで・酔いつぶれて

ポーカー・ゲームの最中に、テーブルの下で自分の手の内にあるカードを替える様子を想像してほしい。under the table「テーブルの下で」は主に商取引に関して使われ「不正に取引をする」ことを意味する。また「酒に酔いつぶれる」という意味もある。酔いつぶれてテーブルの下に転げ落ちる状況をイメージしてみるといい。

> **Ex.** He is the type of person who never makes a deal **under the table**.
> 彼は決して不正な取引をするようなタイプではない。
>
> **Ex.** I was totally **under the table** at my high school class reunion.
> 高校の同窓会で完全に酔いつぶれてしまったよ。

908　under the weather　体調が悪くて

under the weather の直訳は「天候の下で」であるが、weather は悪天候の意味である。under the weather は悪天候の下での船酔いにちなむ表現で、現在では「体の調子が悪い」「具合が悪い」という意味で使われる。

> **Ex.** I've been **under the weather** because of heavy drinking.
> 飲みすぎで調子が悪い。

909　up and down　あちこち・上下して

up には「南から北の方角へ」という意味があり、down には逆に「北から南へ」という意味がある。また up には「田舎から都会へ」、down には「都会から田舎へ」という意味がある。このような点から up and down は「あちこち、いたる所に」という意味になると考えれば合点がいくだろう。up and down は、単に「上下して」という意味にも使われる。

Expression No.907-912

> **Ex.** I looked for a nice secondhand guitar **up and down** New York city.
> ニューヨークの街中をあちこち、程度のいい中古のギターを探しまわったよ。
>
> **Ex.** The average stock market price has been **up and down** for the last few weeks due to the presidential election.
> 大統領選挙のため、ここ数週間は平均株価が上下している。

910 up to ~   ～次第で・～の責任で
911 It's up to you   君次第だよ

up to ~ の基本的な意味は「～の責任で」ということだが、責任を負うということは、「責任を負う限り、自由にやっていい」という意味にもなる。つまり up to ~ は「(あなた) が責任を負う限り、自由にやってよい＝あなた次第」という意味である。up to ~ は It's up to you「君次第だよ」の形で頻用されるが、Up to you という省略形も使われる。

> **Ex.** **It's up to you** to decide who to hire because you are the boss.
> 誰を採用するかは、君次第だよ。君が上司なんだから。
>
> **Ex.** It's **up to** you to clean up the mess because you invited these guys to the party.
> 君がやつらをパーティーに招いたんだから、かたづけをするのは君の義務だよ。

912 up-to-date / up to date   最新の・現代の

up to ~ は「～まで」という群前置詞、date は「今日・本日」という意味で、up-to-date / up to date を直訳すると「今日まで・本日まで」であるが、ここから「最新の」という意味が派生した。updated「最近の・アップデートされた」という表現も覚えておこう。

> **Ex.** This gym is really cool. All the equipment is **up-to-date**.
> このジムはすごくいいな。器具がすべて最新のものなんだ。
>
> **Ex.** We need **up-to-date** information on the stock market.
> 株式市場の最新の情報が必要だ。

	913	**utility/telephone pole**	電信柱
	914	**power supply**	電力供給
	915	**power shortage**	電力不足
	916	**power consumption**	電力消費
	917	**power plant**	発電所

utility は「電気・水道・ガスなどの公共事業」を意味する。アメリカでは州によって utility pole「電信柱」のあるところとないところがある。

> **Ex.** In America, you see chipmunks running along on top of the electric wires between **utility poles** everywhere.　アメリカでは、シマリスが電信柱の間の電線を走り回っているのをどこででも見かけるよ。

	918	**vending machine**	自動販売機
	919	**Coke machine**	飲み物の自動販売機

自動販売機一般を vending machine と呼ぶ。中でも飲み物の自動販売機を Coke machine と呼ぶ。Coke はコカ・コーラのことだが、コカ・コーラ製品を扱った自動販売機でなくても Coke machine と呼ぶ。vend は「物を売る・売り歩く」という意味で、野球場や催し物会場の売り子を vendor と呼ぶ。とくに路上で物を売る者を street vendor と呼ぶ。

> **Ex.** I'll go get a soda pop for us from the **vending machine** over there. What would you like to drink?
> あそこにある自動販売機で炭酸飲料を買ってくるけど、何が飲みたい？

	920	**wet blanket**	場をしらけさせる人
	921	**party-pooper**	（同上）

本来 wet blanket「水に浸された毛布」は、燃え盛る火を消すために使われたが、「盛り上がった雰囲気を壊す人」を意味するようにもなった。この表現は、とくにパーティーなどの集まりに関して使われ、「パーティーの誘いに滅多に応じない人」「パーティーの途中で帰ってしまう人」などを指す。wet blanket と同じ意味の party-pooper という表現もよく使われる。

> **Ex.** Blair hardly comes to our parties. Even when he comes, he won't stay long. He is such a **wet blanket**.　ブレアは滅多に我々のパーティーには来ないし、たとえ来たとしてもすぐ帰ってしまう。彼はまったくのしらけ鳥だな。

922　What do you say?　どう思う？・どうですか？

相手の意見を求めるときや、「～しよう」という自分の発案などに対して、相手の同意を求める場合に用いる。

> **Ex.** Why don't we drive around Tokyo, cross the Rainbow Bridge and have lunch in Odaiba. **What do you say?** Guys!　東京をドライブして、レインボーブリッジを渡って、お台場でランチでもどうだい？　どう思う、みんな？

923　What's bothering you?　どうしたの？・何か困ってるの？
924　What's bugging you?　（同上）

bother は「悩ませる・困らせる」という意味、bug も同様に「悩ませる・困らせる」という意味である。What's bothering you? / What's bugging you? は「どうしたの？」「何を悩んでいるの？・何か困っているの？」という意味に用いられるが、What's bugging you? のほうがよりくだけた言い方で、否定的な意味合いが強い。

> **Ex.** **What's bothering you**, David? You are a different person today.
> どうしたの、デイビッド？ 今日はちょっと変だよ。

925　Where are you off to?　どちらへお出かけですか？・どちらへ？
926　Where are you headed for?　（同上）

この表現での off は「出かける」という意味で、Where are you off to? は文字どおり「どちらへお出かけですか？」ということ。また be headed for ～ は「～に向かう」という意味で、Where are you headed for? も同様に「どちらへ？」という言い方である。Where are you heading? と表現することもある。Where are you off to? という質問には、I am off to ～. 同様に Where are you headed for? という質問には I am headed for ～ と答える。

> **Ex.** A: Hey, Jerry, **where are you off to?** ねぇ、ジェリー、どこへ行くの？
> B: I am off to the post office to send off this package.
> この小包を出すのに郵便局までね。

927 will do　いいよ・OK

助動詞 do には「いい・OK・十分・適当」などの意味がある。例えば、That will do. と言えば「それでいいよ（適切・十分）」という意味で、「ねぇ、カレーをつくるんだけど、この大きさの鍋でいい？」「サインするんだけど、この黒のボールペンでいい？」など、さまざまな質問に対する返答に使われる。反対に「それはだめだ」は That won't do. と表現する。Anything will do. と言えば「なんでもいいです」という意味である。

> **Ex.** These plastic plates **will do** for the BBQ.
> バーベキューパーティーにはこのプラスチックの皿がいいね。

928 wind up　終わる・終わりにする

wind は「巻く」、up は「上げる」という意味。wind up はつまり「巻き上げる」という意味である。映画館や劇場の舞台には大きな垂れ幕がかかっているが、幕引きのとき（上演の終了時）には、大きなリールを回し、幕についている紐を巻き上げた。wind up「終わる・終わりにする」という表現はこのように考えると覚えやすい。wind up は通常 wind up with ~ の形で用いられる。

> **Ex.** Let's **wind up** this class by watching the rest of the video.
> 残りのビデオを見てこの授業を終えよう。

929 a win-win situation　お互いに有利な状況

win とはもちろん「勝つ」という意味であるが、win-win の関係とは、あるサービスを提供する側とそのサービスを利用する側、またはあるサービスについて提携し合っているもの同士が、相互に利益を得て、円満な関係でいい結果を得ることをいう。ビジネスにおける交渉では、しばしば、双方にとって満足のいく合意に達することが望ましいのである。

Expression No.927-934

> **Ex.** I do hope we can reach **a win-win situation**.
> お互いに有利な状況になることを心から望んでいます。

☐ 930	**work nightshift(s)/dayshift(s)** 夜勤/日勤をする
☐ 931	**work in shifts** 交代制で働く

shift は交代制のことで、nightshift / night shift は「夜勤」、dayshift / day shift は「日勤」のことである。交代制で働くことを work in shifts と言う。

> **Ex.** I used to **work nightshifts** at Wal-Mart in my town.
> 昔は私の町にあるウォルマートで夜勤をしたものだ。
>
> **Ex.** Now your career background seems OK. But our concern is if you can **work in shifts**. まぁ、君の職歴は結構だが、私共が心配しているのは、君が交代制で働けるかどうかだ。

☐ 932	**work on ~** 〜に効果がある・〜に作用する・(仕事・研究など)に取り組む

動詞 work には薬などが「作用する・効果がある」という意味があり、前置詞 on ~ には「〜について」という意味がある。work on ~ は「〜に効く・〜に作用する」という意味で、This antibiotic will work on you. は「この抗生物質はあなたに効くでしょう」という意味である。また on には「〜に取り組んで・〜に従事して」という意味があり、work on ~「〜に取り組んでいる」という意味にも使われる。

> **Ex.** Let's **work on** the next exercise. 次のエクササイズをやってみよう。
>
> **Ex.** No medicine **works** well **on** the disease called cancer.
> どんな薬も、癌という病気にはあまり効果がない。
>
> **Ex.** I am currently **working on** chapter II of my research paper.
> 私は今研究論文の第2章に取り組んでいる。

☐ 933	**work out** うまくいく・やり遂げる・解決する・答えを見つける・エクササイズをする・(筋力)トレーニングをする
☐ 934	**workout** エクササイズ・筋力トレーニング

work out を他の言い方で表すと、do the work and get to the solution「仕事、

作業、勉強、任務など今やっているものを成し遂げて、よい結果を出す」つまり「やり遂げる・解決する・うまくいく」ということである。work out は「体の調整のために行うハードな運動」のことだが、最近の若者の間では「ジムで行う筋力トレーニング」のことである。大学生の間では、Do you work out?「筋力トレーニングしている？」という質問が挨拶代わりに使われることも多い。また workout と一語にすると、「体力・筋肉トレーニング」という意味の名詞になる。

> **Ex.** Dan and Maryann did not **work out** after all. They seem to have got divorced.
> ダンとマリアンは結局うまくいかなかったので、離婚したみたいだよ。
>
> **Ex.** I come to this gym to **work out** three days a week after work.
> 仕事が終わった後、一週間に3日はこのジムに来てトレーニングしているよ。
>
> **Ex.** Since we have 45 minutes before the next class, let's do a **workout**.
> 次のクラスまで45分あるから、筋力トレーニングしていこうよ。

935　You know what?　ねぇ・あのさー

　You know what? は、何かを話しかける前に相手の注意を引く場合に用いる表現で、「ねぇー・あのさー」など、自分がこれから話すことに注意を促す効果がある。You know what? という問いかけには What? と答えるのが通例である。同様の表現に Did you hear that?「ねぇ、それ聞いた？」や Did you know that?「（それについて）もう知ってる？」などがある。

> **Ex.** A: **You know what?**　ねぇ。
> B: What?　なに？
> A: Have you noticed that you sometimes forget to flush the toilet?
> 時々、あんたトイレの水流すのを忘れてるんだけど、気づいている？

CHECK UP

Quiz 1

Key Expressions   Level 500

break down
birds of a feather
beats me
break out
blackout

between you and me
at a loss
nervous breakdown
burn the midnight oil
all thumbs

カッコの中に入る表現を上のリストの中から選びなさい（時制や人称による変化、その他の文法事項を考慮すること）。

1. インド旅行中に、バッグを盗まれてしまったんですよ。財布もパスポートも入っていたので、本当に<u>途方に暮れました</u>よ。

I had my bag stolen during my trip in India and I was totally (　　　　), because my wallet and passport were in it.

2. A: 新しいシーズンが来たら、どうしても服を買い込んでしまうの。
B: 君の親友の知子も同じことを言っていたよ。君たちは<u>似たもの同士</u>だね。

A: I cannot stop shopping for clothes whenever the new season comes.
B: I heard the same thing from your best friend, Tomoko. You guys are (　　　　).

3. 今日の午後、僕のところに昇給について上司が話しに来たんだけど、これは、<u>ここだけの話だよ</u>。

Our boss came to talk to me about a raise this afternoon, but it is just (　　　　).

4. 入社してすぐに、残業と休日出勤のせいで、体を壊しただけでなく<u>神経衰弱</u>にまでなってしまった。

As soon as I started to work, I became not only sick, but also had a (   ) because of overtime and holiday work.

5. A: 次の司法試験に彼は受かりそうですか？
   B: <u>さあね</u>。

   A: Do you think he can pass the next bar exam?
   B: (   ).

6. コンピューターが<u>壊れてしまった</u>。お茶をこぼしてしまったんだ。

   My PC (   ). I spilled my tea on it.

7. 2001年は同時多発テロが<u>起こった</u>年としていつまでも思い出されるだろう。

   The year 2001 will be remembered for a long time as the year 9.11 (   ).

8. 昨日の<u>停電で</u>電車が1時間も止まって、ずっと車内に閉じ込められていたので、会議に遅刻してしまったよ。

   The (   ) yesterday caused trains to stop for an hour and I was stuck in the train, so I was late for the meeting.

9. 彼女はすごく美人だが、家事は<u>何もできない</u>。

   She is very pretty, but (   ) at household chores.

10. 明後日開かれる取締役会議でのプレゼンの原稿を仕上げるために、我がプロジェクトチームは、<u>徹夜した</u>。

    Our project team (   ) to finish the presentation draft for the board of meeting which will be held the day after tomorrow.

208

Quiz 2

Key Expressions　Level 500

ill in bed	cash a check
by chance	calm down
come of age	crack up
count on	clear up
come up with	come what may

カッコの中に入る表現を上のリストの中から選びなさい（時制や人称による変化、その他の文法事項を考慮すること）。

1. 仕事の後で一杯飲みにバーに行ったら、偶然にも旧友に再会した。

   I went out for a drink at a bar after work, and I met one of my old friends (　　　　　).

2. 昨日は病気で寝ていて、学校に行けなかったんだ。出席日数が心配だよ。

   I could not go to school yesterday, because I was (　　　　　). I am worried about my attendance.

3. 台風20号が通過した後、海は静けさを取り戻した模様です。

   After typhoon No. 20 passed, the sea seems to be (　　　　　) again.

4. あの角の免税店は現金しか受け付けないので、銀行で小切手を現金に換えなければならない。

   Since the duty-free shop at the corner accepts only cash, I have to (　　　　　) at the bank.

5. A: 私、探偵小説が大好きなの。あなたはどう？
   B: もちろん。謎がどう解かれていくか、その過程をみるのはすごくおもしろいもの。

   A: I love any kind of detective stories. How about you?
   B: Why not? It is quite exciting to read how unsolved mysteries are being (   ).

6. もう大人なんだから、ガキのような振る舞いはするな。

   Now you have (   ), don't behave in a childish manner.

7. 何があろうと、次の公認会計士試験には合格したい。

   (   ), I have to pass the next CPA exam.

8. 姉と買い物に行くときはいつでも、姉は僕が支払うことを当てにしているんだ。

   Whenever I go shopping with my sister, she always (   ) me to pay the bill.

9. トーマスのピエロの演技に、会場中は大笑いしたよ。

   Thomas's performance as a clown (   ) the audience in the theater.

10. 新しい企画のいいアイディアがなかなか浮かばない。もう一週間も考えているのに。

    I can't (   ) a good idea for a new project, though I have been thinking about it for a week.

Quiz 3

Key Expressions   Level 500

down with	get fired
get rid of	from now on
from scratch	finish up
hand in	generally speaking
keep in touch	fall for

カッコの中に入る表現を上のリストの中から選びなさい（時制や人称による変化、その他の文法事項を考慮すること）。

1. ジェニファーは熱で寝込んでいるらしい。

    They say Jennifer is (　　　　) a fever.

2. ピーターは心が広いから、君がこれから態度を改めれば許してくれるよ。

    Peter is generous and if you behave yourself (　　　　), he will forgive you.

3. 主任は、奥さんに一目惚れだったらしいよ。

    Our chief said that he (　　　　) his wife at first sight.

4. 休暇に行くために、8月中に提出物すべてを終わらせたい。

    I want to (　　　　) all the reports by the end of August for the vacation.

5. あの営業企画書は重役会議で認められなかったんだ。また最初からやり直しだ。

    Our sales plan report was not approved in the executive conference. We should do it again (　　　　).

211

6. 概して、日本人は勤勉で正直だ。

　　(　　　　　), the Japanese are hardworking and honest.

7. もし仕事に遅刻し続けるなら、クビになるよ。

　　If you keep coming late to the office, you will (　　　　　).

8. もう帰国されるなんて、残念です。メールで連絡を取り合いましょう。

　　It's a pity you are going back to your country. Let's (　　　　　) by e-mail.

9. インフルエンザが治らないよ。

　　I cannot (　　　　　) the flu.

10. 来週までに、生物のレポートを提出しなければならない。

　　We have to (　　　　　) the biology report by next week.

| Quiz 4 |

Key Expressions   Level 500

get together
have nothing to do with
in order
I am impressed
in the long run
give it a try
in fashion
give me a break
last-minute person
in season

カッコの中に入る表現を上のリストの中から選びなさい（時制や人称による変化、その他の文法事項を考慮すること）。

1. 仕事の後、ビールを飲みに<u>集まら</u>ないか？

How about (　　　　) for a beer after work?

2. A: ビリヤードはしたことがある？
B: いいえ、でも<u>やってみ</u>たいわ。

A: Have you ever played billiards?
B: No, but I'd love to (　　　　).

3. A: なぜ、いつも家に帰るのが遅いの？
B: <u>ちょっと勘弁してくれよ</u>。たまには一人になりたいだけだよ。

A: Why are you always coming back home late?
B: (　　　　). I just want to be alone sometimes.

4. A: 営業部長は収賄事件<u>には無関係</u>だと主張したらしいよ。
B: でも警察が証拠をつかむのも間もなくだと思うわ。

A: I heard the director of the sales division insisted that he (　　　　) the bribe incident.
B: I guess the police soon will find out the truth.

5. ダライ・ラマの平和を祈念した演説には<u>感動したわ</u>。

(   ) by Dalai Lama's speech for peace.

6. 子どもたちがおもちゃで遊んだ後、それを家内が<u>きちんと元に戻す</u>。

After our kids play with their toys, my wife puts them back (   )

7. 少女の間では、パンツの上にワンピースを着るのが<u>流行っている</u>。

Wearing a one-piece dress over trousers has been (   ) among young girls.

8. 秋が待ちどおしい。美味しい果物の<u>季節</u>だからね。

I cannot wait for autumn, because many delicious fruit are (   ).

9. 医学部に入るために一生懸命勉強をするには忍耐とやる気が必要、でも<u>長い目で見れば</u>いつかその努力は実るよ。

Studying hard for med school takes lots of patience and motivation, but (   ) your efforts will bear fruit someday.

10. 私は<u>最後のぎりぎりにならないと何もしない人間</u>です。

I know I am a (   ).

Quiz 5

Key Expressions　Level 500

make every effort	keep in mind
make a point	look after
make no difference	make ends meet
out of curiosity	makeup test
moonlighting	make the most of

カッコの中に入る表現を上のリストの中から選びなさい（時制や人称による変化、その他の文法事項を考慮すること）。

1. ナンシーは喘息持ちだから、きれいな空気が必要だってことを<u>覚えておいて</u>ください。

　　Please (　　　　　　) that Nancy has asthma and needs fresh air.

2. 竹内社長は役員たちから尊敬されているんだ。彼はよく労使関係の<u>核心を突く</u>からね。

　　Mr. Takeuchi, the company president, is looked up to by the executives, because he often (　　　　　　) about the labor-management relationship.

3. 彼は出世のためには<u>あらゆる努力を惜しま</u>ないだろう。

　　He will (　　　　　　) to move up the corporate ladder.

4. 給料が下がってしまったけど、<u>何とかやりくりし</u>ないと。

　　I have to (　　　　　　) though my salary has been cut.

5. エミリーは、年老いた義母の面倒を見ているから、夜は出かけられないって。

Emily (　　　　　) her old mother-in-law and she cannot go out at night.

6. 昔のボーイフレンドが、よりを戻そうって言ってるけど、今になってはどうでもいいわ（あまり重要なことではない）。

My ex-boyfriend tells me that he wants to come back to me, but it (　　　　　) to me now.

7. チャン教授に再テストを頼むべきだよ。そうしなきゃ落第するよ。

You should ask Professor Chang for a (　　　　　), otherwise you will fail.

8. 好子の父親は財界にコネがあるから、職を探すのに彼女はそれを最大限に利用するだろうね。

Yoshiko's father has strong ties with the business community, so she will (　　　　　) it in finding a job.

9. 高校の代用教員であるアレックスはピザ屋でアルバイトをしている。

Alex, a substitute high school teacher, is (　　　　　) at a pizza shop.

10. ちょっと気になるんだけど、どうしてこんなに人が集まっているんだい？

Just (　　　　　), but how come so many people are here?

| Quiz 6 |

Key Expressions   Level 500

on medication
on the market
run short
stay fit
lose weight

out of date
starting salary
show up
show off
put up with

カッコの中に入る表現を上のリストの中から選びなさい(時制や人称による変化、その他の文法事項を考慮すること)。

1. 父は新車を買ったが、スタイルは<u>時代遅れだね</u>。

My father bought a new car but its style is (   ).

2. そのブティックの経営者はいつも、すてきな品物を、日本の<u>市場で売り出される前</u>に海外で購入してくる。

The owner of that boutique always finds nice stuff abroad before it'll be (   ) in Japan.

3. アフリカ旅行の間にボーイフレンドがマラリアに感染して、今<u>治療中</u>です。

While my boyfriend was visiting Africa, he got infected with malaria and he is (   ) at the moment.

4. <u>体重を落とす</u>いちばんいい方法は、健康的な生活を送り、3食をきちんととることだと思う。

I think the best way to (   ) is to lead a healthy life and eat three meals regularly.

5. 母は、庭の果物を食べるカラスに我慢できない。

My mother cannot (　　　　　) crows eating fruit in our garden.

6. コピー用紙が切れかけているので、大至急買ってきてくれない？

We are (　　　　　) of copy papers. Can you go buy more as soon as possible?

7. 仕事を探す際の重要な点は、初任給でしょう。

One of the most important aspects when looking for a job will be the (　　　　　).

8. アナは、ブロンドの髪と長い足さえ自慢しなければいい人なのに。

Anna is a nice person, unless she (　　　　　) her blonde hair and long legs.

9. まだブラウンさんは現れていませんので電話します。

Mr. Brown hasn't (　　　　　) yet, so I'll call him.

10. ヨガは体型の維持に役立つはずですよ。

I am sure Yoga helps you to (　　　　　).

Quiz 7

Key Expressions　　Level 500

tie up with
pass away
take-home pay
up-to-date
top-notch

work nightshifts
sooner or later
take advantage of
work on
stubborn as a mule

カッコの中に入る表現を上のリストの中から選びなさい（時制や人称による変化、その他の文法事項を考慮すること）。

1. うちの営業部長は、一度決心したら決してその意志を変えません。とにかく<u>とても頑固</u>なのです。

   Once our sales manager makes up his mind, he never changes it. He is just as (　　　　　).

2. 祖父が<u>他界して</u>から10年になります。

   It's been 10 years since my grandfather (　　　　　).

3. あまり人に優しくするのもどうかと思うわ。だんだん<u>付け込んでくる</u>人もいるからね。

   I think it's not always good to be nice to others, because some people start to (　　　　) you.

4. 正直に本当のことを言ったほうがいい。<u>遅かれ早かれ</u>、真実は明らかになるから。

   You should be honest and tell the truth. (　　　　　), it will come out somehow.

219

5. 健康保険が来年は値上がりするので、<u>手取り収入</u>がどれくらいになるのか心配だよ。

As health insurance coverage increases next year, I'm worried about how much my (　　　　) will be.

6. 最近、仕事<u>が忙しい</u>ので、友人と食事をする時間もない。

Nowadays, I am (　　　　) loads of work and even have no time for dinner with my friends.

7. 出かけるたびに、エリザベスは<u>一流</u>レストランを好むので、私は彼女と結婚すべきかどうか考えてしまう。

Elizabeth loves to go only to (　　　　) restaurants whenever we go out and I wonder if I should marry her.

8. 青山をぶらつくのが大好き、だって<u>最新の</u>ファッションがいつも手に入るから。

I love to hang around in Aoyama because (　　　　) fashion is always available there.

9. 昼間子どもの面倒を見られるので、ジャッキーは<u>夜勤をしている</u>。

Jackie (　　　　) so she can take care of her baby in the day time.

10. この鎮痛剤が頭痛に<u>効く</u>と思います。

I think this painkiller will (　　　　) your headaches.

第3章　TOEIC 600点レベル

☐	936	**against the clock**	一刻を争って・時間と競争して・時間に追われて
☐	937	**beat the clock**	ある時間までに仕事などを仕上げる

against the clock は「時計に反抗して・逆らって」という意味だが、期限や定刻が迫っているので、時計と競争して（時間に追われて）「仕事をする・プロジェクトを仕上げる・論文を書き上げる」などの意味に用いられる。通常 work や race を伴って work against the clock / race against the clock のように用いる。

Ex. Guys, we have only two hours to go. We have to work **against the clock** to complete the presentation materials. みんな、あと２時間しかないぞ。一刻を争ってプレゼンテーションの資料を完成しなければならないぞ。

Ex. Guys, let's get back to work. We have to **beat the clock**. みんな、仕事に戻ろう。時間内に仕上げなければならないからね。

☐	938	**against (all) the odds**	勝算がなくても・抵抗があっても
☐	939	**beat the odds**	大方の予想に反して
☐	940	**What are the odds?**	成功の確率は？・チャンスはあるの？

odds は「勝算」を意味する。この語はもはや日本語にも取り込まれつつある。いわゆるギャンブルでの勝ち目、配当率や勝算を意味し、ビジネスでは可能性や確率の意味で使用される。Odds are against us. は、自分達にとって勝ち目が少ない、分が悪い、という意味。逆に分が良い場合は、The odds are for us. や The odds are in our favor. となる。従って、against (all) the odds は、可能性が少ないにもかかわらず何かをする、という状況説明に使われる。さらに、What are the odds? と聞かれれば、成功・達成の確率は？ と尋ねられている訳で、しばしば「それは無理じゃないか？」といったニュアンスも含まれる。odds は前述のとおり、予想や賭けごとの「勝機・勝ち目」のこと、beat は「打ち負かす」という意味。beat the odds は「大方の予想に反して」という意味である。

Ex. We will find a cure for our child's disease **against all the odds**. どんなに勝算がなくても、（私達の）子どもの病気の治療法を見つけてみせる。

Ex. A: **What are the odds** that Eric is still alive? エリックがまだ生存しているという確率は？（可能性はあるの。）
B: The odds are good. 確率は高いよ。

Ex. Kanagawa, Senshu, and Kokugakuin Universities, all **beat the odds**

to make it to next year's Hakone Ekiden.
神奈川、専修、国学院大学は、大方の予想に反して来年の箱根駅伝に出場する。

941 all in all　　大体・概して・全般的に見て
942 all things considered　（同上）

all in all の直訳は「すべての中のすべて」であるが、「すべてを考え合わせた上で・大体いいところ」というニュアンスがある。all in all と同様の表現に all things considered「すべてのことを考慮に入れた上で・つまるところ」という言い方もある。

Ex. I did not finish my college and got divorced twice but **all in all** I have had a good life.
大学は中退したし、2 回離婚したけど、大体いい人生だったな。

943 all together　しゃっきりしている・意識がはっきりしている

おもしろい表現である。アメリカ人は人体のことを system と呼ぶことがある（例えば、My system can't take alcohol. と言えば「私の体はアルコールを受け付けない」という意味）。なるほど人体は、脳、頭、首、胸、肺、心臓などそれぞれの parts からなる高度で精密な system である。all「すべて」の体の組織が together「一緒になった」時に我々の体は正常に機能する。つまり all together は体が正常に機能している状態を表す。とくに朝起きたばかりで頭が「ボケー」としている状態を I'm not all together. と表現し、頭と体がしゃっきりしてきた時点で、I'm all together. と表現する。また all together には「(人が) お金・ルックス・才能などすべてを備える」という意味もある。

Ex. Sorry, can you call me back later? I am not **all together** yet.　すまないけど、あとでまた電話かけ直してくれる？　まだ頭がすっきりしてないんだ。

944 An apple a day keeps the doctor away.
1日1個のりんごを食べると医者にかからない [ことわざ]

keeps the doctor away は「医者を遠ざける」という意味で、An apple a day keeps the doctor away は文字どおり「1日1個のりんごは医者を遠ざける」という

意味。西洋でも古くからりんごは健康にいい食べ物と考えられていて、健康食品が大人気のアメリカでもこのことわざはいまだに多用されている。

> **Ex.** A: I didn't know you liked fruit a lot.
> 君がそんなにフルーツが好きだなんて、知らなかったな。
> B: **An apple a day keeps the doctor away.** Plus, they have less calories. 1日1個のりんごを食べると医者にかからないのよ。それにカロリーが低いしね。

- □ 945 **back up** 支援する・支持する・車をバックさせる
- □ 946 **backup** バックアップ・予備・予備にとっておく物・代替要員
- □ 947 **back down** 後退する

人が倒れないようにサポートするためには、その人の背後 (back) にいて、倒れかけたら、その人の体を手で押し上げる (up) だろう。back up という表現はこのようなイメージである。また back up には「車をバックさせる」という意味もある。backup は back up を一語の名詞にしたもので、予備のためにとっておく物や人を表す。

back down は「後退する・撤退する」という意味であるが、back は「後方に」down は「下がる・倒れる」という意味であるから、合点がいくだろう。

> **Ex.** We will **back** you **up** no matter what.
> 何があろうと、あなたを支持します。
> **Ex.** Can you **back up** your car a little? We need to park here.
> 少しバックしてもらえますか？ ここに駐車しなくてはなりません。
> **Ex.** You'd better save this file in the disk for **backup**.
> 予備のためにこのファイルをディスクにセーブしておいたほうがいいよ。
> **Ex.** The Iraqi army finally **backed down** and evacuated Baghdad.
> ついにイラク軍は後退し、バグダッドから撤収した。

- □ 948 **Bear with me.** 少々私にお付き合いください

bear with ~ で「~に耐える」。Bear with me. の直訳は「私に耐えて」であるが、プレゼンテーションや商品の説明時など、自分の話に「多少お付き合いください」という謙遜を含んだ表現である。

Ex. I will explain about the application of the vagus nerve stimulation for reducing epileptic seizures. Please **bear with me**.
てんかんによる発作を減少させるための迷走神経刺激術について説明します。少しの間、私にお付き合いください。

949 been there, done that それは経験済みだよ

(I've) been there. の直訳は「私はそこにいたことがある」。(I've) done that. は「私はそれをしたことがある」という意味で、「あなたの言っていることと同じことを私はすでに経験済みである」という意味である。相手の話に共感や同情、理解を表すときなどに用いる。

Ex. **Been there, done that.** Yuki, I was also a graduate student for a long time. I was always worried about money and my dissertation.
ゆき、それは私も経験済みだよ。私も長いこと大学院にいてお金の心配、論文の心配ばかりしていたよ。

950 behind the scenes 裏で・陰で・内々で

scene は映画や劇などの「舞台」を表し、behind the scenes を直訳すれば「舞台の裏側」ということだが、舞台裏では表に出ないさまざまな画策や陰謀が交錯しているというニュアンスを含んでいる。この表現は「物事の裏で・陰で」または「内々で」という意味である。

Ex. It was said that President Johnson was always **behind the scenes** of American politics throughout the 1950s and 1960s. ジョンソン大統領は1950年代から60年代にいたるまでいつもアメリカ政治の裏舞台にいた。

951 big bucks 大金

buck は「鹿」のことである。アメリカ西部開拓当時に、ロッキーマウンテンには、生涯一人で暮らし、山で狩りをしながら生計を立てたマウンテンマンという男達がいた。彼らは鹿やビーバーの皮を売って生活していたが、当時鹿1頭分の毛皮が約1ドルだったことから、a buck は1ドルを意味した。現在でもこの buck は dollar「ドル」を意味

225

する口語表現としてアメリカ全土で日常使われている。five dollars は five bucks, 100 dollars は 100 bucks と表現される。big bucks は「大金」を意味する。この表現はアメリカ生まれということもあって、アメリカでは商店やスーパーなどの店員が用いるが、ニュージーランドやオーストラリアではごく親しい関係の中で、極めてインフォーマルな表現として用いられる。

> **Ex.** Mr. Aoki came from Japan 27 years ago. He started a Japanese restaurant in New York. Now he has 53 of them all over the States and he is into the **big bucks**.
> 青木さんは 27 年前に日本から来て、ニューヨークで日本食のレストランを始めた。今は全米に 53 店舗を展開して、彼は大金を手にした。

☐	952	**Big deal!**	結構な話だ！・たいしたもんだ！（皮肉をこめて）・大きな商いや契約
☐	953	**(It's) no big deal.**	たいしたことではない・騒ぐほどのことではない
☐	954	**It's a deal! / You've got a deal!**	取引成立だ！
☐	955	**make a deal**	取引を成立させる
☐	956	**make a big deal out of ~**	~を大騒ぎする
☐	957	**What's the big deal?**	それがどうした？（たいしたことではない）
☐	958	**cut a deal**	取引を成立させる
☐	959	**done deal**	すでに成立した取引だから変更不可である
☐	960	**deal with ~**	~（に）対処する・~（と）取引する
☐	961	**crack a deal**	取引にこぎつける

deal は基本的に「取引」を意味する。make a deal / cut a deal「取引を成立させる」、done deal「すでに成立した取引」、crack a deal「取引にこぎつける」など。また動詞の場合は前置詞 with などを伴い、会社や人などと「取引する」、問題などを「処理する」などの意味に用いられる。

Big deal! は、皮肉をこめて「たいしたものだ」「結構な話だ」という意味で、アメリカ人が好んで使う表現である。原義は「大きな取引」だが、社交界などで「豪華な・立派な・たいした」という意味に使われ、やがて皮肉をこめて「たいしたものだ」「結構な話だ」という意味に使われようになった。big deal は物事だけではなく人にも用いられ「大物」「たいした人物」という意味に使われる。big shot「大物」も一緒に覚えておこう。

> **Ex.** A: The North Korean government made an announcement that they had successfully tested a nuclear explosion in order to keep peace and safety in Asia. 北朝鮮は、アジアの平和と安全を維持するために核実験を

成功させたと発表した。
B: **Big deal!** たいしたもんだ！

Ex. A: Did you hear that the management is going to lay off some of us?
会社側が我々の何人かをクビ切るって聞いた？
B: **It's no big deal**. There are millions of jobs out there.
たいしたことじゃないよ。仕事はいくらでもあるよ。

Ex. A: How about ¥25,000 a month and no down payment. You can drive this car back home today. 月々2万5千円、頭金なしでどうですか？今日この車に乗って帰れますよ。
B: OK. **It's a deal!** いいね、買った（取引成立だ）。

Ex. Dennis tries to **make a big deal out of** who is to become the next department chair.
デニスは次の学科長が誰になるかで大騒ぎしようとしている。

Ex. Don't whine. You have to **deal with** your situation.
泣き言を言うなよ、自分で現状に対処していくしかないよ。

962 black sheep (the black sheep of the family)
（家族や集団の中の）厄介者・もてあまされている人物

羊の毛は白いから、衣服や寝具の素材として売れるのであって、black sheep（黒い羊）の毛は価値がない。大半が白い羊の群れの中で、ポツンといる黒い羊は、目立つ存在であるし、飼い主にとっても厄介者であるところからこの表現が生まれた。

Ex. Tim is a bit of a **black sheep** in his family.
ティムは家族の中ではちょっとした厄介者なんだ。

963 blow it/something チャンスを台無しにする・逃す

blow は「吹き飛ばす」という意味で、blow it/something は文字どおり「何かを吹き飛ばす」という意味である。it/something にあたるものはチャンスや計画などである。

Ex. When you have a date, be careful about what you say. You don't want to **blow it!** デートのときは、何を話題にするか気を付けたほうがいいよ。チ

ャンスを台無しにしたくないだろう？

> **Ex.** Kaio, a sumo champion, **blew** his **chance** to become a grand champion in the last Sumo tournament.
> 大関海皇は前回の場所で、横綱になるチャンスを逃した。

964　break one's back　努力する・一生懸命働く

break one's back の直訳は「背中を折る」。この表現はおそらく、農作業や荷作業など、腰を曲げてする仕事に由来していると思われるが、腰の骨が折れるぐらい、一生懸命努力する・働くというたとえである。

> **Ex.** To pay all the bills, dad has to **break his back** at work doing overtime.
> 借金を返済するため、おやじは残業して一生懸命働かなければならない。

965　break (one's) heart
悲しみや失意のどん底に突き落とす・悲嘆にくれさせる・失恋させる

break (one's) heart の直訳は「ある人の心を砕く」であるが、ある人が精神的に打ち砕かれた場合には、悲しみや失意のどん底にあるだろうし、悲嘆にくれるだろう。この表現は、ある事柄が言葉では表せないほどの失意や悲しみに人を陥れる場合に用いる。

> **Ex.** John's mother was killed by an off-duty police officer's car. It **broke his heart**. ジョンの母親は非番の警察官が運転する車にひき殺された。その事件は彼を失意のどん底に突き落とした。
>
> **Ex.** Judy, you **broke my heart** but I still do not know what was wrong with our relationship.
> ジュディー、君にふられたけど、2人の関係の何が悪かったのかわからないよ。

☐	966	business transaction	業務取引・処理
☐	967	business card	名刺
☐	968	business call	仕事上の訪問
☐	969	business deal	商取引
☐	970	business address	営業所在地
☐	971	business trip	出張

☐	972	**business relations**	取引関係
☐	973	**business tycoon**	ビジネス界の大物
☐	974	**business year**	事業年度
☐	975	**business is booming**	商売が繁盛している

　businessという単語には「仕事・職業・事業・商売・企業・財界・本業」などさまざまな意味がある。TOEICにはbusinessに関する問題が特に多いので、これらの表現はなるべく覚えておこう。
　transactionは「取引・決済・業務処理」などの意味。business transactionは「業務上の取引または処理」という意味である。transactionは日本人にはあまり馴染みのない言葉であるが、海外でATMカードを利用すると、一回ごとの引き出しのたびにtransactionと書かれた、残高と引き出し金額が書かれてある明細が出てくる。次の表現も覚えておこう。business transaction hours「銀行やATMの営業時間」、cash transaction「現金取引」。

Ex. Our **business transaction** hours are from 9AM to 3PM on weekdays. However, our main office in Shinjuku is open until 6PM.　営業時間は午前9時から午後3時までですが、新宿本店は6時まで営業しています。

Ex. Donald Trump is a famous **business tycoon** owning realtor businesses and casinos.
ドナルド・トランプは不動産やカジノで有名なビジネス界の大物である。

For Your Information　アメリカでは、マイクロ・ソフト社のビル・ゲイツ、CNNのテッド・ターナー、ウォルマート社のサム・ウォルトンなど、著名な起業家は、著名人としてマスコミに取り上げられることが多く、彼らのことをbusiness tycoonという言い方が極めて一般的に使われている。tycoonはもともと日本語の「大君」に由来していて、アメリカでは大物・実力者という意味で使われている。

☐	976	**Buy one, get one free.** 一つ買うと一つ、無料でついてくる（宣伝文句）	
☐	977	**Buy now, pay later.**　今買って、支払いは後で（宣伝文句）	

　Buy one, get one free.はアメリカのスーパーマーケットなどで頻繁に使われる表現で、「一つ買うと、もう一つ同じ物がついてくる」つまり「一つの値段で、二つついてくる」という意味で、とくに新しいお菓子・飲み物・電池など、多くの商品の宣伝のために使われる表現である。

Buy now, pay later. も同様に販売促進のための宣伝文句である。

> **Ex.** These sausages were a great deal. These were "**Buy one, get one free.**"
> これらのソーセージは安かったよ。一つ買うともう一つついてくるんだ。

☐ 978	**call it a day**	やめる・終わりにする
☐ 979	**call it quits**	(同上)

quit は「やめる」「断念する」「立ち去る」という意味であるが、call it quits は文字どおり、「それを"やめ"と呼ぼう」という意味で、「もう十分やるだけやったからこの辺でやめよう」というニュアンスがある。call it a day も同様な意味であり、直訳は「それを一日分の仕事と呼ぼう」という意味であり、「これで終わろう、やめよう」という意味で使われる。

> **Ex.** Well, we did enough work for the day. Let's **call it quits**.
> さぁ、今日の分の仕事は十分にやったな。もう終わりにしようか。

☐ 980	**(be) caught short**	金が不足する

be caught は例えば be caught in the rain「雨につかまる」のように「不意につかまる」という意味であり、short は「不足している」状態を表す。be caught short は、「突然必要になったときに不足している」という意味があり、多くの場合「お金」を指す。

> **Ex.** We got **caught short** when we traveled in San Francisco.
> サンフランシスコを旅行したときに、金が不足したんだ。
>
> **Ex.** Remember to take different kinds of money when you visit Eastern Europe, you don't want to **be caught short**.
> 東ヨーロッパを訪れるときは、忘れずに何種類かのお金を持って行きなさい。金不足になりたくないでしょう？

☐ 981	**Chin up!**	がんばれ！・元気だせ！
☐ 982	**Cheer up!**	元気だせよ！・くよくよするな！

Expression No.978-986

983 Brighten up! 元気出せよ！・暗くなるなよ！

chin は「あご」のことで、Chin up! は「あごを上げろ！」という意味。あごを上げた姿勢をとれば、物事を真っ直ぐに直視しなければならないし、物事に向かっていく態度ができる。Chin up はつまり「がっかりしてうつむいていないで、あごを上げて物事を直視し、それに向かっていけ！」というニュアンスで使われる。

Cheer up はアメリカ人が、人を励ます場合、頻繁に使う表現である。Cheer someone up で「誰々を元気づける」という意味になる。

brighten up は暗い部屋などを「明るくする」という意味だが、人を励ます場合に多く使う。

> **Ex.** Don't worry about losing your job. **Chin up!** You can find another one.
> 仕事を失ったことをくよくよ心配するなよ。元気だせよ！次の仕事が見つかるよ。
>
> **Ex.** I hope this book will **cheer** you **up** a little.
> この本が、あなたを少し元気にしてくれると思うわ。
>
> **Ex. Brighten up!** I'll buy you a drink. Come on! Let's go!
> 元気だせよ。さぁ、おごるから飲みにいこうよ。

984 COD (cash on delivery) 代金引換・代金納品時払い
985 shipping and handling (fee) 送料
986 infomercial テレホンショッピング

on delivery で「配送時に」、cash on delivery は物品の「配送時に現金」という意味で「代金引換」、「代金納品時払い」などという意味である。shipping は「発送」、handling は「取り扱い」という意味で、shipping and handling「送料」は、shipping and handling fee とも言う。

infomercial は info(rmation)と(com)mercial の合成語であるが、日本のテレホンショッピングに相当する言葉である。

> **Ex.** Sir, you don't have to pay when you order, you just have to pay **cash on delivery**.
> ご注文の際に代金を支払わなくて結構です。納品時に代金をお願いします。
>
> **Ex.** This refrigerator is $625 including tax, **shipping and handling**.
> この冷蔵庫は税金および送料込みで625ドルです。
>
> **Ex.** In America, **infomercials** are on several TV channels all night.

アメリカではいくつかのチャンネルで夜通しテレホンショッピングをやっている。

☐	987	continuing education	生涯教育
☐	988	correspondence education (courses)	通信教育（課程）
☐	989	distance learning	遠隔教育

アメリカの大学にはたいていContinuing Education Centerがある。これは大学の付属機関であって、外国人学生のための英語のクラスや地元の人たちの趣味のクラスなどを提供している。夏休み期間中は、大学は休みになるが、Continuing Education Centerが大学に代わって夏休みの授業を担当するところが多い。

Ex. Many classes during summer recess are offered by the **Continuing Education** Center of this university.
夏休みの間は多くのクラスが この大学の生涯教育センターから提供されている。

Ex. Nowadays many colleges offer a four year degree through **correspondence courses**.
最近ではたくさんの大学が通信教育で4年で授与される学位を提供している。

Ex. I am studying educational psychology through **distance learning.**
私は教育心理学を遠隔教育で学んでいる。

☐	990	Could be better.	本調子じゃないよ・いま一歩だな
☐	991	I couldn't	もう結構です

could be betterはIt/Things could be better.の省略形で「いいはずなんだけど」「もう少しよくなるはず」という意味。How are you? How's your work? など、相手の挨拶や質問に答える言い方として使われ「いまいちだね」「本調子じゃないよ」などの意味に使われる。I couldn'tは食事や飲み物をすすめられたときの丁寧な断りの表現。

Ex. A: How's your new job?
　　新しい仕事はどうだい？
B: Well, **could be better**.
　　うーん、いま一つだね。

Expression No.987-999

> **Ex.** A: Would you like another glass of beer?　ビールもう一杯どうかな？
> B: **I couldn't**.　いいえ、もう結構です。

992　count your chickens before they are hatched
とらぬ狸の皮算用　[ことわざ]

count your chickens before they are hatched の直訳は「ひなが卵からかえる前に、ニワトリの数を数える」で、日本語の「とらぬ狸の皮算用」に相当する。ニワトリを狸に置き換えれば、「とらぬニワトリのひな算用」ということになる。count your chickens before they hatch. という言い方もする。

> **Ex.** Don't expect that you can go out with her just because she smiled at you. I think you are **counting your chickens before they are hatched**.
> 彼女がちょっとおまえに微笑みかけただけで、デートができるなんて期待するな。とらぬ狸の皮算用だと思うけどな。

993　crocodile tears　嘘泣き

ワニは泣かない動物である。したがって、「それはワニの涙」という言い方で、「嘘泣き」という、かわいい表現になる。

> **Ex.** I won't be fooled this time by her **crocodile tears**!
> 彼女の嘘泣きにはもうだまされない。

994　currency exchange rate　為替レート
995　currency market　為替市場
996　foreign currency　外貨
997　paper currency　紙幣通貨
998　gold currency　金貨
999　metal currency　硬貨

currency は「通貨」、exchange は「交換」のことである。currency は通貨一般を意味し、経済関連で不可欠な単語である。currency「通貨」には紙幣と硬貨があるが、アメリカで一般に使用されている硬貨は、1セント硬貨（通常ペニーと呼ばれる）、

5セント硬貨（通常ニコー、ニッケルと呼ばれる）、10セント硬貨（通称ダイム）、そして25セント硬貨（通常クォーター）である。アメリカでは洗車、コインランドリー、新聞の自動販売機など、クォーターしか使えない場合が多く、いつも何枚かのクォーターがあると便利。日本では「1円を粗末にすると1円に泣く」と言われるが、アメリカ人はペニーをよく路上に捨てたりする。これらの硬貨の他に50セントおよび1ドル硬貨があるが、あまり流通していない。紙幣は1ドル、5ドル、10ドル、20ドル、50ドル、100ドル、200ドル札などがあるが、大きさや色がほとんど同じなので、使うときに注意する必要がある。アメリカは高度のキャッシュレス社会。通常大量の現金は持ち歩かないので、財布の中に100ドルや200ドル札が入っているのは珍しい。

Ex. The **currency exchange rate** for the Japanese yen against one US dollar is 119.4 as of October 8.
1米ドルに対する円の為替レートは10月8日現在119円40銭。

Ex. You have to go to a major bank to exchange Japanese yen with a **foreign currency**.
円を外貨に換えるためには大きな銀行に行かなければなりません。

☐	1000	**cutting-edge technology**	最先端のテクノロジー
☐	1001	**leading edge technology**	（同上）
☐	1002	**advanced technology**	高度な技術
☐	1003	**technological innovation**	技術革新
☐	1004	**technology company**	ハイテク企業
☐	1005	**technical personnel**	技術要員
☐	1006	**tech product**	ハイテク製品
☐	1007	**technical stock**	ハイテク株
☐	1008	**technical college**	専門学校

Ex. In Japan, numerous **cutting-edge technologies** are developed every year. 日本では毎年多くの最先端技術が開発されている。

Ex. The Institute of Advanced Energy at Kyoto University has developed next generation solar cells using a number of **leading edge technologies**. 京都大学エネルギー理工学研究所では次世代太陽電池の開発に多くの最先端技術を取り入れている。

Ex. Toyota's **advanced technology** made hybrid cars possible.
トヨタの高度な技術がハイブリッド・カーを可能にした。

Expression No.1000-1012

1009 de facto　事実上の・内縁関係

de facto は、ラテン語で、「事実上の」という意味。英語では in fact に置き換えられる。オーストラリアやニュージーランドでは、結婚をしなくても de facto relationship「事実婚・内縁関係」としてパートナーと生活しているカップルも、結婚している状態と同じものとして法的に認められている。そのため、正式な配偶者はもちろん、内縁関係の配偶者にも相続権が認められている。

> **Ex.** I managed to get a work visa under a **de facto** relationship.
> 内縁関係を利用して、就労ビザを取得できた。
>
> **Ex.** SONY has set many **de facto** standards in the field of electric appliances.
> ソニーは電化製品の分野で多くの事実上の業界標準を設定してきた。

1010 do something　なんとかしなければならない

この表現は困難な状況を打開するために「何かをしなければならい」という表現である。

> **Ex.** Our sales dropped sharply by 15% this month. We have to **do something** to stop this.　今月販売額が15%も急落している。これを食い止めるために、なんとかしなければならないね。

1011 Do your homework　よく下調べしておくこと

ビジネスの現場で Do your homework と言えば、本番で必要な情報がそろっているように、「前もって調べておきなさい」という意味であり、「宿題をしなさい」ではない。例えば、会社で翌日ミーティングがあるので、入念に下調べしておけ、と上司が部下に命令する場合が考えられる。

> **Ex.** **Do your homework** and find out about the places you are going to.
> 行く場所についてよく下調べしておきなさい。

1012 down the drain　無駄になって・駄目になって

drain は「排水溝」のこと。down the drain は「排水溝の中に水が流れ落ちていく」様子を表しているが、努力や計画などが「無駄になってしまう」ことを意味し、さらに、「ほぼ完全に駄目になる・無駄になる」というニュアンスがある。通常 go や throw などの動詞を伴って用いられ、Our four-year effort to make it to the Olympic games went down the drain.「オリンピックに出場するための4年間の努力は無駄になってしまった」のうように表現する。

> **Ex.** Don't let your marriage go **down the drain** by having girlfriends!
> ガールフレンドがいるために君の結婚生活を台無しにすべきじゃないよ。

☐ 1013　draw the line　一線を画す・制限を設ける・区別する

draw the line の直訳は「線を引く」であるが、この表現での線は境界線を意味している。draw the line はつまり「境界線を引く」という意味で、「一線を画す・制限を設ける・区別する」などの意味はここから派生している。

> **Ex.** He is always making the teacher angry by using e-mail in class with his cell phone. He really needs to **draw the line**.　彼はいつも授業中に携帯メールをして先生を怒らせているんだ。彼は（授業とそれ以外を）ほんとうに区別すべきだね。

☐ 1014　dress to kill　最高におしゃれをする
☐ 1015　look sharp
プロフェッショナルに見せる・見える・（着飾って）最高によく見せる・見える

dress to kill は、アメリカでは女子学生が好んで使う表現である。dress up は「おしゃれをする」という表現であるが、dress to kill は「最高におしゃれをする」という意味である。この表現での kill は、相手を attract「魅惑する」という意味である。

look sharp の直訳は「シャープに見える・見せる」であるが、とくにビジネス・スーツを着ている場合に用い、「プロフェッショナルに見せる・見える」という意味に用いる。例えば、普段はジーパンとポロシャツで働いている人が、背広とネクタイを締めて職場に来たような場合、同僚達が You look sharp.「プロフェッショナルに見えるね」と、その人をほめる。

> **Ex.** Tiffany, you are going out with that guy, aren't you? You've got to

dress to kill.
ティファニー、あの男の人とデートでしょ？最高におしゃれしなくちゃね。

Ex. Did you wear a suit and a tie, and comb your hair? You have to **look sharp** for a job interview. スーツを着て、ネクタイを締めて、髪をとかした？面接のためには最高によく見せなくちゃね。

Ex. Takashi, you **look sharp** today. Your tie just goes with your shirt.
タカシ、今日はカッコイイね。そのネクタイとシャツがぴったりマッチしてるよ。

1016　drive (someone) up the wall　人を狂いそうにさせる・追い詰める

動詞 drive は「人を〜の状態にする、人を〜に追いやる」という意味があり、up the wall は「壁の上の方に」と言う意味で、drive 〜 up the wall の直訳は、「人を壁の上のほうまで追い詰める」であるが、「精神的にギリギリのところまで追い詰める」という意味である。drive (someone) up the wall は日常よく使われる表現であり、イライラしている精神状態を誇張して表現する場合に用いられるが、あまり強い意味はなく、「狂いそうだ」という訳からくる逼迫した感じはない。

Ex. My son's loud music **drives me up the wall**!
息子の音楽がうるさくて、俺は狂いそうだ！

1017　an eager beaver　働き者・熱心な人

eager は「熱心」という意味の形容詞で、beaver は働き者の動物として考えられている。働き者の beaver が小枝などを集めて川をせき止めて熱心にダムをつくる様子を思い浮かべてみたらどうだろう。この表現は「熱心で人一倍働き者」という意味である。eager と beaver の組み合わせには語呂のよさもある。

Ex. Sara always finishes her work in class first. What **an eager beaver** she is. サラはいつもクラスでいちばん早く宿題を終わらせる。熱心な人だね。

1018　easier said than done　言うは易く、行うは難し ことわざ

easier said than done を通常の言い方にすると、Words are easier than actions.「言葉は行動よりやさしい」または It is easier to say (something) than to actually do (something).「実際に行うことより、ただ言うことのほうがやさしい」くらいになるだろう。この表現の日本語訳は「言うは易く、行うは難し」になるが、戒めとして単なる格言のように漠然と用いるのではなく、実現不可能な具体的な状況に用いる。

> **Ex.** We need to reconstruct this company but that's **easier said than done**. There are so many things we have to go through.
> この会社を建て直さなければならないけど、言うは易く行うは難し。やらなければならないことが多すぎる。

1019 Easy come, easy go.
悪銭身につかず ことわざ・苦労しないで得たものは簡単に失う

　　Easy come, easy go は文字どおり「楽に手に入るものは、簡単に出ていく」という意味で、本来は、ばくちや賭けで儲けた金（あぶく銭）は、簡単に出ていってしまうという意味であるが、苦労せずに得たものは、簡単に失ってしまうという意味にも使われる。

> **Ex.** I just spent all the money I won at the races. Well, **easy come, easy go**. I don't regret it at all.
> 競馬で勝った金は全部使ってしまったよ。悪銭身につかず。全然後悔してないよ。

☐	1020	**economic climate**	景気
☐	1021	**economic growth**	経済成長
☐	1022	**economic indicator**	経済指標
☐	1023	**economic outlook**	景気の見通し
☐	1024	**economic sanctions**	経済制裁

> **Ex.** The **economic climate** in Nagoya area will be even better next year.
> 名古屋地区の景気は来年さらによくなるだろう。
>
> **Ex.** The Japanese government took **economic sanctions** against Iraq.
> 日本政府はイラクに経済制裁を加えた。

Expression No.1019-1035

☐	1025	**electric appliances**	電化製品
☐	1026	**boom box**	ラジカセ
☐	1027	**microwave (oven)**	電子レンジ
☐	1028	**vacuum (cleaner)**	掃除機
☐	1029	**washer and dryer**	洗濯機と乾燥機
☐	1030	**dish washer**	食器洗い機

　　appliance は「器具・道具」という意味。boom box は「ブンブン鳴る箱」という意味で、ラジカセまたは CD ラジカセを意味する。日常は microwave oven「電子レンジ」を単に microwave、vacuum cleaner も単に vacuum と呼ぶことが多い。

> **Ex.** Wal-Mart has many kinds of **electric appliances**.
> ウォル・マートはいろいろな電化製品を扱っている。

For Your Information　Wal-Mart は全米最大のスーパーマーケット。パートを含めた従業員数は約 200 万。

☐	1031	**Enough is enough**	もうたくさんだ・もうそのぐらいにしてくれ
☐	1032	**That's enough!**	もうやめてくれ・もうたくさんだ・もううんざりだ
☐	1033	**Enough already!**	（同上）
☐	1034	**I've had enough**	もう十分にいただきました（食事など）
☐	1035	**I'm full**	お腹いっぱいです。

　　Enough is enough の直訳は「十分は十分だ」であるが、「もう十分すぎるほどだ・そのくらいにしてくれ・もううんざりだ」という意味に用いられる。2 回続けて enough と言うのは「もう十分だ」という意味を誇張するためである。通常、相手に対し強い嫌悪を表し、命令口調で用いられる。

　　That's enough. / Enough already も Enough is enough と同様「もうたくさんだ・もうやめてくれ・もううんざりだ」などの意味に用いる。

　　I've had enough は、食事や飲み物の席で、「もう十分にいただきました」「もうお腹いっぱいです」と、相手のすすめを断る場合に用いる。I'm full も同様に「お腹がいっぱいです」という意味である。

> **Ex. Enough is enough**! I'm sick and tired of you being drunk everyday, I want a divorce.　もうたくさん！毎日あんたの酔っ払いにはほとほと疲れ果て

> たの。離婚したいのよ。
>
> **Ex.** **That's enough!** I just don't want to hear you whining about being dumped.　もううんざりだわ。ふられた話はもういい加減にやめてよ！
>
> **Ex.** A: Would you like another plate of Key lime pie with ice cream?
> キーライムパイにアイスクリーム、もう一皿いかが？
> B: Thank you but **I've had enough.**　ありがとう、でもお腹いっぱい。

☐	1036	**ER (emergency room)**	救急治療室
☐	1037	**ICU (intensive care unit)**	集中治療室
☐	1038	**(general) practitioner**	（一般）開業医
☐	1039	**practice medicine**	医院を開業している
☐	1040	**operating room**	手術室
☐	1041	**general hospital**	総合病院
☐	1042	**outpatient**	外来患者
☐	1043	**inpatient**	入院患者

　emergency は「緊急」という意味である。アメリカでは、ER という救急治療室の医者達の葛藤を描いたテレビドラマが制作され、多くの賞を獲得している。(general) practitioner「(一般) 開業医」は、イギリスでは medical practitioner と呼ばれる。practice medicine の直訳は「医療を実行する」という意味だが、「医院を開業している」という意味に用いる。

> **Ex.** Bob was taken to the **ER** of the general hospital by ambulance.
> ボブが救急車で総合病院の救急治療室に運ばれた。
>
> **Ex.** After the accident, I was immediately taken to the hospital's **ICU**.
> 事故の後、私は直ちにその病院の集中治療室に運ばれた。
>
> **Ex.** Dr. Shimizu of Tokyo Metropolitan Neurological Hospital says he wants to **practice medicine** after he retires from the hospital.
> 東京都立神経病院の清水先生は、退職後は開業医になりたいと話されている。
>
> **Ex.** The reception hours for **outpatients** are from 9:00AM to 3:00PM.
> 外来患者の受付時間は午前9時から午後3時までです。

☐	1044	**fair-weather friend**	あてにならない・頼りにならない友人

fair-weatherは「よい天気」という意味で、fair-weather friendの直訳は「天気のいいときの友人」という意味である。天気のよいときだけの友人とは、自分の都合のいいときにだけ友達ぶる人のことで、天気が悪いとき、つまり自分の都合が悪いときはまったく当てにならない友人のことである。

> **Ex.** I enjoy Sam's company but when I have a problem I cannot ask him for help. He's just a **fair-weather friend**.　サムといるのは楽しいけど、困っているときは彼に助けを求めないよ。彼は頼りにならないからね。

1045　feel/look like a million dollars
とても快調である・最高である・魅力的である

a million dollars「百万ドル(約1億1千万)」は、アメリカ人が好む数字で、例えばmillionaireはアメリカ人があこがれる「大金持ち＝億万長者」のことであり、a million dollar smileは「すばらしい微笑み」という意味である。このようにa million dollarsは「すばらしい」という肯定的な比ゆに用いられる。feel like a million dollarsは主に体が「快調」であるという意味であるが、健康状態以外にも「最高に幸せ」という精神状態にも用いる（結婚、恋愛、子どもの出生など）。またlook like a million dollarsは「とても健康に見える」という意味と「とても魅力的に見える」の両方の意味がある。

> **Ex.** After being in hospital so long, I **feel like a million dollars** now.
> 長い闘病生活の後、今、私はとても快調である。
>
> **Ex.** Amy, you **look like a million dollars** tonight.
> エイミー、今夜はとても魅力的に見えるよ。

1046	file a lawsuit	訴訟を提起する
1047	file tax	税金を申告する
1048	file a claim	請求権を申し立てる
1049	file for bankruptcy	破産の申告をする

fileの基本的な意味は「書類・申請・告訴」などを正式に「提出」「提起」する。具体的には訴訟などを「提起する」、税金を「申告する」、特許などを「申請する」、破産の「申し立てをする」などの表現に用いる。lawsuitは「訴訟」、bankruptcyは「破産」。

> **Ex.** A group of employees **filed a lawsuit** against their company.
> 何人かの従業員が会社を相手取り訴訟を起こした。
>
> **Ex.** In the United States, one must **file** his or her income **tax** by April 15th every year.
> アメリカでは、毎年4月15日までに所得税を申告しなければならない。
>
> **Ex.** The bank my older brother worked for **filed for bankruptcy** in 1997. One of the top 10 largest banks in Japan actually went into bankruptcy.
> 兄の勤める銀行が1997年に破産申告をした。日本の10大銀行の一つが事実上破産したのだ。

1050 finger-licking good　とてもおいしい

finger-lickingは「指をなめる」で、この表現は指をなめるくらいおいしいという意味である。ケンタッキーフライドチキンのコマーシャルで使われている表現で、チキンを指でつまんで食べることに由来している。

> **Ex.** KFC's fried chicken is surely **finger-licking good**.
> ケンタッキーのフライドチキンはたしかにとてもおいしいね。

1051 A friend in need is a friend indeed　まさかの友が本当の友

A friend in needは「必要があるときの友」、a friend indeedは「本当の友」、A friend in need is a friend indeedの直訳は「必要があるときの友が本当の友」であり、「緊急なとき、必要なとき、困っているときに手を貸してくれるのが本当の友人である」という意味である。また語呂合わせのよさからできた表現でもある。

> **Ex.** She always tries to help if I have a problem; **a friend in need is a friend indeed**!
> 私が困っているたびに、彼女はいつも助けてくれる。まさかの友が本当の友よね。

1052 get a kick out of~　~からスリルを得る・わくわくする

kickはスリルとほぼ同じ意味である。もともとはウイスキーなどの強いアルコールが舌にピリピリくる刺激のことであるが、酒飲みには「わくわくするような刺激」である。

Expression No.1050-1055

この「わくわくするような刺激＝スリル」が kick であり、get a kick out of~ は「~からわくわくするような刺激を得る」という意味である。

> **Ex.** I always **get a kick out of** Tennis Grand Slam tournaments.
> テニスのグランドスラムトーナメントはいつもわくわくするね。

1053 get away with ~　~(悪事)をうまいことやってのける

get away で「逃げ切る・逃げる・逃れる」という意味で、get away with ~ で「~からうまく逃れる・~から逃げ切る・~をまんまとやってのける」という意味になる。get away with ~ は通常「何かよくないことをしでかす」という意味であるが、「非難・法律・義務・債務からうまく逃れる」また「多少の犠牲で免れる」という意味に用いられる。

> **Ex.** The owner of the shop couldn't **get away with** tax evasion.
> その店の店主は脱税やってのけることはできなかった。
>
> **Ex.** He was finally found guilty of murder although he thought he had **gotten away with** it.
> 彼はまんまと殺人をやってのけたと思っていたが、結局殺人の罪で有罪になった。

1054 get going　始める

get going は「始める」という意味であるが、主に店やレストランを出るときにそろそろ「出ようか」「さぁ行こう」など、その場を去る場合に使われる。つまり「終わることを始める」という意味である。また start、begin などと同じ意味で、単に「始める」という意味もある。Get going! は命令形で「頑張れ！」という意味にも使われる。

> **Ex.** We had a good time with the sushi and sake. Now let's **get going**.
> （レストランで）すしと酒で楽しい時間を過ごしたね。さぁ、行こうか？

1055 get/have goose bumps/pimples　鳥肌が立つ

恐怖や気味の悪さのために「鳥肌が立つ」は、get/have goose bumps/pimples または have gooseflesh と言う。goose は鳥のガンやガチョウ。bumps、 pimples は「肌のブツブツ」、gooseflesh は「鳥肌」である。恐怖のあまり、全身に鳥肌が立つようなときは、I have goose bumps all over. と言う。その他の言葉には、例えば、creeps（ぞっとする感じ）があり、give someone the creeps「人をぞっとさせる」でも、鳥肌が立つという感覚を伝えられる。

> **Ex.** I **got goose bumps** when I watched the horror film.
> そのホラー映画を見て、私は鳥肌が立った。

1056 get on one's nerves　かんに触る・イライラさせる

nerve は「神経」のこと、get on は「イライラさせる」という意味で、get on one's nerves の直訳は「〜の神経をいら立たせる」である。「イライラさせる・かんに触る」という意味では、アメリカ人が実によく口にする表現である。

> **Ex.** He always keeps tapping his fingers in class. It really **gets on my nerves**.　彼は授業中いつも指を鳴らしているんだけど、それがかんに触ってね。

1057 get the green light　（計画遂行などの）許可を得る

green light は青信号のことで、申請に対する、OK または Yes などの回答を意味する。get the green light はつまり「Yes や OK などの返答をもらう＝許可を得る」という意味で、日本語の「ゴーサインを受け取る」という表現に似ている。この表現は主に上司などから、企画や計画の遂行について許可を得るような場合に用いられる。

> **Ex.** I **got the green light** from my boss to start the new sales project.
> 上司から新しい販売プロジェクトを始める許可を得たよ。

1058 gismo/gadget
電化製品・小道具・機械・装置（名前のわからない物）・小さな機械・アイディア商品（名前のわからない物）

gismo と gadget はほぼ同じ意味に使われているが、gadget のほうが日常はるかに多く用いられる。両方とも「小さい機械や装置・道具」のことで、それらの名前がわからないときにも「あの装置・あの製品」などの意味に使う。ウォークマン、USB フ

Expression No.1056-1060

ラッシュメモリー、無線ブロードバンド・ルータ、CD-R などなど、日本語でも名前が覚えきれない製品がたくさんある。英語圏でも同様で、これら名前がわからないときに gismo/gadget と表現する。

> **Ex.** A: What is that nice looking **gismo/gadget** you have in your hand?
> 君が手に持っているそのカッコイイ物はなんだい？
> B: Oh, this is a cellular phone made in Japan. Why don't you take a look?
> これは日本製の携帯電話です。見てみますか？
>
> **Ex.** Kentaro loves to collect small electric **gismos/gadgets**. No wonder, he is an engineering student.
> ケンタローは小さい電気製品が大好きなんだ。なるほど彼は理工系の学生だね。

☐ 1059 go after （地位や名誉）を求める・追跡する

前置詞 after には「〜の後を追う、〜を追跡する」という意味がある。例えば、人が誰かを好きになった場合、好きになった人を追いかけるものである。Who is he after this time?「彼は今誰の後を追っているの？＝彼は今度は誰が好きなの？」という意味である。また、Police in Osaka are after the kidnapper and murderer. は「大阪府警は誘拐殺人犯を追跡している」という意味になる。go after はとくに「地位や名誉や職などを追いかける」という意味に使われる。

> **Ex.** If you want to succeed, you have to **go after** high grades at university.
> もし成功したければ、大学でいい成績をとったほうがいいよ。

☐ 1060 go down in history 記録される・記憶される

go down は「記憶に残る・書き留められる」という動詞句。go down in history は文字どおり「歴史の中に記録される・記憶される」という意味である。

> **Ex.** It will **go down in history** that the best sumo wrestlers in the last few years were not Japanese!
> ここ数年間、最も強い相撲取りは日本人じゃないという事実は歴史に残るよ。

☐	1061	**go Dutch**	割り勘でいく
☐	1062	**Let's split the bill**	（同上）

　　Dutch は「オランダ式」という意味で、go Dutch は「オランダ式でいこう」という意味。Dutch「オランダ人」は歴史上、ケチな国民であったらしく、「オランダ式でいこう」ということは、お互いに相手の分は払わないで、自分の分だけを払うということ。つまり「割り勘でいこう」という意味である。Let's split the bill「割り勘でいこう」という言い方もある。

> **Ex.** You don't have to pay for my dinner tonight. Let's **go Dutch**.
> 　　今晩は君が夕食代を払わなくていいよ。割り勘でいこう。

☐	1063	**go easy on ~**	～に手加減をする

　　この表現での easy は「寛大に・厳しくしないで」という意味で、go easy on ~ は「（人に）手加減をして・寛大に」という意味に用いる。

> **Ex.** You have to **go easy on** me. I have never played ping-pong.
> 　　手加減してよ、ピンポンはしたことがないんだから。
>
> **Ex.** **Go easy on** Miki. She is just two years old and loves to mess around.
> 　　美希ちゃんに手加減してよ。彼女はまだ2歳で散らかすのが好きなだけなの。

☐	1064	**go through the mill**	つらい経験をする・辛酸をなめる

　　mill は「粉ひき機」のこと。go through the mill の直訳は「粉ひき機の中を通る」である。この表現は人の体が粉ひき機の中で粉砕され、粉々になるという意味で、苦労や辛い経験を比ゆ的に表現している。

> **Ex.** After his divorce he also lost his job. Poor Jim has been **through the mill** lately.　　離婚と失業の後、かわいそうなジムは最近辛酸をなめている。

☐	1065	**go together**	合う・調和する・相性がいい・恋人同士である

　　go together は「釣り合う・調和する」という意味で、一語で表現すると match に

置き換えられる。例えば Wasabi and soy sauce go together. は「わさびと醤油は相性がいい」With beer, peanuts just go together. は「ビールにはピーナッツがピッタリだ」という意味である。また go together には「恋人同士」という意味がある。Bob and Nancy have gone together since last year.「ボブとナンシーは去年から付き合っているよ」

> **Ex.** I am not sure if you agree or not, but red pants and a green top do not **go together**. 私の意見にあなたが賛成するかどうかわからないけど、赤いズボンに青い上着は合わないわよ。

1066 goof off ダラダラして時間を過ごす

goof は「時間をつぶす」「仕事をサボる」などの意味。goof off は仕事や勉強などしなければならない事をしないで、ダラダラ時間を過ごすという意味である。英語には「サボる」という表現がいくつかある。授業をサボる場合は play hooky または skip class / cut class などと表現し、仕事をサボる場合は skip work などの表現を使う。

> **Ex.** Hey Bob, can you help me with this homework? I have been **goofing off** all weekend. ねぇボブ、この宿題手伝ってくれない？週末はずっとだらだらして勉強しなかったんだ。

1067	half-baked	よく考えられていない・中途半端な・不完全な・くだらない
1068	half-way there	半分終わる・半分まできた
1069	half-way through	半分終わる
1070	half-done	中途半端な・やりかけの
1071	half-hearted	気乗りしない
1072	half-wit	まぬけ（な）
1073	half-cooked	準備不足の・生煮えの
1074	half-crazed	頭が少々おかしい
1075	half-bred	混血の
1076	half-sister/brother	異母姉妹・兄弟

half にはあまりよい意味がなく「中途半端・不完全・失敗・駄目」など否定的な意味合いが強い。例えば、half-answer「いい加減な答え」、half-apology「本当に謝っているのかどうかわからない謝り方」、half-hearted「気乗りがしない」、half-smile「ぎ

こちない笑い」など。

> Ex. The ideas we came up with for the new project are all **half-baked**. Why don't we take a break here.　新しいプロジェクトのためのアイデアは全部中途半端だ。ここで休憩を取ろうじゃないか。
>
> Ex. A: Have you finished doing the dishes, Mina?
>   　美奈、もう皿洗いは終わったかい？
>   B: I'm **halfway there**.　半分終わったところ。
>
> Ex. I am **half-way through** with my homework.　宿題を半分終えたよ。
>
> Ex. Dad used to tell me often "don't leave things **half-done**."　親父がよく「何事も中途半端で終わらせるな」って言っていたものだ。
>
> Ex. Yuko, Yuki, and Sean are **half-hearted** about the plan to camp out two nights by the Colorado River.　優子、友紀、ショーンはコロラド川の川辺で2晩キャンプする計画に気乗りしていないんだ。

☐ 1077　hand-me-down　お古・おさがり

　hand は動詞で「渡す」、down は「年上の者から下の者へ」というニュアンスがある。hand-me-down は「年上の者から私に渡された」という意味で、「お古」「おさがり」を意味する。

> Ex. We have hardly ever bought clothes for our son because we always get plenty of **hand-me-downs** from our relatives.　私たちは親戚からたくさんのおさがりの服をもらったので、ほとんど息子に服を買ったことがない。

☐ 1078　hands-on experience　実地体験

　hands-on は「実際の・直接参加の・実地の」などの意味である。

> Ex. Students in Satomi Laboratory at Tokyo Denki University have **hands-on experience** to produce a Formula-1 car.　東京電機大学の里見研究室では、学生達がF1カーの製作を実地体験している。

□	1079	**hang around**	あたりをブラブラする・うろつく・近くにいる
□	1080	**stick around**	（用事があるので）近くにいる・あたりをブラブラする

　hang には「ぶらぶらさまよう」という意味があり、hang around の直訳は「目的なく、あたりをぶらぶらさまよう」である。日本語訳での語感は悪いが、それほど悪い意味はない。hang around は実際アメリカ人が日常頻繁に使う表現である。例えば、ある観光地へ行って、自分の宿泊するホテルの周りを散策する場合に hang around を使う。また子ども達が家のまわりで遊んでいる場合にも hang around が使える。
　stick around は、hang around に似た表現であるが、「用事があるので近くにいる」という意味に用いる。

> Ex. On Saturday evenings we like to **hang around** in Shibuya with our friends.　土曜の夜は、友達と渋谷をぶらつくのが好きだ。
> Ex. I'm coming back soon. Can you **stick around**?
> 　すぐに戻るから、この辺にいてね。

□	1081	**hang loose**	リラックスする・のんびり構える

　hang loose は衣服や洗濯物がハンガーや物干し竿などから「ダラリと垂れ下がっている」というイメージである。hang loose は精神的な意味にのみ使われ、怒りやあせりそして不安などで緊張した精神状態を、垂れ下がっている洗濯物のようにだらりとさせる。つまりこの表現は緊張をほぐして「リラックスする・のんびり構える」という意味で用いられる。

> Ex. Tom, **hang loose**. You are too up-tight about everything. Come here and drink beer with me!　トム、のんびり構えろよ。君はなんにでもピリピリしてるんだ。こっちに来て一緒にビールでも飲まない？

□	1082	**hang up**	電話を切る
□	1083	**hang on**	ちょっと待って・電話を切らずにそのままで待っていて
			しがみつく・頑張れ

　hang up は「電話を切る」という意味で、これ以外にあまり一般的な言い方は見当たらない。この表現は電話が世の中に出てきた頃そのままの言い方である。当時電話は壁掛式で、通話が終わると受話器を電話本体に hang「ぶら下げる・かける」ことに由

来している。hang on にはさまざまな意味があり、日常頻繁に使われるので、次の三つの意味を覚えておこう。

　Hang on は「ちょっと待って」と言うときの決まり文句。Hold on「ちょっと待って」も同時に覚えておこう。また hang on は電話で、「切らずにそのままで待っていて」という意味がある。

　hang には「しっかり握る・しがみつく」という意味もあり、「困難な状況にしっかりつかまっていろ」つまり「頑張れ」と言う意味に使われる。

　hang on は文字どおり「～(に)しがみつく」という意味に使われ、その場合は hang on to ～ の形で用いられることが多い。

> **Ex.** Sorry Sean, I have someone knocking on my door. Let me **hang up**. I'll call you later.　ショーン、すまないけど誰かがドアをノックしてるの。ちょっと切るわね。後で電話するから。
>
> **Ex.** **Hang on** Yuka, I have another call. I will get back to you soon.
> 由香、電話切らないでちょっと待ってて、別の電話が入ってるの。すぐに戻るからね。
>
> **Ex.** Dr. Peterson still **hangs on** to his dean's position but he should resign now.　ピーターソン先生は学部長の地位にまだしがみついているけど、もう辞めるべきだね。

1084　have a big mouth　大声でべらべらしゃべる・余計なことを話す

　big mouth の直訳はもちろん「大きな口」であるが、「大声でべらべらしゃべる」という意味である。またべらべら喋るということから、「しゃべりすぎ＝余計なことまでしゃべる」ことも意味する。

> **Ex.** Joe **has a big mouth**. He still tells everybody about the relationship between me and my ex-girl friend.　ジョーはおしゃべりな奴でね。彼は僕と昔の恋人のことをいまだにみんなに言いふらしているんだ。
>
> **Ex.** My boyfriend tells me that I **have a big mouth**. Well, I can't help it. I was born to speak.　私のボーイフレンドは私がしゃべりすぎだって言うけど、仕方ないわ。私はおしゃべりするために生まれてきたんだもの。

1085　have a green thumb　草花を育てる才能がある

Expression No.1084-1088

a green thumb「緑の親指」は「草花を育てたり、庭をいじる才能」を意味する。have a green thumb は「草花を育てる才能を持っている」だが、趣味としてではなく、職業として「草花を育てる」場合にも用いられる。

> **Ex.** For some reason, Naomi can grow anything in her garden. She **has a green thumb**.　どういう訳かナオミは、(彼女の庭で) どんな物でも育てられるんだ。彼女は庭いじりの才能があるんだな。

1086　**have a high profile**　注目を集める・脚光を浴びる
1087　**keep/have a low profile**
低姿勢でいる・目立たないでいる・控えめにしている

この表現での profile は他人の目から見た「態度」のことで、keep/have a low profile は「低姿勢をとる・目立たないでいる・控えめにする・世間に知られない・あまりマスコミに登場しない」などの意味である。

have a high profile は日本語の「高姿勢をとる」とはかなり意味が違う。high profile は「有名な」「高く評価されている」「高い地位にある」という意味で「高姿勢」とういう否定的な意味は薄い。例えば、テレビやマスメディアに頻繁に登場する人物は、have a high profile の典型である。

> **Ex.** Every member of SMAP **has a high profile**. Every time you turn on the TV, you will find one of them on it.　スマップのメンバー全員が脚光を浴びてるからね。いつテレビをつけても、彼らの誰かが出ているよ。
>
> **Ex.** Ex-Prime Minister Koizumi has **kept a low profile** since he resigned from his office.　前の総理大臣、小泉さんは首相を辞めてからあまり見ないね。

1088　**have a one-track mind**　一つのことしか頭にない

track は「線路」のことで、one-track は「単線」を意味する。one-track mind は「頭の中に単線が引かれている状態」つまり「一つのことしか頭にない」ことを意味する。通常何かに夢中になっていたり、熱中していたりする場合に用いる。

> **Ex.** All she cares about is surfing on the weekends. That's it. She **has a one-track mind**.　彼女の好きなものは週末のサーフィン。それしか頭にないんだ。

	1089	have an eye on ~	~に目をつける
	1090	keep an eye on ~	~を監視する

eye には「凝視・監視・注目」などの意味がある。have an eye on ~ の直訳は「人や物事を凝視する」、つまり「~に目をつける・~を手に入れようとねらう」という意味である。keep an eye on ~ は「~を見張る・監視する」という意味である。

> **Ex.** I **had an eye on** that 1967 Chevy Corvette but it sold already.
> その 1967 年製のシボレー・コルベットに目をつけていたんだけど、もう売れてしまった。
>
> **Ex.** **Keep an eye on** Miki and Emi while they are eating spaghetti. They can mess up the whole table. 美希ちゃんと映美ちゃんがスパゲティーを食べてる間、ちょっと見てて。テーブルをメチャメチャに汚すから。

	1091	headquarters	本社
	1092	head office	本社
	1093	branch (office)	支店・支社

branch は「支店・支社」という意味だが、本来は「枝・支流」という意味である。

> **Ex.** A: Does your company have **branch offices** overseas?
> あなたの会社は外国に支社がありますか？
> B: Oh, yes. There are some in Canada, Mexico and Japan.
> はい、カナダ、メキシコ、日本にいくつかあります。

For Your Information

日本でおなじみのアメリカの大企業の headquarters（本社）はどこにあるのだろう？

Coca-Cola	Atlanta, Georgia ジョージア州
Exxon Mobil	Irving, Texas テキサス州
General Motors	Detroit, Michigan ミシガン州
Johnson & Johnson	New Brunswick, New Jersey ニュージャージー州
Motorola	Schaumburg, Illinois イリノイ州
Walt Disney	Burbank, California カリフォルニア州
Wal-Mart Stores	Bentonville, Arkansas アーカンサス州

1094 help desk　ヘルプデスク

コンピュータまたは電化製品を購入した人たちに情報やサポートを提供し、使用方法やトラブルの対処法などのアドバイスを与えるサービス。

> **Ex.** If you don't know how to install this wireless LAN, just call the **help desk** for help.　もしこの無線 LAN のインストールがわからなければ、ヘルプデスクに電話すること。

1095 hit the road　旅に出る・出て行け

hit には「(偶然に)見つける・行き当たる」というニュアンスがあり、hit the road の直訳は「探していた道に出る」ということだが、「旅に出る」という意味に使われる。旅の手段は車である。アメリカではバスや電車のような交通手段は一般的ではなく、「旅に出る」という場合は通常飛行機か車の旅を指すが、hit the road は車の旅の場合だけに使う。またこの表現は「出て行け！」「やめてくれ！」などの意味に使われるが、ユーモアをまじえた言い方である。故レイ・チャールズ（アメリカの有名なブルース歌手）の曲の中に Hit the road Jack, don't you come back no more, no more, no more, no more.「ジャック、出て行ってよ。2 度と帰ってこないでね」というラインがあるが、アメリカでは国民的な歌で、カラオケクラブなどでは必ず歌われる曲である。

> **Ex.** OK, guys, are you ready to **hit the road**? We are taking the I-90 and are heading towards Jacksonville, Florida.
> さぁみんな、車の旅の用意はいいかい？インターステイト 90 を通って、フロリダ州ジャクソンヴィルを目指すぞ。

1096 Hold one's horses!　待て！・落ち着け！

Hold one's horses! の直訳は「自分の馬をしっかり止めておく」であるが、この表現は「今にでも前に飛び出して行こうとする馬を、辛抱させてその場に待たせておく」という意味で、「はやる気持ちを抑え自制する」という意味の比ゆとして使われる。この表現は命令形で使われる場合がほとんどで、その場合は「はやる気持ちを抑えろ」つまり「待て」「落ち着け」などの意味である。

> **Ex.** **Hold your horses**, Alex! I understand that love is blind but you don't

even know her name.　ちょっと待てよ、アレックス。恋は盲目ってことはわかるけど、お前はまだ彼女の名前も知らないんだぞ。

☐	1097	**honor student**	優秀学生
☐	1098	**honors program**	成績優秀者だけが履修できる授業またはプログラム
☐	1099	**dean's list**	成績優秀者リスト

　honor は「優秀」、honor student は成績の「優秀な学生」のことである。大学によって異なるが、GPA が 3.4 前後の学生が honor student と呼ばれる。honors program は成績優秀者だけが履修できる授業またはプログラムのことである。成績優秀者だけの授業は日本人には奇異に聞こえるが、アメリカの大学では一般的に行われている。dean は大学の学部長のことで、dean's list とは学部長から表彰される「成績優秀者リスト」のこと。dean's list は毎学期作成され、一般的にはその学期の GPA が 3.5 を超えた者がこのリストに掲載される。

Ex. Joan has been an **honor student** since her freshman year. I wonder what her motivation is.
　ジョアンは 1 年生のときから優秀学生なの。彼女のやる気ってなんなのかしら。

Ex. Paul told me that his students in the **honors program** class were no different from regular students.　ポールが言っていたんだけど、彼のオナーズ・プログラムのクラスの学生は一般の学生と違いないって。

Ex. Mayumi made it on the **dean's list** as soon as she went to the U.S. Boy we were so surprised.　真由美はアメリカへ行くやいなや成績優秀者リストに載ったんだ。本当に驚いたなぁ。

☐	1100	**household items**	家庭用品
☐	1101	**armchair**	肘掛いす
☐	1102	**bathtub**	浴槽
☐	1103	**coffee(couch) table**	ソファー用の小さいテーブル
☐	1104	**couch**	ソファー
☐	1105	**dining table**	食卓
☐	1106	**dining chair**	食卓用のイス
☐	1107	**carpeted floor**	カーペットが敷かれた床
☐	1108	**fireplace**	暖炉
☐	1109	**firewood**	暖炉用のまき

Expression No.1097-1118

☐	1110	**floor lamp**	フロアーランプ
☐	1111	**flush toilet**	水洗トイレ
☐	1112	**hardwood floor**	木材でできた床
☐	1113	**patio**	パティオ（ベランダ）
☐	1114	**hot tub**	ホットタブ
☐	1115	**Jacuzzi**	ジャクジー（泡風呂・ジェットバス）
☐	1116	**toilet bowl**	便器
☐	1117	**wooden deck**	ウッドデッキ

日本語の「ソファー」はアメリカでは couch「カウチ」、食卓は dining table。アメリカでは夜は部屋の電気をつけないで floor lamp または lamp だけで過ごす人が多い。たいていの家には fireplace「暖炉」があり、屋外には patio（日本語ではベランダ）がある。patio は木でできた wooden deck のところも多い。アメリカでは戸外で食事を取ることが多く、とくにパーティーは戸外の patio や wooden deck で BBQ をするのが通例。Jacuzzi または hot tub は日本ではジェットバスと呼ばれるもので、四方から勢いよく泡が出てくるお風呂のことである。アメリカでは Jacuzzi や hot tub を patio や wooden deck に置き、水着を着て入る。友人を呼んでお酒と入浴を楽しみながらパーティーをする Jacuzzi party は人気がある。とくに寒い冬に戸外での入浴は最高である。

> **Ex.** Nowadays, a **Jacuzzi** is a household must item in New York.
> 最近、ニューヨークではジャクジーは必ず持つべき家庭用品である。

☐ **1118 I appreciate it** ありがとう・感謝します

appreciate は「感謝する」という意味。この表現は Thank you の代わりに用いられる。とくにアメリカ南部では、商店などで、客に Thank you という代わりに I appreciate it が多用されている。

> **Ex.** A: How much is this antique typewriter? このアンティークのタイプラターいくら？
> B: How about 25 dollars? 25ドルでどうですか？
> A: Can you put the price down a little bit? もう少し安くなるかな？
> B: OK. How about 20 dollars, then? じゃ、20ドルでどうですか？
> A: Deal! Here you go. 20 bucks. 買った。はい、それじゃ20ドル。
> B: **I appreciate it.** （お買い上げ）ありがとうございます。

1119　I can live with that　まぁ、それでいいよ・それでなんとか我慢できる

I can live with that はアメリカ人が頻繁に使う表現である。直訳は「それで生きていける」であるが、「なんとかそれでやっていける」または「それでなんとか我慢できる」という意味で用いる。

> **Ex.** A: Emi, we will send you $1,500 a month while you study at Stanford. That's all we can do now.　映美、スタンフォードで勉強している間は月に1500ドル仕送りするけど、それ以上はできないよ。
> B: OK, Pa. **I can live with that.**
> わかったよ、パパ。まぁ、なんとかそれでやっていけるかな。

1120　I couldn't ask for more　これ以上は望めない・大満足である
1121　Who could ask for anything more?
文句をつけようがない・非の打ちどころがない

I couldn't ask for more の直訳は「これ以上は要求できない」つまり「文句のつけようがない」「大満足である」という意味。Who could ask for anything more? も「誰がこれ以上要求できるか?」つまり「文句のつけようがない」「すばらしい」という意味である。この表現はアメリカのトヨタのキャッチフレーズに使われている。

> **Ex.** Your design for our new office building in Aoyama is fantastic. **I couldn't ask for more.**
> 君がデザインした私達の新しい青山のオフイスビルはすばらしいよ。大満足だよ。
>
> **Ex.** Toyota. **Who could ask for anything more?**
> トヨタ、誰が（これ以上の車を）求めようか？（アメリカでのトヨタの宣伝から）

1122　I got a blank check　私はどんな事でもできる

blank check は何も書いていない小切手である。そして、「私はその白紙の小切手にいくらでも書ける」、つまり、何かをする制約なしの権限を与えられている、という意味になる。

> **Ex.** The Bush administration **got a blank check** to invade Iraq.
> ブッシュ政権はイラク侵攻の権限を与えられた。

1123 ID (card) 身分証明(書)

ID は identification「身元確認または同一人物であることの確認」の略。通常 ID と省略される。ID card は身分証明書のことで、通常、学生証や免許証を指すが、パスポートなど身元を確認できるものであればすべて ID と呼ばれる。アメリカでは酒やタバコの購入の際、成人に達しているか否かをチェックするために ID card を求められるが、たいていは運転免許証 (driver's license) の提示が求めれる。通常 card は省略され、ID と言うだけで身分証明(書)という意味になる。

> **Ex.** A: Can I have a dozen Budweiser, please?
> バドワイザーを 1 ダースください。
> B: Sure, **ID** please. はい、わかりました。身分証明を見せてください。
>
> **Ex.** Students must have their own **ID** to check out books from the library.
> 学生は図書館から本を借りる場合には、学生証が必要です。

1124 If you ask me 私に言わせれば

ある話題に対して、あくまでも個人的な見解として意見を述べたいときがある。そういうときに使える表現はたくさんあり、この if you ask me はその一つ。他にも、以下の表現を一緒に学習しよう。personally「自分としては」、for myself「私、個人としては」、in my opinion「私の意見では」、in my personal view「個人的見解ですが」。as far as I'm concerned「私の関知する限り」はややフォーマルな表現である。

> **Ex. If you ask me,** it would look pretty strange that your only friends are artists. 私に言わせれば、芸術家の友達しかいないなんて変だよ。

1125 I'm embarrassed 恥ずかしい
1126 Don't embarrass me 恥かかせないで

意外なことだが、アメリカ人も日本人同様に I'm embarrassed「恥ずかしい」を連発する。I'm embarrassed は「恥ずかしい」という意味の最も一般的な表現である。

> **Ex.** My professor asked me to come up in front of class and to sing some Billy Joel songs I know. **I was so embarrassed**.
> 私の先生が、教室の前に出てきて私が知っているビリー・ジョエルの歌を歌えっ

て言うの。とっても恥ずかしかったわぁ。

Ex. **Don't embarrass me** at the party tonight. Be a gentleman, OK?
今夜のパーティーで恥かかせないでよ。紳士でいてね。いいわね。

☐ 1127	**in bad taste**	下品な
☐ 1128	**in good taste**	上品な

taste には「趣味・品」という意味があり、bad taste は「悪趣味・下品」、good taste は「趣味がいい・上品」という意味である。in bad taste / in good taste は芸術的な要素を持った作品（映画、音楽、絵画など）、また人の言葉遣いやふるまいなどが「下品な・上品な」という意味に用いる。

Ex. It is **in bad taste** to eat food on a busy train but I like to do it!
電車の中で物を食べるのは下品なことだけど、それをするのが好きだね。

☐ 1129 **in line (with) ~**　一列に（並んで）・~（と）一致して・~（と）調和して

in line は stand in line「一列に並ぶ」、wait in line「一列になって待つ」というように、「列になって」という意味である。また意見や考えなどが「一列になって」という比ゆから「一致して」「調和して」などの意味がある。

Ex. That new movie is so cool but you will need to stand **in line** for a long time to get tickets.　その新作映画はとてもいいけど、チケットを買うために長い行列の中で待たなければならないんだ。

Ex. Our departmental idea on the promotion of the new product is perfectly **in line with** that of the sales department.　新製品のプロモーションについての我々の課のアイデアと販売課のアイデアはまったく一致している。

☐ 1130 **in no time**　すぐに・即座に・あっという間に

time には「時の経過」という意味があり、no time で「時の経過がない」ということである。in no time を直訳すると「時の経過がない間に」ということになり、時間的に「すぐに・ただちに・あっという間に」を意味する。

> **Ex.** After he got out of jail, Peter Smith was trying to sell drugs again **in no time.**
> ピーター・スミスは刑務所から釈放になった後、すぐに麻薬を売ろうとした。

☐	1131	**in session**	(会議・議会が)開催中・(大学などが)学期中
☐	1132	**out of session**	(会議・議会が)閉会中・(大学などが)休みの期間中

session には「会期・学期・討論・パーティー」などの意味がある。

> **Ex.** At present, the 165th Diet is **in session**.
> 現在、第 165 回国会が開会中である。
>
> **Ex.** Most universities in the U.S. are **out of session** from the first week of May to mid August. 多くのアメリカの大学は 5 月の第 1 週から 8 月の中頃まで休みである。

☐	1133	**in this day and age**	今日では・現代・昨今

in this day and age の直訳は「今日この時代に」という意味で、nowadays「この頃、今日では」や today「昨今、今日」とほぼ同じ意味である。

> **Ex. In this day and age**, we just can't think of life without a computer.
> 今日この時代に、コンピューター無しの生活は考えられない。

☐	1134	**industrialized country**	先進工業国
☐	1135	**industrial waste**	産業廃棄物
☐	1136	**industrial discharge**	工業排水
☐	1137	**heavy industry**	重工業
☐	1138	**high-tech industry**	ハイテク産業
☐	1139	**global industry**	世界規模の産業
☐	1140	**key industry**	主要産業
☐	1141	**manufacturing industry**	製造業
☐	1142	**service industry**	サービス産業
☐	1143	**housing industry**	住宅産業
☐	1144	**primary industry**	第一次産業

	1145	secondary industry	第二次産業
	1146	sunrise industry	成長産業
	1147	sunset industry	斜陽産業
	1148	knowledge intensive industry	知識集約産業

industry にはさまざまな意味がある。「産業」「産業界」「業」が一般的な意味だが、その他に「工業」（例 heavy industry「重工業」、industrial discharge「工業排水」）、「業界」（例 industrial average「業界平均」）、「労使」（例 industrial relations「労使関係」、industrial action「労働紛争」）、また複数形で「経営者側・会社側」という意味もある。

> **Ex.** Since the price of land plunged, the **housing industry** has been booming. 土地の価格が急激に下がったので、住宅産業はブームである。
>
> **Ex.** Mitsubishi Heavy Industries, LTD. has been a leading **heavy industry** in Japan. 三菱重工業は日本の重工業をリードしてきた。

	1149	**It never hurts to ask** 聞く分にはさしつかえない・聞くだけ聞いてみたら

It never hurts to ask の直訳は「聞いても損害、ダメージにはならない」である。この表現は「聞くだけ聞いてみたら」「思い切って聞いてみたら」という意味に使われる。

> **Ex.** Go ask her if she wants to go to a movie with you. **It never hurts to ask.**
> 彼女に一緒に映画を見に行きたいか誘ってみたら？聞くだけなら損はないわよ。

	1150	**It shows**	顔に出てるよ
	1151	**It's show time**	さぁ、始めよう・始まるぞ

It shows は「表している」だが、「顔に出ている」という意味で、相手の言っていることに対して、「よくわかる、あなたの顔に出ているから」という意味である。It's show time は「さぁ、ショーの始まりです」という意味だが、何かを始めるときに用いる。

> **Ex.** A: Since my wife left me with my kids, I am lonely and my house is just a big mess. 家内が子どもを残して出て行ってから、寂しいいし、家

の中はメチャクチャ。
B: I understand. **It shows.** わかるよ、顔に出てるもの。

Ex. We have everything ready for the barbeque and people are arriving now. Hey, **it's show time.**
バーベキューの用意はできたし、お客様も到着し始めた。さぁ、始めよう。

1152 It's like comparing apples and oranges
似て非なるもの・比べようがない

この表現を直訳すると「りんごとオレンジを比べるようなもの」であるが、ある物とある物が比べようがない場合に用いる。単に Apples and oranges や It's apples and oranges と表現する場合もある。

Ex. You are asking me what I like better, driving a sports car or drinking with my buddies. It's a tough question. **It's like comparing apples and oranges.** スポーツカーを運転することと、親友達と酒を飲むこと、どっちが好きかって聞くのかい？ 難しい質問だな。比べようがないよ。

1153 It's a nice gesture とても感動しました
1154 It's a nice compliment
それはどうもありがとう・ほめていただきありがとう

It's a nice gesture は日本人が勘違いする表現のナンバー1である。アメリカ人に何かをプレゼントすると、Thank you. It's a nice gesture と言われることが多い。日本語でジェスチャーと言うと、「見せ掛け・そぶり・下心のある行為」などの否定的な意味だが、そのような意味はない。アメリカ人は本心で言っているのだ。

It's a nice compliment も同様に日本人が勘違いする表現である。compliment は「お世辞・褒め言葉」であるが、「お世辞」の意味はほとんどない。アメリカ人をほめると、It's a nice compliment「それはいいお世辞だね」という返事が返ってくる。日本人は「いや、お世辞ではなく、本心です」と言い訳を試みるのだが、アメリカ人にとってはお世辞という意味はなく、本心からほめられたことを喜んでいる。

Ex. Thank for the present. **It's a nice gesture**.
プレゼントどうもありがとう。感激です。

> **Ex.** A: Your wife is so beautiful and you guys live in a nice house.
> 　　奥様はきれいな方ですし、おふたりのおうちもすばらしいですね。
> 　　B: Thank you. **It's a nice compliment.** それはどうもありがとう。

☐ 1155　jump to conclusions　早合点する・早急に結論を出す

conclusion は「結論」という意味の名詞で、jump to conclusions の直訳は「結論に飛び込む」という意味であるが、「十分に考えないで、早まって結論に達する」というニュアンスがある。結論はたいてい一つであるが、jump to conclusions では conclusion が複数形になっていることに注意。

> **Ex.** Let's not **jump to conclusions** yet. We still have to see who committed the murder.
> 　　まだ早合点しないほうがいい。誰がその殺人を犯したのか見極める必要がある。

☐ 1156　keep a straight face　笑いをこらえて真顔でいる

straight face は「真っ直ぐな顔」という意味であるが、「真っ直ぐな顔」とは「くずれていない顔」のことで、「笑っていない顔」を意味する。つまり keep a straight face は、「笑いをこらえた顔を保つ」という意味である。

> **Ex.** It was hard to **keep a straight face** when Sam told the joke. He is always so funny even though I don't like him.
> 　　サムが冗談を言うときに、笑いをこらえるのは大変だ。僕はサムが好きじゃないけどね、サムはとてもおもしろいんだ。

☐ 1157　keep one's head above water
なんとか金の工面をする・なんとかやっている

この表現の意味は文字どおり「溺れないように、頭を水の上に出しておく」で、もともとは経営や生活が破綻しないように頑張り続けるという意味だが、「なんとか生きている」「なんとかやっている」のように、困難な状況に耐え抜いているという意味にも使われる。

> **Ex.** I **kept my head above water** somehow when I was a graduate student in the U.S.
> アメリカで院生をしていたときには、なんとか金を工面したよ。

1158　kill two birds with one stone　一石二鳥

kill two birds with one stone は文字どおり「一つの石で二羽の鳥を殺す」で、日本語の「一石二鳥」と同じ意味である。

> **Ex.** If you come to my place this weekend, that will **kill two birds with one stone**. I can introduce you to my parents and then we can go out together.　もしあなたが、今週末私のところに来てくれるのなら一石二鳥だわ。私の両親にあなたを紹介できるし、その後一緒に出かけられるわ。

1159　labor-management relations　労使関係
1160　labor union　労働組合

labor は「労働者・被雇用者側」、management は会社の「経営陣・雇用者側」を意味する。

> **Ex.** The School of Business at Georgia Southern University offers a course in **labor-management relations**.
> ジョージア南大学のビジネス学部では、労使関係のクラスを提供している。

1161　a labor of love　（お金のためではなく）好きでする仕事

聖書の中の表現である。labor は「仕事・労働」という意味で、a labor of love の直訳は「愛のために行う仕事・労働」である。ここでいう愛は自分が本当に好きなものであるという意味で、愛から生まれた仕事であるから「無償で行う」という意味である。

> **Ex.** Professor Fujinami comes to fix our computer problems whenever we ask. I guess fixing computers is his **labor of love.**
> 藤波先生は私たちが頼めばいつでもコンピューターを直しに来てくれる。コンピューターを直すことは彼の趣味なんだな。

	1162	**lay off** 解雇する・首にする
	1163	**layoff** 解雇

layoff の厳密な意味は「再雇用を前提とした一時解雇」であり、会社の業績が悪化したときに、一時的に従業員を解雇し、業績が良くなったときに再び雇用する制度である。会社を自己の責任で解雇された場合は be dismissed または be fired を使わなければならないが、アメリカ人はプライドがあるのか、このような場合でも be laid off「会社の都合で一時解雇された」を用いる人が多い。

> Ex. Ford has just made an announcement that the company is to **lay off** about 30,000 workers by 2008.　フォードは、2008年までに30,000人の従業員を解雇する予定であると発表した。
>
> Ex. The university's sexual harassment committee is considering **laying off** a professor alleged to have harassed a female student.
> 大学のセクハラ委員会は女子学生から訴えられている教授の解雇を考えている。

	1164	**Let bygones be bygones** 過去のことは水に流そう

bygones の意味は「過去」。Let bygones be bygones の直訳は「過去を過去にしよう」であり、「過去のことは忘れよう」「水に流そう」という意味に用いられる。

> Ex. For our friendship to keep growing, how about we **let bygones be bygones**?　私達の友情がさらに深まるために、過去のことは水に流そう。

	1165	**let (someone) down** 人をがっかりせる・期待を裏切る

down は「失望・意気消沈」など心理的に人が衰弱した状態を表す。したがって let (someone) down は、「人を失望や意気消沈の状態にする」という意味で、「がっかりさせる・期待を裏切る」という意味で用いられる。

> Ex. My kids are looking forward to going to Disney Sea. We don't want to **let them down**.　子ども達がディズニーシーに行くことを、楽しみにしてるからね。彼らをがっかりさせたくないんだ。

Expression No.1162-1181

	1166	lie on one's back	仰向けになる
	1167	lie on one's stomach	うつぶせになる

lie on one's back の直訳は「背中の上に体を横たえる」つまり「仰向けになる」。同様に lie on one's stomach は、「お腹の上に体を横たえる」すなわち「うつ伏せになる」という意味になる。

> **Ex.** I don't want to have my stomach X-rayed because they asked me to **lie on my back**, on my side, and **on my stomach** again and again.
> 胃のレントゲンは取りたくないよ。仰向けになれ、体を横向きにしろ、うつ伏せになれと何度も何度も。

	1168	life expectancy	平均余命（寿命）
	1169	life span	生物・機械などの寿命
	1170	lifeline	生命線
	1171	life insurance	生命保険
	1172	lifetime employment	終身雇用
	1173	life-and-death	生死に関わる
	1174	lifelike	生きているような・生き写しの
	1175	life-size(d)	等身大（の）・実物大（の）
	1176	life-threatening	生命を脅かす
	1177	lifeless	元気がない・活力がない
	1178	lifeguard	救助員
	1179	life jacket	救命胴衣
	1180	lifesavior(saver)	救命具・命の恩人
	1181	life(time) imprisonment	終身刑

expectancy は「予想値」、life expectancy はある年齢からの平均余命のことであるが、ゼロ歳からの平均余命、つまり「平均寿命」も意味する。lifeline は通常、水・電気・ガス・通信・道路など、生命の維持に関係するものを指す。imprisonment は「留置・投獄」という意味。アメリカの州の多くが死刑を廃止しているので、それらの州の極刑は life imprisonment である。

> **Ex.** The Japanese have the longest **life expectancy** in the world at 81.9 years, followed by the Swedish, at 80.6, and Australians at 80.4. 日本人は世界でいちばん平均寿命が長く 81.9 歳、次にスウェーデン人が 80.6 歳、そしてオ

ーストラリア人が80.4歳である。

> **Ex.** The development of a battery with a long **life span** for a laptop is an immediate concern for computer industries.
> ノートパソコン用の寿命が長い電池の開発がコンピューター産業の懸案である。
>
> **Ex.** I carry three **life insurance** policies for my family.
> 家族のために三つの生命保険をかけてるよ。
>
> **Ex.** Tuberculosis is not a **life-threatening** disease any more.
> 結核はもはや生命を脅かす病気ではない。
>
> **Ex.** Misaki Ito's **life-sized** cutout was at the Mazda dealer.
> マツダのディーラーに伊藤美咲の等身大のカットアウトがあったよ。
>
> **Ex.** Dr. Kawai at Tokyo University hospital is the **lifesaver** of my daughter. 東大病院の河合先生は私の娘の命の恩人だ。

1182　like a fish out of water　場違いな

　like a fish out of water の直訳は「陸に上がった魚」であるが、魚にとって陸はまったく不慣れなところであり、水の中とは違いバタバタもがいているだけである。この表現は「人が不慣れな状況で・まったく所在無くただ右往左往している」という状態の比ゆである。またこの表現は feel like a fish out of water の形で用いられることもある。

> **Ex.** I felt **like a fish out of water** when I was in Iran on business
> 仕事でイランにいたときは、自分がまったく場違いな人間に感じたよ。
>
> **Ex.** When I was transferred to the sales department from the personnel department, I was **like a fish out of water**. I wanted to quit the company.　人事課から販売課へ移動になったときは、まったく自分が場違いな人間のように思えて、会社を辞めたかったな。

1183　A little bird/birdie told me　小耳にはさむ・うわさで聞いたんだけど

　「他の人から聞いたんだけど」と、うわさ話を耳うちする場合や「うわさで聞いたの」と、情報源を示したくない場合に用いられる。

> **Ex.** A: John is a drug addict and his wife left him. Did you know that?

ジョンは麻薬中毒で奥さんは出て行ったのよ。知ってた？
B: No, how did you know? いいや、どうやって知ったの？
A: **A little bird told me.** うわさでよ。

☐	1184	**living expenses/cost**	生活費
☐	1185	**living standard(s)**	生活水準
☐	1186	**living legend**	生きている伝説の人物
☐	1187	**living death**	悲惨な生活

Ex. According to a 2006 survey, the city with the highest **living cost** in the world is Moscow, followed by Seoul and Tokyo at 3rd place. 2006年度の調査によると、世界で最も生活費が高いのはモスクワ、2位がソウル、3位が東京である。

Ex. Bob Dylan, Mick Jaggar, Paul Simon and Paul McCartney are the **living legends** in rock music after Elvis and Lennon. エルビスとレノンが亡くなった後は、ボブ・ディラン、ミック・ジャガー、ポール・サイモンそしてポール・マッカートニーが生きているロックの伝説だ。

1188 Location, location, location —にも二にも場所次第

飲食店などの商売を始めるときに、location「場所」つまり立地条件がもっとも重要であるという意味の表現である。

Ex. If you want to get into the restaurant business, **location, location, location.** レストラン業に進出したければ、場所次第だよ。

1189 lock oneself out of ~ 鍵を〜の中に入れてロックしてしまう

lock outで「締め出す」、lock oneself outの直訳は「自分自身を締め出す」である。ホテルで鍵を部屋の中に忘れて、ドアを閉めてしまった場合や、車の鍵をハンドルにつけたままドアをロックしたような場合に、この表現はとても実用的である。アメリカでは車の鍵をさしっぱなしにしてドアをロックした場合には警察に連絡すれば来てくれる。

> **Ex.** Woops! I **locked myself out of** my car. What a day!
> あれ！鍵をさしっぱなしで車をロックしてしまった！なんていう日だ！

□	1190	**look back (on) ~**	～(を)振り返ってみる・回顧する・思い出す
□	1191	**look ahead**	前を見ろ・明日があるさ

look back で「振り返る」という意味であり、look back は時間的に過去を「振り返ってみる」つまり「回顧する・思い出す」という意味である。「～を思い出してみる・振り返ってみる」は look back on ~ の形をとる。

look ahead は失恋などの過去にこだわっている人間に、激励の意味で「前を見ろ」という場合に用いる。

> **Ex.** Don't **look back**! **Look ahead** instead!
> 過去を振り返るな！そのかわり、将来を見ろ！
>
> **Ex.** When I **look back on** my high school days, I was just an innocent boy.
> 高校時代を振り返ってみると、僕はただの無邪気な少年だったなぁ。

□	1192	**look/search high and low**	あちこちくまなく探す

look/search high and low は「高いところも、低いところも探す」という意味で、「あちこちくまなく探す」という意味である。look/search everywhere または look/search all over なども同様の意味であるが、この表現は一生懸命探すという意味合いが強い。

> **Ex.** Kotaro is always losing his keys. Today he was **looking high and low** for them but no luck.　コータロウはいつも鍵をなくすので、今日もあちこちくまなく探したが、やっぱり出てこなかった。

□	1193	**Look who's here**	おや、まぁ、誰かと思ったら
□	1194	**Looks are deceiving**	見かけは本質と違う・人はみかけによらない
□	1195	**I'm just looking**	(商店やデパートなどで)ただ見てるだけです

Look who's here は珍しい人に思いがけなく会ったような場合に用い、驚きを表す。deceiving は「欺き・裏切り」などの意味であり、Looks are deceiving の直訳

は「見かけは人を欺く」つまり「見せかけと本質は違う」という意味である。Appearances are deceiving という言い方もある。I'm just looking は、May I help you?「何かお手伝いできますか？」と店員に問いかけられたときに、「ただ見てるだけです」と軽く断るときの常套句。

> Ex. **Look who's here**. It's Linda. How have you been?
> おや、まぁ、誰かと思ったら、リンダじゃない。どうしてたの？
>
> Ex. Hey, Yukari, **looks are deceiving**. Don't go out with such a sloppy guy because he looks a bit like Tom Cruise.
> ゆかり、見せかけと中身は違うのよ。ちょっとトム・クルーズに似てるからと言って、あんなだらしない男と付き合ったら駄目よ。
>
> Ex. A: May I help you ma'am?　何かお手伝いできますか？（店員）
> 　　B: **I'm just looking**. Thanks anyway.
> 　　ちょっと見てるだけです、どうもありがとう。（客）

1196　make no mistake (about it)
間違いを犯すな・わかったな・間違いなく・確かに

make no mistake (about it) の直訳は文字どおり「それについてミスを犯すな」で、かなり命令的な表現である。また命令形以外に「間違いはしない・間違いなく」と相手に確約するような場合に用いる。通常文頭または文末に用いる。

> Ex. We will have a make-up class next Thursday fifth period in room 225. **Make no mistake about it.**
> 来週木曜の5限に225号室で補講を行う。間違わないように。
>
> Ex. This summer has been the wettest on record. **Make no mistake about it.**　今年の夏は確かに記録上最も雨が多かった。

1197　make up (with) ~　～（と）仲直りする

make up には「失ったものを取り返す」という意味があり、人間関係に使われる場合は、「失った関係を取り戻す」つまり「仲直りをする」という意味を表す。「（誰々）と仲直りをする」という場合は make up with ~ の形になる。

> **Ex.** You can always see Keisuke and Melinda fighting, but they soon **make up** and look happy again. 慶介とメリンダがけんかしているのをよく見るだろうけど、彼らはすぐに仲直りして幸せなように見えるよ。

☐	1198	**mark down (a price)**	価格を下げる
☐	1199	**mark up (a price)**	価格を上げる

mark は「値段をつける」という意味で、mark down は「値段を下げる」、逆に値段を上げることは mark up と言う。また markdown（名詞）で「値下げ」、markup も名詞で「値上げ」という意味である。

> **Ex.** Every Tuesday, the supermarket **marks down the price** of all dairy products by 10%.
> 毎週火曜日、そのスーパーマーケットはすべての乳製品を10%引きにしている。

☐	1200	**market price**	市場価格
☐	1201	**marketing research**	市場調査
☐	1202	**market share**	市場占有率
☐	1203	**marketable**	需要がある・売れる

market は「市場・相場・取引」、marketing は「マーケティング・市場活動」などの意味である。

> **Ex.** The **market price** for gasoline has kept soaring since April this year.
> ガソリンの市場価格が今年の4月以来急騰している。

☐	1204	**MBA (Master of Business Administration)**	経営学修士
☐	1205	**CPA (Certified Public Accountant)**	公認会計士

MBA は Master of Business Administration の略。アメリカでは会社で出世するため、または中間管理職になるためには MBA を取得しなければならない風潮がある。特に大企業に MBA 取得者が多く、IBM、General Motors、Nike などの企業の CEO がアメリカのトップスクールで MBA を取得している。

certified は「公認された・保障された」という意味。アメリカでは企業の会計に就

職するにはCPAの資格を取得するか、すでに持っているのが当然視されている。

> **Ex.** Nowadays, getting an **MBA** from American universities has become popular in Japan.
> 最近日本ではアメリカの大学でMBAを取得することに人気がある。
>
> **Ex.** Lynn took the **CPA** exam three times to finally pass the exam.
> リンはCPAの試験を3回受けてやっと通った。

For Your Information

トップ50 MBAプログラムの合格率と初任給　（単位・万円）

	大学名	GMAT平均点	合格率	初任給	在籍者数
1	Stanford University	730	8.3%	1301	735
2	Harvard University	700	13.5%	1406	1770
3	Northwestern University	695	17.7%	1356	1180
4	University of Pennsylvania	700	14.4%	1341	1554
5	MIT	710	17.5%	1353	714
6	Columbia University	704	12.5%	1327	1155
7	Univ. of California Berkeley	690	13.5%	1245	491
8	Duke University	690	19.3%	1281	676
9	University of Chicago	684	25.4%	1295	1016
10	Univ. of Michigan Ann Arbor	675	20.8%	1263	866

Best Graduate Schools 2002 Edition U.S. News & World Report

公認会計士の合格率トップ10大学（大学院の学位を持っている者）

	大学	合格率
1	Wake Forest University	88.0%
2	University of Virginia	70.6%
3	Manchester College	66.7%
4	University of Wisconsin-Milwaukee	63.6%
5	University of Florida	62.5%
6	Florida International University	58.8%
7	Brigham Young University	57.1%
7	Florida State University	57.1%
7	University of Missouri-Columbia	57.1%
10	University of Georgia	50.0%

Candidate Performance on the Uniform CPA Examination 2000 Edition NASBA

1206 minimum wage 最低賃金

minimum は「最小限・最低限」という意味の名詞で、wage は「賃金」を意味する。wage は正式に採用されていない場合の時間給のような意味であり、正式採用の場合は salary をもらう。pay はこれらの中で最もくだけた言い方である。アメリカでは各州によって最低賃金が決められ、それ以下の金額で労働者を働かせることを禁止しているが、ウェーター、ウェートレス、デパート・スーパー・コンビニ・ガソリンスタンドの店員、銀行の窓口係、清掃員など約 4000 万人が時給 5 ドル 15 セント（国の最低基準であって州によって異なる）の賃金で働いている。もちろん通勤手当、健康保険、退職金など一切出ない。hourly/weekly/monthly wage「時間・週・月当たりの賃金」なども覚えておこう。

> Ex. If you do not want to work for a **minimum wage**, get yourself a college degree.　もし最低賃金で働きたくなければ、大学の学位を取得しなさい。

1207 Money-back Guarantee!　現金返還保証
1208 Satisfaction Guaranteed!　(商品に対する)満足保証！

アメリカの宣伝広告で頻繁に使われる表現である。money-back は「返金」、guarantee は「保証」という意味である。Money-back Guarantee! は「買った品物に満足できなければ、代金はお返しします」という意味で、実際に代金を返還するという意味と、商品には絶対的な自信があるという宣伝効果を狙った表現である。また Satisfaction Guaranteed!「(商品に対する)満足も保証します」もよく使われる表現である。

> Ex. If you are not satisfied with our new car polish, just send it back to us. **Money-back Guarantee!**　もしあなたが私共の新しいカーワックスに満足頂けないのであれば、その商品を返品してください。現金返還保証！

1209 Money talks　金がものを言う
1210 easy money　あぶく銭・簡単に儲けた金
1211 good money　大金
1212 plastic money　クレジットカード・ＡＴＭカード・デビットカード
1213 spend money like water　湯水のように金を使う

good money は「大金」という意味の口語表現。easy money は「簡単に得られたお金」。「あぶく銭」と訳してもいい。plastic money はクレジットカード、キャッシュカード、デビットカードなどカード全般を表す。

> **Ex.** $500 is **good money**. What will you buy with it?
> 500 ドルは大金だよ。何に使うんだい？

> **Ex.** After a few hours I made 30,000 yen at a pachinko parlor, wow! It was really **easy money**!
> 数時間パチンコやって 3 万円儲けたよ。本当に簡単に金もうけしちゃった。

1214 multinational corporation　多国籍企業

> **Ex.** McDonald's is a true **multinational corporation** that has about 30,000 franchise stores in the world.
> マクドナルドは世界に約 3 万のチェーン店を展開する多国籍企業である。

For Your Information　アメリカで最も大きい企業は General Motors(GM)で、最も従業員が多いのは Wal-Mart（ウォル・マート）でパートも入れると約 120 万人。多国籍企業で最もフランチャイズが多いのが McDonald's で、全世界に 2 万 9520 店舗（2001 年）を展開する。

1215 neck and neck　大接戦の・互いにゆずらない

neck and neck「首と首」は競馬にちなんだ表現で、レースで競走馬が首を並べ抜きつ抜かれつの僅差で競い合っている状態を想像してみると、neck and neck「大接戦」の意味がわかる。

> **Ex.** The 100m race was **neck and neck** so the officials had to play back the video a few times to see who the winner was.
> 100 メートルレースは大接戦だったので、審判はビデオを数回プレイバックして誰が勝ったか確かめなければならなかった。

1216 no more Mr. Nice Guy
もうものわかりのいい人間ではないぞ・いい加減にしろ

1970年代以降に使われ始めた比較的新しい表現である。Mr. Nice Guy は「ものわかりのいい、人のために自分を犠牲にする、愛される、上品な人」などさまざまな意味があり、no more がつくと、「もうこれ以上、自我を殺しても他人のためにする人、他人のことを思いやる人間ではないぞ」という意味になる。この表現は我慢に我慢を重ねた上で使う表現で、男女両方が使う表現である。

> **Ex.** I am tired of Taro's attitude. There is **no more Mr. Nice Guy** for me; I will tell him directly what I think of him.
> タローの悪態にはもううんざりだ。もうこれ以上、ものわかりのいい人間じゃないぞ。彼にはキッパリ私がどう思っているのか教えてやる。

1217 no-nonsense　軽薄さがない・まじめな・効率よく仕事をする

no-nonsense は、「ばかなことを言ったりジョークを飛ばしたりしない、軽薄な言動をしない、仕事に関係のないことは話さない、仕事に集中する」などのニュアンスがあり、そのような人や性格を意味する。

> **Ex.** Mr. Nishi, the head of our section, is a **no-nonsense** guy. That's why he is trusted by his colleagues.
> 西課長はまじめで効率よく仕事をする人だから、皆に信頼されているんだな。

1218 no spring chicken　もう若くない

no spring chicken の直訳は「春の若鶏ではない」であるが、若鶏はその昔、春に市場に出回ったらしい。そして若鶏はぴょんぴょん休みなく跳ね回るエネルギーを持っていることから「若さ・若者」にたとえられる動物である。no spring chicken は「もう若くない」という意味で、中年以上の人が自分は「もう若くない」という意味で使う表現である。

> **Ex.** Sorry son, I can't go bike-riding with you up that mountain. At 58, I'm **no spring chicken**.　息子よ、すまないけど一緒に山へ自転車乗りには行けないよ。私はもう58歳、もう若くないんだよ。

1219 nobody's fool　抜け目がない人・しっかり者（人に騙されない人）

nobody's fool の直訳は「誰の愚か者でもない」で、「誰から見ても騙されるような愚か者ではない＝しっかり者」という意味で使われるが、さらに「抜け目がない者」という意味にも使われる。

> **Ex.** Nancy is **nobody's fool**, although she looks like she doesn't have any ambition.　ナンシーは野望がないように見えるけどね、抜け目ないよ。

1220	**nonrefundable**	（料金などの）払い戻しがきかない
1221	**nonflammable**	不燃性の
1222	**nonnegotiable**	交渉の余地がない・（小切手などが）譲渡できない
1223	**nonproductive**	非生産的な
1224	**nontenured**	終身雇用でない
1225	**nonverbal**	言葉を用いない
1226	**nonwashable**	洗濯できない
1227	**nonprofit**	非営利的な
1228	**nonprofit organization**　非営利団体		

> **Ex.** Tuition and application fees are **nonrefundable**.
> 授業料と入学申請料は払い戻しがききません。
>
> **Ex.** This hair spray is **nonflammable**.　このヘアースプレーは不燃性です。
>
> **Ex.** Well, son, the promise you made that you would study two hours a day is **nonnegotiable**.
> 息子よ、1日2時間勉強するという約束は、交渉の余地はないよ。
>
> **Ex.** The International Student Service is a **nonprofit organization**.
> インターナショナル・ステューデント・サービスは非営利団体である。
>
> **Ex.** Kissing is a unique **nonverbal** communication for only human beings.
> キスは人間にしかないユニークな非言語コミュニケーションである。

1229 nuts about　〜に夢中である・〜に恋焦がれる

nuts は「変わり者・気違い・熱狂的な愛好者」という意味である。アメリカでは日

常よく使われる言葉で、あまり強く「常識を逸脱した」という意味はない。例えば You paid $500 for the bicycle? You are nuts!「その自転車に 500 ドル払ったって？ 気が狂っているんじゃない？」または、You lined up for five hours just to see Kinki Kids? You must be nuts!「キンキ・キッズを見るために 5 時間並んだって。ばかじゃない？」のように使われる。nuts about は「〜について気違いになる」つまり「〜に熱狂的になる」という意味で、好きな人に恋焦がれる場合にも用いる。

Ex. Emi is now **nuts about** the Rolling Stones, a good old rock and roll band.
映美は今、古き良きロックバンド、ザ・ローリング・ストーンズに夢中なんだ。

1230 off duty　勤務時間外で・非番で
1231 on duty　勤務中で

duty は「勤務」という意味で、off duty は「勤務を離れている」という状態、つまり「勤務時間外である・非番である」という意味である。例えば、an off duty policeman は「非番の警官」、またタクシーの回送車は、off duty というサインで表される。on は「〜に従事している状態」を表し、on duty の直訳は「職務に従事している最中」という意味である。

Ex. John's mother was killed by an **off duty** policeman when he was 14.
ジョンの母親は彼が 14 歳のときに非番の警官に殺された。

1232 on second thought(s)　考え直して
1233 have second thoughts　（同上）

on second thought の直訳は「2 番目の考えに基づいて」で、それまでの考えを変更して、次の考えに従う場合に用い、「考え直して・やはり・再考して」などの意味になる。例えば、I was going to go out with my kids, but on a second thought, I decided to stay home. と言えば、「子どもと外出するつもりだったが、考え直して、家にいることに決めた」という意味である。have second thoughts も同様の意味である。

Ex. I will take care of our babies this morning. Wait, **on a second thought**, Yoshiko, can you do that for me?　僕が今朝は赤ん坊の面倒をみるよ。待てよ、やっぱり良子、君がやってくれるか？

Expression No.1230-1236

> **Ex.** I was going to go to a technical school, but I **have second thoughts** now.　専門学校に行くつもりだったが、今は考え直している。

1234　on the line　危うい・危険にさらされて・電話に出ている

　　line は「境界線」を意味し、on the line は「ギリギリの境界線上にある」という意味で、可能性、評判、名誉、出世などが「危うい」という意味になる。また line は、「電話線」を意味する名詞で、on the line には「(誰々が)電話に出ている」という意味もある。

> **Ex.** After a tabloid exposed his sexual preference, the senator's clean reputation is **on the line**.　週刊誌が上院議員の性的な趣味をスッパ抜いてから、清潔であるという彼の評判は危うくなっている。
> **Ex.** Hey mom, dad's **on the line**! Do you want to speak to him?
> ねぇママ、パパから電話だよ。何か話したいことある？
> **Ex.** Excuse me, president, but Mr. Yamada of NEC is **on the line**.
> 社長、すみませんが、NEC の山田さんからお電話です。

1235　on top of (that)　しかも・その上・おまけに

　　on top of は文字どおり「〜の上に」という意味で、「しかも・その上・おまけに」などの意味で用いる。この表現は通常 that を伴い on top of that という形で用いられる。

> **Ex.** Dr. Wiley is the department chair of linguistics. **On top of that**, she takes care of three kids.　ワイリー先生は言語学科の主任であり、しかも、3人の子どもの面倒まで見ている。

1236　out of one's mind　気が狂っている・尋常ではない

　　mind は「正常な心理状態」を意味し、out of one's mind の直訳は「正常な心理状態から逸脱している」、したがって「気が狂っている・尋常ではない」という意味が成り立つ。この表現は日常頻繁に使われ、実際は日本語訳ほど強い意味はなく「ちょっとどうかしている・ちょっとおかしいよ」ぐらいの意味で使われる場合が多い。

Ex.	I have had no sleep and I still have so much work to do. I feel like I am going to go **out of my mind** with stress! まったく寝てないし、まだ仕事がたくさん残ってるの。ストレスで気が狂ってしまいそうだわ。		
Ex.	Did you spend $1,600 on your guitar? Are you **out of your mind**? そのギターに（買うのに）1600ドル遣ったって？ちょっとぉ、どうかしてるんじゃない？		

□	1237	out of production	生産中止
□	1238	go into production	生産を開始する
□	1239	cut back production	減産する
□	1240	step up production	増産する
□	1241	production line	流れ作業・生産ライン
□	1242	finished product	完成品
□	1243	best-selling product	ベストセラー製品
□	1244	farm products	農業製品
□	1245	factory products	工業製品
□	1246	launch a new product	新製品を発表する

Ex. Hiromen computerized most of their **production lines** to make quality noodles. 広麺は品質の高い麺の製造のため、工場の生産ラインの大部分をコンピューター化した。

Ex. Tohato put several **best-selling products** such as Caramel Corn and All Raisins on the market. 東ハトはキャラメル・コーンやオールレーズンなどのベストセラー製品を世に出した。

Ex. Caterpillar-Mitsubishi will **go into production** of a new small bull dozer. キャタピラー三菱は新しい小型のブルドーザーの生産を開始する。

Ex. The computer-game manufacturer has **launched** several **new products**. そのコンピューターゲームの会社はいくつかの新しい製品を発表した。

Ex. Many automakers are **cutting back** their **production** of four-door sedans. 多くの自動車メーカーが4ドアセダンを減産している。

□	1247	**Out of sight, out of mind**	去るもの日々に疎し [ことわざ]

out of sight は「視野の外」、out of mind は「心の外」という意味で、直訳は「見えなくなれば、心から離れる」という意味である。この表現は主に男女の関係に使われるが、「監視する人がいなくなれば(out of sight)、人はルールを無視し、軌道を逸脱する(out of mind)」という意味にも用いる。例えば親が家をあけたときに、子ども達が悪さをする。上司がいなくなれば、部下達は仕事をサボるなどの場合にも用いられる。

Ex. When Sally went on holiday, James was phoning up so many girls. **Out of sight, out of mind**!
サリーが休日で居なくなると、ジェームズはたくさんの女の子に電話かけてるんだ。監視する人がいなければ、軌道を逸脱するというわけだ。

Ex. Yoshio and Amy were so deeply in love with each other while he was in the U.S. But since he came back to Japan, they have hardly seen each other. **Out of sight, out of mind**.　良男がアメリカにいたときは、彼とエイミーはとても愛し合っていたんだけど、彼が日本へ帰ってきてからは、彼らはほとんど会っていないんだ。去るもの日々に疎し。

☐ 1248	**outgoing**	出て行く・社交的な
☐ 1249	**incoming**	入ってくる

Ex. She has quite an **outgoing** personality.　彼女はとても社交的な性格だ。

Ex. We have to check all the **incoming** mail to our company.
会社にくるすべての郵便物をチェックしなければならない。

☐ 1250	**package store**	酒屋（アメリカ）
☐ 1251	**liquor shop**	酒屋
☐ 1252	**dry county**	ドライカウンティー・強い酒を売らない地域（アメリカ）

package store はアメリカで「酒屋」のこと。アメリカではキリスト教の宗教色が強い地域は、ワインより強いアルコールは売らないところが多い。アメリカの地域分けの基準は county（郡）であり、強い酒を売らない county を dry county と呼ぶ。

Ex. There is no **package store** in this area because this is a **dry county**.
このカウンティー（郡）には酒屋はないよ。ドライカウンティーだからね。

☐ 1253 **pass around** 配る・順に渡す

pass には Pass me the pepper please.「こしょうを渡してください」のように「渡す・回す」という意味がある。pass around は「順に渡す・配る」という意味で、授業などで教師がいちばん前に座っている学生から後ろに座っている学生達に順にクイズやテストなどを配るような場合に用いる。また pass around の代わりに pass out を用いることもある。

> **Ex.** Could you **pass** these exam papers **around**? We will start the exam as soon as everybody gets one. この試験用紙を順に回してください。皆さんにそれが行き渡り次第テストを始めます。

☐ 1254 **pass out** 意識を失う・泥酔する

pass out は「意識を失う」という意味で、とくに「泥酔によって意識を失う」場合に用いるが、麻薬や麻酔などの薬物によって意識を失う場合にも用いる。「泥酔によって意識を失う」場合には、完全に意識がなくなっていない場合でも、酔った相手の泥酔の状態を誇張する場合、また酔って醜態をさらけだす場合にも pass out を用いる。

> **Ex.** Hide **passed out** and slept in the hallway last night.
> ヒデは酔って意識がなくなって、昨夜は廊下で寝てたよ。

☐ 1255 **pass water** 小便をする
☐ 1256 **pass wind** おならをする
☐ 1257 **move one's bowels** トイレに行く（排便のため）

pass には「排泄する」という意味があり、pass water の直訳は「水を排泄する」であるが、「小便をする」の婉曲的な言い方である。現在では多少古い言い方で、医者が検尿の際に用いることが多い。pass wind は pass gas「おならをする」の婉曲表現。bowel は「腸」のことで、move one's bowels の直訳は「腸を動かす」であり、「排便する」の間接的な表現である。

アメリカ人も日本人同様、トイレに関することは間接的に表現することを好む。「トイレ」の最も一般的な言い方は I have to use/go to the bathroom.「バスルームを利用する・へ行く」であるが、男性は bathroom の代わりに men's room という言い方をする場合があり、女性も bathroom の代わりに powder room または lady's room という言い方をする。また bathroom の代わりに facility「施設」を用いる場合もある。

> Ex. We will take your urine sample. Do you mind **passing water** into this cup?　あなたの尿のサンプルを採りますので、このカップにお小水を取ってもらえますか？

☐ 1258 **pick up**　（景気・業績などが）よくなる・健康状態がよくなる
☐ 1259 **Pick up or drop off?**
（クリーニング店やＤＰＥなどで）受け取りに来ましたか？・預けに来ましたか？
☐ 1260 **pick-me-up**　元気を回復させるもの（通常アルコール、コーヒーなど）

　pick up は景気などが「よくなる」「回復する」という意味。例えば Business is picking up. は「会社の業績が上向く」という意味である。pick up は健康についても同様な意味で、「疲労が回復する」「元気になる」という意味で使う。Pick up or drop off? は、クリーニング店や DPE の店員が使う表現で、「受け取りに来ましたか、預けに来ましたか？」という表現。pick-me-up は「自分を元気にさせるもの」という意味で、通常アルコール類に用いるが、コーヒー、紅茶、食べ物などにも用いる。ちなみに pick-me-up を栄養ドリンクなどと訳している文献もあるが、アメリカには栄養ドリンクはほとんどなく、それらを店や自動販売機で買って飲むような習慣はない。多種多様な栄養ドリンクを飲む習慣があるのは日本である。

> Ex. The sales of mini vans has been **picking up** this year.
> 今年はミニバンの販売高が回復してきている。

> Ex. A cup of strong coffee in the morning is my **pick-me-up**.
> 朝に飲む一杯のコーヒーは元気を回復させてくれる。

☐ 1261 **pig out**　食べすぎる

　pig out は近年若者の間で流行している表現で「食べすぎる」ことを意味する。おそらく「ブタのようにガツガツ全部食べあさる」という意味が基本になっているのだろう。

> Ex. Whenever I go to those buffet restaurants, I cannot stop myself **pigging out**. It is so embarrassing.　食べ放題のレストランへ行くたびに、食べすぎてしまうんだな。我ながらお恥ずかしい限り。

1262 PIN (number) 個人識別番号・暗証番号

PIN は Personal Identification Number の略で「個人識別番号」という意味だが、キャッシュカードやクレジットカードの暗証番号を意味する。また最近は学生証を使用する際に PIN を要求する大学もある。例えば、アメリカでは多くの大学が電話で学生個人の先学期の成績や現在までの GPA を聞くことができるようになっているが、その際学生番号の他に PIN を電話器から入れなければならない。

> **Ex.** If you want to know your current GPA, enter your ID number and **PIN number**, and then press sharp.　現在までの GPA を知りたければ、あなたの学生番号と暗証番号を入れ、そしてシャープを押してください。

1263 pinch pennies 節約する
1264 penny pincher ケチ

pinch は「指でつまむ」という意味である。pinch pennies の直訳は「1 セント硬貨を指でつまむ」であるが、この表現の場合は「1 セント硬貨をギュッと指でつかんで離さない」という意味で、1 セントというと日本円で約1円に当たるが、1円でも大事に使う、つまり「節約する」という意味である。

> **Ex.** We start **pinching pennies** about two weeks after payday.
> 私達は給料日のだいたい2週間後から倹約を始めるの。

1265 prescription drug 医者の処方箋が必要な薬
1266 over-the-counter medicine 処方箋のいらない薬

prescription は「処方・処方薬」という意味で、日常頻繁に使用される言葉なので、覚えておこう。

> **Ex.** This antibiotic is a **prescription drug**. You need a doctor's prescription.
> この抗生物質は処方箋が必要な薬です。医者の処方箋をもらってください。
>
> **Ex.** This is **over-the-counter medicine**. So you can buy it at any drug store.
> これは処方箋がいらない薬だから、どこの薬屋でも買えますよ。

Expression No.1262-1274

	1267	**price hike**	価格の急激な値上がり
	1268	**gas price hike**	ガソリン価格の急激な値上がり
	1269	**price leader**	有力企業

hike は「急激に引き上げること」を意味する。price hike は「値段の急激な上昇」という意味で、housing price hike「住宅の急激な値上がり」のように用いる。price に関係する表現も覚えておこう。【例】priceless 「値段が付けられないほどの価値がある」、at any price 「どんな犠牲を払っても」

Ex. The **gas price hike** took place due to the war in Iraq.
イラク戦争のため、ガソリン価格の急激な上昇が起きた。

	1270	**push-up(s)**	腕立て伏せ
	1271	**sit-ups**	腹筋運動
	1272	**treadmill**	ルームランナー
	1273	**sports gear**	運動用品
	1274	**sports outfit**	運動着

treadmill「ルームランナー」は 19 世紀イギリスの刑務所で、罰として受刑者を「treadmill= 足ふみ水車」に乗せて長時間歩かせたことに由来する。アメリカでは個人の家が大きいので、多くの家庭が treadmill を所有していたり、いろいろな運動器具を揃える exercise room「エクササイズルーム」を備えているが、外を散歩したりジョギングする人はほとんどいない。不思議な国である。

Ex. When Mr. Kuroda was on the ice-hocky team at Chuo University, he could do **push-ups** and sit-ups 200 times each at a time.
黒田君が中央大学のアイスホッケー部にいたころは、一度に、腕立て伏せと腹筋 200 回ずつできた。

Ex. Lynn has been on a **treadmill** every night for the last two months but she seems not to have lost any weight. リンは 2 か月間毎夜ルームランナーで走っているが、体重を減らしたようには見えない。

第3章 TOEIC 600点レベル

☐	1275	**retail price**	小売価格
☐	1276	**wholesale price**	卸売り価格
☐	1277	**retailer**	小売業者
☐	1278	**wholesaler**	卸売り業者

> **Ex.** The **wholesale price** of tuna sharply increased by 340% in December. 12月のマグロの卸売り価格は340%の急激な上昇を見せた。

☐	1279	**right behind you**	すぐに行きます・追いつきます

right behind you の直訳は「あなたのすぐ後ろ」であるが、「すぐに行きます・すぐに追いつきます」の意味で使われる。もちろん、探している物などが「あなたのすぐ後ろにあります」という意味にも使われる。

> **Ex.** I know we have a welcoming party at 5. But I am waiting for an important call from the Atlanta office. I will be **right behind you.**
> 5時から歓迎会があることは知っているけど、アトランタの支社からの重要な電話を待ってるんだ。でもすぐに行くからね。

☐	1280	**rocket scientist**	頭がずば抜けていい人・天才 (アメリカ)
☐	1281	**skyrocket**	急激に上昇する(させる)

rocket scientist は文字どおり「ロケット工学の科学者」であるが、アメリカでは頭がいい者の代名詞になっている。この表現はたいていの場合、It won't take a rocket scientist to understand ~ 「それを理解するのに天才である必要はない」の形で用いられる。I am not a rocket scientist.「私は天才ではないよ」の形でも使われる。rocket scientist の他に brain surgeon「脳外科医」も「天才・頭がきれる人」の意味で使われる。

> **Ex.** It won't take a **rocket scientist** to understand the rules of football.
> 天才じゃなくてもフットボールのルールは理解できるよ。
>
> **Ex.** The price of sardines has **skyrocketed** for the last three years.
> いわしの値段はこの3年で急激に上昇した。

1282 run the show　取り仕切る
1283 steal the show　(脇役が)人気をさらう・いちばん注目を浴びる

show は「サーカスでのショー」のこと。run the show の直訳は「ショーを運営する」であり、運営している者がサーカスを「取り仕切る」のである。run the show「取り仕切る」の意味はここから派生している。この表現は、クラスやグループまたは会議やセレモニーなどで、「主役は～である」という意味にも使われる。例えば、授業中によくおしゃべりをする学生を教師がたしなめて、Who is running the show? と言えば「誰がこのクラスの主役なんだ？」という意味であり、「ショーの主役は私（教師）なのだから学生は黙って教師の言うことを聴くように！」という間接的なニュアンスがある。

> **Ex.** Now that Dave is old enough, he can **run the show** like his father used to.　デイヴはもう大人なのだから、彼は彼の父がしていたように取り仕切ることができるだろう。

1284 (If you) scratch my back, I'll scratch yours.
お互いに助け合おう・魚心あれば水心

scratch は「掻く・引っ掻く」という意味。この表現の直訳は「私の背中を掻いてくれれば、あなたの背中も掻きましょう」という意味で、お互いに助け合うことを意味する。

> **Ex.** If I help you with your homework, can you help me fix my car? **If you scratch my back, I'll scratch yours.**
> 君の宿題を手伝えば、車を修理するのを手伝ってくれる？お互いに助け合おうね。

1285 side by side　並んで・一緒に・協力して

side は「体の側面」の意味で、side by side の直訳は「お互いの体の側面をくっつけるようにして」である。side by side の「並んで」という意味はつまり「横並びで」という意味である。【例】stand side by side「並んで立つ」、sit side by side「並んで座る」。side by side の「一緒に」「協力して」という意味はこの「お互いに横並びに並んで、動きや歩調などを合わせる」というニュアンスから派生している。

> **Ex.** My boss needs a worker who can work with her **side by side**.
> 私の上司は彼女と協力して働いてくれる人が必要です。

☐	1286	**sign/win a contract to/with/between**	
		～と/～の間で契約に署名する/交わす	
☐	1287	**under contract to/with ～**	～と契約している
☐	1288	**renew a contract to/with/between ～**	
		～と/～との間で契約を更新する	
☐	1289	**break the contract**	契約を破る
☐	1290	**terminate/close/cancel a contract**	
		契約を解除する/結ぶ/解消する	
☐	1291	**breach a contract**	契約に違反する
☐	1292	**exclusive contract**	独占契約
☐	1293	**verbal contract**	口頭での契約
☐	1294	**contractor**	請負業者

> **Ex.** The Mitsubishi Corporation **signed a contract with** Abu Dhabi National Oil Company for a steady oil supply to Japan. 三菱商事は日本への安定した石油供給のため、アブダビ国営石油会社と契約を交わした。
>
> **Ex.** The construction company is **under contract to** finish the work within 2 weeks.
> その建設会社は2週間以内に作業を完了させる契約を交わしている。

☐ 1295 **state-of-the-art** 最先端の

state は「現状」を意味する名詞、art は「巧妙な技術や科学」を意味する。State-of-the-art はつまり「現状での技術や科学の水準」という意味で、「最先端の」という形容詞句として用いられる。【例】state-of-the-art technology「最先端のテクノロジー」

> **Ex.** The new Lexus is **state-of-the-art**. It has every modern option you can imagine. 新しいレクサスは最先端の技術だね。想像できる限りのすべての進歩的なオプションが付いてるよ。

	1296	**stick together**	団結する・協力する
	1297	**stick with/to it**	あきらめないでがんばる

　stick は「くっつく・粘着する」という意味で、stick together の直訳は「一緒にくっつく」である。この表現は集団やグループでの人間関係に用い、人と人とが心理的にくっついている、つまり強いつながりを持っていることの比ゆで「人間同士が互いに団結する・協力する」という意味である。stick は基本的に「粘着する・くっつく」という意味で、「ものごとに固執する・ねばり強く我慢する」という意味がある。stick with it の直訳は「ねばり強くそれにくっついている」であるが、「あきらめないで、ねばり強く目標や計画をやり抜く」という意味に使われる。またこの表現は「がんばれ」「あきらめるな」の意味で、Hang in there!「がんばれ」同様、人を励ます場合に多く用いられる表現である。Stick to it も同じ意味の表現であるが、Stick with it よりさらにくだけた感じがある。

> Ex. We've got to **stick together** to get through this hardship.
> 　　我々は団結してこの困難を乗り切らなければならない。
>
> Ex. Don't give up after all the effort you made. **Stick with it**!
> 　　今までしてきた努力を捨てるな、あきらめないでガンバレ！

	1298	**sticker price**	表示価格
	1299	**suggested retail price**	希望小売価格
	1300	**price range**	価格帯
	1301	**bargain price**	特価
	1302	**price index**	物価指数

　sticker は裏に粘着剤がついたラベル、日本語で「ステッカー」のことである。sticker はまた商品についている値札のことである。車のディーラーにある新車のフロントガラスを思い出して欲しい。そこにはその車の価格がラベル（たいていはステッカー）に表示されているはずである。それでこの価格を sticker price と呼ぶようになった。もちろんアメリカでも新車を sticker price「表示価格」で買う者はまずいない。

> Ex. A: How much is the new Nissan Altima over there?
> 　　あそこにある日産のアルティマはいくら？（日本でティアナ）
> 　　B: The **sticker price** is $ 23,450. But we will get you the best discount. 　表示価格は 23,450 ドルですけど、最高に値引きしますよ。

1303 take a spin　(自動車で)ひとっ走りする

a spin はタイヤの「回転」を意味し、take a spin は自動車で「ひとっ走りすること」を意味する。take a spin は目的があって自動車を運転するのではなく、ただ楽しみや気晴らしのために、目的なくあちこち運転することを意味する。例えば、友達や恋人とあてもなく市内をドライブする場合にピッタリの表現である。

> **Ex.** Come and **take a spin** in my mom's new car. It's really fast.
> ママの新しい車でひとっ走りしましょうか。すごく速いのよ。

1304 take the plunge　思い切ってやってみる・結婚を決意する

plunge は「頭からまっ逆さまに飛び込む」という意味であり、take the plunge は「思い切ってやってみる」という意味である。この表現には、「あれこれ考え抜いたあげく」「迷いに迷った末に」などのニュアンスがあり、それでもなお、リスク覚悟で実行に移す場合に用いる。

> **Ex.** It is a big decision to change the country you live in. But **take the plunge** and you will learn so much about life.
> 自分が住んでいる国を変えることはとても大きな決断だよ。でも思い切ってやってみると、人生についてたくさんのことが学べるよ。

1305 That's a shame!　残念です！・お気の毒に！・かわいそう！
1306 What a shame!　(同上)

That's a shame! は「残念です」というときの決まり文句。What a shame! は人や事件などについて同情や遺憾の気持ちを表す。

> **Ex.** I just heard that Mr. Sato was headhunted by an American brokerage firm. He has been an asset of this company. **That's a shame!**
> 佐藤さんがアメリカの証券会社にヘッドハントされたんだって。彼はこの会社の財産だったのにね。残念だね。
>
> **Ex.** Ms. Saito had a miscarriage again. They have wanted a baby for a long time. **What a shame!**
> 斉藤さんがまた流産したの。子どもを欲しがっているのにね。かわいそうね。

Expression No.1303-1322

☐	1307	ticketing counter	チケットカウンター
☐	1308	check-in counter	チェックインカウンター
☐	1309	arrival lounge	到着ラウンジ
☐	1310	departure lounge	出発ラウンジ
☐	1311	baggage claim	手荷物受取所
☐	1312	carry-on bag	機内持ち込み手荷物
☐	1313	custom declaration(form)	関税申告（書）
☐	1314	duty-free shop	免税店
☐	1315	domestic airport	国内線空港
☐	1316	international airport	国際線空港
☐	1317	customs	税関
☐	1318	immigration inspection	入国審査
☐	1319	bound for ~	～行き
☐	1320	security check	セキュリティーチェック
☐	1321	control tower	管制塔
☐	1322	metal detector	金属探知機

Ex. You have to pick up your baggage in the **baggage claim** area.
荷物は手荷物受取所で、受け取ってください。

Ex. When you are in an airport, go to the **ticketing counter** first to buy plane tickets.
空港へ着たら、まずチケットカウンターで切符を買ってください。

Ex. Sorry ma'am, you are limited to bring only one **carry-on bag** on the plane.
申し訳ありませんが、機内へ持ち込める手荷物は一つだけとなっております。

Ex. When Narita **International Airport** opened, Haneda then became a domestic airport.
成田国際空港が開港したら、羽田は国内線空港になってしまった。

Ex. The **arrival lounge** is usually situated on the other side of the **departure lounge**. 普通、到着ラウンジは出発ラウンジの反対側にある。

Ex. Is there any flight **bound for** Chicago after 7p.m.?
午後7時以降にシカゴへ向かう便はありますか？

Ex. After 9.11, it has been just a pain in the neck to go through several **security checks** to finally board the plane. I never want to go to the U.S. again.
同時多発テロ以来、飛行機に搭乗するまでに、数回セキュリティーチェックを

第3章 TOEIC 600点レベル

受けなければならないのは面倒くさすぎる。アメリカへは2度と行きたくないな。

1323 to (the best of) my knowledge 私の知る限りでは
1324 You know better than that
君はそんな馬鹿じゃないよ（そんなことをする人じゃない）

Ex. **To the best of my knowledge**, the love you take is equal to the love you make in the end.　私の知る限りでは、結局私たちが受ける愛は、私たちが与える愛に等しいということだ。

Ex. A: Oh, let's go to that movie tonight.　今晩映画にでも行こうか？
B: Really? **You know better than that**, your exams start tomorrow!
本当？でもそんなことしないほうがいいよ。明日から試験でしょ！

1325 touch-and-go （状況が）とても危険な・きわどい・一触即発の

この表現は、touch「ちょっと触ってみて、何が起きるか見てみよう」、もし何かが起きればgo「直ちに逃げる」というような、何が起きるかわからない、危険で緊迫した状況を表す。

Ex. The operation was **touch-and-go** for a while but the doctors saved the patient.
手術はしばらくとても危険な状況だったが、医者らは患者の命を救った。

1326 underdog （試合で）勝ち目のない、本命ではないチーム・選手
1327 top dog 勝者・いちばん地位の高い者・ナンバーワン

underdogは日本人が言うところのダークホースに近い表現であるが、underdogには「本命ではないのに、勝利を勝ち取る・期待されている」のような意味はなく、あくまで、「勝ち目のない」「本命ではない」チームや選手を意味する。アメリカでdark horseという表現はめったに使われず、この表現を知らない若者が多い。

Ex. Many thought the Japanese team was the **underdog** in the World Baseball Classic but they won the first-ever championship in the end.

日本チームはワールドベースボールクラシックでは本命ではない、と多くの人が考えていたが、結局最初のチャンピオンになった。

Ex. Kikkoman has been the **top dog** in the soy sauce market in the world.
キッコーマンは世界の醤油市場ではナンバーワンである。

1328 unemployment rate 失業率
1329 unemployment benefit 失業保険

Ex. The **unemployment rate** in Japan as of August 2006 was 4.1%.
2006年8月現在の日本の失業率は4.1%である。

1330 up-to-the-minute(s) 最新の

the minutes は「今の瞬間」を意味し、up-to-the-minute(s) の直訳は「今この瞬間にいたるまで」という意味で、「最新の」という意味で使われる。同様の表現に up-to-date があるが、up-to-the-minute(s) のほうが「最新の」という意味が強い。アメリカでは up-to-the-minute はニュース番組によく使われ、up-to-the-minute news で「最も新しい＝今入ってきたばかりのニュース」を意味する。

Ex. This CD player is really **up-to-the-minute** and it also looks wild.
このCDプレーヤーは本当に最新式で、見かけもすごくカッコイイ。

1331 a wallflower
壁の花（ダンスパーティーで、男性から踊りの誘いがかからない女性）

この表現は「ダンスパーティーで踊る相手がいない人」を意味する。アメリカの高校では prom（プラム）と呼ばれる、年に一度催されるフォーマルなダンスパーティーがあるが、会場（たいていは体育館）で誰からもダンスに誘われない学生は、体育館の壁にもたれかかって、ダンスを楽しんでいる男女を眺めているしかない。この光景はアメリカ映画にはよく出てくるシーンである。プラムに誘われるか否かは特に、女子学生にとっては大問題である。wallflower は女性にのみ用いる。

Ex. Olga is like **a wallflower** at parties. I am not sure why boys don't want to speak to her. パーティーではオルガは壁の花みたい。どうして男の子たちは彼女に話しかけたくないのかな。

1332 What brings you here? どうしてここにいるの・来たの？

予期してない人物に、予期しない場所で偶然に会った場合に用いる。Why did you come here?「どうしてここに来たの？」Why are you here?「どうしてここにいるの？」という言い方を考えるところだが、多少失礼な感じがある。

Ex. Mr. Nakamura, **what brings you** over **here**? You are supposed to be in Detroit meeting your clients. 中村さん、どうしてここにいるの？今はデトロイトにいてクライアントに会ってるはずじゃない？

1333 What goes around, comes around.
出て行ったものは帰ってくる

人生の教訓を説いた表現である。goes around は人々の間を巡りめぐること、comes around は回りまわって結局は自分に返ってくるということ。人を中傷や軽蔑する言動や態度は、いつか巡りめぐって自分に帰ってくる。そして人に善を行えばやはりそれもいつかは自分に帰ってくる。我慢をすれば、結局その我慢は報われ、おごれるものはいつかそのおごりよって自滅する。因果応報に似た意味を持つ表現で、アメリカでは日常よく使われる表現である。

Ex. Dai, you see it now and you suffer from what you have done. **What goes around, comes around.** 大、やっとわかったろ。自分がしたことで苦痛を被っているんだよ。出て行ったものは帰ってくる。

1334 What's cooking? 何かやってる？・最近どうしてる？

What's cooking? の直訳は「何を料理しているんだい？」だが、「何かやってる？」「どうしてる？」「動きがある？」などの意味で、気軽でユーモアのある挨拶として用いられる。What's cooking? と聞かれて、別に何も特別に言うことがない場合は Not much.「別に」と答えればいい。また最近何か自分でやっている場合や、自分のまわりに動きがある場合は、その内容を具体的に答えればよい。What's cooking? は、

What's happening?「何か起きてるかい?」、What's going on?「何が起こっているの?」、What's new?「何か新しいことある?」などの気軽な挨拶と同じ意味であると考えればよい。これらの挨拶の中では What's cooking? は最も使われる頻度が低い。

> **Ex.** Hello, Dan. **What's cooking?** ハロー、ダン、どうしてる?

1335 What's keeping (someone)? なんで遅れているんだろう?
1336 What took you so long? なんでそんなに時間がかかったの?

わかりやすい表現である。keep は人を「引きとめる」という意味がある。What's keeping him/her? は文字どおり「何が彼/彼女を引きとめているんだろう?」。つまり「何をぐずぐずしているんだろう?」「どうして遅れているんだろう?」という表現である。What took you so long の直訳は「何があなたをしてそんなに時間をかけさせたの?」で、「なんで遅れたの?」「ずいぶん、遅かったね」という意味の決まり文句である。

> **Ex.** I wonder **what's keeping** my wife. Maybe she is changing Emi's diaper.
> 家内は遅いな、何してるんだろう。映美ちゃんのオムツを替えてるかな。
>
> **Ex.** Yuuka, Norika, Nanako, **what took you so long?** I wonder if we can make it to the 9:15 Shinkansen. 裕香、紀香、奈々子、ずいぶん遅かったのね。9時15分の新幹線に間に合うかしら。

1337 won't bite (人や物が)怖くない

won't bite は文字どおり「噛みつかない」という意味であり、「怖くない」という比喩である。例えば、クラブや学校の先輩、会社の上司、大学の教授などはときとして「怖い存在」であり、なかなか話しにくい相手であるが、友人などに「彼らは怖くないから思い切って話してみたら」というアドバイスや激励を与えるような場合に won't bite を用いる。

> **Ex.** She may look scary but don't worry, your new teacher **won't bite**.
> 彼女はおっかなく見えるかも知れないけど、心配ないわよ。あなたの新しい先生

は怖くないわ。

☐	1338	**workplace**	職場・仕事場
☐	1339	**workforce**	労働力
☐	1340	**workshop**	研究会・講習会
☐	1341	**workaholic**	仕事中毒
☐	1342	**workable**	実行可能な

workplace は二語が一語になったものだが、文字どおり「職場・仕事場」という意味である。work に関係して、二語が一語になったものに次のような表現がある。workable「(計画などが)実行可能な」、workaholic「仕事中毒」、workforce「労働力」、workshop「研究会・講習会」。

Ex. Many people in the United States bring their own coffee and lunch to their **workplaces**.
アメリカでは多くの人が職場へコーヒーと昼食を持参する。

Ex. It sounds like a **workable** idea. Let's put it into practice.
それは実行できそうなアイデアだ。実行に移してみよう。

☐	1343	**You should be**	当然だよ
☐	1344	**You shouldn't have**	

こんなことする必要はないですよ（プレゼントをもらったときに）

You should be は、相手が自分に謝ってきたとき、または反省の言葉を口にしたときに、そう思うのは「当然である」というときに用いる。

You shouldn't have はプレゼントをもらったときに、「こんなことをする必要はありません」「お気遣いなく」という意味で用いる。

Ex. A: I'm awfully sorry I said words that hurt you. But I never meant it.
君を傷つける言葉を口にして本当に申し訳ない。本心じゃないんだよ。
B: **You should be.** 当然よ。

Ex. Wow, it's a Japanese kimono. I love it but **you shouldn't have**.
ワァー！日本の着物じゃない。すてきだわ。でもこんなことする必要はないのよ。

CHECK UP

Quiz 1

Key Expressions   Level 600

do something
on business
caught short
business hours
beat the clock

all in all
crack a deal
draw the line
business outlook
goof off

カッコの中に入る表現を上のリストの中から選びなさい（時制や人称による変化、その他の文法事項を考慮すること）。

1. ちょっと緊張したけど、<u>全体としては</u>、プレゼンはうまく行ったと思うよ。

   I was a bit too uptight, but (　　　　　), I think my presentation was successful.

2. 我々はどうにかABC出版との<u>取引</u>にこぎつけた。

   We managed to (　　　　　) with ABC publications.

3. 失業中だけど、家族を養うために<u>なんとかしなければならない</u>。

   I'm out of work, but I have to (　　　　　) to support my family.

4. 当デパートの新年の<u>営業時間</u>は、午前10時から午後9時までです。

   Our department store's (　　　　　) during New-Year holidays are from 10 a.m. to 9 p.m.

5. 従弟が、<u>仕事で</u>パリにある私のオフィスに立ち寄った。

   My cousin stopped by my office in Paris (　　　　　).

6. 7時の電車に間に合うように、仕事を時間内に仕上げよう。

Let's (　　　　) so that we can make the 7 o'clock train.

7. 仕事とプライベートは一線を画すべきだ。

You should (　　　　) between private life and business life.

8. 今年の日本の景況の見通しは、まずまずである。

The (　　　　) for the Japanese economy is not so bad this year.

9. のみの市で骨董品のタイプライターを買おうとしたら、金が不足していた。

When I was about to buy an antique typewriter in the flea market, I was (　　　　).

10. 私のいちばんのストレス解消法は、週末は一日中何もせずだらだらと過ごすことです。

The best way for me to release stress is to (　　　　) all day on weekends.

Quiz 2

Key Expressions Level 600

go together
go easy on
go out of business
go for
hand-me-downs
go down in history
get on one's nerves
go through the mill
half-way through
half-hearted

カッコの中に入る表現を上のリストの中から選びなさい（時制や人称による変化、その他の文法事項を考慮すること）。

1. 彼女の傲慢な態度には<u>イライラする</u>よ。

　　Her arrogant attitude (　　　　　　).

2. もし夢があるなら、<u>それに向かっていく</u>べきだ。とくに若いうちはね。

　　If you have a dream, you should (　　　　　) that. Especially, when you are young.

3. 両親は自由が丘に小さなイタリアンのレストランを経営していたんだけど、昨年<u>店をたたんだ</u>よ。

　　My parents owned a small Italian restaurant in Jiyugaoka but they (　　　　) last year.

4. 彼らはほんの子どもなんだから、<u>手加減</u>してあげてね。

　　Please (　　　　　) them, because they are just children.

5. 車のセールスマンをやってた頃は、<u>本当に辛い経験を</u>した。

　　I (　　　　　) when I was a car salesman.

6. レポートはちょうど半分くらい終わったよ。

   I've finished my report (   ).

7. 荒川静香のオリンピック金メダルは日本のフィギュアケートの歴史に残るだろう。

   Shizuka Arakawa's winning an Olympic gold medal will (   ) in Japanese figure skating.

8. どうしてブロンドの女性とオープンカーって似合ってるのかな？

   I wonder why a blonde woman and a convertible just (   )?

9. モーリスを週末映画に行こうと誘ったけど、なんだか気乗りしない様子だった。

   I asked Maurice to go to the movies this weekend, but he seemed to be (   ).

10. 子どもの頃は、いつも姉のお下がりしか着なかった。

    When I was a child, I wore nothing but (   ) from my sister.

Quiz 3

Key Expressions　Level 600

headquarters
in session
hang loose
a labor of love
keep a low profile

it shows
it never hurts to ask
have a big mouth
life expectancy
let down

　カッコの中に入る表現を上のリストの中から選びなさい（時制や人称による変化、その他の文法事項を考慮すること）。

1. 午後に就職の面接があるのは分かるけど、ちょっと力抜いたら。

I know you'll have a job interview this afternoon but (　　　　　) a bit.

2. うちの母は余計なことまでしゃべりすぎるので、僕はときどき困ってしまう。

My mother (　　　　) and she makes me embarrassed sometimes.

3. 今週は、本社の重役 2 人が我々の支社を訪問する予定だ。

Two executives at our (　　　　) are scheduled to visit our branch this week.

4. 学期中は、長い休みは取れません。

When school is (　　　　), we can't take a long time off.

5. ここでは誰も英語はわからないだろうけど、とにかく聞くだけ聞いてみよう。

Nobody seems to understand English here, but (　　　　).

6. 君は嘘をついているね。顔に出ているからね。

I know you are telling me a lie because (　　　　　).

7. ボブ・ディランは最近までほとんど世間に顔を出さなかった。

Bob Dylan has (　　　　　) for a long time until recently.

8. ホームレスの人達に暖かい食事をふるまうのは、お金のための仕事ではない。

Serving hot meals for homeless people is (　　　　　) to them.

9. 両親をがっかりさせたくないので、彼女は医学部へ行くと言い続けている。

She keeps saying that she is going to med school, because she doesn't want to (　　　　　) her parents.

10. 一般に男性よりも女性の平均寿命の方が長い。

Generally speaking, the (　　　　　) of women is longer than that of men.

Quiz 4

Key Expressions Level 600

look on the bright side
multinational corporation
pig out
on a second thought
pass out
mark down
jump to conclusions
outgoing
no-nonsense
bound for

カッコの中に入る表現を上のリストの中から選びなさい（時制や人称による変化、その他の文法事項を考慮すること）。

1. ものごとの明るい側面を見れば、職を失うということは、子どもといる時間が増えるということだよ。

   If you (   ), losing your job means having more time with your kids.

2. 不動産業者が価格を下げるまで、その土地の購入を見合わすことにした。

   I've decided not to buy the land yet, until the realtor (   ) the price.

3. 早合点するなよ、よぉーく考えて欲しいんだ。

   Don't (   ). I want you to think twice.

4. 私の夢は、ニューヨークに本社を置く多国籍企業で働くことだ。

   My dream is to work at a (   ) headquartered in New York.

5. 今度の上司は非常に真面目な人だから、ちょっと緊張する。

   Our new boss is a (   ) person so I feel a bit nervous.

301

6. 週末はそのイタリア料理店で食べすぎてしまった。

I (　　　　) at the Italian restaurant this weekend.

7. 今すぐジョナサンとその問題について話し会うつもりだったが、考え直して、次の日にすることにした。

I tried to discuss the issue with Jonathan. But (　　　　), I decided to do it the next day.

8. 若い頃は、とても社交的で積極的だったのよ。

When I was young, I was a very (　　　　) and aggressive person.

9. 今日は我がチームにとって最良の日だ。みんな意識がなくなるまで飲もうじゃないか。

Today is the best day for our team. Let's drink until we all (　　　　).

10. この飛行機は、サンフランシスコ行きです。

This air flight is (　　　　) San Francisco.

Quiz 5

Key Expressions   Level 600

out of production   on the line
pinch pennies   neck and neck
run the show   what's keeping
workshop   stick with it
what goes around comes around   side by side

カッコの中に入る表現を上のリストの中から選びなさい（時制や人称による変化、その他の文法事項を考慮すること）。

1. 彼女は、お金を節約しているって言うのに、どうして服に金をつぎ込むんだ？

She insists she (   ) but why does she spend so much on clothing ?

2. 昨日の日本対アメリカのバレーボールの試合は、大接戦だったので興奮したよ。

I was excited about the volleyball match between Japan and America yesterday, because the game was (   ).

3. 去年に買ったのと同じ腕時計を買えるかどうか、店に問い合わせたが、生産中止だと言われた。

I called the shop to ask if I could buy the same wristwatch that I bought last year again, but they said it was (   ).

4. ジョーンズ先生に、貴方から電話がかかっているとお伝えします。しばらくお待ちください。

I'll tell Dr. Johns that you are (   ). Hold on please.

5. 私達は協力して、このミュージカルを完成しなければならない。

   We have to work (　　　　) to complete this musical.

6. 夢があるなら、あきらめないでがんばれ！

   If you have a dream, (　　　　)!

7. 自分の行ったことは必ず自分に返ってくるから、自分の言動には気を付けなければならない。

   As (　　　　), we should watch our speech and behavior.

8. この電車は、なんでこんなに遅れているんだろう。

   I wonder (　　　　) this train for such a long time.

9. 来月に開かれる講習会に出席しようと思っています。

   I am thinking of joining a (　　　　) next month.

10. 新しいマネージャーはうちの課を取り仕切るのがうまい。

    Our new manager is good at (　　　　) of our section.

第4章 TOEIC 700点レベル

1345 act one's age　年齢相応にふるまう

act は「ふるまう」、one's age は「誰々の年齢」という意味だが、act according to one's age「年齢に応じてふるまう」と考えれば合点がいく。この表現は Act your age!「何歳になったと思っているんだ！・歳を考えろ！・年甲斐もなく」など、いろいろな意味に使える。

> **Ex.** You are now 22 years old and yet still sleep with your teddy. **Act your age!** あなたはもう 22 歳なのにまだ熊の人形と寝てるのよ。歳を考えなさい。

1346 add fuel to the fire (flames)　火に油を注ぐ

add fuel to the fire は「火に燃料を加える」であるが、もちろん fuel「燃料」を燃え盛る火に加えれば火はさらに大きくなる。fire には「苦難・試練・興奮・激怒」など、あまりよくない状態という意味があり、それらに燃料を加えるとそのよくない状態がさらにひどくなる。add fuel to the fire は「苦難・試練・興奮・激怒など、よくない状況をさらに悪くする＝火に油を注ぐ」という意味に用いる。

> **Ex.** Your reckless remarks at faculty meetings just **added fuel to the fire**. 教授会での君の向こう見ずな発言は、火に油を注いだだけだ。

1347 aerospace　航空宇宙の・航空宇宙学
1348 Space Shuttle　スペースシャトル
1349 NASA (National Aeronautics and Space Administration)　アメリカ航空宇宙局

> **Ex.** The **Space Shuttle** has been one of **NASA**'s most successful **aerospace** projects.　スペースシャトルはNASA（アメリカ航空宇宙局）の最も成功したプロジェクトの一つである。

1350 African American　アフリカ系アメリカ人
1351 Asian American　アジア系アメリカ人
1352 Native American　アメリカインディアン（先住民）

Expression No.1345-1357

| ☐ 1353 | **Hispanics** | ラテンアメリカ系のアメリカ人 |
| ☐ 1354 | **Caucasian** | 白人 |

アメリカの人口構成は Caucasian「白人」が2億3692万人、Hispanics「ラテンアメリカ系のアメリカ人」が4180万人、African American「アフリカ系アメリカ人」が3805万人、Asian American「アジア系アメリカ人」が1241万人である (US Census Bureau 2002)。黒人の正式名称は African American であるが、黒人を black(s) と呼ぶのは差別的ではない。Hispanics「ラテンアメリカ系のアメリカ人」は人口では黒人を抜いて白人の次に多い人種となった。Caucasian は、「白人」を意味する。White「白人」という言い方は適切ではなく正式には Caucasian と呼ぶ。この呼び名は人種的なルーツが Caucasus「コーカサス地方」にあることに由来している。

> **Ex.** Doralina Hidalgo is a **Hispanic** who came to the U.S. from Mexico when she was five years old.　ドラリナ・ヒダルゴはラテンアメリカ系のアメリカ人で、5歳のときにメキシコからアメリカへやって来た。

| ☐ 1355 | **alive and kicking** | 元気でピンピンしている |

ユーモアのある表現である。alive は「生きている」、kicking は「蹴っている」という意味だが「元気でいる」という意味もある。kicking は馬が勢いよく土を蹴って、跳ね回っている様子を思い出してもらいたい。この表現は挨拶に使われることが多く、「元気でピンピンしてますよ」という意味である。

> **Ex.** A: Donny, how are you today?　ダニー、今日は調子はどうだい？
> B: I am **alive and kicking**, thank you.
> 　　元気でピンピンしているよ。ありがとう。
>
> **Ex.** My father was born in 1929 when the Great Depression happened but he is still **alive and kicking**.　父は1929年世界大恐慌があった年に生まれたんだけど、まだピンピンしているよ。

| ☐ 1356 | **alternative energy** | 代替エネルギー |
| ☐ 1357 | **alternative technology** | 代替テクノロジー |

alternative は「代替・代替になるもの」また「二者のうちどちらか一方」という意味。alternate は動詞で「交互に起きる」【例】alternator オルタネイター（自動車の

エンジンに付いている交流発電機)、AC (alternating current) 交流 (電気) など。

> **Ex.** Hydrogen will be an **alternative energy** to gasoline.
> 水素はガソリンの代替エネルギーになるであろう。

☐ 1358 **alumni association**　　同窓会
☐ 1359 **Alma Mater (alma mater)**　母校・校歌

alumni は「卒業生・同窓生」。alumni house は「同窓生会館」。alma mater は聞きなれない言葉だが、ラテン語で「母校・校歌」を意味する。とくに校歌を意味する場合には Alma Mater song と言う。

> **Ex.** We sing our **Alma Mater** song whenever we get together for a class reunion at Tomakomai Nishi High School.
> 苫小牧西高校の同窓会があるたびに、私たちは校歌を歌う。
>
> **Ex.** Ms. Osanai is a member of the Kansei Gakuin University **alumni association**, Saitama branch.
> 小山内さんは関西学院大学の同窓会埼玉支部のメンバーである。

☐ 1360 **around the clock**　一日中・昼夜を通して・四六時中

around the clock の直訳は「時計のまわり1周」である。時計の針が1周すると12時間のはずであるが、この表現は「時計の針の動き、つまり時間の経過にそって休みなく」という意味であり、「昼夜を問わず・四六時中」という意味に用いる。今から45年前に大ヒットしたロックン・ロールの名曲に Rock around the clock「24時間ロックだぜ」がある。Bill Haley and His Comets が歌った曲で、We're gonna rock, rock, rock, rock, till the broad daylight. We're gonna rock around the clock. というメロディラインは有名である。

> **Ex.** The rescue operation has been continued **around the clock** to look for survivors.　生存者を捜すために救助活動は昼夜を問わず続けられている。

☐ 1361 **attorney (at law)**　米国における弁護士の一般的な呼称
☐ 1362 **attorney's office**　弁護士事務所

1363 attorney general　司法長官

attorney は本来「代理人」という意味であるが、アメリカでは「弁護士」の意味で、lawyer「弁護士」よりはるかに頻繁に使われる。

> **Ex.** You may have your paper filed by an **attorney.**
> あなたは弁護士に書類を提出してもらってもいいのですよ。

1364 back and forth　行ったり来たり

back and forth の直訳は「後ろへ前へ」である。この表現はとくに物、例えばブランコなどが前後に「行ったり、来たり」することを意味するが、時計の振り子などが左右に動くことも意味する。通常 go、move、sway などの動詞を伴って「行ったり、来たりする・前後または左右に動く・前後または左右に揺れる」という意味になる。

> **Ex.** There is a suspicious man outside. He keeps walking **back and forth** down the street in front of our house.
> 外に怪しい男がいるよ。家の前の通りを行ったり来たりしているんだ。
>
> **Ex.** I was watching the metronome on the piano going **back and forth** for a while.
> 僕はピアノの上のメトロノームが左右に揺れるのをしばらく見ていた。

1365 back to back　連続して・続けざまに・背中合わせに

back to back は本来「背中と背中を合わせて」という意味であるが、車が渋滞してバンパーとバンパーがこすり合うぐらいに、車同士が数珠つなぎになっている状態も back to back で表す（車同士が「背中合わせに連続して」「続けざまに」という意味である）。また back to back「続けざまに」は「仕事が絶え間なくあってとても忙しい」という意味にも使われる。アメリカのＦＭ放送では We play soft rock/country music back to back.「ソフトロック/カントリーミュージックをかけ続けます」など、back to back という表現が頻繁に用いられる。

> **Ex.** We play 50s, 60s and 70s hit songs **back to back**.
> 50年代、60年代、70年代のヒットソングを続けてかけます。
>
> **Ex.** I have tons of work **back to back** this week.

今週は仕事が立て続けに山ほどあってとても忙しい。

1366 back to (the) basics　基本に戻る

back to (the) basics は文字どおり「基本に戻る」という意味である。会議や話し合いなどで、話の流れを出発点である基本事項に戻そうとする場合に多く用いられる。

> **Ex.** Let's get **back to basics** here again. The point is why do we need a second branch office in Atlanta?　さて、この辺で話を基本に戻そう。問題はどうしてアトランタに二つめの支店が必要なのかということだ。

1367 bad (rotten) apple　他人に悪影響を及ぼす人間

bad (rotten) apple は「腐ったりんご」のことである。腐ったりんごは 1 個でもあれば、箱の中の他のりんごまで腐っていく。つまりこの表現は「悪影響を及ぼす人」を意味する。

> **Ex.** Tim is the **bad apple** in this neighborhood. He initiates innocent young people into his gang and sells drugs.　ティムはこの近所の悪で、何も知らない若者を彼の不良グループに誘いこみ、麻薬を売っている。

1368 bad hair day　やることなすことうまくいかない日

1990 年代から使われるようになった新しい表現で、とくに若い人たちが好んで使う。朝起きるとすでに学校に遅刻する時間で、トーストを焼けば丸こげ、急いで髪をとかしてみたが寝癖がついていてどうしようもない。このようにすべてがうまくいかない日を bad hair day と言う。この表現はやはり女性が用いることが多い。

> **Ex.** I locked myself out at the school parking lot and then I realized I had forgotten my homework. Today is my **bad hair day**.
> 学校の駐車場では車の鍵をさしたままドアの鍵をかけてしまうし、宿題は忘れるし、今日は最悪の一日だよ。

1369 beat the traffic 交通渋滞を避ける

beat には「〜に先んじる」という意味がある。beat the traffic の直訳は「交通渋滞ができる前に出発する」であるが、「渋滞を避ける」という意味に用いる。

> **Ex.** You have to leave early in the morning to **beat the traffic**.
> 交通渋滞を避けるために朝早く出たほうがいいよ。

1370 behind someone's back 〜の後ろで・〜の陰で

behind someone's back の直訳は「誰々の背中の後ろで」という意味。「背中の後ろ」は何も見ることができないので、この表現は「自分が知らないところで誰かが陰口や悪口を言う」、「人の目の届かないところでこっそりと何かをする」という意味で用いられる。これはアメリカ人がよく指摘する点だが behind someone's back「誰々の背中の後ろで」という表現はおかしい。「背中の後ろ」とはいったいどこだ？ということである。なるほどこの表現は back という言葉がないほうがいい。behind someone「誰々の後ろで」のほうが意味が通る。

> **Ex.** I know David often speaks badly about me **behind my back**. I can't ignore that anymore.
> デイビッドが陰で僕の悪口を言っていることはわかっているよ。もう無視できないな。

1371 the best of both worlds いいとこ取り

この表現は both「二つ」の異なる world「世界」から best「最高」のものだけを得る、という意味である。

> **Ex.** Dean, you got married to a Japanese woman and can eat Chinese food everyday. You've got **the best of both worlds**.
> ディーン、日本の女性と結婚して、毎日中華料理食べられるなんて、いいとこ取りだよ。

For Your Information アメリカには、日本人女性と結婚して、中華料理を食べて、大きな家に住むのが男の幸せというジョークがある。

1372 The best things in life are free
人生で最高のものにはお金はかからない

1373 The best is yet to be/come　生涯最高の時はまだこれから

　The best things in life are free は文字どおり「人生で最高のものはタダ」である。自然・愛情・友情・セックス・健康など、人生で真にすばらしいものにはお金がかからないという意味である。

　The best is yet to be/come は文字どおり「最高はまだ(来ない)」である。アメリカ人が好きな表現で、どんなに歳をとっても「生涯最高の時はいまだ訪れていない」、だから「絶えず努力して前向きに生きよ」という意味に用いる。また「生涯最高のできばえ・記録などがいまだ達成されていない」という意味にも用いる。

> Ex. Honey, **the best things in life are free** as the saying goes. Why don't we make love? It won't cost anything.　ねぇ、人生で最高のものはお金がかからないって言うじゃない。ロマンスしない？ お金かからないし。
>
> Ex. A: Honey, I can't believe how happy I am to be with you and our two children.
> ねぇ、私、2人の子どもたち、そしてあなたといられて本当に幸せ。
> B: **The best is yet to be.**　生涯最高のときはまだこれからだよ。

1374 one's biological clock is ticking (away)
子どもを産めなくなる年齢に近づいている・死期が近づいている

　biological clock は「体内時計」であるが、この表現は女性が「子どもを出産できなくなる年齢に近づいている」という意味に使われる。また男性・女性双方に使われ「死期が近づいている」という意味もある。

> Ex. A guy like me never understands a woman who doesn't get married although **her biological clock is ticking**.　僕のような男は、子どもを産めなくなる年齢に近づいているのに結婚しない女性がわからないね。
>
> Ex. Now I am 78 and am not in good shape. I know **my biological clock is ticking** away.
> もう78だし健康でもない。死期が近づいていることは知ってるよ。

1375 biotechnology (biotech)　バイオテクノロジー・生物工学

☐	1376	**bioengineering**	生物工学
☐	1377	**biochemistry**	生化学

> **Ex.** Nowadays, **biotechnology** is one of the most popular subjects at universities in the U.S. 最近では、バイオテクノロジーはアメリカの大学で最も人気のある科目の一つである。

☐	1378	**(the) birds and (the) bees**	性・性教育の基礎的な事柄

学校での性教育では、鳥やハチなどの動物の性行動を例として、間接的に人間の性を教えたことから、(the) birds and (the) bees は婉曲に性または子どものための性教育のことを意味するようになった。たくさんの動物の中から birds と bees を選んだのは、どちらも「b」という子音で始まり、一音節で終わるからだろう。

> **Ex.** My parents had never told us about **the birds and the bees**.
> 両親は決して私達に性について話したことがなかった。

☐	1379	**blockbuster**	大ヒット作

blockbuster は「コンクリートブロックを破壊するもの」という意味で、強力な破壊力を持った爆弾の名前であった。それが「強い影響を与える作品」の意味になった。現在では映画や本などの「大ヒット作」の意味に多く用いられている。ちなみにアメリカでは Blockbuster Video という名前のビデオショップがあって全米にチェーン店を展開している。

> **Ex.** A: Did you see the movie titled *Forest Gump*?
> フォーレスト・ガンプっていう映画見たことある？
> B: Yeah, it was a **blockbuster** in 1997.
> うん、1997 年の大ヒット作だよね。

☐	1380	**board of trustees**	理事会・評議会
☐	1381	**board of regents**	アメリカ州立大学の理事会・評議会
☐	1382	**board of education**	教育委員会
☐	1383	**board member**	役員・評議員・理事

board には「委員会・役員会」などの意味がある。board of trustees は会社の「理事会」、大学の「理事会・評議会」、board of regents はアメリカ州立大学の「理事会・評議会」、board of education は「教育委員会」、board member は「役員・評議員・理事」である。

> **Ex.** Mr. Black has just been recommended to become the president of this company by the **board of trustees**.
> 理事会により、ブラック氏はこの会社の社長に推薦された。

☐ 1384 Catch-22 (situation) 勝算がない・身動きがとれない・理不尽な(状況)

この表現は同名の小説『Catch-22』に由来する。第二次大戦中にある空軍のパイロットが戦場へ出撃するのが嫌で、自分は狂っていると申し立てたが、戦場へ出撃したくないのであれば、正常であると判断され、申し出は却下された。この空軍のパイロットはいずれにしても戦場へ出撃しなければならなかったのである。このように Catch-22 は「勝算がない・身動きがとれない・理不尽な」状態を意味する。

> **Ex.** If you want to have a green card, you have to have a steady job in the U.S. But for you to get a steady job, you have to have a green card. It's a **Catch-22 situation**.　グリーンカード（アメリカでの永住権）が欲しいのなら、アメリカで定職に就いていなければならないが、定職に就くためにはグリーンカードが必要だ。理不尽だね。

☐ 1385 chip off the old block 親に似た子ども（とくに父親に）

chip off は「はがれ落ちた破片」、old block は「(石でできた) 古いブロック」という意味。古いブロックからはがれた破片は小さいだけで、内容はまったく母体のブロックそのものである。したがって chip は「子ども」、old block は「親」のことで、chip off the old block は親にそっくりな子どものことを意味する。しかもどちらかと言えば、父親似の子どもを意味する。

> **Ex.** My daughter is a **chip off the old block**. She is outgoing but never good in school.　私の娘は私そっくりでね。社交的なところはいいんだけど、学校ではぜんぜん駄目なんだよ。

Expression No.1384-1390

☐ 1386 **chow down** 食事をする・食べる (アメリカ)

chow はもともと中国語で「ご飯」を意味する。chow down の場合には chow は動詞で「食べる」の意味になる。この表現は第二次大戦中にアメリカ海軍によって使われ始めた軍隊用語であるから、主に男性が好んで用いる表現で「飯を食う」くらいのニュアンスで使う。

> **Ex.** Although it's just hot dogs and chips. Let's **chow down**.
> ホットドッグとポテトチップスだけだけどね、食べようじゃないか。

☐ 1387 **climb/move up the ladder** 出世する・昇進する
☐ 1388 **climb/move up the corporate ladder** 会社や企業で出世する
☐ 1389 **climb/move up the social ladder** 世の中で出世する

ladder は本来「はしご」という意味であるが、比ゆ的に「出世・昇進」を表す。はしごを出世や昇進のための道筋にたとえ、それを上れば上るほど会社や社会で成功するという考え方である。具体的に会社での昇進を climb (move) up the corporate ladder、社会的な出世を climb (move) up the social ladder という言い方もする。

> **Ex.** The more education you have, the better chance you have to **move up the ladder**. 教育を受ければ受けるほど出世のチャンスも増す。
> **Ex.** Not so many young people aspire to **move up the corporate ladder** nowadays. 最近、会社での出世を強く望む若者があまり多くない。

☐ 1390 **con artist** 詐欺師・ペテン師

con は「詐欺」という意味である。con はまた動詞で「人をだまして金銭などを巻き上げる」という意味だが、もともと confidence「信頼」という言葉から派生した（詐欺師は相手をまず信頼させてからだますので）。con artist は「詐欺師・ペテン師」という意味だが、相手をだますテクニックが芸術レベルの者を指す。並のペテン師は con (man)、swindler または juggler と呼ばれる。

> **Ex.** He was a capable politician as well as the best **con artist**.
> 彼は有能な政治家であり最高のペテン師であった。

	1391	**count me in** 私も入れて・私も参加します
	1392	**count me out** 私は遠慮する・私は参加しない

count me in は「私も入れて数えて」という意味で、複数人数で行う行事(サークル・飲み会・旅行など)に「私も入れて・私も参加する」という表現。逆に count me out は、「私をはずして数えて・参加しない」という意味である。

> Ex. When you talk about destruction, don't you know that you can **count me out**? もし破壊の話をするのなら、僕は参加しないよ。(ビートルズの「レボリューション」の歌詞から)
>
> Ex. Are we still going to the clubs in Shinjuku? If so, **count me out** this time. まだみんなで新宿のクラブに行く予定あるの? もしそうなら、今回は遠慮させて。

	1393	**curriculum vitae (CV)** 履歴書
	1394	**application letter (cover letter)** 応募理由書
	1395	**letterhead** レターヘッド(社名・学校名がついた便箋)

curriculum vitae は「履歴書」のことで、resume とほぼ同意であるが、curriculum vitae は教育系の人たちの「履歴書」という考えをする人もいる。application letter「応募理由書」は履歴書に添えて提出するもので、本人がもし、応募した職種に就ければ、何ができるか・何がしたいかを 1、2 ページ程度にまとめたもの。letterhead は会社・公共の組織・学校などの公式文書を記載するための便箋で、便箋の上の中央には社名・学校名、それらのロゴやマークそしてその下に住所・電話番号などが書かれている。通常 letterhead に書かれていない文章は正式な文章とはみなされない。

> Ex. Please send us your **curriculum vitae** and an **application letter**.
> 履歴書と応募理由書を郵送してください。

	1396	**cut and dried** あらかじめ準備された・新鮮さがない・月並みの・決まりきった

cut and dried の直訳は「(あらかじめ)切ってあって乾かされている」という意味で、建築用の木材や山木が語源である。建築用の木材はまず山で伐採されて、同じ形や

寸法に切られ、乾かされる。山木も同様に暖炉に入れやすいようにあらかじめ一様の長さや大きさに切られ、燃えやすいように乾燥させる。このように cut and dried の大意は「あらかじめでき上がっていて、一様である」ということで、「あらかじめ準備された」「月並みの」または「決まりきった」という意味に用いられる

> **Ex.** The president's speech at the New Year's party was totally **cut and dried** and too long. Many employees wished that he would just shut up.
> 社長の新年会での挨拶はまったく月並みのうえ長すぎたので、多くの社員は彼に「黙れ！」と言いたかった。

1397 daylight saving time　夏時間

アメリカのほぼ全州で実施されている制度で、4月の最終日曜日から10月の最終日曜日まで時間が1時間繰り上がる。

> **Ex.** Make sure that you come one hour earlier tomorrow because we are getting into **daylight saving time**.
> 夏時間にシフトするので、明日は忘れずに1時間早く来なさい。

1398 dig up　見つける・得る・発見する・明らかにする

dig up は口語表現で、「ある程度の努力をして見つける・得る」という意味。また、他人の秘密やダメージを与えるような情報を「見つけ出す・探り出す」というニュアンスもある。dig はまた口語表現で（とくに若い人の間で）、「理解する・わかる・気に入る」という意味に使う。例えば、Do you really dig it?「本当にわかるかい？」、I dig rock'n' roll music.「ロックンロールが気に入っているよ」のように使われる。

> **Ex.** A: Do you think it's true that Tom has two girlfriends?
> トムにはガールフレンドが2人いるって本当かな？
> B: Let's see what we can **dig up**?
> それじゃ、ちょっと探り出してみようか？

1399 Don't take it personally　（批判などを）個人的に受け止めないように
1400 Don't get personal　個人攻撃はしないように

Don't take it personally は職場や教育現場でとてもよく使われる表現である。私自身アメリカの大学で 12 年間教えていたが、アメリカの若者は授業中常識外れのことをする者が多く、授業でも何を教えるかより、どのようにして学生を静かにさせるかに頭を悩ませたものである。そんなときは他の先生方から Don't take it personally「(授業を妨害する学生を) 個人的に受け止めないように」というアドバイスをもらったものである。

Don't get personal は「ある特定の個人のことを問題にして批判をしないように」という意味である。アメリカ人の職業上でのプライドは being professional であるが、not to get personal はプロフェッショナルである要件の重要な一部である。

> **Ex.** Dr. Osanai. **Don't take it personally**. Students criticize whatever they want to in a faculty evaluation.
> 小山内先生、個人的に受け止めないように。学生は自分達が批判したいことは何でも (教授用の) アンケートに書くものだよ。
>
> **Ex.** I know how you feel but, **don't get personal**.
> 気持ちはわかるけど、個人攻撃はいけないね。

1401 **Down Under** オーストラリアおよびニュージーランドの別称
1402 **down under** オーストラリアおよびニュージーランドで/に/へ

Down Under はオーストラリアおよびニュージーランドのことであるが、オーストラリアだけを意味することが多い。語感だけから判断すると、down「下または下がる」と under「下に位置する」であるから、差別的な意味合いが含まれていると考えられがちであるが、むしろオーストラリア人にとっては誇りにする言い方である。Down Under はオーストラリアおよびニュージーランドが、イギリスやアメリカがある北半球から見て地球の下側にあり (down)、地球を球体として見たときには、これらの国の下 (under) にあるので、このように呼ばれる。Down Under で「オーストラリアおよびニュージーランド」という意味の名詞句であるが、down under は「オーストラリアおよびニュージーランドで/に/へ」という副詞句になる。

> **Ex.** Blair, Sean, and Anna all come from **Down Under**.　ブレア、ショーン、それにアナは全員オーストラリアおよびニュージーランド出身だ。
>
> **Ex.** What kind of food do they eat **down under**?
> オーストラリアおよびニュージーランドではどんな食べ物を食べているの?

Expression No.1401-1406

1403 empty nest syndrome 空き巣症候群

日本語でもエンプティーネストシンドロームと言うこともある。empty nest は、「空になった巣＝だれもいない家」ということ。いままで、家には夫婦と子どもがいて生活をしていたのに、夫は仕事で留守がちで、子どもは子どもで大きくなって、一人暮らしを始めたり、または結婚したりして家にいなくなり、結局、家には主婦だけが残されてしまい、空虚感に襲われるという症候群。もしくは、子どもが巣立ってしまって、夫婦だけになり、そのような症状が出ることを指す場合もある。それまでは子どもの世話に追われたりしていたのに、突然に世話をする対象がいなくなってしまって、虚脱感に襲われるなどの症状が出るわけだ。アメリカでも日本でも、empty nest syndrome で悩んでいる人がいる。

> **Ex.** My youngest daughter, Denise will marry next month. I am worrying a little bit about **empty nest syndrome**. I hope I can enjoy my life without her. 末娘のデニースが来月結婚するのよ。空き巣症候群のこと心配しているのよ。彼女がいなくても、自分の生活を楽しみたいものだわ。

1404 Every dog has its/his day
どんな人間にもいいとき・幸運なときはある ことわざ
1405 It's a dog's life
みじめな生活・みじめな人生・哀れな存在
1406 Beware of the dog
番犬注意・「番犬注意」の看板

日本語同様、英語も dog には「野郎・下劣な奴・裏切り者・密告者」また「くだらない物・失敗作」など否定的な意味が多い。

> **Ex.** A: Hey, I made ¥100,000 at the pachinko parlor. I'll buy you dinner.
> パチンコで10万もうけちゃったぁ。飯でもおごるよ。
> B: I'm happy for you. **Every dog has its day.**
> それはよかった。どんな奴にもいいときはあるもんだね。

> **Ex.** Since I graduated from Chuo university, I have kept taking the bar exam for years. I have no money. My parents gave up on me already and there is no future in sight. **It's a dog's life.** 中央大学を出てから、何年も司法試験を受け続けているけど、金もないし、親は僕のこととっくにあきらめているし、将来の見通しも立たないよ。みじめな生活だよ。

☐	1407	**face off (against/with)**	対決する
☐	1408	**face-off (against/with)**	対決
☐	1409	**Let's face it**	現実を見つめようじゃないか・現実的になれ
☐	1410	**It's written all over your face**	顔に書いてある・一目瞭然

　　face off はアイスホッケーでの試合の始まりに競技者がお互いの顔と顔をつき合わせている状態を表す。「直接対決する」という意味はこれに由来する。
　　Let's face it の it は「現実」という意味である。
　　It's written all over your face は文字どおり「顔中に書かれている」という意味で日本語の「顔に書いてある」「一目瞭然」と同意である。

Ex. Tonight two schools, Meiji and Hosei will **face off** at the Jingu Stadium.　今晩、明治と法政は神宮球場で対決する。

Ex. **Let's face it**. If we get a divorce, what would become of our two kids?
　　現実を見ようじゃないか。もし我々が離婚したら、2人の子ども達はどうなる？

Ex. **Let's face it**. We can't afford to take our kids to Disneyland and stay there for two nights. Moneywise or timewise.
　　現実を見ようじゃないか。お金にしても、時間にしても、子ども達をディズニーランドへ連れて行って、そこで2晩泊まる余裕はないよ。

Ex. A: You must have had a romantic night at some hotel in Odaiba with some one.
　　あなた誰かとロマンチックな一夜をお台場のホテルで過ごしたでしょう？
　　B: How do you know?　どうしてわかるんだい？
　　A: **It's written all over your face**.　顔に書いてあるわ。

☐	1411	**The feeling is mutual**	お互いに同じ気持ちです・お互い様
☐	1412	**I feel for you**	それはお気の毒に・大変ですね

　　mutual は「お互いの・相互の・共通の」という意味。The feeling is mutual は文字どおり、「その感情はお互い様です」という意味で、相手に同情や共感を表す場合に用いられる。I feel for you は相手の不遇に同情を表す場合に用いる。

Ex. A: It is always fun to drink with you but I have to run to catch the last train. Please excuse me leaving.　君と飲むのはいつも本当に楽しいんだけど、最終電車に乗り遅れるので、ここで失礼するよ。

> B: **The feeling is mutual**. I also have to catch the last train.
> お互い様ですよ。私も終電に乗らなければなりません。
>
> Ex. A: My daughter went to study abroad in the U.S. five years ago and never came back. My son is now crazy about motorcycles and never studies for the college entrance exam.
> 娘は5年前にアメリカへ留学したっきり帰ってこないし、息子はバイクに夢中で受験勉強はまったくしないんだよ。
>
> B: **I feel for you**. Can we get together for a glass or two after work?
> 大変ですね。仕事が終わった後、一杯やりますか？

1413　the genuine article　本物・正真正銘

genuine は「本物の・正真正銘の」、article の基本的な意味は「品物」であるが、この表現は人間・物両方に用い、「本物・正真正銘」などの意味である。

> Ex. John Lennon was a bit of a peculiar man but he was **the genuine article**.　ジョン・レノンはちょっと変わった人間だったけど、本物だよ。
>
> Ex. This baseball bat is **the genuine article** that Ichiro hit a homerun with.　このバットは正真正銘イチローがホームランを打ったものです。

1414　Get back to me (on that)　フィードバックをお願いします
1415　get down to ~
〜に取り組む・〜に本腰をいれる（仕事・プロジェクト・勉強など）
1416　get on with ~　仕事などを続ける・〜と仲良くする・急げ
1417　get-up-and-go　情熱・やる気・進取の精神・企業心

Get back to me (on that) は、「(その点について) 私に結果などを報告してください」という意味で、頻繁に使われる表現である。この表現は会社など組織で、上司から部下へ、また力関係が同等な者同士で使われる。

　get down to ~ は「仕事・勉強・問題などに真剣に取り組む」という意味。この表現は Let's get down to it「さぁ、本腰を入れて取り組もう」や Get down to business「さぁ、仕事に取り組もう」の形でよく使われる。

　get on with~ は「仕事などを続ける・〜と仲良くする」また命令形で「急げ」という意味である。

> **Ex.** Ms. Eisenhart, please **get back to me** on that by noon.
> アイゼンハートさん、正午までに、この点について報告してください。
>
> **Ex.** The police finally have **gotten down to** cracking down on drunk drivers. 警察はやっと酔い運転の取り締まりに本腰を入れた。
>
> **Ex.** There goes the bell. It's time to **get on with** our work.
> さぁ、ベルがなったぞ。仕事に戻る時間だ。
>
> **Ex.** She opened a restaurant three times and she failed three times. But she still has lots of **get-up-and-go**. 彼女は3回レストランをオープンして、3回とも失敗。でも彼女はまだやる気満々。

1418 get even (with) ~ 〜（に）仕返しをする
1419 Don't get mad, get even 怒るより仕返しをしなさい

even は「互角」という意味で、get even は「互角になる」。get even with ~ の直訳は「（誰々と）互角になる」であるが、「〜に仕返しをする・復讐をする」という意味に用いられる。

Don't get mad, get even は、誰かに怒りを感じている人に、「ただ単に怒るのでは意味がない、仕返しをして互角になりなさい」という意味である。

> **Ex.** Joe made fun of my false tooth. So I made fun of his big and hooked nose to **get even with** him. ジョーは僕の入れ歯をばかにしたから、仕返しに僕は彼のデッカイ鷲鼻をばかにしてやった。

1420 get to the bottom of ~ 〜の真相を突き止める

the bottom で物事の「本質・真相・原因」、get to the bottom of ~ は文字どおり「〜の真相や原因へ向かう・たどり着く」という意味である。

> **Ex.** We have to **get to the bottom of** our sluggish sales when the economy is booming. 景気がいいときになぜ当社の製品の売れ行きがさえないのか真相を突き止めなければならない。

Expression No.1418-1424

1421 go fly a kite あっちへ行け・邪魔しないで・どこかで遊んでこい
1422 go jump in the lake / go climb a tree / go jump off a cliff （同上）

go fly a kite の直訳は「凧揚げをしに行け」という意味。しつこく自分につきまとう人間に「あっちへ行け・邪魔するな」と言うときの決まり文句。仲間同士で、年下の者に、また親が子ども達に使う表現である。この他に go jump in the lake, go climb a tree や go jump off a cliff なども同様な意味に用いられる。

> **Ex.** Tom, I am busy working on my homework. **Go fly a kite**!
> トム、私は宿題で忙しいの。どこかへ行って！

1423 go the extra mile 余分な仕事を自ら行う・進んで骨をおる

聖書の中の言葉である（英語のイディオムには聖書からの引用が多い）。【例】the salt of the earth「地の塩＝潔癖で良心的な人」。go the extra mile はイエス・キリストの言葉で、ローマ軍の兵士が命令すれば、イスラエル人は彼らの荷物を1マイルかつがなければならなかったが、イエスはもう1マイル自発的に荷物をかつぐようにイスラエル人に諭した。go the extra mile は「自分の仕事を果たした上で、人のために善を自ら進んで行う」というイエス・キリストの教えに由来している。

> **Ex.** Dr. Hirakuri is such a dedicated and willing professor. He always **goes the extra mile** in guiding his students and conducting research.
> 平栗博士はとても献身的でやる気のある教授なんだ。いつも自ら進んで学生を指導し研究に打ち込んでいるよ。

1424 (all) Greek to me 私にとってはまったくチンプンカンプン

Greek to me の直訳は「私にとってはギリシャ語」であるが、「私にとってはまったくチンプンカンプン」であるという意味に用いる。この表現の語源はシェイクスピアの書いた『Julius Caesar（ジュリアス・シーザー）』である。書物の中で、彼の暗殺計画について聞いていたメンバーの一員（ラテン語しかわからない）が、それが Greek（ギリシャ語）で話されていたので、内容がまったくわからなかったと言う。

> **Ex.** Dr. Fujinami explained to me very kindly about the problems in my

computer. But it was **all Greek to me**.
藤波先生はとても親切に私のコンピューターの問題点について説明してくれたが、私にはまったくチンプンカンプンだった。

1425 ground zero　爆心地、発祥地

　ground zero は2001年の9月11日に起きた同時多発テロ以来よく耳にするようになった表現であるが、その起源は1945年にまで遡る。ground zero はもともと核実験での爆心地の意味で、ゼロのポイントから半径どれくらいまで爆発の影響があるのかを観察した。現在では本来の意味の他に、流行や文化などの発祥地という意味にも使われている。

Ex. Some say that Aoyama is the **ground zero** of fashion for teenagers.
青山がティーンエージャーのファッションの発祥地であると言う人もいる。

1426 gunned down　射殺される・銃弾に倒れる
1427 shot dead　射殺される・銃弾に倒れる
1428 gun control　拳銃規制（法）
1429 NRA (National Rifle Association)　全米ライフル協会

　gunned は「撃たれる」、down は「倒れる」という意味であるが、この表現では死を意味する。shot dead は文字どおり「撃たれて死ぬ」という意味。gunned down も shot dead も「撃たれて死ぬ」という意味であるが、gunned down のほうが「暴力的に殺される・暗殺される」という意味が強く、多人数によって、またマシンガンなどで殺されるという意味が強い。

　NRA (National Rifle Association) 全米ライフル協会は、アメリカでは強力な圧力団体で（会員数400万）、Charlton Heston チャールトン・ヘストン（映画俳優）が長年にわたりライフル協会の会長をしていたことでも有名。

Ex. JFK was **gunned down** in Dallas, Texas on November 22, 1963.
ケネディ大統領は1963年11月22日テキサス州ダラスで銃弾に倒れた。

Ex. A stray bear was **shot dead** by the police task force.
迷い熊が警察の特殊部隊によって射殺された。

Expression No.1425-1434

1430 have a chip on one's shoulder
イライラしている・けんか好き・けんか腰で

have a chip on one's shoulder の直訳は「チップが肩の上にのっている」であるが、chip は木の破片のことである。昔アメリカには、子ども達の間で序列を決めるような遊びがあった。「この破片を落としてみろ、お前をぶん殴るぞ」とガキ大将が挑発するゲームで、もしその挑発を買って出るものがいれば、そのガキ大将の肩にのっている木の破片を落とすのである。have a chip on one's shoulder はこの遊びから由来したもので、「イライラしている・けんか好き・けんか腰」などの意味に用いられる。

Ex. Mr. Kato, the head of the personnel department, seems to **have a chip on his shoulder** this morning. We'd better not be around him.
加藤人事課長は今朝からけんか腰なんだ。近寄らないほうがいいな。

1431 head in the clouds
ぼんやりしている・ボケーっとしている・上の空である

head in the clouds の直訳は「頭が雲の中」である。雲は空にフワフワと浮いているので、頭をその中に突っ込めば、きっと「フワフワと浮いた感じ」になるだろうという考えに由来した表現である。head in the clouds は「ぼんやりしている・上の空である」という意味に使われる。

Ex. Nancy's **head** has been **in the clouds** lately. I know she is deeply in love with a quarter back on our football team, Payton.
最近ナンシーはボケーッとしているけど、知ってるの。彼女はフットボールチームのクォーターバック、ペイトンにぞっこんなのよ。

1432 hit-and-run (accident) 当て逃げ（事故）
1433 head-on collision 正面衝突
1434 rear-end collision 追突

hit は「当てる」、run は「逃げる」、head-on は「正面から/と/に」、collision は「衝突」。a head-on car crash も「正面衝突」という意味。rear-end は車の「最後部」。

Ex. There was a **hit-and-run** accident on Kan'etu Freeway last night.

第4章 TOEIC 700点レベル

昨晩関越自動車道で当て逃げ事件があった。

Ex. We saw a terrible **head-on-collision** on the way to Atlanta.
アトランタへ行く途中ひどい正面衝突事故を見たよ。

1435 hourly/weekly/monthly wage/salary/pay
時間/週/月当たりの賃金

wage は「賃金・給料・報酬」という意味。wage は正式に採用されていない場合の時間給のような意味であり、正式採用の場合は salary をもらう。pay はこれらの中で最もくだけた言い方である。

Ex. In most restaurants, the minimum **hourly wage** is $5.15 but waiters and waitresses can get a lot of tips at the same time.
たいていのレストランでは最低の時給は 5 ドル 15 セントだが、ウエイターやウエイトレスは同時にたくさんのチップをもらう。

1436 I have a confession to make
白状することがあります・実を言えば

confession は「告白・白状」、make a confession で「白状する・告白する」、この表現は、隠していたことを打ち明ける場合に、前置きとして用いる。

Ex. **I have a confession to make.** It was love at first sight.
白状することがあります。一目惚れでした。

1437 I wouldn't bet on it　　そうはならないだろうね
1438 Don't bet on it　　　　（同上）

I wouldn't bet on it. の直訳は「それには賭けない」つまり「それに賭けても負けるということがわかっているから賭けない」であり、「それはあり得ない・そうはならないだろう・そうはいかないだろう」という意味に用いられる。
Don't bet on it も同様な意味である。

Expression No.1435-1444

> **Ex.** A: Do you think the living standard in this country will steadily rise year by year? この国の生活水準は年々上がっていくと思う？
> B: **I wouldn't bet on it.** そうはいかないだろうね。

1439 in cooperation with ~　〜と共同して・協力して
1440 in collaboration with ~　（同上）
1441 We appreciate your cooperation (collaboration)
ご協力ありがとうございます

collaboration は「協力・共同」。cooperation も同様に「協力・共同」という意味。

> **Ex.** Kyoto University made an announcement that they would develop a beer called White Nile **in cooperation with** Waseda University. 京都大学は早稲田大学と共同して「ホワイトナイル」というビールを開発すると発表した。

1442 in hot water　ひどく困っている

18世紀中頃から使われている表現で、とくに法律や警察とのトラブル、また上司とのトラブルに使われていたが、現在ではそのような区別はない。in hot water は文字どおり「熱い湯の中」という意味で、困難の中にいる状態を表す。in trouble も in hot water も意味上ほぼ同様であるが、in hot water のほうが婉曲な言い方である。同じ意味の表現で in hot soup もある。

> **Ex.** You'll be **in hot water** if you don't try my cooking.
> 私の作った料理食べなかったら、ひどい目に合わせるわよ。
>
> **Ex.** John overslept and came late again today, he is really **in hot water** with the boss. ジョンはまた寝過ごして遅れてきたんだ。上司との関係がすごくまずくなっているよ。

1443 in jeopardy　危機にさらされている・窮地に立たされている
1444 at risk　　　危険にさらされている

jeopardy は「危険」という意味で risk と同様な意味である。

> Ex. Nissan's No.2 position in the domestic auto market is **in jeopardy** because of sluggish sales.　日産の国内車市場でのNo.2のポジションは低調な販売のために危機にさらされている。
>
> Ex. Mr. Ozawa is the chairman of the Democratic Party of Japan. His reputation as a strong performer in elections is **at risk**.
> 日本民主党の小沢党首の選挙に強いという評判が危機に瀕している。

☐	1445	**in the line of duty**	職務中に
☐	1446	**line of duty**	義務
☐	1447	**next in line**	第一継承者

　lineは職務の「執行」という意味があり、in the line of duty「職務中」は軍隊・警察・消防のように、人の生死に関係ある職業について用いられる。またlineには「家系・序列」という意味があり、next in lineは「次の家系の継承者」という意味である。

> Ex. The police man was shot dead by the murder suspect **in the line of duty**.
> その警察官は職務中に容疑者に撃たれて殺された。
>
> Ex. The world keeps an eye on who will be the **next in line** after Kim Jong Ill.　世界は誰がキム・ジョンイルの第一後継者になるのか見守っている。

☐	1448	**In your dreams!**	バカ言ってろよ・せいぜい夢でも見てたら
☐	1449	**Dream on!**	（同上）
☐	1450	**It's (like) a dream come true**	まるで夢がかなったようだ

　In your dreams!は、「そんなことは夢の中だけの話だよ」という意味で「せいぜい夢でも見ていたら」「バカ言ってろよ」という意味に用いる。Dream on!の直訳は「夢を見続けていたら」だが、in your dreamsと同様の意味に使われる。It's (like) a dream come trueは文字どおり「まるで夢がかなったようだ」という意味である。

> Ex. A: I want to be a man like him leading this country with a firm belief.
> 彼のように信念を持ってこの国を導くような男になりたいなぁ。
> B: **In your dreams!** You can't even support your family.
> なにバカ言ってるのよ！　あんた自分の家族すら食わせていけないのよ。
>
> Ex. A: I am just a car salesman now. But I will study abroad in the U.S. to

get myself a Ph.D. Coming back to Japan, I want to teach English as a professor at a university.
今はただの車のセールスマンだけど、アメリカへ留学して博士号を取る。そして日本に帰ってきて、大学の教授として英語を教えるんだ。

B: **Dream on!** How about another glass of beer? Forget about your nasty customers. 夢でも見てろよ！それよりビールもう一杯どうだい？嫌な客のことは忘れようぜ。

Ex. Now I have a nice house in a cozy suburb and two kids growing up all right. **It's like a dream come true.** すばらしい家をきれいな郊外に建て、2人の子ども達も順調に大きくなっている。まるで夢がかなったようだよ。

☐	1451	**in-state tuition**	州内生の授業料
☐	1452	**out-of-state tuition**	州外生の授業料
☐	1453	**tuition waiver**	授業料免除

tuition は「授業料」のことで、fee も同じ意味である。アメリカの大学の8割は州立大学であり、州内の学生がその州にある大学へ行く場合は、in-state tuition「州内生の授業料」を払うが、州外からの学生は out-of-state tuition「州外生の授業料」を納める。in-state tuition は州によって、また大学によって違うが 4,000 ドルから 6,000 ドル程度。これが、out-of-state tuition だと約3倍、10,000 ドルから 18,000 ドルくらいに跳ね上がるので、州外の大学へ行くことは、奨学金などが州外の大学から出る場合を除いて、珍しいケースである。外国人学生は out-of-state tuition を払わなければならない。tuition waiver は「授業料免除」であるが、通常 graduate assistant「院生助手」になると、tuition waiver も受けられる。

Ex. Masao must pay **out-of-state tuition** because he is an international student. 雅夫は外国人学生なので州外生の授業料を払わなければならない。

☐	1454	**IRS (Internal Revenue Service)**	アメリカ国税局

IRS (Internal Revenue Service) の直訳は「国内歳入サービス」である。IRS はアメリカの国民から最も嫌われている国の機関で、ことあるごとにアメリカ人の話題にのぼる。税金は自己申告を基本とし、1月15日から4月15日の間に前年度の納税額を申告する。国民は頭を悩ませる。高額の税金を払う者や、税額の計算が不得意な者は税理士に申告を依頼することが多い。

> **Ex.** In the U.S., every worker must file his/her income tax from the previous year to the **IRS**.　アメリカではすべての労働者は前年度の所得税をIRSに申告しなければならない。

☐ 1455　**It's now or never**　今こそ絶好のときだ
☐ 1456　**Now what?**　今度は何？

　It's now or never は「今行動を起こすか、さもなければ2度と同じチャンスはめぐってこない」という意味である。
　Now what? には、次の二つの使い方がある。一つは物事を次々に頼んでくる相手や続けざまにいたずらをする子ども達に、あきれて「次はなんだい？」という用法。もう一つは「次のステップは何ですか？」「次にすべきは？」と聞く場合も用いる。

> **Ex.** Go apologize to your wife. She has forgiven what you said. **It's now or never**. Get your family back.　奥さんに謝れよ。彼女は君が言ったことをもう許しているよ。今が絶好のチャンス。家族を取り戻せよ。
>
> **Ex.** **Now what?** It's no use to keep coming back to my office. I won't change your grade.　今度はなんだい？　何度私の研究室に来ても無駄だよ。君の成績は変えないよ。
>
> **Ex.** So, I chopped the onions and potatoes. Then I stir-fried the pork. **Now what?**　たまねぎと芋を切って、豚肉を炒めたよ。さて次は？

☐ 1457　**It's very considerate of you**
　　　　お気遣いありがとうございます・どうもご親切に
☐ 1458　**It's very thoughtful of you**　（同上）

　considerate は「思いやりがある」という意味。It's very considerate of you は「あなたはとても思いやりのある人です」という意味で、相手の心遣い、思いやり、親切心に感謝するときに用いる。thoughtful も同様に「思いやりがある・親切である」という意味。

> **Ex.** Wow, a Montblanc fountain pen! I have wanted this for a long time. **It's very considerate of you.**　わぁー、モンブランの万年筆！ずうっと欲しかったんだよね。お気遣いどうもありがとう。

1459 It's your ball game　君次第だよ・君に任せたよ

ball game は「野球の試合」のこと。It's your ball game の直訳は「君の野球の試合だよ」であるが、「君に任せたよ」「君次第だよ」という意味に用いられる。

> **Ex.** Now that you became the director of this new project. **It's your ball game.**　さぁ、君がこの新しいプロジェクトのディレクターになったのだから、君次第だよ。

1460 a Johnny-come-lately　新入り・新参者

Johnny は John のニックネーム。ジョン・レノンが他の the Beatles のメンバーから Johnny と呼ばれていた話は有名。英語圏で John は最もありふれた名前の一つで、Johnny は男性一般を意味する。例えば、くだけた言い方であるが、知らない男性に話しかける場合に Hey, Johnny「おい、君」という表現が使われる。Johnny-come-lately の直訳は「最近来た男・奴」であるが、「新参者・新入り」という意味である。

> **Ex.** Rakuten is **a Johnny-come-lately** in Japanese professional baseball.
> 楽天は日本のプロ野球界の新参者だ。

1461 Join the club　君だけじゃないよ・みんな同じ
1462 Join the crowd　(同上)

Join the club は、困難・失敗・失恋などを嘆く相手に、私も同じ経験をしました、だから「一緒のクラブに入りませんか？」と同情を表す表現。

Join the crowd の直訳は「大勢の他の人たちに参加したら」という意味だが、「世の中の多くの人が君と同じ経験（失敗・失恋・挫折など）をしているのだから、君だけが大変じゃないよ」と相手をなだめるとき、または皆同様だという場合に用いられる。

> **Ex.** So you also wake up at 6 and ride on an early train for two hours to get to your workplace. **Join the club.** That's the way of life in Tokyo.
> そう、君もまた朝6時に起きて2時間電車に乗って職場へ行くんだね。僕も同じさ。これが東京の生活だよ。
>
> **Ex.** So, you could not get into the university of your choice? **Join the club.** My cousin tried the med school of Hokkaido University four times

but he never made it. So he went to the vet school of Obihiro Chikusan University.
志望大学に入れなかったって？ 君だけじゃないよ、みんな同じさ。僕のいとこは北海道大の医学部に4回挑戦したけど、結局駄目。それで帯広畜産大学の獣医学科に行ったよ。

Ex. You have three finals tomorrow? **Join the club.** I also have three tomorrow.
明日学期末テスト3つあるんだって？ 君だけじゃないよ。僕も明日は3つだ。

1463 knock oneself out　全力を尽くす・疲れきる

　　knock out はボクシングで、相手をノックアウトすること。knock oneself out は自分自身が疲れきってノックアウトするまで徹底的に努力することと考えれば合点がいく。knock oneself out は「全力を尽くす」「徹底的に努力する」という意味であるが、「疲れきって倒れるくらい」というニュアンスも含んでいる。

Ex. A: **I knocked myself out** studying for the final exam in the last few days.　ここ数日間疲れてくたくたになるまで学期末試験の勉強をしたよ。
　　B: Burning the midnight oil is OK but don't **knock yourself out**.
夜更かししてがんばるのもいいけど、あまりがんばりすぎてもだめだよ。

1464 Let me get this straight
（問題点や話の内容）を確認/整理させてください

　　this は、会話の中で問題になっていること。get this straight で「問題点を確認する」という意味。この表現は、会話の中で問題になっている内容について、自分の理解を確認するために「問題点を確認させてください」「問題になっていることを整理させてください」という表現。

Ex. **Let me get this straight.** Do you really mean to quit college?
言っていることを確認したいんだけど、本当に大学辞めるって？

1465 let one's hair down　くつろぐ・リラックスする

332

let one's hair down の直訳は「〜の髪をだらりとおろす」という意味である。中世の女性の髪形を思い出して欲しい。外出するときは髪をいろいろな形に整えた（とくに髪を結い上げた）ものだが、彼女らにとっては窮屈なものであった。だから外出先から帰ってくると女性達は髪をだらりとおろしてくつろいだ。let one's hair down「くつろぐ・リラックスする」はこのことに由来する。

> **Ex.** As soon as she comes back from work, she grabs a can of beer and lies down on the couch to **let her hair down**. 彼女は仕事から帰ってくるとすぐに缶ビールを手にし、ソファーに横になってくつろぐのである。

1466 research university　大学院での専門教育を重視する大学

research university は大学院での教育に重点を置く大学で、通常は院生と学部生の数が同等か、院生のほうが多い。また research university は巨額の研究資金を受託する総合大学である場合が多く、読者がご存知のアメリカの大学はほとんどがリサーチ大学である。

> **Ex.** Duke, Vanderbilt, and Emory are all big-name private schools and **research universities** in the South. デューク、バンダービルト、エモリーは南部の有名な私立大学であり、リサーチ大学である。

For Your Information

アメリカのリサーチ大学 TOP20
Research Universities （America's Best College US News 2007）

1.	Princeton University	NJ	Private
2.	Harvard University	MA	Private
3.	Yale University	CT	Private
4.	California Institute of Technology (Cal. Tech.)	CA	Private
5.	Massachusetts Institute of Technology (MIT)	MA	Private
6.	Stanford University	CA	Private
7.	Pennsylvania University	PA	Private
8.	Duke University	NC	Private
9.	Columbia University	NY	Private
10.	Dartmouth University	NH	Private
11.	University of Chicago	IL	Private
12.	Cornell University	NY	Private
13.	Washington University of St. Louis	KS	Private

14.	Northwestern University	IL	Private
15.	Brown University	RI	Private
16.	Johns Hopkins University	MD	Private
17.	Rice University	TX	Private
18.	Emory University	GA	Private
19.	Vanderbilt University	TN	Private
20.	University of Notre Dame	IN	Private

□	1467	**line of goods**	取り扱い商品
□	1468	**line-up**	商品の一覧・チームの顔ぶれ・人の列
□	1469	**top-of-the-line**	最上級の
□	1470	**above the line**	標準以上

line は「商品」「製品」「在庫製品」を意味する。またその「種類」も意味する。

Ex. The cosmetics company launched a new **line of** shampoo.
その化粧品会社は新しいシャンプー製品を売り出した。

Ex. The **line of goods** we sell is listed in the booklet.
私達が扱っている商品はこのパンフレットに載っています。

Ex. The Lexus 460LS is the **top-of-the-line** model of all the range.
レクサス 460LS はすべてのレクサスのモデルの中でも最高級モデルである。

□	1471	**live from hand to mouth** その日暮らしをする

from hand to mouth の直訳は「手から口へ」であるが、「食べ物を手に取ったら、すぐに口に入れる」つまり、食べ物を明日のためにとっておくことができないという状況の比ゆである。

Ex. It is disappointing that many young people **live from hand to mouth**.
多くの若者がその日暮らしをしているのは残念なことだ。

Ex. Because it is so fun to spend extra money, it is easy to **live from hand to mouth**. 余剰金を使ってしまうことはとても楽しいので、簡単にその日暮らしをするはめになってしまう。

Expression No.1467-1474

1472 look before you leap　行動を起こす前によく考えろ

leap は「飛ぶ・飛び越える」という意味の動詞。look before you leap の直訳は「飛び越える前に注意して見なさい」であるが、比ゆ的に「何かをする前に、よく考えてからにしなさい」という意味に使われる。

> **Ex.** You said you want to invest in the IT industry but **look before you leap**. The industry hasn't been doing well recently.　IT 産業に投資したいって言ってたけど、よく考えたほうがいいよ。IT 産業は最近あまり芳しくないから。

1473 make a mess
散らかす・汚くする・トイレを汚す・犬や猫などがうんこ・おしっこをする

mess は「散らかった状態や混乱した状態」を表し、make a mess は基本的に「散らかす」という意味である。この表現には他に「汚す」、また尿や便で「トイレを汚す」「犬や猫などがうんこ・おしっこをして汚す」という意味がありアメリカ人が日常頻繁に使用する表現である。

> **Ex.** My small pooch **made a mess**, so I have to clean it up.
> 私の子犬がおしっこしちゃったの、きれいにしなくちゃ。
>
> **Ex.** We are very happy that our daughters made cookies for us. But they **made a huge mess** making them.　娘たちが私達にクッキーを作ってくれるのはうれしいけど、そのためにさんざん散らかして汚してくれた。

1474 make the cut　選ばれる・合格する・成功する

the cut は「切断」であるが、例えば紙を端から切っていくと、だんだんと小さくなっていく。最後には指でつかまるくらいに小さくなるだろう。この表現は厳しい選考の結果、最終的にほんのわずかの合格者に残るという意味である。

> **Ex.** To join this club, you need to **make the cut**. We want only very good players.
> このクラブに入部するのには、選ばれなければ駄目。いい選手だけ欲しいからね。

1475 a man Friday / a girl Friday 忠実な召使い・部下・アシスタント

Friday は *Robinson Crusoe*「ロビンソン・クルーソー」に出てくる忠実な召使いの名前である。この小説から忠実な部下やアシスタントを a man Friday と呼ぶようになった。女性の場合は a girl Friday と表現し、「忠実で、雑用の他に何でも上司のためにしてくれる秘書・アシスタント」を意味する。

> **Ex.** Hey Blair, you need **a man Friday** to clean up your desk, throw out the garbage, and arrange the important files for you.
> ブレア、君は机の上を片付けたり、ゴミを捨てたり、重要なファイルを整理してくれる忠実なアシスタントが必要だね。

☐	1476	management skill	管理職としての技量
☐	1477	management position	幹部職
☐	1478	management training	管理職教育
☐	1479	middle management	中間管理職
☐	1480	upper management	会社の上層部
☐	1481	top management	経営トップ
☐	1482	business management	事業経営
☐	1483	financial management	財務管理
☐	1484	crisis management	危機管理
☐	1485	poor management	不良経営
☐	1486	move up into management	出世して役員になる
☐	1487	management consultant	経営コンサルタント

management には「経営・管理・経営者・経営陣」などさまざまな意味がある。

> **Ex.** Mr. Nishi has just been promoted to a **management position** in the personnel department of JVC.
> 西さんは JVC の人事部で管理職のポジションに昇進した。
>
> **Ex.** The **top management** refused the pay-hike request from the workers.
> 経営上層部は労働者側からの賃上げ要求を拒否した。

Expression No.1475-1489

For Your Information

アメリカと日本とでは会社組織が異なるが、日本の一般的な会社組織を英語に当てはめると次のようになる。

chairman/CEO「会長」、president/COO「社長」、executive vice president「副社長」、senior managing director「専務」、managing director「常務」、corporate advisor「相談役」、general manager「部長」、plant manager「工場長」、branch manager「支店長」、manager「課長」、supervisor「係長」

1488 mess around　ふざけまわる・散らかしまわる・不倫をする

mess には「めちゃくちゃをする・だらだらと行う」という意味があり、mess around は「メチャクチャをしながら、あちこち動きまわる」というニュアンスである。例えば、「子どもが勉強しないでふざけながら家の中を散らかしまわる」という状況が mess around である。またこの表現は夫婦関係をメチャクチャにしながら不倫をしてまわるという意味もある。

Ex. Stop **messing around** boys! Get back to your seats and get back to work.
ふざけまわるのはやめなさい。椅子に戻って勉強を始めなさい。

Ex. I know Kenny has been **messing around** with a young blond in his office.
ケニーが事務所の若いブロンドの娘と不倫をしているのは知っているよ。

1489 mess up　へまをする・失敗する・メチャクチャにする

mess は「失敗・へま・メチャクチャ」という意味があり、mess up（動詞句）で「へまをする・失敗をする・メチャクチャ」という意味である。アメリカの大学生・若者がよく使う表現で、とくに試験で失敗する、コンピューターなどを壊すという意味に用いる。

Ex. A: Hey Bill, how was the exam?　やぁ、ビル。試験はどうだった？
　　 B: I **messed up**.　しくじったよ。

Ex. Tom **messed up** my computer. I should not have let him use it.
トムが私のコンピューターをメチャクチャにしたの。彼に使わせるべきじゃなかったなぁ。

第4章 TOEIC700点レベル

1490 mess with ~ ちょっかいを出す・たてつく・機械などをいじって駄目にする

mess には「立ち入って邪魔をする」「いたずらをする」という意味がある。機械などに用いると、「いじって駄目にする」という意味。mess with someone は「誰々にちょっかいを出す」「誰々にたてつく」という意味になる。

> **Ex.** Don't **mess with** Professor Hoshino, otherwise he won't introduce you to a company he has connections with. 星野先生にたてつかないほうがいいよ。彼がコネを持っている会社に紹介してくれないよ。
>
> **Ex.** Although my husband is not a high-tech person, he loves to **mess with** a computer. 私の夫はハイテクな人間じゃないのに、コンピュータをいじって駄目にするのが大好きなの。

1491 mind-blowing 圧倒されるような・並外れた・スリル満点の
1492 mind-boggling 気が遠くなるような
1493 mind-bending 幻覚性の・途方もない・圧倒的な

mind は「心」、blow は「爆発する・破裂する」という意味で、mind-blowing の直訳は「心が破裂するような」であるが、「すばらしい・並外れた・圧倒的な迫力の・スリル満点の」といった肯定的な意味に用いる。また mind-blowing には「幻覚性の」という意味もある。

> **Ex.** You never know how beautiful under the sea is. Diving in the deep blue ocean is **mind-blowing**. 海の中がどれほどきれいか君にはわからないよ。深い青い海でのダイビングは圧倒的な迫力だよ。
>
> **Ex.** Although many believe marijuana is safe, it is a **mind-bending** drug. マリファナは安全だと信じている人が多いが、それは幻覚性のドラッグである。
>
> **Ex.** I was so lucky to see the aurora in Canada. We saw a **mind-boggling** wall of light in the beautiful night sky. カナダでオーロラを見られたのは本当にラッキーだった。私達は気が遠くなるような光の壁を美しい夜空に見たよ。
>
> **Ex.** Strawberry Fields Forever was nothing but **mind-bending** for me, a 13-year-old boy back then. ストロベリーフィールズ・フォーレヴァー（ビートルズの曲）は、当時13歳の私にとって圧倒的な（幻覚を見るよな）迫力であった。

Expression No.1490-1498

☐ 1494　mumbo jumbo (jumbo mumbo)　わけのわからない言葉

mumbo jumbo は西アフリカのマンディン語で、「魔術師」という意味であるが、mumbo jumbo は口語表現で正式には gibberish「わけのわからない言葉」である。

> **Ex.** New York is truly a melting pot. I often hear people speaking **mumbo jumbo**.　ニューヨークは本当に人種のるつぼだ。人がまったくわけのわからない言葉を話しているのをよく耳にする。

☐ 1495　(That's the) name of the game
それがもっとも重要・最も考慮すべきこと
☐ 1496　It's all part of the game　避けて通れない・仕方ない
☐ 1497　The game is up　ここまで・これで終わり
☐ 1498　Game over　これで終わりだ（これ以上やっても望みがない）・万事休す

name は「状況の中で最も重要な要素・目的」、game はとても広い意味であるが、「話者が直面している状況」と考える。That's the name of the game は「それが最も重要なこと・最も考慮すべきこと」などの意味である。

It's all part of the game の直訳は「それはゲームの全部」であるが、この表現でのゲームは「試練・困難を伴う人生での重要なこと」。つまり仕事、学業、結婚、子育てなどのことである。この表現は、「人生・仕事・学業・結婚」などで、艱難辛苦があってもそれは part of the game、人生の一部だから、「仕方ない・避けて通れない」という意味である。

The game is up は「計画」が挫折したとき、「犯行」などがばれたときや失敗に終わったときなどに用いられ、「これまでだ・これ以上は無駄だ」などの意味である。

Game over は、コンピューター・ゲームの終了時に使われたことから、一般に使われるようになった。この表現は何をしても状況に望みがない場合に用いられる。

> **Ex.** A: Sometimes, I want to quit my job. But I have to pay the mortgage, send the kids to school and support my family. I have got to keep working.　ときどき会社辞めたくなるけどね、でも家のローンを払うため、子どもを学校にやるため、家族を養うために、働き続けなくちゃね。
> B: Yeah. **That's the name of the game.**
> そうだよ。それが重要なんだよ。
>
> **Ex.** A: We, graduate students are always worried about money and our school grades. On top of that, we have to look at our professors'

faces all the time.　私達、大学院生はいつもお金と成績のことを気にして、しかも教授の顔色を伺わなくてはならないの。
B: **It's all part of the game.**　仕方ないね（それが院生というものだ）。

Ex. Hey, guys. It seems that **the game is up**. The police are surrounding this house.
　よう、みんな、これで終わりのようだな。警官がこの家を囲んでいるんだ。

Ex. **Game over.** We did everything we could do to stop him from committing suicide.
　万事休す。彼が自殺をしないように、できることはすべてしてきたのに。

☐ 1499　**NASDAQ**
ナスダック（アメリカ証券業協会が開発した店頭銘柄気配自動通報システム）
☐ 1500　**NYSE (New York Stock Exchange)**　ニューヨーク証券取引所
☐ 1501　**DOW**　ダウ工業株（NYSE「ニューヨーク証券取引所」の特定30銘柄）
☐ 1502　**Tokyo Stock Exchange (TSE)**　東京証券取引所
☐ 1503　**London Stock Exchange (LSE)**　ロンドン証券取引所

　NASDAQ は NYSE（ニューヨーク証券取引所）より公開基準が緩やかなので、中堅企業やベンチャー企業、とくに IT 関連企業などが多く入っている。
　NYSE の株価指数は DOW 工業株 30 種の平均で示される。工業株と言われるが工業業種だけではない。
　London Stock Exchange（ロンドン証券取引所）は、東京証券取引所とニューヨーク証券取引所に並んで「世界三大証券取引所」に挙げられる。

Ex. **NASDAQ** is the world's largest electronic stock market, listing more than 3600 of the most innovative companies.　ナスダックは3600以上の最も革新的な企業を上場する世界でいちばん大きな電子株式市場です。

☐ 1504　**No strings attached**
ひも付きじゃないよ・何もたくらんでないよ・交換条件はついていないよ
☐ 1505　**There's a catch to it**　その話には裏・わな・落とし穴がある

　string は「交換条件・付帯条件」また単に「ひも」を意味する。No strings attached は誰かに何かをプレゼントするときや、援助や招待などする場合に「ひも付きではない・たくらみなんかない・交換条件はついていない」という意味に用いる。

catch は「わな・しかけ・落とし穴」という意味。There's a catch to it は「それには裏・わな・落とし穴」があるという意味。

> **Ex.** A: I'll buy you drinks at any place you want to go in Roppongi.
> 六本木の君の好きなところで酒おごるよ。
> B: I wonder if any strings are attached.
> なにか、たくらんでるんじゃないの？
> A: **No strings attached.** たくらみなんてないよ。
>
> **Ex.** A: Don't believe what a stockbroker tells you.
> 株の仲介業者の話は信じるな。
> B: **There is** always **a catch to it**.
> 彼らの話にはいつも落とし穴があるんだよ。

1506 Not that I know of　私の知る限りそうではない・知らない

> **Ex.** A: Do you know if Ms. Fisher divorced and left her children in New York?　フィッシャーさんは離婚して子ども達をニューヨークに置いてきたって知ってる？
> B: **Not that I know of.** 知らないよ。
>
> **Ex.** A: Terry is a womanizer and a sloppy guy.
> テリーは女ったらしで、いい加減な奴だよ。
> B: **Not that I know of.** 私の知る限り、そんな男じゃないわ。

1507　Nothing succeeds like success.　成功ほど続くものはない
1508　Success breeds success.　（同上）

　この表現は、一度成功すると、その成功が次の成功を呼び、成功が繰り返し起きるという意味である。ネイティブ・スピーカーは success の代わりにいろいろな言葉を当てはめて、この表現を用いる。【例】Nothing succeeds like language learning.「語学学習ほど成功するものはない（言葉を多少覚えると、少し会話ができるようになる。少し会話ができるようになれば、そこから新しい言葉を覚える。新しい言葉を覚えると、さらに多くの会話ができるようになる）」という意味である。

> **Ex.** Ms. Kagetsu published a book a few years ago. Then she became a radio

personality and then she was on TV. Now she has her own TV program and has written three best selling books. **Nothing succeeds like success.** 華月先生は数年前に本を出して、その後ラジオのパーソナリティーになって、テレビにも出るようになったの。今は彼女自身のテレビ番組を持っているし、ベスト・セラーも3冊出しているのよ。成功ほど続くものはないわね。

☐	1509	nuclear test	核実験
☐	1510	nuclear energy	原子力
☐	1511	nuclear facility	原子力施設
☐	1512	nuclear power plant	原子力発電所
☐	1513	nuclear reactor	原子炉
☐	1514	nuclear physics	原子物理学

Ex. North Korea claimed that it has performed a successful **nuclear test**. 北朝鮮は核実験に成功したと発表した。

☐ 1515 **on the same wavelength**　気が合う・うまが合う

　　on the same wavelength の直訳は「同じ波長（周波数）の上」である。この表現はラジオにちなんだもので、自分の聞きたい番組があれば、そのラジオ局にチューナーを合わせる、つまりその番組の波長（周波数）に合わせるのである。同時に他の人も同じ番組を聞いている場合には、その人も自分が聞いている番組と同じ波長（周波数）に合わせている。つまりお互いに on the same wavelength なのである。この表現は「気が合う・うまが合う」という意味で日常よく使われる。

Ex. Mr. Kamada and I have been buddies for more than 30 years. When we first met at our high school, we immediately knew that we were **on the same wavelength**. 鎌田君とは30年以上親友同士だ。高校時代初めて会ったときにお互いにうまが合うとすぐにわかったよ。

☐ 1516 **Once a ~, always a ~**　一度〜なら・いつも（生涯）〜

　　この表現は、人間の生まれ持った性質はなかなか変わらないという意味で、Once a

~, always a ~ という表現の中にいろいろな言葉をあてはめて用いられる。

> **Ex.** **Once a** Catholic, **always a** Catholic
> 　一度カトリックに入信したら、生涯カトリック。
> **Ex.** **Once a** thief, **always a** thief.　一度泥棒になれば、生涯泥棒。

1517　out of the blue　突然の・思いがけなく・降って沸いたような

　この表現での blue は「青い空」の意味である。out of the blue は「雲一つない平和な空から、何かがいきなり出現する」という意味であるから「まったく不意に・思いがけなく・突然に」という意味を強調したいときに用いる。この表現はよい意味にも悪い意味にも用いる。

> **Ex.** **Out of the blue**, a gigantic shining gold UFO appeared right in front of us.　黄金に輝く巨大な UFO が私達の前にいきなり現れた。

1518　outlet store　アウトレットストア

　outlet は本来「出口」という意味であるが、「製造工場直轄の販売店」という意味もある。outlet store は 1990 年代からアメリカ全土に広がった小売店で、仲買を通さず製品を工場から直接仕入れて（工場直営が多い）、破格値でその工場からの製品を販売する方式をとる。outlet store はナイキ、アディダス、ポロ、ラルフローレンなどのブランド店が圧倒的に多く、破格値で一流品を売るので人気がある。また最近では数十件の outlet shop が集まり、shopping mall（600 レベル参照）を形成するところが多い、これらの shopping mall は通常 factory outlet mall と呼ばれる。

> **Ex.** I bought this pair of Nike shoes at an **outlet store** near Atlanta.
> 　このナイキのシューズをアトランタの近くのアウトレットストアで買った。

□	1519	ozone depletion	オゾン層の破壊
□	1520	ozone layer	オゾン層
□	1521	weather advisory	気象注意報
□	1522	weather man/expert/forecaster	気象予報士
□	1523	weather forecast	天気予報
□	1524	meteorology	気象学
□	1525	cold front	寒冷前線
□	1526	stationary front	停滞前線
□	1527	high pressure	高気圧
□	1528	low pressure	低気圧
□	1529	weather satellite	気象衛星
□	1530	precipitation	降水・降水量
□	1531	hurricane/tornado warning	ハリケーン・竜巻警報
□	1532	National Weather Service	アメリカ気象予報センター

Ex. Steve is learning **meteorology**. He wants to become a weather man on TV.　スティーブはテレビの気象予報士になりたくて気象学を学んでいる。

Ex. The **National Weather Service** has issued a **hurricane warning** in the states of Alabama, Georgia and Florida.　アメリカ気象予報センターはアラバマ、ジョージア、そしてフロリダにハリケーン警報を出した。

For Your Information　hurricane と typhoon は共に暴風雨のことであるが、メキシコ湾で発生しアメリカ本土を襲うものを hurricane と呼び、太平洋の西部や日本・台湾・韓国などに上陸するものを typhoon と呼ぶ。従来 hurricane には女性の名前が付けられていたが（Cindy や Maggie など）が 1986 年以来男性名（Andrew など）も付けられるようになった。ちなみにアメリカでは 24 時間 weather forecast（天気予報）だけを流すチャンネルがある。

□	1533	pay tribute to (a person)	（人）に賛辞・敬意・感謝を述べる
□	1534	pay tribute to the memory of~	~に弔意を述べる

tribute は「敬意・賛辞」という意味。

Ex. He **paid a tribute to** all the athletes who participated in the Olympic Games.　彼は、オリンピックに参加した全選手に賛辞を述べた。

Ex. He **paid a tribute to the memory of** those who lost their lives in WWII.

彼は第2次大戦で命を失った人々に弔意を述べた。

1535 A penny saved is a penny earned　倹約は蓄財 [ことわざ]
1536 A penny for your thoughts　何考えているの？

　penny は1セントのこと（日本円で約1円）。この表現の直訳は「1セントを貯めれば、1セント儲けたことと同じ」であり、倹約の大切さを表すことわざである。
　A penny for your thoughts は古くからある表現で、ぼんやり考え込んでいる人に「何を考えているの？」と聞くときの決まり文句である。その昔、penny は相当に高価な銀貨であった。「君の考えていることを教えてくれたら、penny をあげるから教えて」がこの表現の起源であるらしい。

Ex. You better not throw that penny away. **A penny saved is a penny earned.**　1セントでも捨てないほうがいいよ。倹約は蓄財。

Ex. A: **A penny for your thoughts.**　何考えているのよ？
　　B: I wonder if I could buy a new Pajero with my salary.
　　僕の給料で新しいパジェロ買えるかなぁ。

1537 plagiarism　盗用（他人の文献やアイデアからの）

　アメリカでは plagiarism に対する処罰が非常に厳しく、論文や試験などで具体的に、明確にどこから引用または借用したのかを明示しない場合は、学位を与えない大学が多い。plagiarize（動詞）で「盗用する」。

Ex. **Plagiarism** is strictly punished in this university.
　この大学では、盗用は厳しく処罰される。

1538 politically correct
表現や行為などが少数派の人種また女性に差別的ではないという理念

　politically correct という概念は昨今のアメリカでは行き過ぎの感がある。これは実際にあった例であるが、ある大学のマスコットが強そうな海賊だった。海賊はもともとヨーロッパ人なので白人の顔をしていた。この大学の学生の1割はアメリカの原住民で、そのうえアジア系および黒人学生が多いことから、大学のマスコットである白人海賊は、

その大学を代表していないという理由で、特定の人種の顔に見えないように変えられてしまった。

> **Ex.** To put up the confederate flag in front of the state capitol was not **politically correct**.　南軍の旗を州議事堂の前に掲げるのは politically correct ではない（これはアメリカ南部のサウスキャロライナ州で起きた問題であるが、南軍旗は黒人奴隷制度を肯定するもので、黒人（少数民族）に対する配慮が足りないという考え方を示す）。

☐	1539	**pull oneself together**　冷静さを取り戻す・気を取り戻す
☐	1540	**get oneself together**　（同上）

pull は「引っ張る」という意味であるが、pull oneself together は、悲しみ・落胆・驚きなどで、バラバラになっていた体の部分（頭、目、口、心など）を引っぱり集めて、もとの冷静な状態に戻るという意味。同様な表現に get oneself together がある。

> **Ex.** She has been so broken hearted due to her father's death in the last few days. But she seems to have **pulled herself together** today.
> 彼女は数日間父親が死んだことでとても落胆していたが、今日は気を取り戻したように見える。

☐	1541	**punch line**　（ジョークなどの）落ち
☐	1542	**Can't you take a joke?**　冗談もわからないの？・冗談よ
☐	1543	**It's no joke**　冗談じゃないよ・笑いごとじゃないよ・本気だよ
☐	1544	**Is this some kind of joke? / Is this a joke?**　これは何かの悪ふざけ？・何かの冗談？・冗談のつもり？

Can't you take a joke? は「冗談もわからないの？・冗談として受け取ってよ・ちょっとふざけただけ」という意味で、冗談で言ったことや冗談でしたことを真に受けている相手に使う。

It's no joke は「冗談じゃない・笑いごとじゃない・本気だよ」などの意味である。I'm not kidding.「冗談言ってるんじゃないよ」も覚えておこう。

Is this some kind of joke / Is this a joke? は、「これは悪ふざけ？」「何かの冗談？」と相手の言動に憤りを覚える場合に用いる。

Expression No.1539-1549

> Ex. Where was the **punch line**? I didn't get his joke.
> どこが落ちなんだい？ 彼のジョークはわかんないよ。
>
> Ex. Sorry we went a little bit too far but **can't you take a joke?**
> ちょっとやり過ぎたけど、冗談だってわかんないの？
>
> Ex. The guy acting funny surrounded by so many people in front of the Tiffany store over there is Tom Cruise. **It's no joke.** He is visiting Tokyo now.
> あそこのティファニーの前で、大勢に囲まれて、ふざけているのはトム・クルーズだよ。冗談じゃないよ。彼は今東京に来ているんだ。
>
> Ex. Are you saying that you are gay and have never been interested in women? But you have gone out with me for the last two months. **Is this some kind of joke?** あなた、今までずっとゲイで女性に興味持ったことないって言うの？それでいて私と2か月もつき合ってたの？これって悪ふざけ？

☐	1545	put down a deposit	頭金を払う
☐	1546	deposit money in a bank	銀行に金を預け入れる
☐	1547	make/put/have a deposit	預金をする・金を振り込む
☐	1548	deposit slip	預金伝票

　depositは「金を預ける」という意味で、通常「預金」のことを示す。bank deposit「銀行預金」とも言う。次の表現は銀行預金に関する一般的なものである。fixed deposit「当座預金」、deposit slip「預金伝票」put down a deposit「頭金を払う」、make/put/have a deposit「預金をする・金を振り込む」。余談であるが、一般的にアメリカ人は定期預金をしない。当座預金の平均額は約50万円で、日本人の貯蓄の感覚とはまったく異なる。

> Ex. My father **made a** ¥300,000 **deposit** into my account for my tuition.
> 授業料のために、父は30万円を私の口座に振り込んだ。
>
> Ex. I **put down a** ¥100,000 **deposit** on a new car.
> 新車の購入のために10万円の頭金を払ったよ。

☐	1549	**quack**　やぶ医者・知ったかぶりする人

　quackはアヒルが「ガーガー」と鳴くときの声である。アヒルはいつも大声で「ガーガー」言って歩き回っているので、知ったかぶりをしながらあちこちで自慢している者

をquackと呼ぶようになった。またquackはquacksalverというオランダ語の略で「やぶ医者」の意味である。

> **Ex.** He is such a **quack**. I will never go back to that doctor.
> 彼はとんでもないやぶ医者だ。二度とあの医者には行かないよ。

☐	1550	quality control	品質管理
☐	1551	quality products	高品質商品
☐	1552	quality job/work	いい仕事
☐	1553	quality time	満ち足りた時間
☐	1554	quality standards	品質基準

qualityは「クオリティー・質・性質・高い品質」などの意味。quality controlは文字どおり「品質管理」という意味であり、自社の製品の品質をいつも最高に保つためのシステム。qualityには「品質」の他に「質のいい・高級な」という意味がある。qualityに関連した一般的な表現には次のようなものがある。quality job「質の高い仕事」、quality product「質の高い製品」、quality standards「品質基準」。

> **Ex.** We have total confidence in the **quality control** of our products.
> 私どもは製品の品質管理に絶対的な自信を持っております。
>
> **Ex.** Thank you for the **quality job**. You are a true asset to our company.
> すばらしい仕事をありがとう。君は我が社の真の財産だよ。

☐	1555	**Quitters never win**
		途中であきらめる人間は決して勝てない・途中であきらめるな
☐	1556	**Quitters are losers** （同上）

quitは「あきらめる・やめる」、quittersは「あきらめる人」。Quitters never winの直訳は「あきらめる人間は決して勝てない」である。Quitters never win and winners never quit.という言い方もある。Quitters are losersも同じ意味であるが、Quitters are losers. Losers never win.という言い方もする。

> **Ex.** My father used to say, "**Quitters never win.**"
> 父がよく「途中であきらめるな」って言ってたよ。

Expression No.1550-1561

1557 rain or shine　何があっても・何がなんでも

　rain or shine は「雨でも晴れでも」であるが、「状況に関係なく必ず＝何があっても」という意味である。日本語の「雨が降ろうが、槍が降ろうが」という表現に相当する。

> **Ex.** This year, we have to reach the goal of selling three million passenger cars, **rain or shine**.
> 今年は何があっても乗用車300万台の販売目標を達成しなければならない。

1558 read between the lines　行間を読む・物事や言葉の裏を読む

　read between the lines は文字どおり「行間を読む」であるが、暗号コード解析の方法として一行ずつあけて読んだことに由来する。表面に出てこない隠された真意を読み取るということから、物事や言葉の裏の意味を読むという意味にも用いられる。

> **Ex.** My boss told me that I am too young to become a section manager. But I am 39 this year. I can **read between the lines**. Some other guy but me will get promoted.　僕の上司は僕が係長になるには若すぎると言っているんだけど、僕は今年で39歳、彼の言葉の裏の意味はわかっているよ。僕以外のだれかが係長に昇進するということだ。

1559 reference book　参考書
1560 with/in reference to ~　～に関して・～について
1561 for (future) reference　（将来の）（何かあったときのための）参考のために

　reference は「参考・参照」「言及」「参考書・出典」などの意味がある。refer は動詞で to を伴い「参照する・問い合わせる」「引用する、言及する」。with/in reference to~ は「～について・～に関して」という意味で about に置き換えられる。

> **Ex.** Please write down your telephone number and address **for** our **future reference**.　参考のためにあなたの電話番号と住所を書いてください。
>
> **Ex.** I'm looking for a book **with reference to** the history of the American West.　アメリカの西部開拓の歴史についての本を探しています。

第4章　TOEIC 700点レベル

☐	1562	**research and development (R&D)**	研究開発
☐	1563	**research facility**	研究施設
☐	1564	**research laboratory**	研究所
☐	1565	**research pipeline**	研究開発中の製品
☐	1566	**research project**	研究プロジェクト
☐	1567	**conduct research**	リサーチを行う

research（名詞）は in/into/on を伴って 〜についての「研究」を意味する。動詞でも、通常 in/into/on を伴って、「研究・調査する」。アメリカから最先端の研究成果が出てくるのは、大学や企業で研究が盛んなこと、しかも researcher「研究員」の数が圧倒的に多いことにある。アメリカには「天は人の上に人を作らなかったが、人の上に researcher を作った」という言葉がある。

> **Ex.** Toshiba Corporation has its corporate **research and development** center in Kawasaki. 東芝は研究開発センターを川崎に有している。
>
> **Ex.** The pharmaceutical company is **conducting research** on developing anti-cancer drugs. その製薬会社は抗がん剤の開発のための研究をしている。

☐	1568	**safety standard**	安全基準
☐	1569	**safety-first**	安全第一
☐	1570	**safety measure**	安全策
☐	1571	**safety regulation**	安全規則

> **Ex.** Many airlines have raised their **safety standards** against being hijacked. 多くの航空会社がハイジャックに対して安全基準を高めている。

☐	1572	**save face**	面目を保つ
☐	1573	**lose face**	メンツをつぶす

save face の直訳は「顔を保つ」である。日本語の「メンツを保つ」に似ているが、「顔を保つ」という中国語の表現が英語になったものである。反対に「メンツをつぶす」は lose face と表現する。

> **Ex.** My presentation went well at the sales department meeting. The

president and board members were all there. I **saved face** as a project leader.　私の営業部会でのプレゼンテーションはうまくいった。社長および役員達が出席していたが、プロジェクトリーダーとしての面子を保った。

1574　save ~ for a rainy day　まさかのときのために～を蓄える

　save は「蓄える」という意味で、rainy day は「雨の日」であるが、雨の日は「状況が悪いとき、事態が突然悪化したとき」のたとえである。save ~ for a rainy day は「事態が突然悪くなったときのために何かを蓄える」、つまり「まさかのときに～を蓄える」という意味である。

Ex. We haven't spent the money we inherited from my father. We are **saving** it **for a rainy day**.　父から相続したお金は遣っていない。まさかのときのために蓄えてある。

1575　saved by the bell　土壇場で難を逃れる・危ういところを助かる

　この表現はボクシングに由来する。今にもダウンしそうなボクサーがゴングによって助かる場合があるが、そのゴングが英語では bell「ベル」であり（gong は食事などの合図に使う「どら」のこと）、このベルが鳴ることによって助かる、つまり saved by the bell は、「土壇場で難を逃れる」「危ういところを助かる」という意味に使われる。

Ex. A policeman stopped my car for DUI. Boy, I was **saved by the bell**. I had two cans of beer but the breathalyzer did not discover it.
警察官が酒酔い運転で僕の車を止めたんだ。缶ビールを2本飲んでたんだけど、発見器にそれが出なかった。危ういところだったよ。

1576　a shot in the arm　カンフル剤・刺激剤
1577　a long shot　ほとんど見込みがないこと
1578　Give it your best shot　自分が持てる最高の力を出せ

　a shot in the arm の直訳は「腕への注射」である。この注射は弱って生気のない人を突然いきいきさせるもので、「刺激剤」または「カンフル剤」である。
　a long shot の語源は競馬用語で、「ほとんど勝ち目のない馬」を意味する。

Give it your best shot は、スポーツなどで、相手に対し「持っている力を出し切れ・自分のベストをつくせ」という意味に用いる。

> **Ex.** We hope these new products would be **a shot in the arm** for our company. この新しい製品が我が社のカンフル剤になることを期待します。
>
> **Ex.** It seems to be **a long shot** for us to be able to have a second baby. 2番目の子どもを授かるのはほとんど見込みがないように思える。
>
> **Ex.** You have learned English in preparation for the TOEIC test. **Give it your best shot.** TOEICテストに備えるために、英語を勉強してきたじゃないか、自分のベストを出してみろ。

☐ 1579 show one's true colors　本性を出す・正体を現す

colorは「国旗・軍旗」などの「旗」を現し、show one's true colorsの直訳は「本当の自分の旗を示す」という意味である。船舶が他の国の領海を通行する場合には、自国の旗を示す必要があるが、密輸や密航に関わっている船は偽の旗を掲げるものである。このような船舶が偽りの旗を降ろして自国の本当の旗を掲げるときに、「正体を現す」わけである。show one's true colorsはあまりいい意味には使われない。colorsには本来の性質や本性という意味があり、それを明らかにすることは「化けの皮をはがす」というニュアンスがあり、ネガティブな意味に用いられる。

> **Ex.** When people get excited, angry, or anxious, they naturally **show their true colors**. 人が興奮したり、怒ったり、心配したりするとき、自分の本性を自然と出すものだ。

☐	1580	**showdown**	決着・土壇場
☐	1581	**clean sweep**	完勝・全勝
☐	1582	**runner-up**	第2位
☐	1583	**Grand Slam**	世界の4大タイトルにすべてに勝つこと
☐	1584	**slugger**	野球の強打者・ボクシングのハードパンチャー
☐	1585	**kickoff**	試合の始まり
☐	1586	**couch potato**	カウチポテト

sweepは「掃くこと」「全勝」という意味がある。そこにclean「きれいに」という形容詞がつけば、「きれいさっぱり勝つ」つまり「圧勝」ということになる。

Expression No.1579-1587

runner-up は「第 2 位」という意味で、second place と同じ意味だが、美人コンテスト、チアリーディングコンテストなどに用いられ「決勝戦で惜敗した・もう一歩でチャンピオンだった・ほぼチャンピオンと互角」というニュアンスがある。

ゴルフのグランドスラム (Grand Slam) は、U.S. Open「全米オープン」、PGA (Professional Golfers' Association of America) Championship「PGA 選手権」、The Masters「マスターズ」、British Open「全英オープン」の 4 大会で優勝を収めること。テニスのグランドスラムは Wimbledon「全英オープン」、U.S. Open「全米オープン」、Australian Open「全豪オープン」、French Open「全仏オープン」の 4 大会に勝つことである。

couch potato は、運動せず一日中 couch「ソファー」に寝転がりポテトチップを食べながらテレビばかり見ている人を意味する表現である。

> **Ex.** A college football **showdown** between the defending national champion, The Tennessee Volunteers and The Florida Gators was postponed.
> アメリカ大学フットボールのディフェンディングチャンピオンのテネシー大学ボランティアーズとフロリダ大学ゲイターズの決着をつける試合は延期された。
>
> **Ex.** The game was a **clean sweep** for the Atlanta Braves.
> 試合はアトランタブレイブスの圧勝で終わった。
>
> **Ex.** Godzilla Matsui is known as a **slugger**.
> ゴジラ松井は強打者として知られている。

1587 slave driver 人使いが荒い人

slave driver は「奴隷使い」のことで、冷酷で血も涙もなくひたすら奴隷を酷使する立場の人間であった。現在では主に部下をこき使う会社の上司、生徒に要求が多い教師、きつい練習を要求するスポーツチームのコーチや監督などに用いられるが、それらの人間を誇張する表現でありユーモア交じりで用いられることが多い。

> **Ex.** My mom always asks me to clean up my room, do dishes, walk our puppy, do this and that. She is a real **slave driver**.
> ママはいつも私に部屋を片付けろ、お茶碗を洗え、子犬を散歩させろ、あれをしろこれをしろって言うの。彼女は本当に人使いが荒いんだから。

1588 social climber
成り上がり・(コネや賄賂によって)社会的に成功しようとする者・上流階級に入り込もうとする者

social climber の直訳は「社会的に上昇する人間」であるが、実力や努力によって社会的に成功するという肯定的な意味はなく、コネや賄賂によって上層部へ潜り込もうとする欲望が強い者を意味する。

> **Ex.** Noriko was a **social climber**. She made it to be the top model by having relations with presidents of modeling agencies.
> ノリコは成り上がりよ。彼女はプロダクションの社長と関係を持つことによってトップモデルになったのよ。

1589 Social Security Number (SSN)
社会保障番号(略して SSN と綴る)

アメリカでは SSN を持っていなければ、アメリカ人・外国人を問わず、給料の支払いを受けることができない。留学生であれば大学のキャンパス内で働くことができるが、SSN がなければ給料がもらえないので、早急に SSN をとる必要がある。また SSN は本人である証明にもなるので身分証明にもなる。

> **Ex.** If you want to stay and work in the U.S., the first thing to do is to get yourself a **Social Security Number**.　もしアメリカに滞在し働きたいのであれば、まず、最初にしなければならないのは SSN を取ることだ。

1590 sports utility vehicle (SUV)　SUV(スポーツユーティリティ車)
1591 all terrain vehicle　4輪駆動車

1990年以前は、アメリカで高級車と言えばリンカーンとキャディラックであったが、昨今は大型の SUV 車またはベンツ・BMW などのヨーロッパ車、そしてトヨタのレクサス(高級車)などが金持ちのステータスシンボルになっている。

> **Ex.** Owning a huge **sports utility vehicle** is a fad among the wealthy.
> 大型の SUV を所有することが金持ちの間で流行している。

Expression No.1588-1597

☐	1592	**standard time**	標準時
☐	1593	**Eastern (Standard) Time**	東部標準時
☐	1594	**Central (Standard) Time**	中西部標準時
☐	1595	**Mountain (Standard) Time**	山岳部標準時
☐	1596	**Pacific (Standard) Time**	太平洋標準時

　アメリカには上記の4つのstandard timeがある。日本との時差はそれぞれEastern (Standard) Time 14時間、Central (Standard) Time 15時間、Mountain (Standard) Time 16時間、Pacific (Standard)Time 17時間である。

　アメリカ本土は広大なため時差を設けている。ニューヨーク、ワシントン、フィラデルフィアなどの都市がある東海岸がEastern (Standard) Timeのゾーンで、全米で時間が一番早く、西側に行くに従って、1時間ずつ遅くなり、それぞれCentral (Standard) Timeゾーン、Mountain (Standard) Timeゾーン、Pacific (Standard)Timeゾーンになる。アメリカでは一番西端に位置する、ロサンゼルス、サンフランシスコ、シアトルなどがPacific (Standard) Timeゾーンに位置する。例えばEastern (Standard) Timeのゾーンに位置するフィラデルフィアが正午であれば、Pacific (Standard) Timeゾーンに位置するサンフランシスコは午前9時である。

　日本時間をアメリカでの時間にするには、昼と夜を逆転し、2・3・4・5時間を加えるとそれぞれの標準時にある町の時間が求められる。例えば、アトランタと京都の時間差は、アトランタは東部標準時の地域にあるから、昼と夜を逆転させ、それに2時間プラスする。京都が昼の12時であれば、アトランタは真夜中の2時である。

> **Ex.** Since we are flying over Georgia now, we are in the **Eastern Standard Time** zone.　我々は今ジョージア州の上を飛んでいるので、東部標準時ゾーンにいる。
>
> **Ex.** Since California is in the **Pacific Standard Time** zone, there has to be 17 hours time difference between San Francisco and Tokyo.
> カリフォルニア州は太平洋標準時に位置しているから、サンフランシスコと東京では17時間の時差がある。

第4章 TOEIC 700点レベル

☐	1597	**stuck up**	気取っている・お高くとまっている

　stuck upは「気取っている」「お高くとまっている」という意味の最も一般的な表現。stuckはstick「突き出す」の過去分詞。be stuck upは鼻をツンと上に向けてツンツンお高くとまっている様子を表している。

> **Ex.** Boys keep saying she is **stuck up**. But I know she is not.
> 男の子は彼女は気取っていると言うけど、彼女は違うわ。

☐	1598	surrogate mother/birth	代理母・出産
☐	1599	matrimony	結婚・婚姻・婚姻関係
☐	1600	matrimonial agency	結婚相談所
☐	1601	marriage license	結婚許可書
☐	1602	spouse	配偶者
☐	1603	maternal	母の・母方の
☐	1604	paternal	父の・父方の

　通常の妊娠・出産が困難な夫婦に変わり、その夫婦間にできた受精卵を子宮に移植することにより、もしくは人工受精によって妊娠・出産を引き受ける女性のことを surrogate mother という。また「代理出産」を surrogate birth と言う。

　matrimony の同意語は marriage であるが、matrimony は正式な言い方。また法律用語として用いられる。

　spouse は husband または wife のことであるが、それらの正式な言い方である。

> **Ex.** I am sure there are many couples who need the help of a **surrogate mother**. 代理母の助けが必要なカップルってたくさんいると思う。
>
> **Ex.** During the first year of **matrimony**, they were very happy.
> 結婚1年目は、彼らはとっても幸せだった。
>
> **Ex.** He is related on the **maternal** side. 彼は母方の親戚です。
>
> **Ex.** Many young women in their 30s are attending matchmaking parties to find their future **spouse**.
> 多くの30代女性が将来の配偶者を求めて見合いパーティーに参加している。

☐ **1605　the survival of the fittest** 適者生存

　Darwin の進化論に由来する言葉である。the fittest は「最も適した者」、survival は「生存」という意味。the survival of the fittest の原義は「生存に最も適した者が、生き残る」である。

> **Ex.** When we were hired by this bank as new graduates, there were 36 of

us. After 10 years, there are only nine of us left. I wonder if this is **the survival of the fittest**.　我々がこの銀行に新卒として採用されたときは36人いたけど、10年後はたったの9人。適者生存かな。

☐	1606	**tax deductible**	税金控除の
☐	1607	**tax-exempt / tax-free**	非課税の・免税の
☐	1608	**taxable**	課税対象の・課税できる
☐	1609	**tax haven (shelter)**	低課税・無税
☐	1610	**taxpayer**	納税者
☐	1611	**be subject to taxation**	課税対象になる

　免責 deduct は「差し引く」という意味で、tax deductible は「税金が控除になる」ということ。deductible とは車両保険や医療保険での免責のことで、一定以下の保険料は保険会社が保障せず本人が支払うことをいう。例えば、$800 deductible とは保険会社が保障する額のうち800ドルは本人が支払うということである。例えば、自分で車をぶつけてその修理費が2500ドルだった場合、800ドル自分が払えば、残りの1700ドルを保険会社で支払うということ。deductible の額が低ければ低いほど、本人の負担が軽くなるが、保険料は高くなる。

　アメリカで寄付がとても盛んな理由の一つに寄付が tax deductible とうのが挙げられる。例えば、ある年に1億円の税金を払わなければならない場合、彼はその全額を寄付すれば、税金はゼロ。また5千万円寄付した場合は、残りの5千万円を税金として支払うことになる。

　exempt は「免除・除外」という意味。tax-exempt は「非課税の・免税の」という意味で tax-free も同様である。TOEIC には税金に関係した文章がよく出るので次の表現も覚えておこう。taxable「課税対象の・課税できる」、taxation「課税」、be exempt from taxation「免税になる」。

Ex. If you are paying back a student loan, you have to know it's **tax deductible**.　もし奨学金を返済しているのなら、それは税金から控除になることを知るべきだよ。

Ex. Interest earned on savings is **tax-exempt.**
貯蓄から得た利子は非課税である。

Ex. Up to ¥100,000 worth of goods bought overseas **are exempt from taxation**.　10万円までの海外での物品の購入は非課税である。

Ex. Money earned by inheritance is considered a **taxable** income.

> 相続により得た金は、課税対象の収入であると考えられる。

1612 That explains it　それでわかった・なるほど・そういうことか

That explains it の直訳は「それが it（話題になっていること）を説明している」で、話者から見れば「それでわかった・なるほど」などの意味になる。

> Ex. A: Emi ate a large croissant for a snack at the nearby bakery shop this afternoon.　映美ちゃんは午後おやつに近くのパン屋さんで、大きいクロワッサン食べたのよね。
> B: **That explains it**! She didn't eat much spaghetti for dinner.
> それでわかった。彼女夕食のスパゲッティあまり食べなかったもんね。

1613 That's the beauty of it　そこがそれのいいところ（魅力・長所）だよ

この表現での beauty は「美徳・長所・魅力」などの意味である。That's the beauty of it は文字どおり「それが、そのいい点（魅力・長所）なんだよ」という意味である。

> Ex. A: I don't like sports cars because they can seat only two people and only come with a manual shift.
> スポーツカーは嫌いだわ。2人しか乗れないし、マニュアルシフトよね。
> B: Come on! **That's the beauty of it.**
> ちょっと待ってくれよ。それが（スポーツカーの）いいところじゃないか。
> Ex. A: I like bicycles. They don't give off any exhaust and are quiet. It is good exercise too.　私は自転車が好き。排気ガスを出さないし静かだし、しかもいい運動になるわ。
> B: Yes, I totally agree! **That's the beauty of it.**
> 大賛成！それが（自転車の）魅力だよね。

1614 (That's) the last straw　もう我慢の限界だ

この表現は It is the last straw that breaks the camel's back.「そのらくだの背骨を折るのは最後のわら」ということわざに由来している。らくだに、荷物を限界まで

積み、さらにわら一本でも積めば、らくだの背中は折れてしまう状況を思い浮かべてほしい。この表現は「我慢の限界」を意味し、(That's) the last straw は「もう我慢の限界だ」という場合に用いる。

> **Ex.** No matter how hard I work, I can only earn ¥120,000 a month. **That's the last straw.** I have to find a better-paid job.
> どんなに一生懸命働いても月に12万円しか稼げない。もう我慢の限界だよ。もっといい給料の仕事を探すよ。

1615 Those were the days 過ぎ去りし日々
1616 That will be the day あり得ない・まさか

Those were the days は昔を懐かしむときに言う言葉。普通は相手の昔ばなしに同調して、Those were the days「過ぎ去りし日々だね」「あの頃は良かったね」「古き良き時代だったね」などの意味に用いる。

That will be the day の the day は「人生最高の日」という意味である。この表現の直訳は「それは人生最高の日になるだろう」であるが、最良の日というものはなかなかこないのが通例である。この表現は本来の意味ではなく反意的に使われ「あり得ない」「まさか」の意味に用いられる。

> **Ex.** A: From tomorrow on, I'll quit drinking alcohol and jog 30 minutes a day instead. 明日から、酒はきっぱりやめ、その代わり1日30分のジョギングをするぞ。
> B: **That'll be the day!** まさか！
>
> **Ex.** A: When we were high school kids, we rode around on motorcycles, organized a rock band. Everything we did was just for fun.
> 我々が高校生の頃はバイクを乗り回したり、ロックバンドを組んだり、やることなすことすべて楽しかった。
> B: Yeah! **Those were the days.** そうだね、過ぎ去りし日々だね。

1617 tighten one's belt 節約する・経費を切り詰める・空腹を我慢する

tighten one's belt の直訳は「ベルトをきつくする」である。貧乏で満足な食事ができないときに、ベルトをきつくして空腹を紛らわしたことに由来するが、この方法で空腹を本当に紛らわすことができたのかは疑わしい。tighten one's belt は経済的に

困窮しているときに「節約する・経費を切り詰める」などの意味である。また本来の「空腹を我慢する」という意味にも用いられる。

> **Ex.** Since our company's profits dropped 35% due to the high exchange rate of the Japanese yen against the U.S. dollar, we will start **tightening our belts** next year. 円高のため（ドルに対して）、会社の利益は 35% も減少したので、社内の経費を来年から切り詰め始める。

1618 the tip of the iceberg　氷山の一角

tip は「先端」のことで、iceberg は「氷山」、tip of the iceberg は「氷山の先端」という意味で、日本語の「氷山の一角」と同じ意味に使われる。恐らく日本語のほうが、tip of the iceberg の訳である。

> **Ex.** Sexual harassment may be committed anywhere anytime. The ones we know of on TV and in the newspaper are just **the tip of the iceberg**. セクハラはたぶんいたるところで、いつでも起きているのだが、テレビや新聞で私達が知っているのは氷山の一角である。

1619 To be concluded　次回で終了
1620 To be continued　次回に続く

To be concluded / To be continued はテレビドラマ、連載小説などの最後に使われる表現で、それぞれ「次回で完結」「次回に続く」という意味である。

> **Ex.** **To be concluded** next issue.　次の号で完結。
> **Ex.** **To be continued** next week.　来週に続く。

1621 two of a kind　似たもの同士

two of a kind の a が same の意味であることがわかれば、この表現の意味がすぐにわかる。two of a kind の直訳は「同じ種類の 2 人」であるが、「似たもの同士」の意味で用いる。

Expression No.01618-1625

> Ex. Sherry often complains about her husband being too materialistic. But they seem **two of a kind.**　シェリーは夫のことをあまりにも物欲的だってよく文句を言っているけど、似たもの同士に見えるな。

☐	1622	**Uncle Sam**	アメリカの愛称
☐	1623	**The Star-Spangled Banner**	星条旗（アメリカの国旗）・アメリカの国歌
☐	1624	**The Stars and Stripes**	星条旗（アメリカの国旗）
☐	1625	**Hail to the Chief**	大統領入場のときの歌・大統領万歳！

　Uncle Samは「サムおじさん」という意味であるが、UncleのU、SamのSでU.S. (the United States of America)、アメリカを表す。この表現はアメリカ人が自国や自国の政府を呼ぶのに用いるもので、アメリカ人以外がアメリカをUncle Samと呼ぶのはおかしい。Uncle Samには典型的なイメージがあって、彼はひげを蓄えた白人の初老の男性で、シルクハットをかぶり青い燕尾服を着て、赤と白のストライプのズボンをはいている。つまりアメリカの国旗をまとっているわけである。

　The Star-Spangled Bannerは星条旗および合衆国国歌の題名である。Spangledは「散りばめてある」、Bannerは「旗」。The Star-Spangled Bannerの意味は「星が散りばめられている旗」である。

　hailは「歓迎の呼びかけ（万歳！）」、chiefは「大統領」のこと。Hail to the Chiefは大統領歓迎式や彼が演説のために入場する場合などに演奏される。

> Ex. **Uncle Sam** is trying to raise taxes again, you know?
> 　知ってる？　サムおじさんがまた税金を上げようとしてるの。
>
> Ex. A: Blair, can you sing **the Star-Spangled Banner** for us?
> 　ブレア、アメリカの国歌歌ってくれる？
> 　B: Sorry, I am not an American. I'm from New Zealand.
> 　すまないけど、僕はアメリカ人じゃないんだ。ニュージーランド出身だよ。

・For Your Information・

The Star-Spangled Banner　（合衆国国歌）

Oh, say can you see by the dawn's early light,
What so proudly we hailed at the twilight's last gleaming?
Whose broad stripes and bright stars thru the perilous fight,
O'er the ramparts we watched were so gallantly streaming?

And the rocket's red glare, the bombs bursting in the air,
Gave proof thru the night that our flag was still there.
Oh, say does that star-spangled banner yet wave
O'er the land of the free and the home of the brave?

おお、見えるだろうか、
夜明けの薄明かりの中
我々は誇り高く声高に叫ぶ
危難の中、城壁の上に
雄々しく翻（ひるがえ）る
太き縞に輝く星々を我々は目にした
砲弾が赤く光を放ち宙で炸裂する中
我等の旗は夜通し翻っていた
ああ、星条旗はまだたなびいているか？
自由の地　勇者の故郷の上に！

1626 **under arrest** 逮捕されて
1627 **You have the right to remain silent.**
あなたには黙秘権があります

arrest は「逮捕・検挙・身柄の拘束」などの意味。
　You have the right to remain silent. は警官が被疑者を逮捕するときに、黙秘権があることを伝える文句で必ず被疑者にその場で伝えられる。

> **Ex.** You are **under arrest**. **You have the right to remain silent.**
> 逮捕する！　あなたには黙秘する権利がある。

For Your Information

MIRANDA WARNING　たぶん読者の中にはアメリカ映画やドラマの中で、警官が被疑者を逮捕し、長々と被疑者に向かって、黙秘権や弁護士をつける権利などを説明しているシーンを見たことがある人がいるだろう。You have the right to remain silent. で始まる文句は MIRANDA WARNING と呼ばれている。以下はその文章である。

You have the right to remain silent. Anything you say can and will be used against you in a court of law. You have the right to speak to an attorney, and to have an attorney present during any questioning. If you cannot afford a lawyer, one will be provided for you at government expense.

Expression No.1626-1637

	1628	**undercover**	秘密の・スパイの・スパイとして・こっそりと
	1629	**undercover operation**	おとり捜査・秘密の作戦
	1630	**undercover investigation**	秘密裏での調査・捜査
	1631	**cover up**	隠す

cover は「覆い」のこと。undercover の直訳は「覆いの下」であるが、「秘密裏に」「スパイとして」「こっそりと」という意味に用いられる。

Ex. Take a look at the man with a black tie and sunglasses over there. He is an **undercover** CIA agent.　あそこにいる黒いネクタイとサングラスの男を見てみろ。彼は隠密の CIA だ。

Ex. The police **undercover operation** to catch the kidnapper is going on now.　警察による誘拐犯のおとり捜索が現在進行している。

Ex. The **undercover investigation** by the CIA on North Korea making counterfeit US dollar bills has been in operation.
CIA による北朝鮮の偽ドル造りをあばく秘密裏の捜査が現在進行中である。

	1632	**unemployment compensation**	失業手当
	1633	**compensation package**	報酬総額
	1634	**housing allowance**	住宅手当
	1635	**travel expenses**	交通費
	1636	**performance pay**	能力給
	1637	**merit-based advancement**	能力主義による昇進

アメリカでは、給料の他に housing allowance「住宅手当」や travel expenses「交通費」などが支給されるのは珍しい。正式に雇用されていても健康保険は自分でかけなければならない。また健康保険には歯の治療は含まれておらず、歯の保険も別個にかけなければならない（現在、保険未加入のアメリカ人は 4500 万人に上る）。

compensation package「報酬総額」は給料の他に、賞与そして stock option「自社株購入権」などが含まれる。アメリカは年俸制の企業が多く、compensation package という表現はとくに覚えておこう。

advancement は「昇進・昇給」という意味。promotion も同じ意味であるから、一緒に覚えよう。

Ex. **Travel expenses**, **housing allowance** and bonuses are all included in this **compensation package**.

> 交通費、住宅手当、ボーナスはすべて報酬総額に含まれています。

1638 up for grabs　（勝利や優勝などが）誰にでも手に入る状態にある

grab は「つかむ」という動詞。up for grabs は、ボールが空中に浮いていて、誰もがつかもうとすればつかめる状態を表している。この表現はスポーツ競技での優勝や選挙での勝利が、競争している者全員にチャンスがあるという意味である。

> **Ex.** The national title for college football is **up for grabs**.
> カレッジ・フットボールのチャンピオンは誰になるかわからなくなってきた。

> **Ex.** We don't know who will be the next president of this company. It's completely **up for grabs**.
> 次の社長が誰になるのかまったくわからない。誰にでもチャンスがあるね。

1639 up in the air　未決定で・漠然として

この表現は文字どおり、up in the air「（物事が）空中にある」という意味で、ある事柄が「未決定で・漠然として」いる状態を表す。

> **Ex.** The plan that Subaru will start to develop a new mini van has been completely **up in the air**.
> スバルが新しいミニバンを開発するという計画はまったく未決定である。

1640 upward mobility　社会的な上昇傾向・能力

upward は「（社会的・経済的な地位を含めて）上に」という意味であり、mobility は社会での地位や階級を移動できることを意味する。

> **Ex.** It may be safely said that college graduates have better **upward mobility**.
> 「大卒は社会的な成功のチャンスに恵まれている」と言っていいだろう。

Expression No.1638-1645

1641 weather permitting もし天気が許せば（よければ）
1642 How do you like this weather?
この天気はいかがですか？（会話の始めの挨拶）

weather permitting「もし天気がよければ」は、if the weather permits に書き換えられる。
How do you like this weather? は会話を開始する際の挨拶に使われる。

> **Ex.** We may go to an amusement park with our kids, **weather permitting**. もし天気がよければ、子ども達と遊園地に行くかもね。

1643 What goes up must come down
上がったものは必ず下がる・（人気・世評・勢いなど）いつかは衰える

この表現の直訳は「上に上がったものは、必ず下がる」であるが、「権力・人気・世評・勢い」など、一時的に強くなったり、上がったりするが、必ず衰えるというたとえである。

> **Ex.** A: SMAP has been so popular. I wonder how long their popularity lasts. スマップってずっと人気あるけど、いつまで人気続くのかしら。
> B: **What goes up must come down.** いつかは衰えるよ。

1644 Who knows what tomorrow will bring?
明日のことはわからない・明日は明日の風が吹く

この表現の直訳は「明日が何をもらすか誰にわかる？」である。

> **Ex.** A: I don't know how to pay my huge debt.
> 莫大な借金どう返せばいいかわかんないよ。
> B: Don't get depressed. **Who knows what tomorrow will bring?**
> そんなに落ち込むなよ。明日は明日の風が吹くよ。

1645 word of mouth 口コミ・人づて

word of mouth の直訳は「口の言葉」であるが、word from mouth「口からの言葉」に置き換えるとこの表現は合点がいく。あるうわさや情報をテレビやコンピューターではなくて、実際に「人の口から伝えられた言葉」によって知る場合に用いる。

> **Ex.** A: John, do you know the president will resign next month and he will appoint his son as his successor?
> ジョン、社長が来月辞職し、後任に息子を指名するって知ってた？
> B: How did you get that information? どうやってその情報を得たんだ？
> A: By **word of mouth**. 口コミだよ。

1646 would-be ~ ～志望の・～になるつもりの
1647 ~ wannabe ～になりたい人

> **Ex.** We went to a party hosted by Tokyo University graduates. There were a lot of **would-be** judges, and **would-be** professors there.
> 東京大学の卒業生が主催したパーティーに行ってきたわ。裁判官志望、大学教授志望がたくさんいたわ。
>
> **Ex.** My son is only 13 years old but already a rock'n' roller **wannabe**.
> 息子はまだ13歳なのに、すでにロックンローラーになりたがっているんだ。

1648 You are on your own
独力でやっていきなさい・自分の責任でやりなさい

on one's own は「独力で・自分の考えで・自分の責任で」という意味。You are on your own は「これからは独力で・自分の責任で・自分の考えで生きなさい（しなさい）、私は手伝いません」という意味に使われる。

> **Ex.** Now you are 25 years old and have a steady income. **You are on your own**.
> おまえはもう25歳、安定した収入もある。これからは独力で生きなさい。

Expression No.1646-1653

| ☐ | 1649 | **You are what you eat** | 健康は食事から |
| ☐ | 1650 | **What you see is what you get** | ご覧のとおりです |

You are what you eat の直訳は「あなたはあなたの食べるもの」である。つまり「あなたの体はあなたの食べるものでできている」という意味で、相手に健康的な食事を促すときに用いられる。

What you see is what you get の直訳は「あなたの見ているものが、あなたの得るもの」、中古車のセールスマンなどが多用する表現で「ご覧のとおりです」「あるがままを、お見せしています」「何も隠していません・信用してください」などの意味で、物を売る場合に、現物を見せながら、このように表現する。

> **Ex.** Miki, **you are what you eat**. You have to eat your vegetables too.
> ミキちゃん、健康は食事から。野菜も食べなくちゃだめ。
>
> **Ex.** This is a 1967 Cadillac Eldorado convertible. **What you see is what you get.** It still runs like new. これが1967年製のキャデラック・エルドラドのコンバーチブルです。ご覧のとおりです。まだ新車のように走りますよ。

| ☐ | 1651 | **You don't look a day over ~** | とても~の歳には見えません |

You don't look は「見えない」、a day over ~ は「一日以上」であるから、「あなたは~歳に一日たりとも老けて見えない」。この表現は「あなたはどう見ても、そんな歳には見えない」という意味に用いる。

> **Ex.** Ms. Yoshida may be 40 but really, **she doesn't look a day over** 30!
> 吉田さんはおそらく40歳だろうけど、本当、どう見ても30歳以上には見えないよ。

| ☐ | 1652 | **Your fly is open.** | ズボンのチャック（社会の窓）が開いてるよ |
| ☐ | 1653 | **Your zipper is down.** | （同上） |

fly は「ズボンの前のチャックを隠すための厚い布の部分」のことである。Your zipper is down. という言い方もする。zipper が使われるようになったのは20世紀以降だから、Your fly is open. という表現のほうが、長く使われているし、いまだに一般的である。

> **Ex.** John, **your fly is open**. You are looking sexy.
> ジョン、ズボンのチャックが開いてるよ。ちょっとセクシーじゃない。

1654 Your secret is safe with me　秘密は守ります
1655 an open secret　公然の秘密

safe with me は「私に関する限り安全です」という意味。Your secret is safe with me は「あなたの秘密を私はだれに漏らしません」という意味。

> **Ex.** Don't worry. **Your secret is safe with me.**
> 心配しないで、秘密は守るから。
>
> **Ex.** Donnie's alcoholism is now **an open secret**.
> ダニーのアル中は公然の秘密だ。

CHECK UP

Quiz 1

Key Expressions   Level 700

in jeopardy
beat the traffic
go the extra mile
face off
move up the corporate ladder

all Greek to me
around the clock
add fuel to the fire
count me in
alive and kicking

カッコの中に入る表現を上のリストの中から選びなさい（時制や人称による変化、その他の文法事項を考慮すること）。

1. 少し冷静にならないと、火に油を注ぐだけだ。

If you don't calm down, you may (   ).

2. 手術後2日目だっていうのに、彼女はピンピン元気だよ

Only two days after the surgery, she is (   ).

3. この本を仕上げるのに、3か月昼夜問わず働いたよ。

To finish this book, I worked (   ) for the last three months.

4. 高速での渋滞を避けるために、朝6時までには家を出なければならない。

We have to leave home at least by 6 a.m. to (   ) on the freeway.

5. 20代のときは、会社での出世ばかり考えていたよ。

When I was in my 20's, I only hoped to (   ).

369

6. もし、みんなで週末に江ノ島までドライブに行くのなら、私も参加します。

   If you guys drive to Enoshima this weekend, (   ).

7. テネシー大学とペンシルバニア州立大学が正月のアウトバックボールで対決する。

   The University of Tennessee and the Pennsylvania State University will (   ) at the Outback Bowl on New Year's Day.

8. もし心底自分の仕事が好きであれば、自ら進んで苦労できるはずだ。

   If you truly love your job, you can (   )

9. 1986年に初めてアメリカへ行ったときには、誰に話しかけられても、チンプンカンプンだったよ。

   When I went to the United States for the first time in 1986, whatever people said was (   ).

10. 彼の国会議員の職はセックススキャンダルのために危機に直面している。

    His position as a congressman has been (   ) due to the sex scandal.

Quiz 2

Key Expressions　Level 700

top-of-the-line	blockbuster
pay tribute to	make a mess
not that I know of	mess up
join the club	on the same wavelength
get oneself together	in the line of duty

カッコの中に入る表現を上のリストの中から選びなさい（時制や人称による変化、その他の文法事項を考慮すること）。

1. 多くの消防士が、崩れ落ちるビルから人を救出しようとして、職務中に死んで行った。

   When rescuing people out of the collapsing building, many firefighters died (　　　　).

2. 仕事がまだ見つからないって？　みんな同じさ。僕なんか2年以上も探しているよ。

   So you haven't found a job yet? (　　　　). I have been looking for one for more than two years.

3. シビックの最高級モデルを買ったばかりだよ。

   I just bought a (　　　　) model Honda Civic.

4. 男は嫌い、トイレを汚すから。

   I don't like men because whenever they use the bathroom, they (　　　　).

5. 期末試験<u>しくじった</u>の。2年生になれるか心配だわ。

   I ( ) the final exams. I'm worried if I can't be a sophomore.

6. A: 堀江さんは社内で起きていたことすべてを知っていたのですか？
   B: <u>私の知る限り、そうではありません</u>。

   A: Did Mr. Horie know everything that was going on in his company?
   B: ( ).

7. タイタニックは最近10年での<u>大ヒット</u>映画だね。

   Titanic was a ( ) movie for the last 10 years.

8. 酒のことになると、トムソンさんと私は<u>うまが合う</u>んだよ。

   When it comes to drinking, Thomson and I are ( ).

9. 新しい社長は、工場で働くすべての従業員にスピーチで敬意を表した。

   A new president ( ) all the workers in the factory in his speech.

10. がっかりするのはわかるけど、<u>気を取り直して</u>ね。

   I know how much you are disappointed, but you have to ( ).

Quiz 3

Key Expressions　Level 700

up in the air
the tip of the iceberg
give it one's best shot
weather permitting
that's the beauty of it
read between the lines
save ~ for a rainy day
rain or shine
kickoff
slave driver

カッコの中に入る表現を上のリストの中から選びなさい（時制や人称による変化、その他の文法事項を考慮すること）。

1. 何がなんでも、今月の販売ノルマは達成しなくちゃ。

We have to attain this month's sales quota (　　　　).

2. どのくらい彼女が君のことを愛しているか、行間を読めよ。

You have to (　　　　) to know how much she cares for you.

3. 子ども達をディズニーランドに連れて行きたいけど、まさかのときのためにお金を貯めなくてはね。

We want to take our kids to Disneyland but we have to (　　　　).

4. 腕相撲しようか。全力でかかってきてよ。

Let's do arm wrestling. (　　　　).

5. フットボールの試合開始の時間は午後3時だ。

The (　　　　) time for the football game is 3 p.m.

6. 新しい上司は人使いが荒くてね、やってられないよ。

Our new boss is a (　　　　　). I just can't take it anymore.

7. A: ケネディーのところでのパーティーはちょっとやり過ぎだよ。
B: それがいいところじゃないか。

A: Parties at Kennedy's often go too far.
B: (　　　　　).

8. 最近若者が麻薬の使用で逮捕されているけど、それは氷山の一角だよ。

Some youths are arrested for drug abuse, but that is (　　　　　).

9. 父の札幌支社への転勤はまだ未決定なの。

My father's transfer to a Sapporo branch office is still (　　　　　).

10. 天気がよければ、箱根にドライブでもしない？

(　　　　　), why don't we drive to Hakone?

Quiz 4

Key Expressions   Level 700

back to back
with reference to
get down to it
unemployment compensation
back and forth

in collaboration with
cut and dried
get to the bottom of
the best of both worlds
the birds and the bees

カッコの中に入る表現を上のリストの中から選びなさい（時制や人称による変化、その他の文法事項を考慮すること）。

1. アパートの前を<u>行ったり来たり</u>している男がいるけど、あれはストーカーそれともあんたのボーイフレンド？

   There's a guy walking (　　　　　) in front of our apartment. Is he a stalker or your boyfriend?

2. ボブ・ディランの歌を<u>続けて</u>かけるから、どれがいちばん好きか教えて。

   I'll play Bob Dylan's songs (　　　　　) for you. Name the best song you like, OK?

3. 君は日本人女性と結婚して、大きいアメリカサイズの家に住んでいるね。それは<u>いいとこ取り</u>だよ。

   You got married to a Japanese woman and live in a huge American-sized house. You got (　　　　　).

4. 私は26歳になるまで<u>性</u>には全然興味なかったの。遅咲きだったの。

   I was never interested in (　　　　　) until I turned 26, I was a late bloomer.

375

5. あなたのジョークって全部月並みね、おもしろいやつ浮かばないの？

Your jokes are (　　　　　). Can you come up with something funny?

6. さぁ、このプロジェクトに本腰を入れようじゃないか、2か月で完成だ。

Let's (　　　　　), we have to finish this project in two months.

7. この問題の真相を突き止めようじゃないか、その上で解決法を見つけ出そう。

Let's (　　　　　) this issue, then we'll find a solution for it.

8. 京都大学は大阪・筑波大学と共同して故湯川博士の記念パーティーを開催する。

Kyoto University will hold an anniversary party for the late Dr. Yukawa (　　　　　) Osaka and Tsukuba Universities.

9. 弟が失業してね、今は失業保険をもらっているんだ。

My younger brother has been out of work so he is now receiving (　　　　　).

10. 精神世界について本を執筆しています。

I'm writing a book (　　　　　) the spiritual world.

第5章　TOEIC 800-900点レベル

1656 affirmative action 積極的差別是正措置

affirmative は「積極的な」、action は「措置」のことである。affirmative action とは黒人・アジア人・メキシコ人などの少数民族に教育および雇用の機会を平等に与えようとする措置である。アメリカのほとんどの大学や多くの企業がこの措置を導入していることを入学案内や会社案内に明記しているので、よく目にする表現である。

> **Ex.** An **affirmative action** program has been welcomed by the vast majority of educational institutions in the U.S.
> 積極的差別是正措置はアメリカではほとんどの教育機関で歓迎された。

1657 (It's) all in a day's work
すべて1日の仕事のうち・そんなことは仕事のうち

この表現の直訳は「すべて1日の仕事のうち」であるが、「仕事なのだから仕方ない・やるしかない・困難な仕事ではあるが、やるしかない」などの意味に用いられる。

> **Ex.** Changing the diapers of two babies every hour and cleaning up their mess after every meal, **it's all in a day's work** for my wife.
> 1時間ごとに2人の子どものおしめを替え、食事ごとに食べこぼしの後始末。でも家内はやるしかないんだよ。

1658 All systems go. すべて準備完了

1960年〜70年代、アメリカのアポロ計画が盛んな頃に頻繁に使われた表現である。以来、「すべて準備完了」の意味に使われている。

> **Ex.** My kids are in the car, seatbelts are on, and the gas tank is full. **All systems go.** 子ども達は車に乗った、シートベルトはした、ガソリンは満タン、すべて準備完了。

1659 The/An apple doesn't fall far from the tree.
子は親に似る・蛙の子は蛙・血は争えない

このことわざの直訳は「りんごの実は、木からそれほど離れたところに落ちない」である。りんごの実を子ども、親を木にたとえ、子どもである実は親である木からそれほど離れたところまで転がっていかない、つまり子は親に似るものだというたとえである。The apple never falls far from the tree. という言い方もする。

> **Ex.** My daughters seem to want to be English teachers like their mother. I guess **the apple doesn't fall far from the tree**.
> 娘達は母親のように英語の教師になりたいらしい。血は争えないな。

1660 Ask not what your country can do for you, ask what you can do for your country.
国が君達に何をしてくれるかではなく、君達が国に何ができるかを問え

ケネディ大統領（John Fitzgerald Kennedy、第35代大統領）就任時の演説の一部で、歴代大統領就任演説の中でも名演説のひとつに数えられている。

1661 at loose ends (at a loose end)
何もすることがない・定職がない・（人や物事が）混乱している・物事が未解決の状態

loose はひもやロープなどが「緩んで、だらりと解けている状態」、end はそれらの「端」のことである。at loose ends の直訳は「緩んだひもの端」という意味だが、歴史的には「繋がれていた馬の綱が緩んで、その馬は自由な状態になっているが、どこに行くあてもなくぶらぶらさまよっている」ことに由来するらしい。つまり at loose ends は「あてもなくブラブラさ迷う＝定職がない」または「物事が未解決の状態」などを意味する。

> **Ex.** Nowadays, many college graduates are **at a loose end** due to the slowdown of the economy.
> 最近では多くの大学卒業生が不景気のために職がなくブラブラしている。
>
> **Ex.** Many people were outside their houses and were **at loose ends** after the huge earthquake hit the area.
> 巨大な地震が襲った後、多くの人が戸外で混乱の状態にあった。

1662 back to square one　最初からやり直しだね

ゲームなどで振り出しのます目に戻る、つまり、最初の試みがうまくいかなかったので、計画などを最初からもう1度やり直すことが必要だ、と説くときに用いる。さいころを振って駒を進めるすごろく遊びのようなボードゲームで、プレイヤーがペナルティーの一つとして振り出しに戻らされることに由来している。また、back to the drawing board ともいう。

> **Ex.** We worked hard on this proposal, but unfortunately our sponsor didn't like it. We're **back to square one**.
> この企画書をまとめるのに一所懸命がんばったが、あいにくスポンサーに気に入ってもらえなかった。また一からやり直しだ。

1663 beat it　　逃げる・立ち去る

beat it は仲間同士や目上の者が目下の者に使う表現で「立ち去る・逃げる」という意味である。例えば「やばい・逃げろ」、「うるさい・あっち行け」のように、ぶっきらぼうな命令口調で使う場合が多い。

> **Ex.** Hey, the police will be here soon. **Beat it**!　警察が来るぞ、逃げろ！
> **Ex.** I'll go insane if you are here and keep whining. **Beat it**!
> お前がここにいて、愚痴るのを聞いていると俺は気が狂いそうだ。立ち去れ！

1664 Beauty is in the eye of the beholder.
美しさは、それを見る人次第

この表現の直訳は「美しさは、それを見ている人の眼の中にある」で、美というものは、それを見る人の美意識次第であるという意味である。

> **Ex.** So, you think Dali's wacky pictures are art. **Beauty is in the eye of the beholder.**
> そう、君はダリの変な絵を芸術だって思うわけ。美は、それを見る人次第だね。

1665 bite the dust　　死ぬ・殺される・駄目になる

bite the dust の直訳は「ホコリを噛む」であるが、西部劇が映画化されてから一般

に広まった表現である。西部劇では荒野での決闘やガンファイトが繰り広げられるが、撃たれてバッタリ土の上に倒れこむと砂埃が口に入る。つまり bite the dust「ホコリを噛む」のである。bite the dust は「死ぬ・殺される」という意味であるが、悪人や評判が悪い人間の死について用いるのが普通である。またこの表現は「物事が駄目になる・試合に負ける」また「会社が倒産する」という意味にも用いる。

> **Ex.** Geronimo, a famous Indian chief fell off of his horse. He **bit the dust** on the spot when he was 80.　有名なインディアンの酋長、ジェロニモは、80歳のときに落馬し、死を迎えた。

1666　born with a silver spoon in one's mouth
金持ちの家に生まれる・いい家系に生まれる・幸運な星の下の生まれる

　西洋では金持ちの間で、子どもが生まれたらお祝いに銀のスプーンを贈る習慣があったことから、born with a silver spoon in one's mouth「銀のスプーンを口にくわえて生まれる」という表現が生まれた。この表現は「金持ちの家に生まれる・幸運な星の下の生まれる」という意味だが、金持ちや幸運な星の下に生まれた者は「横柄・特権意識が強い」など、否定的な意味にも用いられる。
　この表現はスペインの作家セルバンテス (Cervantes) の書物『ドンキホーテ』(Don Quixote) の中で用いられた表現である。

> **Ex.** Mr. Mori, a billionaire, owns so many buildings in Tokyo but wasn't **born with a silver spoon in his mouth**.　億万長者の森さんは東京都内に多くのビルディングを所有しているが、決して裕福な家庭に生まれたわけではない。
>
> **Ex.** A: Jennifer is totally spoiled and arrogant. Not many students like her.　ジェニファーは本当にわがままで横柄なのよ。彼女のこと好きな学生はあまりいないわ。
> B: No wonder, she was **born with a silver spoon in her mouth**.　金持ちに生まれたんだから当然だね。

1667　buddy-buddy
とても仲がいい友人・なれなれしい、やっかいな知り合い・嫌なやつ

　buddy (仲良し) は 19 世紀中ごろから使われるようになった表現。とくに男同士で、「親しい、気心が知れた友人」といったセンチメンタルな意味に使われることが多い。「親

友」の砕けた言い方なので「ダチ・マブダチ」と訳したほうが実際の英語に合っている。また buddy-buddy は「親しい仲」という意味であるから、I don't want to be buddy-buddy with her. と表現すれば「彼女とはあまり親しくなりたくない」という意味になる。buddy-buddy は、大の親友を意味する他に、「やたら親しげなジェスチャーで体に触れてくる」という意味がある。例えば Don't be buddy-buddy with me. と言うと「なれなれしく体に触れるな」という意味である。

> Ex. Joe always tries to get **buddy-buddy** with me when he gets drunk.
> ジョーは酒を飲む度に、私の体になれなれしく触ってくる。
>
> Ex. She is not the type of person I want to be **buddy-buddy** with.
> 彼女は僕が近づきたくないタイプの女性だ。

1668 bum　怠け者・ホームレス・無能な者

bum は滅多に働かず、一箇所に落ち着かない、物乞いや盗みによって生活する者を意味する言葉であるが、最近は「定職を持たずぶらぶらしている者・怠け者・無能な者」の意味にも用いる。日本語の「プー太郎」に最も近い表現である。

> Ex. My younger brother can never keep a job. He is such a **bum**.
> 弟は一つの仕事を続けられるような人間じゃないね。彼はただのプー太郎だよ。

1669 butter (someone) up　（下心があって）人にゴマをする・おべっかを使う

butter は錆びたところに塗ると潤滑油の働きをする。butter (someone) up は、人に butter を塗ると、自分との関係がよくなるという考えを表す。この表現は「（下心があって）人にゴマをする・おべっかを使う」という意味で用いられる。

「ゴマをする・おべっかを使う」という意味では、他に brown nose, kiss ass, polish the apple などの表現があるが、もっとも軽蔑的な意味合いの少ないのが butter (someone) up である。

> Ex. He never minds **buttering up** his bosses to move up the corporate ladder.
> 彼は出世のためなら上司にゴマをすることなんか平気でやる。

1670 castles in the air　空中の楼閣・かなわぬ夢 [ことわざ]

この表現はかなわない夢、現実離れした計画を意味する比ゆである。build castles in the air / castles in Spain という言い方もする。

> **Ex.** Are you telling me that you want to be the sixth member of SMAP? It's **castles in the air**.
> スマップの6番目のメンバーになりたいって？それは夢のまた夢だよ。

1671 A cat has nine lives. 猫に九生あり [ことわざ]
1672 When the cat's away, the mice will play.
鬼のいぬ間の洗濯 [ことわざ]

このことわざは「猫は八回生まれ変わるという」という意味だが、猫は俊敏で利口、しかも高い所から落ちても怪我をしないことから、不死身であると考えられている。この表現は like a cat with nine lives または have nine lives like a cat の形で「執念深い・なかなか死なない・長寿」などのたとえに使われる。

When the cat's away, the mice will play.「猫がいなくなると、ねずみが遊びだす」は文字どおり、日本語の「鬼のいぬ間の洗濯」にあたることわざ。

> **Ex.** Whenever, we are away, our son invites his friends over to our home and messes up our house. I guess **when the cat's away, the mice will play**.
> 私たちが留守をすると、息子が友人達を家に招いて、家をメチャクチャにするんだよ。鬼のいぬ間の洗濯だな。

1673 clear the decks （大事な行事や仕事の前に）邪魔なものを片付ける

deck は船の甲板のことである。clear the decks はもともと「船の甲板を片付ける」という意味で、戦時体制に入る前に軍艦の甲板にある邪魔なものをすべて片付けたことに由来する。この表現は「大事な行事や仕事の前に邪魔なものを片付ける」という意味で、ここでいう邪魔なものとは物に限らず、事柄（議案や問題事項など）にも用いられる。

> **Ex.** We are scheduled to have a general meeting of stockholders tomorrow in our conference room. Let's **clear the decks**.
> 明日株主総会が社内の会議室である。邪魔なものを片付けようじゃないか。

1674 computer peripherals　コンピューターの周辺機器
1675 CPU (central processing unit)　CPU（中央演算処理装置）

peripheral は「周辺部の・補助の」という意味で、コンピューターのディスプレー、キーボード、スキャナー、マウスなどを意味する。最近はコンピューターの周辺機器を表す言葉として使われている。CPU はコンピューターの中央演算処理装置のこと。

> **Ex.** I have to bring the **CPU** to a shop to have it fixed.
> 修理のために CPU を店に持って行かなければならない。

1676 cross the Rubicon　もはや後には引けない・重大な決意をする
1677 The die is cast　サイは投げられた

cross the Rubicon は「ルビコン川を渡る」であるが、シーザーが、ルビコン川を渡ってイタリア領内に侵攻し、これを機にローマの歴史が大きく変わったことに由来する。cross the Rubicon「もう後戻りできない・重大な決意をする」という比ゆに用いられる。cross the Rubicon と同様の表現に The die is cast「サイは投げられた」がある。

シーザーがルビコン川を渡りローマの元老院に事実上の戦線布告をしたときの言葉である。

> **Ex.** I quit my job and was back at graduate school to do my Ph.D. **The Rubicon was crossed**.
> 仕事を辞め、博士を取得するために大学院へ戻った。もう後には引けない。
>
> **Ex.** We spent all the money we had to set up a stock farm in Hokkaido. **The die is cast.**　私達は北海道で牧場を経営するため、持っていたお金すべてを費やした。サイは投げられた（もはや後には引けない）。

1678 drive a (hard) bargain　交渉を有利に進める

「商売上手・値切り上手・タフネゴシエーター」といった意味があり、商売に限らず、自分の希望を妥協せずに押し通すことを言う。

> **Ex.** Our best negotiators always **drive a hard bargain**.
> うちのいちばんの腕利きの交渉者はいつも強引に有利な取引をする。

Expression No.1674-1683

1679 a far cry from~ ～とまったくかけ離れている・～にまったく及ばない

この表現の直訳は「遠くの叫び」であるが、意味の由来は「遠くから叫んでも聞こえない程離れている」また「その昔敵の叫び声を聞いて、どのくらいその敵と離れているかを割り出した」など、諸説ある。この表現は「～とはまったくかけ離れている・～には遠く及ばない」という否定的な意味に使われる。

> **Ex.** He is proud of playing the piano at a restaurant but it is **a far cry from** being pro.　彼はレストランでピアノを弾いていることを自慢しているけど、プロとは比べものにならない。

1680 find a way around it うまく解決する

find a way で、「なんとかする・方法を探す・道、手段を見つける」という意味。around の他に、find a way through「解決を見出す・通り道を見つける」、find a way into「～に入り込む」、find a way out「解決を見出す・切り抜ける・脱する道を探す」と組み合わさることが多い。

> **Ex.** Glad you **found a way around it**.　うまく解決できてよかったね。

1681 Garbage in, garbage out. （コンピューター用語）

間違ったデータを入れれば、間違ったデータが出てくる Garbage in, garbage out の直訳は「ゴミを入れれば、ゴミが出てくる」である。コンピューター用語として最近使われるようになった表現である。またこの表現は「子どもに間違ったことを教えれば、間違った子になる」という意味などにも使われる。

> **Ex.** Be careful when you punch in the data. **Garbage in, garbage out**. The results of your statistics may go all wrong.
> データを入れるときは気を付けて。間違ったデータを入れると、間違った結果が出てくる。統計の結果が全部間違ってくるかも。

1682 genetically modified food / GM food 遺伝子組み換え食品
1683 genetically modified organisms / GMOs 遺伝子組み換え生物

> **Ex.** Many consumers doubt the safety of **genetically modified food**.
> 多くの消費者が遺伝子組み換え食品の安全性について疑問を持っている。

1684 Get a life! 消えうせろ・夢からさめろ・まともに生きろ

非常に強い軽蔑的な意味を持つ表現で、相手に二度と会いたくないような場合に用いる。Get a life「人生を得ろ」とは、相手が「まったく意味のない人生を送っている」「まったくくだらない人生を送っている」ので「まともに生きろ」という意味。この表現は、相手の全人格・全人生を頭から否定するような表現で、とくに若者が好んで用いる。Get a life! は Get lost!「消えうせろ」、Get out of my face!「出て行け」とほぼ同じ意味にも使われる。

> **Ex.** I can't stand you goofing off all day in my apartment. **Get a life!**
> お前が一日中俺のアパートでグダグダしているのにはうんざりだ。出て行け！

1685 get cold feet いざというときに怖気づく・突然興味を失ってしまう

cold feet は「逃げ腰・怖気・しり込み」などを意味する表現である。なぜ cold feet「冷たい足」がこのような意味に使われるのかには諸説がある。人間は恐怖感にかられたときに血液の循環が悪くなるので、末端の足や手が冷たくなるという説や、寒い中では兵士の足が冷たくなって戦意を失うなどなど。get cold feet は「何かを始める直前になって怖気づく」という意味であるが、「突然興味を失ってしまう」という意味にも用いられる。

> **Ex.** Paul suddenly canceled his engagement with Maryann. I guess he **got cold feet**.
> ポールは突然マリアンとの婚約を破棄したんだ。きっと怖気づいたんだろうな。

> **Ex.** This never happened to me before but I **got cold feet** with Pat. I used to love her a lot.　今までなかったことだけど、パットに興味がなくなってしまったんだ。昔はとても愛していたんだけどな。

1686 get out of bed (on) the wrong side / get up/out on the wrong side of bed
ベッドの間違った側から起きたので機嫌が悪い

get out of bed on the wrong side は「ベッドの間違った側（反対側）から起きる」であるが、間違った側とは左側のことである。西洋にはベッドの左側から起きると縁起が悪いという言い伝えがあるが、現在では間違った側とは、普段とは別の側のことで、朝から普段と違ったことをするのは、きっと体調のせいで、そのため機嫌が悪くなると考える人が多い。

> **Ex.** Rebecca has been grouchy today. I wonder if she **got out of bed on the wrong side**.
> レベッカは今日は機嫌が悪いけど、ベッドの反対側から起きたのかな。

1687 have the/a nerve to~　～する度胸がある

nerve は「神経」のことであるが、「図太い神経」という意味もある。have the/a nerve to ~ の直訳は「～するだけの図太い神経がある」で、「～する度胸がある」という意味に使われる。

> **Ex.** I don't **have the nerve to** make a presentation in English in front of the biggies in my company.
> 会社のお偉方の前で英語でプレゼンをする度胸はないよ。

1688 hit it off　意気投合する・そりが合う

hit には「ピッタリと合う」という意味がある。off は「完全」な状態を表す副詞で、hit it off は人間同士が「ピッタリ意気投合する」、性格などが「ピッタリ一致する」という意味である。

> **Ex.** Since we first met at the small Irish café in Philadelphia, we have **hit it off** with each other.　フィラデルフィアの小さいアイリッシュカフェで初めて会って以来、僕達ピッタリ意気投合してるんだ。

1689 hit the jackpot　（予期せず）大成功する・幸運を得る

jackpot は「ポーカーの積み立て掛け金の総額」のこと。hit the jackpot はこれを

独り占めすることを意味し、トランプゲーム以外でも予期しないで「大成功する・幸運を得る」という意味にも用いられる。

> **Ex.** Christie was accepted to Johns Hopkins med school with a four year tuition waiver and a stipend. She **hit the jackpot**!
> クリスティーは4年間の授業料免除と奨学金で、ジョンズ・ホプキンス大学医学部へ受け入れられた。彼女は大成功を収めた。

1690 hot under the collar　カッカしている・激怒している・興奮している

　collar は服などの「えり」のことで、hot under the collar の直訳は「えりの下が熱い」であるが、「えりの下」つまり首の付け根あたりが紅潮して熱くなるということであろう。激怒した場合、顔と首が紅潮してくるが、えりの下が熱くなって紅潮してくるとはかなり奇異に聞こえる。この表現は「激怒している」の他に「興奮している」という意味にも用いる。

> **Ex.** Rebecca is still **hot under the collar** because she got a 30% pay cut in her salary.
> レベッカは、給料が30%カットされたことにまだ激怒している。

1691 a hundred and forty over ninety　上が140で下が90

　血圧の最高値と最低値を、このように表現する。正常血圧、高血圧、低血圧は、それぞれ、normal blood pressure、high blood pressure、low blood pressure という。「血圧を測る」の「測る」には、check、measure、take などの動詞が使われる。なお、blood pressure を略して BP と言うこともある。

> **Ex.** Your blood pressure at rest is **a hundred and forty over ninety**.
> 安静時のあなたの血圧は、上が140で下が90です。

1692 in one's birthday suit　裸で

　birthday suit は「誕生日のスーツ」のことであるが、人が生まれるときは裸であるから、誕生日のスーツとは裸のことである。in one's birthday suit は「裸で」を婉曲

に表し、ユーモアを交えて表現するときに用いる。

> **Ex.** After taking a bath, our two-year-old daughter sometimes runs around our house **in her birthday suit**.
> お風呂に入った後、2歳になる娘はときどき家の中を裸で走り回るんだ。

1693 Indian giver　人に贈り物をして、後でそれを返せという人

Indian giver の直訳は「インディアンの贈り主」であるが、アメリカインディアンの慣習では、人に贈り物をしたら、それと同等なお返しをしなければならない。お返しの贈り物が同等でなければ、贈り物をした方は、それを返せと言える。Indian giver はこの慣習に由来する。

> **Ex.** My girlfriend sometimes tells me I'm an **Indian giver**. I wonder if I ever took something back that I gave her?　僕の彼女はときどき僕のことを Indian giver だと言うが、彼女にあげた物を取り返したことがあるかなぁ？

1694 It is better/best to be on the safe side
用心に越したことはない・大事をとるべきだ

It is better/best to be on the safe side の直訳は「安全なほうをとるべきだ」である。なんらかの危険性が予見される場合に、「安全なほうをとるべき、大事をとるべき」という意味で、「被害があっても、それを最小限におさえるべき」という考えがこの表現の大意である。

> **Ex.** You better not drink and drive. **It's better to be on the safe side.**
> 酒を飲んで運転しないほうがいいよ。用心に越したことはないからね。
>
> **Ex.** I know you have tons of work piled up. But take one more day off. **It's best to be on the safe side.**　仕事が山のように溜まっているのはわかるけど、もう1日休んだら。大事をとるべきだね。
>
> **Ex.** Around 10 people may come to our party but they are all men. I guess we have to buy two more packs of beer. **It's better to be on the safe side.**　10人くらいパーティーに来るんだけど、全員男なんだ。ビールをもう2パック買っておいたほうがいいね。そのほうが安全だよ。

1695 It takes one to know one　蛇の道は蛇

聖書の古いことわざである。詐欺師は他の詐欺師を見破ることができ、嘘つきは嘘のつき方を知っているので、他人の嘘を見破ることができる。また、泥棒は盗み方を知っているので、自宅のどこが危ないかを察知でき、防犯対策をとることができる。このようなことを、It takes one to know one と言う。盗人を理解するためには自らが盗人でなくてはならない、ということである。この言い回しは、第三者を He's such an egomaniac!「彼はとんでもなく自己中心的なやつなんだ」などと批判する者に対して使うことができ、「君こそ自己中心的だよ」と戒める意味を持つ。

> **Ex.** A: You are so forgetful.　あなたって本当に忘れっぽいわ。
> B: Oh yeah? Well, **it takes one to know one**!
> そう思うか。ま、蛇の道は蛇って言うけどな。

1696 jump the gun　フライングを犯す・早まって行動する・早合点する

この表現での gun は、陸上などの競技でスタートの合図に使うピストルのことである。「位置について、用意ドン」は英語で On your mark, get set/ready, go. であるが、合図のピストルがなる前に飛び出すことを jump the gun と言う。日本語ではフライングと言うが、英語での flying にはそのような意味はない。

> **Ex.** My big brother is a reckless man and **jumps the gun** often. I hope he won't regret his decision to get married.　私の兄は向こう見ずな男で、よく早まった行動をするんだ。結婚に踏み切ったことを後悔しなければいいけど。

1697 keep up with the Joneses
近所の人達についていこうとして見栄を張る

この表現は同名の新聞連載漫画に由来している。作者がニューヨークのロングアイランドの高級住宅街で生活していた頃の経験が主に描かれていて、後に映画やミュージカルにもなった。keep up with は「〜に負けないようについていく」という意味で、the Joneses は、「ジョーンズ一家」という意味。keep up with the Joneses の直訳は「ジョーンズさん一家に負けずについていく」という意味だが、「近所の人達についていこうとして見栄を張る」という意味である。

> **Ex.** Mr. Suzuki bought a brand-new Mercedes as soon as he was transferred to Akasaka. I guess he tries to **keep up with the Joneses**.
> 鈴木君は赤坂に転任になるとすぐに真新しいベンツを購入した。近所の人たちについていこうとして見栄を張っているんだろうな。

1698 kiss and tell　秘密を漏らす・プライバシーを暴露する・暴露記事

　kiss and tell は大物政治家や有名な歌手やスポーツ選手などに色仕掛けで迫って関係を持ち(kiss)、その後でその関係を暴露する(tell)ことを意味する。

> **Ex.** If a tabloid magazine doesn't carry **kiss and tell**, it won't sell.
> 暴露記事を載せない週刊誌は売れないよ。

1699 land line　固定電話

　携帯電話をアメリカでは、cellular phone と呼ぶ（イギリスでは mobile phone）。これは、cellular phone system という技術名称からきた呼び方であり、日本でもかつて「セルラー」の名を冠した携帯電話会社が数多く存在した。地上線電話、つまり固定電話は land line と呼ばれるが、固定電話よりも携帯電話が普及している国もあるようである。

> **Ex.** Give me your **land line** number and maybe one day I will give you a call.　固定電話の番号を教えてくれれば、いつかそのうち電話すると思う。

1700 Let me sleep on it / I'll sleep on it　一晩じっくり考えさせて

　一晩寝ると、前の日の考えや感情が変わることはよくあることである。即答を避けるときや、慎重に考えたいときに使う表現である。

> **Ex.** I appreciate your suggestion but **let me sleep on it**.
> 君の提案は歓迎するけど、一晩じっくり考えさせてくれ。

1701 Live and let live.　自分も生き、他人も生かせ

この表現は本来 Live and let others live. の省略形である。「自分も生き、他人も生かせ」というこの表現は、共存共栄を意味し、人々がこの社会で生きていくためには、お互いに譲り合い、協力し合い、妥協し合うことが必要であること、またお互いに寛容であることが重要であることを意味する。

> **Ex.** My grandfather used to tell me, "**live and let live.**"
> おじいさんがよく言ってたよ、「自分も生きて、他人も生かせ」ってね。

1702 Name your poison　　好きな酒を言ってくれ
1703 What's your poison?　　好きな酒は何？

おもしろい言い方である。poison は「毒」のことであるが、「酒」の意味にも用いる。酒はもちろん「毒」にもなるが、この言い方は 1920 年代アメリカで禁酒法が施行されていた時代に生まれた表現で、最近ではあまり耳にしない。人に酒をおごるときの表現で、「君の好きな酒を言ってくれ」という意味に用いる。

> **Ex.** **Name your poison.** Let me buy you any drinks you like tonight.
> 好きな酒を言ってくれ。今晩はどんな酒でもおごるよ。

1704 nickel-and-dime　　取るに足らない・マイナーな・安い

nickel は 5 セントの通称（鉱物のニッケル nickel でできていることから）、dime は 10 セントの通称（ラテン語の decima が語源）。nickel-and-dime は「5 セントと 10 セント」という意味で、極めてわずかな額であることから「取るに足らない」「マイナーな」また「安い」という意味で用いられる。

> **Ex.** I wanted to have a position at a huge multinational corporation but what I found was a **nickel-and-dime** company.　巨大な多国籍企業に就職したかったけど、僕が見つけたのはマイナーな会社なんだ。

1705 nitty-gritty　　核心

商談の過程でしばしば耳にする表現。第一の意味は「核心・基本的事実・本質的なこと」だが、もう少し意味合いが広がって、「詳細」や「具体的な話」といった意味にも使

われる。ビジネスでは「詳細・細部」の意味で使用される場合が多い。似たような意味で、in a nutshell という表現もあり、これもビジネス会話でよく耳にする。これは、「簡単に言えば」とか「要するに」といった意味で会話で使われ、自分の主張したいポイントを簡潔にまとめる際の前置きに便利。

> **Ex.** Let's leave the **nitty-gritty** details until tomorrow and call it a day.
> 詳細は明日に回すとして、今日はこの辺で切り上げましょう。

1706 Nothing is certain but death and taxes.
人生何が起きるかわからない

Nothing is certain but death and taxes の直訳は「死と税金以外は何も確かではない」という意味。逆に言うと「税金と死だけは必ず訪れる」という意味である。この表現は税金や死という、人が最も嫌悪するものを皮肉る意味もあるが、人生は不確実なもので、何が起きるか予測不可能であるということを皮肉を込めて表す言い方でもある。

> **Ex.** A: I've just heard that Paul got divorced from Yukari.
> ポールとゆかりが離婚したんだって。
> B: They loved each other so much, didn't they?
> あの人達、お互いすごく愛し合っていたんじゃないの？
> A: **Nothing is certain but death and taxes.**
> 人生何が起きるかわからないよ。

1707 off-the-wall　行動、言動などが予想つかない・奇妙な・異常な・気違いじみた

off-the-wall の直訳は「壁から離れて」、壁にボールを打って、相手が予想のつかないところにボールを飛ばすスカッシュがこの表現の起源であるという説もある。「ボールが壁から離れるときに(off-the-wall)、予想がつかない方向に飛ぶことから、この表現の基本的な意味は「行動・言動などが予想つかない」である。「奇妙な・異常な」または「気違いじみた」という意味に用いられる。

> **Ex.** Nowadays, we see many **off-the-wall** comedians on TV.
> 最近、気違いじみたコメディアンをよくテレビで見る。

1708　once in a blue moon　めったにない・極めてまれ・あり得ない

　once in a blue moon の直訳は「青い月のときに1度」である。この blue moon には二通りの解釈がある。「月はごくまれに青く見えることがある」と主張する説と、「月が青く見えることはあり得ない」と言うものだ。前者の解釈だと once in a blue moon は「極めてまれだが〜がある・起こる」であるが、後者のそれだと「あり得ない」という意味になる。解釈は分かれるがアメリカ人が好んで用いる表現である。

> Ex. Jim is the stingiest person I've ever known. He buys us a beer **once in a blue moon**.　ジムは僕が知っている中では一番ケチな奴だ。彼がビールをおごってくれるなんてあり得ない。

1709　one foot in the grave
死んでもいい年齢である・いつ死ぬかわからない状態

　one foot in the grave の直訳は「片足を墓に入れる」であるが、日本語の「棺おけに片足を突っ込む」という表現によく似ている。この表現には二つの意味がある。「いつ死ぬかわからない状態」という意味と「もう死んでもいい年齢」という意味だが、後者の場合は冗談で用いることが多い。

> Ex. The doctor said my father still has two years to live but he looks like he has **one foot in the grave**.　医者が言うには、おやじはまだ2年は生きるということだが、もういつ死ぬかわからないように見える。
>
> Ex. A: Mr. Bouma, can you play tennis with us after work?
> 　ブーマさん、仕事が終わったら一緒にテニスしませんか？
> B: Thanks but no thanks. I am 65 and have **one foot in the grave**.
> 　ありがとう、でも結構だ。私はもう65歳だし、もう死んでもいい歳だよ。

1710　the other side of the coin　反対/裏の面・状況・意見・立場

　the other side of the coin の直訳は「一つのコインの別な面」である。物事には表と裏の2面があって、表の面が話題になったり、うまくいっているように見えるが、裏の面（反対の面）では逆な状況があるという比ゆ。

> Ex. The Chinese economy has been booming in the last decade. But **the other**

side of the coin** is it creates a huge substandard class in the country.
中国経済はこの 10 年急成長を遂げてきたが、同時に巨大な貧困層を作り出した。

1711　put one's cards on the table　手の内を見せる

トランプのカードをテーブルに置いて、手の内を明かすように、心に秘めていたことをすべてさらけ出してしまうこと。なお、動詞は put 以外にも lay も使う。

Ex. Both players now **put** all **their cards on the table**.
両当事者は手の内をすべて見せたようだ。

1712　put one's foot in one's mouth　うっかり口を滑らしてヘマをする

put one's foot in one's mouth の訳は「口の中に足を入れる」だが、なぜ口の中に足を入れることが「うっかり口を滑らしてヘマをする」ことになるのか不可解であり、口の中に足を入れられるような器用さはさらに不可解である。おそらく「足は汚いものであるから、それをうっかり口の中に入れてしまうということは、ヘマをするということ」、この表現はこのような意味合いから生じたものだろう。

Ex. I know I am such a careless guy. Every time I say something, I **put my foot in my mouth**.
僕はとても不注意な男で、口を開く度にヘマをしているんだ。

1713　the rank and file　一般大衆・一般社員・平社員

rank は兵隊が隊列を作るときの横の列、file は縦の列のこと。召集がかかれば縦横きちっと整列しなければならないのは軍隊で最低の序列に属する兵隊たちで、将校など高い序列の者達は列に並ぶ必要がない。the rank and file はこの兵隊の隊列に由来する表現で、組織や社会で地位がない者、つまり一般大衆や平社員のことを意味する。この表現は全体の中の個人は意味しない。rank-and-file（形容詞）で「庶民の・一般大衆の・一般社員の」という意味である。

Ex. Ms. Suzuki was from **the rank and file** in Hokkaido. Now she is a famous author and a regular commentator on several TV news programs.　鈴木さんは北海道の庶民の出だが、今では有名作家でいくつかのテレビニュースのコメンテーターでもある。

1714　a readout　分析データ

原義は「コンピューターなどから読み出した情報」の意味。そこから「情報」一般、「分析結果・評価」の意味で用いられる。「～についての分析」には on を使う。動詞は get、want、give などがよく使われる。

> **Ex.** A: Could you get me **a readout** on them?
> そこについての分析データを出してくれないか？
> B: I'll try. Anything special you're after?
> やってみましょう。何かとくに知りたいことはありますか？

1715　the real McCoy　本物・最高の物

McCoy は人の名前だが、起源は不明。いくつかの説があるが、Elijah McCoy (1843-1929) はカナダのオンタリオ出身で、蒸気機関の潤滑油などを改良した人。またアメリカには McCoy というボクサーが 2 人いたので、片方を the real McCoy「本物のマッコイ」と呼んだという説がある。この表現は物や人が「本物」である、または「最高の物」という意味で使われる。

> **Ex.** Wow! Where did you get this 1966 Beatles' concert ticket? It's **the real McCoy**.　ワァー！この 1966 年のビートルズのコンサートチケットどこで手に入れたの？これは本物だよ。

1716　recap　再確認する

アメリカ人は、会議の内容を要約して誰かに連絡する場合に、よく recap という単語を使う。recapitulate または recapitulation の略語で、「要点を繰り返す・要約する」という意味である。

> **Ex.** And now let's **recap** what we've discussed so far.
> それじゃ、ここまでの話を再確認しよう。

Expression No.1714-1719

1717　the salt of the earth　地の塩・高潔で良心的な人・人のかがみ

聖書のマタイの福音書（Mathew 5:13）に書かれている言葉である。the salt of the earth「地の塩」は、イエスのような潔癖で良心的な人、人の模範になるような人を意味する。

> **Ex.** Ms. Sasaki gives a helping hand to many troubled people at the sacrifice of herself. Sometimes, I think she is too nice but she truly is **the salt of the earth**.　佐々木さんは自分を犠牲にして多くの困った人に手を差し伸べる。ときどき人がよすぎると思うけど、彼女はまさに「地の塩」である。

1718　scratch the surface　表面をなぞる程度

この表現の直訳は「表面を引っ掻く」であるが、「表面をさっとなぞるだけで、問題の核心に触れない」という意味に用いられる。

> **Ex.** This Tarot book just **scratches the surface** and never explains anything in detail.
> このタロットの本は表面をなぞる程度で、詳細な説明はない。

1719　shoot from the hip
思いつきでものを言う・よく考えないで軽率な発言をする

shoot from the hip の直訳は「尻から撃つ」で、カウボーイにちなんだ表現である。カウボーイ同士の決闘シーンを思い出して欲しい。通常はガンベルトからピストルを抜いて、自分の目線までピストルを引き上げ相手を狙った、そのほうが正確だからである。しかしガンベルトからピストルを抜いた瞬間、その位置で（尻の位置で）、撃つこともあるが、相当な技術がなければ当たらない。shoot from the hip はもともとは、「よく狙いを定めないで撃つ」ことを意味したが、「思いつきでものを言う・よく考えないで軽率な発言をする」という意味に使われるようになった。この表現は思いつき、または軽率な発言をするという意味だが、否定的そして相手を傷つける内容の言葉を吐くというニュアンスがある。

> **Ex.** Don't take that manager's words seriously. She just **shot from the hip**.　あのマネージャーの言うことを真に受けるなよ。彼女は思いつきで言った

だけだからさ。

1720 stick-in-the-mud　頑固者・保守的な人・旧式な・保守的な

stick は「棒」または「小枝」のこと。stick-in-the-mud の直訳は「泥の中の小枝」であるが、「周りの植物は季節ごとに変化していくのに、泥沼の中の枝は枯れたままで、じっと動かないでその中にいる」という光景をイメージしてみるといい。この表現は「進歩的な考えを受け入れない、旧態依然とした保守的な人」という意味に用いる。また形容詞で「旧式の・保守的な」を意味する。

Ex. I just don't want to have a cellular phone myself. I don't want to follow the current fashion blindly but I wonder if I am just a **stick-in-the-mud**.
携帯は持ちたくないんだ。最近の流行を盲目的に追いたくない。でも私はただの頑固者なのかな？

1721 take a backseat　二番手に甘んじる・下位に甘んじる
1722 a back-seat driver　権限がないのに、口出しする人

take a backseat の直訳は「後ろの席を占める」である。後ろの席とは運転席の後ろの席のことで、運転席に座る者が車を操縦するので、主役またはいちばん重要な人間であり、その後ろに座る者は二番手である。take a backseat は「二番手に甘んじる」または「下位に甘んじる」という比ゆである。また「誰々の下位にいる」という場合には take a backseat to ～ の形をとる。a back-seat driver は、運転手の後ろにいて、運転手に指図する人のこと。つまり「権限がないのに、横から口出しする人」という意味である。

Ex. I have to admit that I **take a backseat** to Ken in annual salary.
正直言って、年収ではケンにはかなわないよ。

1723 The third time's the charm　三度目の正直
1724 third time lucky　（同上）

Ex. So you asked her to go out twice and got rejected twice? **The third time's**

the charm. I'm telling you.　そう、彼女に 2 回デート申し込んで、2 回断られたって？　3 度目は必ずうまくいくよ。本当だよ。

1725　The "three strikes you are out" law
3 度犯罪を犯すと、25 年以上の刑を科す法律 (Three strikes law)

犯罪大国アメリカのカリフォルニア州で 1994 年から施行された法律で、重い犯罪を 2 度犯したら、たとえ 3 度目の犯罪が軽いものであっても 25 年以上の刑が科せられる。

1726　tongue in cheek　冗談で・ふざけて・皮肉に

tongue in cheek は「頬の中の舌」であるが、この表現は頬に舌先を押し付けて、自分が言っていることは冗談であるというジェスチャーに由来する。この表現はあくまで悪意のないジョークや相手を傷つけないユーモアのある皮肉に用いる。

Ex. Don't get mad at her. She said it **tongue in cheek**.
怒ってはいけないよ。彼女は冗談で言っているだけだから。

1727　Too many cooks spoil the broth　船頭多くして船山に登る

Too many cooks spoil the broth の直訳は「コックが多すぎるとだし汁をまずくする」である。この表現はあまりに指導者（権限を持った者）が多すぎると、決まることも決まらないという比ゆである。

Ex. We can't reach an agreement on the agenda. I guess **too many cooks spoil the broth**.　協議事項について何も同意に達していない。船頭多くして船山に登るということかな。

1728　turn the tables　優勢な相手に対して形勢を逆転する

turn the tables は文字どおり「テーブルを回す」という意味。昔、チェスの試合で、どちらかが一方的に勝っているときには、ゲームをおもしろくするためにテーブルを 180 度回転させ、負けているほうと勝っているほうを逆にした習慣から生まれた表現である。

> **Ex.** The University of Tennessee **turned the tables** in the fourth quarter and won a narrow victory against Florida State.
> テネシー大学が第4クォーターに形勢を逆転しフロリダ州立大学に辛勝した。

1729 Two's company, three's a crowd
2人にしておこう、3人は邪魔だ（恋人同士の邪魔をしないほうがいい）

two's company は「2人は仲良し」、three's a crowd は「3人は野次馬」である。この表現の直訳は「2人だけであればうまくいくし、3人になれば1人は邪魔者になる」であるが、外出やデートなどでは、恋人同士は2人きりにしておくべきだ。彼らに余分な人間が加わればただの邪魔者になるという意味で、「恋人同士の邪魔をしないほうがいい」というアドバイスなどに用いる。

> **Ex.** Just leave Rick and Yoko alone. **Two's company, three's a crowd**.
> リックと洋子を2人きりにしておけよ。邪魔しないほうがいいよ。

1730 When the going gets tough, the tough get going
状況が困難になれば、意思の強い者がそれを乗り切る

日本人にはわかりにくい表現であるがアメリカでは頻繁に使われる表現である。まず going は人生一般の諸事を表し、具体的には「日々の暮らし」や「いまやっている仕事・事業・勉強」、自分が置かれている「状況」などを意味し、When the going gets tough, は「諸般の状況が難しくなったら」、という意味。the tough は「強い人」また「強いグループ」のことで、get going は「行動し始める」という意味。When the going gets tough, the tough get going の直訳は「諸般の状況が難しくなったら、強い者が行動し始める」という意味である。さてここでの強い者とは「強い意志・困難を切り抜けていけるだけの決意がある者」を指す。

つまりこの表現は「自分をとりまく状況が困難になれば、それを切り抜けていけるだけの強い意志と決意のある者がその状況を克服していける」という意味である。この表現には「人生はチャレンジの連続である。チャレンジが人間を強くする。そして強い者だけが自分の置かれた状況を克服していける」というアメリカ人の現実的思考やチャレンジ精神が見え隠れする。しかし同時にこの表現は字面を見ればわかるように (When the going gets tough, the tough get going.) 語呂合わせでできた言葉なので、それほど深い意味はないようである。この表現は日常遭遇する困難について用い、純粋に精神的な意味には用いない。

| Ex. | After Sean got fired and couldn't find a job, I told him to stay determined because **"when the going gets tough, the tough get going."** ショーンはリストラされた後に職が見つからないでいる。「意思を強く持て。状況が困難になれば、意思の強い者がそれを乗り切る」と彼に話した。

1731　who's who / who is who　重要人物

西洋の「紳士淑女録」のこと。日本の人名録や役員四季報などと似ている。また、The who's who award among students in American universities というものがあり、全米 1,900 校以上から推薦された学生達が特別な本に掲載される。学業成績が優秀で、課外活動で地域社会に貢献した学生が受け取ることができる賞である。

| Ex. | This **who's who** of Canadian scientists includes people who have made significant contributions to science.　このカナダ科学紳士録には、科学に多大なる貢献をした人物について記載されている。

1732　You can't have your cake and eat it (too)
ケーキを持っていることと、それを食べることは両立できない

二者択一の選択を意味する表現である。直訳は文字どおり「ケーキを持っていることと、それを食べてしまうことは両立しない」であり、ある物事を優先させれば、他の物事を犠牲にしなければならないというたとえである。You can't eat your cake and have it. という言い方もする。

| Ex. | You don't want to go to school but you want to have a school degree. **You can't have your cake and eat it.**
君は学校には行きたくないけど、学位はほしい。両立はできないよ。

CHECK UP

Quiz 1

Key Expressions　Level 800-900

get cold feet　　　　　　　　　　　a far cry from
butter someone up　　　　　　　　the die is cast
born with a silver spoon in one's mouth　　backseat driver
castles in the air　　　　　　　　　it's all in a day's work
at a loose end　　　　　　　　　　CPU

　カッコの中に入る表現を上のリストの中から選びなさい。(時制や人称による変化、その他の文法事項を考慮すること)。

1. 真夜中であっても、火事が起これば、我々消防士は現場に駆けつけなければならない。<u>仕事だからね、やるしかない。</u>

　　Even at midnight, when a fire breaks out, we firefighters must be on the spot. (　　　　　).

2. 兄は大学を出て以来5年以上<u>ブラブラしている</u>。

　　My older brother has been (　　　　　) for more than five years since he graduated from university.

3. 私の家内は車を運転できないのに、私が運転していると、本当に<u>あれこれうるさいんだよ</u>。

　　My wife can't drive but she is a real (　　　　　) whenever I drive.

4. 石原君は<u>いい家系に生まれた</u>からね、いい大学出て、35歳でもうこの会社の部長だ。

　　Mr. Ishihara was (　　　　　). He went to a prestigious school and is now the department head in this company at the age of 35.

402

5. 上司からいい推薦状が欲しいなら、少しは<u>彼にゴマすれよ</u>。

If you want a nice recommendation from your boss, (　　　　) a little.

6. 一流劇場でダンサーになりたいの、<u>かなわぬ夢</u>だって言わないで。

I want to be a dancer in Broadway. Don't tell me it's (　　　　).

7. このコンピューターちょっとおかしいんだ。<u>本体</u>を診てもらわなくちゃ。

There's something wrong with my computer. I have to have this (　　　　) checked.

8. 癌の摘出手術を受けることに決めたんだ。<u>もう後にはひけないよ</u>。

I already decided to get the operation for my cancer. (　　　　).

9. 君のラーメン食べたけど、プロの味とは<u>ほど遠いね</u>。

I ate your ramen noodles but it is (　　　　) the taste of a pro's work.

10. 教授たちの前でプレゼンするときは必ず<u>おじけづいちゃう</u>んだよな。

Whenever I make a presentation in front of my professors, I (　　　　).

Quiz 2

Key Expressions Level 800-900

off-the-wall
hit the jackpot
all systems go
nickel-and-dime
the salt of the earth
have the nerve to
stick-in-the-mud
it is better to be on the safe side
keep up with the Joneses
let me sleep on it

カッコの中に入る表現を上のリストの中から選びなさい（時制や人称による変化、その他の文法事項を考慮すること）。

1. 秒読み5秒前。すべて準備完了。

   The countdown begins in five seconds. (　　　　　).

2. 上司に1日休ませてくれるように頼む度胸はないよ。

   I don't (　　　　　) ask my boss if I can take a day off.

3. 任天堂は京都の小さなおもちゃ会社だったのに、コンピューターゲームが出てきて以来、何度も大成功を収めてきた。

   Nintendo was a small toy company in Kyoto but they have (　　　　　) again and again since computer games came about.

4. 12時以降は渋谷をぶらつかないほうがいいよ。用心に越したことはないからね。

   Don't hang around in Shibuya after 12 a.m. (　　　　　).

5. 広尾とか白金台には住みたくないね、見栄を張りたくないんだよ。

   I don't want to live in an area like Hiroo and Shiroganedai because I don't want to (　　　　　).

6. 1年か2年ニューヨークに住むことは子ども達の英語の勉強にはいいことだけど、一晩じっくり考えさせて。

I know that living in New York for a year or two would be good for my kids to learn English but (   ).

7. 父はワシントンスクエアの近くで、ちっぽけなハンバーガーショップを営んでいる。

My father owns a (   ) hamburger shop near Washington Square.

8. ダリは才能あるんだろうけど、彼の絵はちょっと異常だね。

I know Dali is talented but his paintings are a bit (   ).

9. 私自身教師として、夜回り先生で知られている、水谷さんは地の塩だと思う。

As a teacher myself, I think Mr. Mizutani, known as Yomawari sensei, is (   ).

10. 私の家内は旧式で保守的な人でね、なんでも伝統的なやり方が好きなんだ。

My wife is just a (   ). She loves to do things in traditional ways.

CHECK UP 解答

Level 400

Quiz 1
1. come back and see us   2. came to my mind   3. cut in   4. co-ed
5. do you have the time   6. ate like a horse   7. ended up in   8. figure out   9. for a change
10. give you a ride

Quiz 2
1. haven't seen each other for ages   2. health care   3. For sure   4. how did you like
5. I can tell you   6. I doubt it   7. I have something for you   8. I mean it   9. I owe you one
10. I'll be right there

Quiz 3
1. In my opinion   2. in the red   3. It's on me   4. It's time to go   5. job hunting
6. loses her cool   7. kick the habit   8. looked up tp   9. make up his mind
10. medical checkup

Quiz 4
1. I'm not kidding   2. No way   3. on a diet   4. Opportunity knocks   5. payday   6. pay off
7. paycheck   8. pick her up   9. Stay on the line   10. get away from it all

Quiz 5
1. set up   2. slowly but steadily   3. So sorry to hear that   4. stop by   5. take a leave
6. Take care   7. Thanks but no thanks   8. The sooner the better   9. turned down
10. turn in

Level 500

Quiz 1
1. at a loss   2. birds of a feather   3. between you and me   4. nervous breakdown
5. Beats me   6. broke down   7. broke out   8. blackout   9. all thumbs
10. burned the midnight oil

Quiz 2
1. by chance   2. ill in bed   3. calmed down   4. cash my check   5. cleared up
6. come of age   7. Come what may   8. counts on   9. cracked up   10. come up with

Quiz 3
1. down with   2. from now on   3. fell for   4. finish up   5. from scratch
6. Generally speaking   7. get fired   8. keep in touch   9. get rid of   10. hand in

Quiz 4
1. getting together   2. give it a try   3. Give me a break   4. had nothing to do with
5. I was impressed   6. in order   7. in fashion   8. in season   9. in the long run
10. last-minute person

Quiz 5
1. keep in mind   2. makes a point   3. make every effort   4. make ends meet
5. looks after   6. makes no difference   7. makeup test   8. make the most of
9. moonlighting   10. out of curiosity

CHECK UP 解答

Quiz 6
1. out of date   2. on the market   3. on medication   4. lose weight   5. put up with
6. running short   7. starting salary   8. shows off   9. shown up   10. stay fit

Quiz 7
1. stubborn as a mule   2. passed away   3. take advantage of   4. Sooner or later
5. take-home pay   6. tied up with   7. top-notch   8. up-to-date   9. works nightshifts
10. work on

Level 600

Quiz 1
1. all in all   2. crack a deal   3. do something   4. business hours   5. on business
6. beat the clock   7. draw the line   8. business outlook   9. caught short   10. goof off

Quiz 2
1. gets on my nerves   2. go for   3. went out of business   4. go easy on
5. went through the mill   6. half-way through   7. go down in history   8. go together
9. half-hearted   10. hand-me-downs

Quiz 3
1. hang loose   2. has a big mouth   3. headquarters   4. in session   5. it never hurts to ask
6. it shows   7. kept a low profile   8. a labor of love   9. let down,   10. life expectancy

Quiz 4
1. look on the bright side   2. marks down   3. jump to conclusions
4. multinational corporation   5. no-nonsense   6. pigged out   7. on a second thought
8. outgoing   9. pass out   10. bound for

Quiz 5
1. pinches pennies   2. neck and neck   3. out of production   4. on the line   5. side by side
6. stick with it   7. what goes around comes around   8. what's keeping   9. workshop
10. running the show

Level 700

Quiz 1
1. add fuel to the fire   2. alive and kicking   3. around the clock   4. beat the traffic
5. move up the corporate ladder   6. count me in   7. face off   8. go the extra mile
9. all Greek to me   10. in jeopardy

Quiz 2
1. in the line of duty   2. Join the club   3. top-of-the-line   4. make a mess   5. messed up
6. Not that I know of   7. blockbuster   8. on the same wavelength   9. paid tribute to
10. get yourself together

Quiz 3
1. rain or shine   2. read the between the lines   3. save money for a rainy day
4. Give it your best shot   5. kickoff   6. slave driver   7. That's the beauty of it
8. the tip of the iceberg   9. up in the air   10. Weather permitting

407

CHECK UP 解答

Quiz 4
1. back and forth   2. back to back   3. the best of both worlds   4. the birds and the bees
5. cut and dried   6. get down to it   7. get to the bottom of   8. in collaboration with
9. unempoyment compensation   10. with reference to

Level 800-900

Quiz 1
1. It's all in a day's work   2. at a loose end   3. backseat driver
4. born with a silver spoon in his mouth   5. butter him up   6. castles in the air
7. CPU   8. The die is cast   9. a far cry from   10. get cold feet

Quiz 2
1. All systems go   2. have the nerve to   3. hit the jackpot
4. It is better to be on the safe side   5. keep up with the Joneses   6. let me sleep on it,
7. nickel-and-dime   8. off-the-wall   9. the salt of the earth   10. stick-in-the-mud

索引

A

a back-seat driver	398
a busy bee	20
A cat has nine lives.	383
a far cry from ~	385
A friend in need is a friend indeed	242
a girl Friday	336
a head start	153
a hundred and forty over ninety	388
a Johnny-come-lately	331
a labor of love	263
A little bird/birdie told me	266
a long shot	351
a man Friday	336
A penny for your thoughts	345
A penny saved is a penny earned	345
a piece of cake	79
A promise is a promise	80
a readout	396
a salary cut	183
a shot in the arm	351
A thousand apologies	12
a wallflower	291
a win-win situation	204
above the line	334
Absolutely	8
Absolutely not	8
academic degree	8
academic freedom	8
academic requirement	8
academic standing	8
academic year	8
accounting department	178
Achilles' heel	116
ACT	116
act one's age	306
add fuel to the fire (flames)	306
additive-free food	175
advanced technology	234
advertising agency	199
aerospace	306
affirmative action	378
African American	306
After you	9
against (all) the odds	222
against the clock	222
age discrimination	9
alcoholic beverage	10
alive and kicking	307
all ears	117
all Greek to me	323
all in a day's work	378
all in all	223
All systems go.	378
all terrain vehicle	354
all things considered	223
all thumbs	117
all together	223
all-time high/low	117
all-you-can-eat	10
Allow me	10
Alma Mater (alma mater)	308
alphabetical order	10
alternative energy	307
alternative technology	307
alumni association	308
Am I disturbing you?	11
An apple a day keeps the doctor away.	223
An apple doesn't fall far from the tree.	378
an eager beaver	237
an open secret	368
annual income	59
annual sales	186
answering machine	11
anti-abortion	12
anti-abortionist	12
Anybody home?	46
anything goes	118
Anything I can do for you?	12
anything you say	118
Apologies accepted	12
Apology accepted	12
application letter (cover letter)	316
area code	66
armchair	254
around the clock	308
arrival lounge	289
artificial sweetener	175
as a matter of fact	13

as busy as a bee	20
as far as I am concerned	13
as far as I know	13
as it is	119
as of ~	119
as poor as a church mouse	181
as promised	80
as stubborn as a mule	191
as you wish	14
ASAP (as soon as possible)	119
Asian American	306
Ask not what your country can do for you, ask what you can do for your country	379
at a loss	120
at a loss for words	120
at a sale	185
at all costs	120
at any cost	120
at loose ends (at a loose end)	379
at risk	327
at the same time	121
at work (on) ~	14
attorney (at law)	308
attorney general	309
attorney's office	308
auto mechanic	192

B

baby shower	149
bachelor girl	14
back and forth	309
back down	224
back to (the) basics	310
back to back	309
back to square one	379
back up	224
background check	15
background information	15
backup	224
bad (rotten) apple	310
bad hair day	310
bad-mouth	121
baggage claim	289
ball game	15
ball park / ballpark	15
ballroom	152
bank account	121
bank clerk	84
bank teller	122
bar exam	116
bargain price	287
base salary	183
bathtub	254
be caught short	230
Be good!	122
Be my guest	15
be subject to taxation	357
Bear with me.	224
beat around the bush	123
beat it	380
beat the clock	222
beat the odds	222
beat the traffic	311
beats me	123
Beauty is in the eye of the beholder.	380
Beauty is only skin deep	123
been there, done that	225
Behave yourself	15
behind someone's back	311
behind the scenes	225
best-selling product	278
better late than never	16
between you and me	124
Beware of the dog	319
big brother	16
big bucks	225
Big deal!	226
big shot/wig	124
big sister	16
biochemistry	313
bioengineering	313
biotechnology (biotech)	312
birds and bees	313
Birds of a feather flock together	124
bite the dust	380
black sheep (the black sheep of the family)	227
blackout	125
blank check	130
Bless you	17
blind date	17

blockbuster	313	business deal	228
blood donor	18	business district	20
blood pressure	18	business hour	20
blood type	18	business is booming	229
blow it	227	business management	336
blow something	227	business opportunity	20
blue book	199	business outlook	20
blue chip	191	business relations	229
board member	313	business school	128
board of education	313	business transaction	228
board of regents	313	business trip	228
board of trustees	313	business tycoon	229
Bon voyage!	18	business year	229
book a hotel/flight	135	busy as a bee	20
boom box	239	butter (someone) up	382
born with a silver spoon in one's mouth	381	Buy now, pay later.	229
Bottoms up!	125	Buy one, get one free.	229
bounce a check	130	by chance	129
bound for ~	289	by the same token	121
brainchild	126	BYOB (bring your own bottle/booze)	119
branch (office)	252		
breach a contract	286	**C**	
breadwinner	18		
break (one's) heart	228	call in sick	129
break down	126	call it a day	230
break into ~	126	call it quits	230
break new ground	18	calm down	129
break one's back	228	Can I take a message?	57
break out	126	can tell	20
break the contract	286	Can you give me a ride home?	38
break the ice	127	Can't you take a joke?	346
break the news	19	cancel a contract	286
break up (with ~)	126	carpeted floor	254
breakdown	126	carry-on bag	289
breaking news	19	carry-on luggage/baggage	135
breath-taking	19	cash a check	130
Brighten up!	231	cash discount	21
buckle down	127	cash dispenser	21
buckle up/down	127	cash in hand	21
buddy-buddy	381	Cash or plastic?	21
bum	382	cash register	21
burn the midnight oil	128	cash transaction	21
business address	228	cashier's check	170
business associate	20	castles in the air	382
business call	228	catch you later	22
business card	228	Catch-22 (situation)	314

411

CATV	130	come to one's mind	25
Caucasian	307	come up with ~	133
caught short	230	Come what may	134
cell phone	37	come with ~	26
cellular phone	37	Coming soon	24
Central (Standard) Time	355	coming up	24
CEO	131	Community Antenna Television	130
Certainly	8	community college	132
Certainly not	8	compact	179
Chances are that ~	131	compensation package	363
change one's mind	22	computer peripherals	384
charge card	21	computer technician	192
check it out	132	computer-literate	134
check-in counter	289	con artist	315
checking account	121	condominium	88
Cheer up!	230	conduct research	350
Cheers!	22	connecting flight	135
chemical-free	175	continuing education	232
Chin up!	230	contractor	286
chip off the old block	314	control tower	289
chow down	315	COO	131
chronological order	10	Correct me if I am wrong	135
class of ~	23	correspondencea education (courses)	232
class reunion	23	couch	254
classified ad/ads	23	couch potato	352
clean sweep	352	Could be	26
clear the decks	383	Could be better	232
clear up	132	Could I take a message?	57
clearance sale	185	Could you give me a ride home?	38
clerical job	62	couldn't be better	26
climb up the corporate ladder	315	count me in	316
climb up the ladder	315	count me out	316
climb up the social ladder	315	count on ~	136
close a contract	286	count your chickens before they are hatched	
co-ed/coed	24		233
COD (cash on delivery)	231	country bumpkin	27
coffee(couch) table	254	country code	66
Coke machine	202	country hick	27
cold front	344	course syllabus	136
college graduate	132	cover up	363
Come and get it!	24	CPA (Certified Public Accountant)	270
Come back and see us	24	CPU (central processing unit)	384
come home from work	148	crack a deal	226
come in handy	133	crack down (on ~)	140
come of age	133	crack up	136
Come on in	24	crisis management	336

crocodile tears	233
cross one's mind	25
cross the Rubicon	384
currency exchange rate	233
currency market	233
curriculum vitae (CV)	316
custom declaration(form)	289
customs	289
cut a deal	226
cut and dried	316
cut back (on ~)	137
cut back production	278
cut down (on ~)	137
cut in	27
Cut it out	27
cut off	27
cutting-edge technology	234

D

dairy products	88
day in and day out	137
daylight saving time	317
de facto	235
deal with ~	226
dean's list	254
debit card	21
Definitely	8
Definitely not	8
departure lounge	289
deposit money in a bank	347
deposit slip	347
designated driver	31
desk clerk	84
desktop (computer)	66
dietary supplement	28
dig up	317
digital divide	134
dining chair	254
dining table	254
direct flight	135
dish washer	239
distance learning	232
do one's part	137
do something	235
Do you have the time?	28

Do you mind if I join you?	28
Do your homework	235
Does it/that work for you?	29
domestic airport	289
Don't be so nosy	29
Don't bet on it	326
Don't embarrass me	257
Don't get clever with me	138
Don't get mad, get even	322
Don't get personal	317
Don't get smart with me	138
Don't take it personally	317
Don't tell me	30
Don't worry about a thing	30
done deal	226
DOW	340
down and out	138
down payment	139
down the drain	235
Down Under	318
down under	318
down with ~	139
draw the line	236
Dream on!	328
dress down	30
dress to kill	236
dress up	30
drive (someone) up the wall	237
drive a (hard) bargain	384
drive drunk	140
driver's license	31
drop (someone) a line	139
drop by	87
drop in	87
drop out	140
dropout	140
drug abuse	32
drug addict	32
drunk driving	140
dry county	279
DUI (driving under the influence)	31
duplex	88
dustbin	82
duty-free shop	289

E

e-mail/E-mail address	140
earned income	59
easier said than done	237
Eastern (Standard) Time	355
Easy come, easy go.	238
Easy does it	32
easy money	272
eat like a bird	32
eat like a horse	32
eat like a pig/hog	32
economic climate	238
economic growth	238
economic indicator	238
economic outlook	238
economic sanctions	238
Ed.D.	178
educational background	15
efficiency (apartment)	88
electric appliances	239
electric power failure	125
emergency hospital	33
emergency room (ER)	33
empty nest syndrome	319
end up (in/with) ~	33
Enough already!	239
Enough is enough	239
ER (emergency room)	240
errand	33
Every dog has its/his day	319
Everything's going to be all right/okay/great/fine	141
Exact change, please	64
exclusive contract	286
excursion ticket	81

F

face off (against/with)	320
factory products	278
faculty evaluation	191
fair-weather friend	240
fall for ~	141
fall quarter	190
fall semester/term	190
family reunion	23
farm products	278
farm-fresh	175
feel free	142
feel like a million dollars	241
figure out	34
file a claim	241
file a lawsuit	241
file for bankruptcy	241
file tax	241
Fill her up	34
fill in (for)~	34
fill in the blanks	34
fill in the form	34
Fill it up	34
Fill up the tank	34
final exam/examination	35
final paper	142
finals	142
financial management	336
find a way around it	385
finger food	63
finger-licking good	242
finish up (with) ~	142
finished product	278
fireplace	254
firewood	254
First come, first served	143
First things first	35
fitting room	96
flight attendant	135
floor lamp	255
flush toilet	255
food additive	175
food preservative	175
for (future) reference	349
for a change	35
for free	143
For God's sake	36
for nothing	143
for sure	36
foreign currency	233
Forget about it!	37
Forget it!	37
frankly speaking	143
free of charge	143

from my perspective	59	get in touch (with ~)	146
from my point of view	59	get on one's nerves	244
from now (on)	144	get on with ~	321
from scratch	144	get oneself together	346
frozen food	175	get out of bed (on) the wrong side	386
fuel efficiency	179	get out of hand	146
full tank of gas	144	Get real!	147
FYI (for your information)	119	get rid of ~	147
		get the green light	244

G

		get to the bottom of ~	322
		get to work	148
gadget	244	get together	149
gain weight	182	get up/out on the wrong side of bed	386
Game over	339	get-together	149
garage	199	get-up-and-go	321
garbage can	82	gismo	244
Garbage in, garbage out.	385	give in	149
gas guzzler	144	give it a shot/try	150
gas mileage	179	Give it your best shot	351
gas price hike	283	Give me a break!	150
gas station	144	give one's best shot	150
gas station clerk	84	give someone a call	37
gated community	183	give someone a hand	38
gender discrimination	9	give someone a ride/lift	38
general affairs department	178	global industry	259
general agency	199	GM food	385
general hospital	240	GMAT	116
general practitioner	240	GMOs	385
generally speaking	143	go (right) ahead	39
genetically modified food	385	go after	245
genetically modified organisms	385	go climb a tree	323
get a kick out of ~	242	go down in history	245
Get a life!	386	go Dutch	246
get along (with ~)	145	go easy on ~	246
get away from it all	81	go fly a kite	323
get away with ~	243	Go for it!	39
Get back to me (on that)	321	Go get it!	39
get by (with ~)	145	go into production	278
get cold feet	386	go jump in the lake	323
get down to ~	321	go jump off a cliff	323
get down to business	20	go on a diet	76
get even (with) ~	322	go on sale	185
get fired	146	go out (with) ~	40
get going	243	go out of business	20
get goose bumps/pimples	243	go steady	40
get home	46	go the extra mile	323

go through the mill	246
go to work	148
go together	246
go too far	150
go-getter	39
God (only) knows	101
going-away party	149
gold currency	233
Good for you!	40
Good job!	40
Good luck!	41
good money	272
good sport	151
Good to see you again	42
good-looking	41
Goodness	36
goof off	247
Gosh!	36
grab a bite to eat	42
graduate assistant	42
graduate from ~	42
graduate school	42
graduate student	42
Grand Slam	352
GRE	116
Greek to me	323
ground zero	324
Grow up!	151
gun control	324
gunned down	324
gym shirt	192
gym shoes	192
gym shorts	192

H

Hail to the Chief	361
half-baked	247
half-bred	247
half-cooked	247
half-crazed	247
half-done	247
half-hearted	247
half-sister/brother	247
half-way there	247
half-way through	247

half-wit	247
hand in	151
hand out	151
hand-me-down	248
handheld	152
handout(s)	151
hands-on experience	248
hang around	249
Hang in there!	43
hang loose	249
hang on	249
hang up	249
hardwood floor	255
have a ball	152
have a big mouth	250
have a bite to eat	42
have a chip on one's shoulder	325
have a deposit	347
have a green thumb	250
have a high profile	251
have a low profile	251
have a one-track mind	252
Have a safe trip!	18
have an eye on ~	252
have goose bumps/pimples	243
have second thoughts	276
have something/nothing to do with ~	152
have the time of one's life	43
have the/a nerve to ~	387
Haven't seen you for ages	44
head in the clouds	325
head office	252
head-on collision	325
headquarters	252
health care	44
health insurance (card)	44
heart attack	44
heart disease	45
heart failure	44
heavy industry	259
help desk	253
Help Wanted	45
Help Wanted ad/ads	45
help yourself	45
helping hand	38
high pressure	344

high school graduate	132
high-tech industry	259
high-tech person	153
Hispanics	307
hit it off	387
hit the jackpot	387
hit the road	253
hit the spot	153
hit-and-run (accident)	325
Hold it	45
Hold on	45
Hold one's horses!	253
Hold the line (please)	79
home alone	46
home away from home	46
home economics	46
home, sweet home	46
home-grown	46
homebody	46
homecoming	46
homemaker	46
homework (assignment)	47
honestly speaking	143
honor student	254
honors program	254
Hope not	48
Hope so	48
hopefully	48
hot tub	255
hot under the collar	388
hotel clerk	84
hourly wage/salary/pay	326
household income	59
household items	254
housing allowance	363
housing industry	259
How about that!	47
How about you?	98
How are you getting along?	145
How come?	48
How could you do this to me?	49
How did it go?	50
How did you like ~ ?	49
How do you like ~ ?	49
How do you like this weather?	365
hurricane warning	344
hush-hush	154
hyper	154

I

I am easy (to please)	50
I appreciate it	255
I beg your pardon	50
I beg your pardon?	50
I can live with that	256
I can tell you	51
I can't argue with that	52
I can't thank you enough	51
I could eat a horse	154
I couldn't	232
I couldn't ask for more	256
I don't believe so/it	52
I don't care	52
I don't feel very well	155
I doubt it	53
I feel for you	320
I got a blank check	256
I got it / I get it	156
I have a confession to make	326
I have a nagging cough	155
I have a pounding headache	155
I have a sore throat	155
I have no problem with that	53
I have something for you	53
I have the flu	155
I have the runs	155
I hope not	48
I hope so	48
I kid you not	73
I love it!	54
I mean it	54
I owe you one	55
I see	82
I was just wondering	55
I wouldn't bet on it	326
I'd be glad to	55
I'll be glad to	55
I'll be right there	56
I'll be with you shortly	56
I'll call you (right) back	56
I'll catch you later	22

I'll get back to you (on that)	57
I'll get it/that	57
I'll give you a ride (back) home	38
I'll pass	156
I'll sleep on it	391
I'll walk you (back) home	38
I'm coming	24
I'm embarrassed	257
I'm full	239
I'm gone	50
I'm happy for you	156
I'm home	46
I'm impressed	157
I'm just getting by	145
I'm just looking	268
I'm not kidding	73
I'm sorry to disturb you	11
I'm trying	72
I've had a great/lovely time	62
I've had enough	239
ice pop	188
ICU (intensive care unit)	240
ID (card)	257
If you ask me	257
if you know what I mean	54
If you scratch my back, I'll scratch yours.	285
ill in bed	129
immaculate condition	199
immigration inspection	289
in a hurry	58
in a rush	58
in alphabetical order	10
in bad taste	258
in bad/poor health	58
in bad/terrible shape	158
in cash	21
in chronological order	10
in collaboration with ~	327
in cooperation with ~	327
in despair	157
in difficulties	157
in fashion	157
in good health	58
in good taste	258
in haste	157
in hot water	327
in jeopardy	327
in line (with) ~	258
in love	157
in my opinion	59
in no time	258
in one's birthday suit	388
in order	176
in perfect/excellent/good shape	158
in reference to ~	349
in season	157
in secret	157
in session	259
in shape	158
in the black	59
in the driver's seat	159
in the line of duty	328
in the long run	159
in the red	59
in this day and age	259
In your dreams!	328
in-state tuition	329
income tax	59
incoming	279
Indian giver	389
industrial discharge	259
industrial waste	259
industrialized country	259
infomercial	231
inpatient	240
inside out	60
insurance agency	199
international airport	289
international call	66
IRS (Internal Revenue Service)	329
Is there anything I can do for you?	12
Is this a joke?	346
Is this seat taken?	60
Is this some kind of joke?	346
Isn't that something?	160
It beats me	123
It couldn't be better	26
It happens	160
It is better/best to be on the safe side	389
It never hurts to ask	260
It shows	260

It takes one to know one ········390
It's (like) a dream come true ········328
It's a deal! ········226
It's a dog's life ········319
It's a nice compliment ········261
It's a nice gesture ········261
It's a small world ········160
It's all in a day's work ········378
It's all part of the game ········339
It's for you ········101
It's like comparing apples and oranges ···261
It's no big deal ········226
It's no go ········50
It's no joke ········346
It's no use ~ing ········161
It's now or never ········330
It's on me ········61
It's show time ········260
It's ten to five ········61
It's time to go ········61
It's up to you ········201
It's very considerate of you ········330
It's very thoughtful of you ········330
It's written all over your face ········320
It's your ball game ········331

J

Jacuzzi ········255
jet lag ········135
job advertisement (ads) ········62
job description ········62
job hunting ········62
job interview ········62
job market ········62
job opening ········62
job security ········62
job site ········62
job title ········62
jobless ········62
Join the club ········331
Join the crowd ········331
jump on the bandwagon ········161
jump the gun ········390
jump to conclusions ········262
junk food ········63

junk mail ········63
junkyard ········63
just browsing ········161

K

keep ~ in mind ········162
keep a low profile ········251
keep a straight face ········262
keep an eye on ~ ········252
keep fit ········190
Keep going ········50
Keep in touch ········162
keep in touch (with ~) ········146
keep it down ········63
Keep it up ········65
Keep me informed/posted ········162
Keep me updated ········162
keep my fingers crossed ········64
keep one's cool ········63
keep one's head above water ········262
keep one's mouth shut (about it) ········163
Keep the change ········64
Keep up the good work ········65
keep up with the Joneses ········390
key industry ········259
kick off ········163
kick the habit ········65
kickoff ········352
kill two birds with one stone ········263
kiss and tell ········391
knock oneself out ········332
Knock, knock ········65
knowledge intensive industry ········260
Koochie koochie koo ········163

L

labor union ········263
labor-management relations ········263
land line ········391
laptop (computer) ········66
last-minute person/type ········164
launch a new product ········278
law school ········128
law student ········128

419

lay off	264	living death	267
layoff	264	living expenses/cost	267
leading edge technology	234	living legend	267
Leave me alone	66	living standard(s)	267
Leave the light/TV/computer on	97	local call	66
leave work early	148	Location, location, location	267
let (someone) down	264	lock oneself out of ~	267
Let bygones be bygones	264	London Stock Exchange (LSE)	340
Let me get this straight	332	Long time no see	44
Let me see	82	long-distance call	66
Let me sleep on it	391	look after ~	165
let one's hair down	332	look ahead	268
Let's face it	320	look back (on) ~	268
Let's roll	164	look before you leap	335
Let's see	82	look down (on ~)	165
Let's split the bill	246	look for	67
Let's wait and see	164	look high and low	268
letterhead	316	look into	67
liberal arts	165	look like a million dollars	241
liberal arts college	165	Look me up when you're in town	166
license plate	31	look on the bright side	166
lie on one's back	265	look over	67
lie on one's stomach	265	look sharp	236
life expectancy	265	look up (to)	67
life insurance	265	Look who's here	268
life jacket	265	Looks are deceiving	268
life span	265	Lord have mercy!	68
life(time) imprisonment	265	lose face	350
life-and-death	265	lose one's cool	63
life-size(d)	265	lose weight	182
life-threatening	265	love is blind	68
lifeguard	265	low pressure	344
lifeless	265	low-tech person	153
lifelike	265		
lifeline	265		
lifesavior(saver)	265		

M

lifetime employment	265	M.D.	178
like a fish out of water	266	mailing address	140
line of duty	328	make (both) ends meet	167
line of goods	334	make a big deal out of ~	226
line-up	334	make a call	66
liquor shop	279	make a deal	226
little brother	16	make a deposit	347
little sister	16	make a mess	335
Live and let live.	391	make a point	166
live from hand to mouth	334	make a sale	185

make a toast	22	medium rare	88
Make a wish!	68	Men at work	14
make an effort	167	Mercy me!	68
make efforts	167	merit-based advancement	363
make every effort	167	mess around	337
make fun of ~	168	mess up	337
make it	69	mess with ~	338
make it (to) ~	69	metal currency	233
Make it snappy	69	metal detector	289
make money	69	meteorology	344
make no difference	168	microwave (oven)	239
make no mistake (about it)	269	middle management	336
make sense	70	midterm exam/examination	71
make sure ~	36	midterm paper	142
make the best effort	167	Mind your language	98
make the best of ~	168	mind your own business	74
make the cut	335	mind-bending	338
make the most of ~	168	mind-blowing	338
make up (with) ~	269	mind-boggling	338
make up one's mind	70	minimum wage	272
makeup exam/test/quiz	169	mobile phone	37
management consultant	336	money order	170
management position	336	Money talks	272
management skill	336	Money-back Guarantee!	272
management training	336	monthly payment	139
manufacturing industry	259	monthly wage/salary/pay	326
mark down (a price)	270	moonlighting	170
mark up (a price)	270	Mountain (Standard) Time	355
market price	270	move one's bowels	280
market share	270	move up into management	336
marketable	270	move up the corporate ladder	315
marketing research	270	move up the ladder	315
marriage license	356	move up the social ladder	315
maternal	356	multinational corporation	273
matrimonial agency	356	mumbo jumbo (jumbo mumbo)	339
matrimony	356	My apologies	12
May I ask (you) who's calling?	56		
May I ask you a favor?	70	**N**	
MBA (Master of Business Administration)	270		
MCAT	116	name of the game	339
mean business	169	Name your poison	392
mechanic	192	NASA (National Aeronautics and Space Administration)	306
med school	128	NASDAQ	340
med student	128	national income	59
medical checkup	71	National Weather Service	344
medicalschool	128		

Native American	306	not stand a chance	172
natural food	175	Not that I know of	341
neck and neck	273	Nothing for me, thanks	75
need a ride	38	Nothing is certain but death and taxes.	393
nervous breakdown	126	Nothing succeeds like success.	341
Never mind	71	nothing to it	76
news agency	199	Nothing to worry about	141
news flash	19	Now what?	330
next in line	328	NRA (National Rifle Association)	324
Nice going!	40	nuclear energy	342
Nice try	72	nuclear facility	342
nickel-and-dime	392	nuclear physics	342
9.11	187	nuclear power plant	342
nitty-gritty	392	nuclear reactor	342
no big deal	226	nuclear test	342
no doubt about it	72	nuts about	275
No gains without pains	171	NYSE (New York Stock Exchange)	340
no go	50		
No hard feelings	171		
No kidding!	73		

O

no laughing matter	13	off duty	276
no more Mr. Nice Guy	274	off-the-wall	393
"No pain(s), no gain(s)"	171	office clerk	84
no picnic	171	office work	148
No problem	73	Oh, dear!	76
no spring chicken	274	Oh, my God	36
No strings attached	340	okey-doke	76
No sweat	73	on a diet	76
No way	74	on a scale of one to ten	172
no-nonsense	274	on business	20
nobody's fool	275	on campus	173
non alcoholic beverage	10	on cloud nine	174
none of your business	74	on duty	276
nonflammable	275	on medication	174
nonnegotiable	275	on one's good/best behavior	15
nonproductive	275	on sale	185
nonprofit	275	on second thought(s)	276
nonprofit organization	275	on the line	277
nonrefundable	275	on the market	174
nontenured	275	on the phone	11
nonverbal	275	on the same wavelength	342
nonwashable	275	on the spot	174
not a chance / no chance	172	on top of (that)	277
Not bad.	75	on-again, off-again	173
Not likely	75	Once a ~, always a ~	342
Not so fast	172	once in a blue moon	394

one foot in the grave	394
one of a kind	175
one's biological clock is ticking (away)	312
one-bedroom apartment	88
one-way ticket	81
operating room	240
Opportunity knocks	77
organic food	175
out of curiosity	176
out of date	177
out of one's mind	277
out of order	176
out of production	278
out of session	259
out of shape	158
Out of sight, out of mind	278
out of the blue	343
out-of-date	177
out-of-state tuition	329
outgoing	279
outlet store	343
outpatient	240
over-easy	88
over-the-counter medicine	282
ozone depletion	344
ozone layer	344

P

Pacific (Standard) Time	355
package store	279
pain in the neck	177
pain-killer	32
paper currency	233
Paper or plastic?	77
Pardon me?	50
Pardon?	50
party-pooper	202
pass around	280
pass away	178
pass out	280
pass water	280
pass wind	280
passenger car	179
passive smoke	186
paternal	356

patio	255
pay back	78
pay off	78
pay phone	57
pay tribute to (a person)	344
pay tribute to the memory of ~	344
paycheck	78
payday	78
penny pincher	282
pep talk	78
performance pay	363
permanent address	140
personal income	59
personally speaking	143
personnel department	178
Ph.D.	178
physical address	140
physical checkup	71
pick (someone) up	78
pick up	281
pick up (someone)	78
Pick up or drop off?	281
pick up the tab/check	179
pick-me-up	281
pickup (truck)	179
pig out	281
pile up	180
PIN (number)	282
pinch pennies	282
plagiarism	345
plastic money	272
play ~ by ear	180
play hooky	180
play it by ear	180
Please accept my apology/apologies.	12
Please hold	79
point taken	166
politically correct	345
poor as a church mouse	181
poor management	336
popsicle	189
postal matter	181
postcode	104
potluck (dinner)	79
power consumption	202
power failure	125

Power is dead	125	rain or shine	349
power plant	202	raise in salary	182
power shortage	202	reach an answering machine	11
power supply	202	read between the lines	349
practice medicine	240	real estate agency	199
practitioner	240	rear-end collision	325
precipitation	344	rearview mirror	179
prescription drug	282	recap	396
price hike	283	record high/low	117
price index	287	reference book	349
price leader	283	regular account	122
price range	287	regular shopper	84
price tag	181	renew a contract to/with/between ~	286
primary industry	259	research and development (R&D)	350
printed matter	181	research facility	350
processed food	175	research laboratory	350
production line	278	research pipeline	350
Promises, promises!	80	research project	350
public health care system	44	research university	333
public relations department	178	residential area	183
pull oneself together	346	retail price	284
punch line	346	retailer	284
push one's luck	80	return ticket	81
push-up(s)	283	right behind you	284
put (someone) in a spot	174	ring a bell	184
put a deposit	347	Rise and shine	81
put down a deposit	347	rocket scientist	284
put on weight	182	round-trip ticket	81
put one's cards on the table	395	RSVP (résondez s'il vous plaît)	119
put one's foot in one's mouth	395	rubbish bin	82
put up with ~	182	run a risk (of ~)	184
		run out (of ~)	184
		run short (of ~)	184
Q		run the show	285
		runner-up	352
quack	347		
quality control	348	**S**	
quality job/work	348		
quality products	348	safety measure	350
quality standards	348	safety regulation	350
quality time	348	safety standard	350
Quitters are losers	348	safety-first	350
Quitters never win	348	salary increase	183
		salary raise	182
R		sale as is	185
		sale campaign	185
racial discrimination	9		

sale price	185
sales activities	186
sales associate	185
sales department	178
sales drive	186
sales figure	186
sales manager	185
sales meeting	186
sales personnel	185
sales promotion	186
sales representative	185
sales strategy	186
sales talk	185
salesclerk	185
salesperson	185
SAT	116
Satisfaction Guaranteed!	272
save ~ for a rainy day	351
save face	350
saved by the bell	351
savings account	121
Say when	82
scratch my back, I'll scratch yours.	285
scratch the surface	397
search high and low	268
secondary industry	260
secondhand smoke	186
security check	289
security deposit	139
See for yourself	82
See?	82
September 11th	187
service industry	259
set up	83
Shame on you!	83
shipping and handling (fee)	231
shoot from the hip	397
shop clerk	84
shopkeeper	84
shopping cart	84
shopping mall	84
shot dead	324
show off	187
show one's true colors	352
show up	188
show-biz	187

show-off	187
show-piece	187
showdown	352
shuttle bus	179
sick and tired (of) ~	85
side by side	285
sign a contract to/with/between ~	286
sit-ups	283
six-figure salary	183
skyrocket	284
slave driver	353
slowly but steadily	85
slugger	352
small talk	188
smart aleck	85
smart shopper	84
smorgasbord	10
So what?	86
social climber	354
Social Security Number (SSN)	354
soda pop	188
sooner or later	189
Sorry to have kept you waiting	86
Sorry to hear that	86
Sounds good/great/terrific	87
Space Shuttle	306
speak for itself/themselves	189
speak up/out	189
special delivery	181
spend money like water	272
sports gear	283
sports outfit	283
sports utility vehicle (SUV)	354
spouse	356
spring quarter	190
spring semester/term	190
standard time	355
starting salary	183
state-of-the-art	286
stationary front	344
stay fit	190
Stay in touch	162
Stay on the line (please)	79
Stay put	87
steal the show	285
steering wheel	179

step up production	278
stick around	249
stick together	287
stick with/to it	287
stick-in-the-mud	398
sticker price	287
stock exchange	190
stock market	190
stock option	191
stock price	190
stockholder	191
stop by	87
strictly speaking	143
stubborn as a mule	191
stuck up	355
student evaluation	191
student ID	192
studio (apartment)	88
sub-compact	179
Success breeds success.	341
suggested retail price	287
summer school	190
sunny-side-up	88
sunrise industry	260
sunset industry	260
Sure thing!	89
Sure!	89
surrogate mother/birth	356
sweat pants	192
sweat shirt	192
switch off	97
switch on	97
systems engineer (SE)	192

T

take a backseat	398
take a chance	193
take a leave (of absence)	90
take a minute/day/week/month/year off	90
take a paid leave	90
take a rain check	193
take a risk (of ~)	184
take a salary cut	183
take a spin	288
take a vacation	90

take advantage of ~	194
take after ~	194
Take care (of yourself)!	90
take chances	193
Take it easy	91
take it or leave it	194
take off weight	182
take one's breath away	19
take the back seat	159
take the plunge	288
take work home	148
Take your time	95
take-home pay	195
tap water	89
tax deductible	357
tax haven (shelter)	357
tax-exempt	357
tax-free	357
taxable	357
taxable income	59
taxpayer	357
tech product	234
technical breakthrough	195
technical college	234
technical personnel	234
technical stock	234
technical term/jargon	195
technological innovation	234
technology company	234
telemarketer	195
telephone operator	195
telephone pole	202
term paper	142
terminate a contract	286
Thank God it's Friday! (TGIF)	91
Thank God!	91
Thank Goodness!	91
Thank Heavens!	91
Thank you for calling	11
Thank you for shopping with us	24
Thank you in advance	92
Thanks, but no thanks	92
That explains it	358
That will be the day	359
That's a shame!	288
That's enough!	239

That's fine/OK with me	92	throw a party	94
That's funny	93	thumbs down	196
That's it	93	thumbs up	196
That's really something.	160	thumbs-down	196
That's the beauty of it	358	thumbs-up	196
That's the last straw	358	ticketing counter	289
That's the name of the game	339	tied up (with ~)	197
That's too bad	93	tighten one's belt	359
The "three strikes you are out" law	399	Time flies	95
The apple doesn't fall far from the tree.	378	Time to go	61
the apple of one's eye	118	Time will tell	95
The best is yet to be/come	312	Time's up	95
the best of both worlds	311	to (the best of) my knowledge	290
The best things in life are free	312	To be concluded	360
the Big Apple	16	To be continued	360
the birds and the bees	313	to be sure	36
The die is cast	384	To go or to stay?	197
The feeling is mutual	320	toilet bowl	255
The game is up	339	Tokyo Stock Exchange (TSE)	340
the genuine article	321	toll-free	57
the last straw	358	tongue in cheek	399
The line is busy	11	Too bad	93
the money	170	too good to be true	198
the other side of the coin	394	Too many cooks spoil the broth	399
the rank and file	395	top dog	290
the real McCoy	396	top management	336
the salt of the earth	397	top-notch/topnotch	198
The sooner the better	94	top-of-the-line	334
The Star-Spangled Banner	361	tornado warning	344
The Stars and Stripes	361	touch-and-go	290
the survival of the fittest	356	track down	198
The third time's the charm	398	trade in	198
the thumbs-down	196	trade-in	199
the thumbs-up	196	trashcan	82
the tip of the iceberg	360	travel agency	199
There is no use ~ing	161	travel expenses	363
There's a catch to it	340	treadmill	283
There's no doubt about it	72	try on	96
There's no place like home	46	tuition waiver	329
There's nothing to it	76	turn ~ upside down	60
There's nothing to worry about	30	turn down	96
Things couldn't be better	26	turn in	96
Think about it	196	turn off	97
third time lucky	398	turn on	97
This is it	94	turn the tables	399
Those were the days	359	turn up	98

427

TV ad/ads	23
TV Dinner	89
two of a kind	360
Two's company, three's a crowd	400

U

Uncle Sam	361
under arrest	362
under contract to/with ~	286
under the table	200
under the weather	200
undercover	363
undercover investigation	363
undercover operation	363
underdog	290
undergraduate	42
unemployment benefit	291
unemployment compensation	363
unemployment rate	291
up and down	200
up for grabs	364
up for sale	185
up in the air	364
up to ~	201
up to date	201
up-to-date	201
up-to-the-minute(s)	291
upper management	336
upside down	60
upside-down	60
upward mobility	364
URL (Uniform Resource Locator)	66
utility pole	202

V

vacuum (cleaner)	239
vending machine	202
verbal contract	286

W

~ wannabe	366
washer and dryer	239
Watch your language	98
We appreciate your cooperation/collaboration	327
weather advisory	344
weather forecast	344
weather man/expert/forecaster	344
weather permitting	365
weather satellite	344
wedding shower	149
weekly wage/salary/pay	326
Well put	87
Well said!	103
wet blanket	202
What a shame!	288
What about it?	98
What about you?	98
What are the odds?	222
What brings you here?	292
What do you do for a living?	99
What do you say?	203
What do you think?	196
What goes around, comes around.	292
What goes up must come down	365
What number are you calling?	101
What time do you have?	28
What took you so long?	293
What was I thinking?	196
What you see is what you get	367
What's bothering you?	203
What's bugging you?	203
What's cooking?	292
What's for dinner?	99
What's keeping (someone)?	293
What's new?	99
What's the big deal?	226
What's the matter (with you)?	100
What's wrong?	100
What's your point?	166
What's your poison?	392
When the cat's away, the mice will play.	383
When the going gets tough, the tough get going	400
Where are you headed for?	203
Where are you off to?	203
Who could ask for anything more?	256

who is who	401
Who knows what tomorrow will bring?	365
Who knows?	101
Who's calling (please)?	101
Who's on the phone?	101
who's who	401
wholesale price	284
wholesaler	284
Why not?	102
will do	204
Will that be all?	102
win a contract to/with/between ~	286
wind up	204
windshield	179
winter quarter	190
with reference to ~	349
won't bite	293
wooden deck	255
word of mouth	365
work ethic	148
work experience	148
work hours	148
work in shifts	205
work nightshift/dayshift	205
work on ~	205
work out	205
workable	294
workaholic	294
workday	148
workforce	294
working conditions	148
workout	205
workplace	294
workshop	294
Would you do me a favor?	70
Would you give me a ride home?	38
would-be ~	366

Y

Yellow Pages	195
You (just) don't get it	156
You are on your own	366
You are what you eat	367
You bet	73
You can do it!	103
You can make it!	69
You can't have your cake and eat it (too)	401
You can't mean that	54
You don't look a day over ~	367
You don't say!	103
You first	35
You go first	35
You got me beat	123
You have the right to remain silent.	362
You have the wrong number	103
You know what?	206
You said it!	103
You see?	82
You should be	294
You shouldn't have	294
You'd better believe it	52
You've got a deal!	226
You've got to be kidding	73
You've got to make it!	69
Your fly is open.	367
Your secret is safe with me	368
Your zipper is down.	367
yummy	99

Z

ZIP code	104

参考文献・資料一覧

(日本語文献)

『アメリカ留学日常語事典』東照二（講談社インターナショナル、1999）
『アメリカ口語辞典』E.G. サイデンステッカー、ジャン・マケーレブ、安田一郎（朝日出版社、1983）
『英会話慣用句辞典』水尾誠千代、シャカール佳子（東京堂出版、1996）
『英語フレーズ4000』山田詩津夫、David Thayne（小学館、2005）
『英語イディオム由来辞典』佐藤尚孝（三省堂、2001）
『米語イディオム600 - ELTで学ぶ使い分け＆言い替え』Barbara K. Gaines（講談社インターナショナル、2000）
『英語基本形容詞・副詞辞典』小西友七（研究社出版、1989）
『英語クリーシェ辞典−もんきりがた表現集』Betty Kirkpatrick、柴田元幸（研究社、2000）
『英語前置詞活用辞典』小西友七（大修館書店、1994）
『教師のためのロイヤル英文法』綿貫陽、淀縄光洋、Mark F. Petersen（旺文社、2000）
『現代アメリカデータ総覧2003（合衆国商務省センサス局編）』鳥居泰彦（東洋書林、2004）
『現代アメリカ人に見る価値観』小山内大（三修社、2001）
『現代英語ことわざ辞典』戸田豊（リーベル出版、2003）
『最新ビジネス和英口語辞典』フランシス J．クディラ（朝日出版社、1997）
『ネイティブスピーカーの前置詞−ネイティブスピーカーの英文法2』大西泰斗、ポール・マクベイ（研究社出版、1996）
『よく使う順　英会話フレーズ７４５』ジェームズM．バーダマン、バーダマン倫子（中経出版、2006）
『最新ビジネス英語スーパー辞典　英和・和英』日向清人（アルク、2001）
『大学英語のための単語・熟語・文法 TOEIC® テストリーディングへの橋渡し-』小中秀彦（成美堂、2006）
『新 TOEIC® テスト　イディオム攻略』小山内大（三修社、2006）
『TOEIC® テスト　新公式問題集』⑲国際ビジネスコミュニケーション協会（TOEIC®運営委員会、2006）
『TOEIC® テスト 語法・文法・リーディング』古家聡、藤岡美香子、Timothy J. Wright（旺文社、2000）
『新 TOEIC® テスト　ボキャブラリー攻略』小山内大（三修社、2006）
『TOEIC®　テスト実践コース　Book1』大賀リヱ、Jeffrey Hubbell、ハベル清子（成美堂、2004）
『TOEIC®　テスト実践コース　Book2』大賀リヱ、Nancy Pierson-Umezu（成美堂、2004）
『Total Strategy for the TOEIC® Test』石井隆之、山口修、馬渡秀孝、松村優子、Tomas Koch（成美堂、2006）

(英語文献)

"America's Best Colleges 2007" (U.S. News & World Report)
"American Slang:The Abridged Edition of the Dictionary of American Slang (2nd ed.)" Robert L. Chapman, Barbara Ann Kipfer (Harper Collins Publisher, 1998)
"Complete Guide to the TOEIC Test (3rd ed.)" Bruce Rogers (Thomson , 2007)
"A Dictionary of American Idioms (4th ed.)" Adam Makkai, M.T. Boatner, J.E. Gates (Barron's 2004)
"The Cambridge Encyclopedia of the English Language (2nd ed.)" David Crystal (Cambridge University Press, 2003)

"The English Language (2nd ed.)" David Crystal (Cambridge University Press 2003)
"Listening to America:An Illustrated History of Words and Phrases from Our Lively and Splendid Past" Stuart Berg Flexner (Simon and Schuster 1982)
"Longman Preparation Series for the TOEIC Test:Introductory Couse" Lin Lougheed (Longman 2004)
"Oxford Dictionary of Idioms" Judith Siefring (Oxford University Press 2004)
"Phrases and Idioms:A Practical Guide to American English Expressions (Ntc Reference)" Richard A. Spears (NTC/Contemporary Publishing Group 1998)
"Longman Preparation weries for the New TOEIC Test:Intermediate course (4th ed.)" Lin Loughees (Pearson Longman 2006)
"TIME Almanac 2007 with Information Please" Rorgna Brunner (Time Inc. 2006)

(インターネット検索)
http://dictionary.reference.com/
http://thesaurus.reference.com/
http://www.reference.com/
National Vital Statistics Report, Volume 53, Number 5 (October 2004)
http://www.ryugaku.com/diploma/graduate/02graduate_american.html
http://www.census.gov/main/www/popclock.html
http://dic.yahoo.co.jp/
http://www.eigo21.com/
http://www.infoplease.com/ipa/A0104652.html
http://e-words.jp/　IT用語辞典　e-Wrds
http://influenza.elan.ne.jp/basic/cold.php　インフルエンザ情報サービス
http://www.bibit.ne.jp/pokke/eikaiwa84.html　Town Information　ビビッド
http://finance.yahoo.com/currency?u　Currency Converter
http://www.mitsubishi.com/e/index.html　Mitusbihsi.com
http://ww2.worldbaseballclassic.com/2006/index.jsp　06 Wcrld Baseball Classic
http://www.shugiin.go.jp/index.nsf/html/index.htm　衆議院
http://www.usatoday.com/news/nation/2005-02-28-live-longer_x.htmUSA TODAY
http://www.mercerhr.com/pressrelease/details.jhtml/dynamic/idContent/1142150　Worldwide Cost of Living Survey 2006 city rankings
http://www.hmichaelsteinberg.com/yourmirandarights.htm
Your Right to Remain Silent: The Miranda Rule Explained
http://www.codehot.co.uk/lyrics/mnop/marvingaye/mercymercy.htm
Mercy, Mercy Me. Mervin Gaye (1971)
http://www.sanctuarybooks.jp/mizutani/　夜回り先生

著者紹介

小山内 大（おさない　だい）
教育学博士、テネシー大学大学院博士課程終了（英語教育）ジョージア南大学助教授を経て現在東京電機大学准教授

著書
1998 年 『児童英語ワールド初級・中級・上級（CD）』（NEC インターチャネル）
2000 年 『なぜ宇多田ヒカルがコロンビア大学にはいれるのか：誰にでもチャンスを与えるアメリカ社会』
　　　　（はまの出版）
2000 年 『英語のココを学べば 5 倍伸びます。』（はまの出版）
2001 年 『現代アメリカ人に見る価値観』（三修社）
2002 年 『あなたとアメリカ人どちらがアメリカを知っている？』（三修社）
2002 年 『あなたとアメリカ人どちらが一般常識を知っている？』（三修社）
2002 年 『アメリカの小学生と英語で勝負！』（はまの出版）
2004 年 『TOEIC®テストボキャブラリー攻略』（三修社）
2005 年 『TOEIC®テストイディオム攻略』（三修社）
2006 年 『新 TOEIC®テストボキャブラリー攻略』（三修社）
2006 年 『新 TOEIC®テストイディオム攻略』（三修社）

Blair Thomson（ブレア　トムソン）
Blair Thomson is from New Zealand and has also lived 10 years in Canada. He likes university life and studied for 12 years. After his Master's degree in Language Teaching he worked at NIC Japan and then came to TDU. This is his second publication with Prof. Osanai. He is married and lives in Tokyo with Sachiko and baby Christopher.

Sean Kennedy（ショーン　ケネディ）
Sean Kennedy is from Canada. He holds a Master's degree in Applied Linguistics. He has taught at Chiba University, the Foreign Service Training Institute (Gaimusho Kenshujo) and Tokyo Denki University'.

藤井康成（ふじい　やすなり）
上智大学比較文化学部比較文化学科卒業
上智大学大学院外国語学研究科博士前期課程修了
オーストラリア国立大学大学院人文科学研究科博士課程修了。言語学博士
現在東京電機大学英語インストラクター

多田悠子（ただ　ゆうこ）
東京電機大学英語インストラクター

英語イディオムと口語表現 1700 完全詳解

2007 年 9 月 30 日　第 1 刷発行

編著者　小山内　大
執筆者　Blair Thomson
　　　　Sean Kennedy
　　　　藤井康成
　　　　多田悠子
発行者　前田俊秀
発行所　株式会社　三修社
　　　　〒 105-0001 東京都渋谷区神宮前 2-2-22
　　　　TEL 03-3405-4511　FAX 03-3405-4522
　　　　振替 00190-9-72758
　　　　http://www.sanshusha.co.jp/
　　　　編集担当　三井るり子・永尾真理

印刷・製本　広研印刷株式会社
カバーデザイン　土橋公政
本文組版　藤原志麻

©2007 Printed in Japan　ISBN978-4-384-01758-8 C0082

[R]〈日本複写権センター委託出版物〉
本書の全部または一部を無断で複写（コピー）することは、著作権法上での例外を除き、禁じられています。本書からの複写を希望される場合は、日本複写権センター (03-3401-2382) にご連絡ください。